Proceso integral de la actividad comercial

Ana T. Arias Rodríguez
Elena Lasa Zuluaga

Revisión técnica
Ainoha Domínguez
Francisco Bañón Forte

MADRID · BOGOTÁ · BUENOS AIRES · CARACAS · GUATEMALA · MÉXICO
NUEVA YORK · PANAMÁ · SAN JUAN · SANTIAGO · SÃO PAULO · AUCKLAND
HAMBURGO · LONDRES · MILÁN · MONTREAL · NUEVA DELHI · PARÍS
SAN FRANCISCO · SÍDNEY · SINGAPUR · ST. LOUIS · TOKIO · TORONTO

Todas las actividades propuestas en este libro de texto deben realizarse en un cuaderno aparte.
Los espacios incluidos en las actividades son meramente indicativos y su finalidad, didáctica.

Proceso integral de la actividad comercial - Grado Superior

No está permitida la reproducción total o parcial de este libro, ni su tratamiento informático, ni la transmisión de ninguna forma o por cualquier medio, ya sea electrónico, mecánico, por fotocopia, por registro u otros métodos, sin el permiso previo y por escrito de los titulares del Copyright.

Diríjase a CEDRO (Centro Español de Derechos Reprográficos, www.conlicencia.com) si necesita fotocopiar o escanear algún fragmento de esta obra.

Nota: Este libro se atiene al artículo 32 del derecho de cita de la Ley de Propiedad Intelectual de 1996 (RDLeg 1/1996 de 12 de abril).

Derechos reservados ©2016, respecto a la primera edición en español, por:
McGraw-Hill/Interamericana de España, S.L.
Edificio Valrealty, 1.ª planta
Basauri, 17
28023 Aravaca (Madrid)

ISBN: 978-84-486-0967-2
Depósito legal: M-14920-2016

© Ana T. Arias Rodríguez y Elena Lasa Zuluaga

Equipo editorial: Paloma Sánchez Molina y Artext Ediciones
Diseño de cubierta: David Santás
Diseño interior: Marta Girabal
Fotografías: 123rf
Composición: Artext Ediciones
Impreso en: RODONA Industria Gráfica, S.L.

61234567890-8765432019

IMPRESO EN ESPAÑA-PRINTED IN SPAIN

Presentación

La obra que se presenta desarrolla el currículo del módulo de *Proceso Integral de la Actividad Comercial* establecido en el Real Decreto correspondiente al título de Técnico Superior de Administración y Finanzas.

Esta obra se ha elaborado teniendo en cuenta el nivel académico del alumnado que accede a este título, tanto del que procede de Bachillerato como el que accede mediante las pruebas de acceso a Ciclos Formativos de Grado Superior.

Servirá además al docente como guía en el desarrollo de los contenidos establecidos en el currículo, ya que estos están planteados de manera ordenada y progresiva a lo largo de todas las unidades.

Los contenidos de este módulo se han desarrollado en tres bloques bien diferenciados para conseguir que el aprendizaje sea un proceso secuenciado de la actividad comercial de la empresa. Todo ello encaminado a que el alumnado alcance los objetivos, criterios de evaluación y resultados de aprendizaje establecidos en el currículo y, por ende, las competencias profesionales, personales y sociales que establece el Real Decreto.

Con esta obra, se pretende conseguir que el alumnado:

1. Analice el ciclo económico y la actividad empresarial, además de gestionar la información sobre los tributos que gravan la actividad comercial de la empresa, seleccionando y aplicando la normativa mercantil y fiscal vigente.
2. Consiga elaborar y organizar la documentación administrativa de las operaciones de compraventa y aprenda a realizar los cálculos de las operaciones financieras que se aplicarán posteriormente. También, conocer la gestión de cobros y pagos analizando la documentación asociada y, así, poder efectuar la gestión y el control de la tesorería de la empresa.
3. Analice la normativa contable y aprenda a registrar los hechos contables básicos derivados de la actividad comercial dentro de un ciclo económico, aplicando la metodología contable y los principios y normas del Plan General de Contabilidad.

Por último, se ha incluido una **actividad globalizada,** basada en un supuesto contable. Este supuesto **abarca los contenidos desarrollados a lo largo del libro** y representa las tareas reales de las gestiones de tesorería, administrativas y contables de la empresa.

Se ha pretendido elaborar **una obra innovadora y diferente** a lo publicado hasta ahora y por eso también se incluye un anexo con todas las novedades y cambios del Plan General Contable. Cabe destacar que ha sido fruto de la experiencia de años de docencia y pretende, además, dar orden, continuidad y sentido a los heterogéneos contenidos establecidos para este módulo en el Real Decreto.

Por otro lado, se ha intentado que esta secuencia de unidades se conviertan en un manual estructurado de ayuda y apoyo tanto para el alumnado, en el sentido de que pueda resultar de utilidad para asimilar los contenidos que en él se desarrollan, como para el profesorado, pues pretende ofrecer facilidades en su labor docente.

Se agradecen de antemano las observaciones, sugerencias y críticas que el alumnado y personal docente realicen sobre su contenido y que serán tenidas en cuenta para mejorar la obra en futuras ediciones.

Las autoras

Índice

1. LA ACTIVIDAD ECONÓMICA. EL CICLO ECONÓMICO
1. La actividad económica — 7
2. La actividad empresarial — 12
   - SÍNTESIS — 16
   - TEST DE REPASO — 17
   - COMPRUEBA TU APRENDIZAJE — 18

2. LOS TRIBUTOS EN LA ACTIVIDAD COMERCIAL
1. Sistema tributario español. Justificación del sistema tributario — 21
2. Operaciones con las Administraciones Públicas — 25
   - SÍNTESIS — 28
   - TEST DE REPASO — 29
   - COMPRUEBA TU APRENDIZAJE — 30

3. LA FISCALIDAD EN LAS OPERACIONES DE COMPRAVENTA. EL IVA
1. El Impuesto sobre el Valor Añadido (IVA) — 33
2. Tipos de operaciones en función de la aplicación del IVA — 35
3. El sujeto pasivo y sus obligaciones — 39
   - SÍNTESIS — 42
   - TEST DE REPASO — 43
   - COMPRUEBA TU APRENDIZAJE — 44

4. DOCUMENTACIÓN ADMINISTRATIVA DE LA COMPRAVENTA (I)
1. El contrato de compraventa — 47
2. El presupuesto — 52
3. El pedido — 53
4. El albarán o nota de entrega — 54
5. El transporte de mercancías. Documentos — 55
   - SÍNTESIS — 56
   - TEST DE REPASO — 57
   - COMPRUEBA TU APRENDIZAJE — 58

5. DOCUMENTACIÓN ADMINISTRATIVA DE LA COMPRAVENTA (II)
1. El proceso de facturación. La factura — 61
2. Descuentos, gastos y retenciones en la factura — 66
   - SÍNTESIS — 70
   - TEST DE REPASO — 71
   - COMPRUEBA TU APRENDIZAJE — 72

6. OPERACIONES FINANCIERAS. CAPITALIZACIÓN SIMPLE Y COMPUESTA
1. Operaciones financieras — 75
2. Capitalización simple — 77
3. Capitalización compuesta — 84
   - SÍNTESIS — 88
   - TEST DE REPASO — 89
   - COMPRUEBA TU APRENDIZAJE — 90

7. GESTIÓN DE COBROS Y PAGOS AL CONTADO
1. Medios habituales de cobro y pago al contado — 93
2. El cheque — 96
3. Tarjetas bancarias — 99
   - SÍNTESIS — 102
   - TEST DE REPASO — 103
   - COMPRUEBA TU APRENDIZAJE — 104

8. GESTIÓN DE COBROS Y PAGOS APLAZADOS
1. Aplazamientos de pagos a los proveedores — 107
2. La letra de cambio y el pagaré — 110
3. Operaciones bancarias con letras de cambio — 114
4. El *factoring* y el *confirming* — 116
   - SÍNTESIS — 118
   - TEST DE REPASO — 119
   - COMPRUEBA TU APRENDIZAJE — 120

9. GESTIÓN DE TESORERÍA
1. Gestión de tesorería — 123
2. Otros Libros Registro de gestión de tesorería — 128
3. Gestión de cuentas bancarias — 130

| 4. | Previsión de tesorería | 135 |

SÍNTESIS ___ 144
TEST DE REPASO ___ 145
COMPRUEBA TU APRENDIZAJE ___ 146

10. EL MÉTODO CONTABLE
1. La contabilidad ___ 149
2. El inventario ___ 155
3. Los hechos contables ___ 157
   SÍNTESIS ___ 162
   TEST DE REPASO ___ 163
   COMPRUEBA TU APRENDIZAJE ___ 164

11. EL PLAN GENERAL DE CONTABILIDAD
1. Estructura del PGC y del PGC para pymes ___ 167
2. Marco conceptual de la contabilidad ___ 167
3. Cuadro de cuentas. Definiciones y relaciones contables ___ 170
4. Tipos de libros contables ___ 171
   SÍNTESIS ___ 176
   TEST DE REPASO ___ 177
   COMPRUEBA TU APRENDIZAJE ___ 178

12. LAS EXISTENCIAS
1. Las existencias ___ 181
2. Valoración de las existencias ___ 184
3. Cálculos de la actividad comercial ___ 187
   SÍNTESIS ___ 190
   TEST DE REPASO ___ 191
   COMPRUEBA TU APRENDIZAJE ___ 192

13. CONTABILIZACIÓN DE OPERACIONES DE COMPRA
1. Normas de valoración aplicables a las compras ___ 195
2. Contabilización de las compras ___ 196
3. Operaciones relacionadas con las compras ___ 199
4. Las importaciones. Compras en moneda extranjera ___ 201
5. El pago en las operaciones de compra ___ 203
6. Ajustes del cierre del ejercicio ___ 205
   SÍNTESIS ___ 206
   TEST DE REPASO ___ 207
   COMPRUEBA TU APRENDIZAJE ___ 208

14. CONTABILIZACIÓN DE OPERACIONES DE VENTA
1. Normas de valoración aplicables a las ventas ___ 211
2. Contabilización de las ventas ___ 212
3. Operaciones relacionadas con las ventas ___ 214
4. Las exportaciones. Ventas en moneda extranjera ___ 216
5. El cobro en las operaciones de venta ___ 217
6. Problemática contable de los derechos de cobro ___ 219
7. Morosidad de los clientes ___ 220
8. Ajustes del cierre del ejercicio ___ 221
   SÍNTESIS ___ 224
   TEST DE REPASO ___ 225
   COMPRUEBA TU APRENDIZAJE ___ 226

15. EL CICLO CONTABLE
1. El ciclo contable ___ 229
2. Registros correspondientes a las operaciones ___ 230
3. Operaciones previas al cierre ___ 235
4. Cierre de la contabilidad ___ 241
5. Elaboración de las cuentas anuales ___ 243
   SÍNTESIS ___ 252
   TEST DE REPASO ___ 253
   COMPRUEBA TU APRENDIZAJE ___ 254

Anexo 1. Supuesto práctico globalizado del ciclo contable ___ 256
Anexo 2. Reformas del Plan General Contable ___ 263

La actividad económica. El ciclo económico

En esta unidad

APRENDERÁS A

- Distinguir los distintos sectores económicos, basándote en la diversa tipología de actividades que se desarrollan en ellos.
- Identificar las fases del ciclo económico de la actividad empresarial.
- Relacionar el patrimonio económico de la empresa con el patrimonio financiero y ambos con las fases del ciclo económico de la actividad empresarial.

ESTUDIARÁS

- La actividad económica. El ciclo económico.
- La actividad empresarial.

Y SERÁS CAPAZ DE

- Analizar la información disponible para detectar necesidades relacionadas con la gestión empresarial.

1. La actividad económica

La actividad económica está muy relacionada con la satisfacción de las necesidades de las personas. Estas necesidades no son estáticas, sino dinámicas: van cambiando con el tiempo y se diversifican en función del comportamiento y del gusto de los consumidores.

Este comportamiento se analiza con el fin de dar respuestas a las nuevas necesidades y así dar continuidad a esa actividad económica.

En toda sociedad es muy importante que exista actividad económica, ya que esta favorece su desarrollo y su riqueza.

1.1. Concepto

> Se llama **actividad económica** a la actividad que engloba el proceso en el que se genera la producción y el intercambio de productos, bienes y servicios para satisfacer las necesidades humanas.

> **ABC VOCABULARIO**
>
> **Factores.** Son los recursos que utiliza una empresa para crear y producir bienes y servicios.
>
> La producción depende de un aprovechamiento eficiente de los recursos que se poseen, de la utilización de la tecnología y de la mano de obra utilizada.

Las fases en las que se puede dividir la actividad económica son (Tabla 1.1 y Fig. 1.1):

Producción	En esta fase transforma la materia prima en producto terminado, empleando para ello los factores de producción necesarios y actuando sobre ellos. Entre estos factores se encuentran las materias primas, la mano de obra, la energía, la tecnología, el capital, etc.
Distribución	Es la fase que agrupa todas las actividades destinadas a poner los bienes y servicios al alcance del consumidor, como son, entre otras, las tareas de almacenaje, transporte y venta de los bienes producidos.
Consumo	En esta fase el consumidor adquiere los bienes y servicios producidos para cubrir sus necesidades. Aquí se acaba la actividad económica del bien o servicio consumido como consecuenica de su uso.

Tabla 1.1. Fases de la actividad económica.

Fig. 1.1. Fases de la actividad económica.

La actividad económica surge con el fin de superar el problema de la **escasez**. El problema de la elección es clave en economía, porque cuando elegimos producir un bien o un servicio, decidimos al mismo tiempo no producir otro. Aquello a lo que se renuncia constituye el **coste de oportunidad**.

Las tres cuestiones básicas de todo sistema económico son:

1. Qué bienes producir y en qué cantidad.

2. Cómo producir.

3. Para quién producir.

1.2. Factores de producción

> Los factores de producción son los recursos de la empresa que se utilizan en el proceso productivo.

Los factores de producción se dividen en tres grandes grupos (Tabla 1.2):

Tierra	Representan los recursos naturales que se extraen del suelo y del subsuelo. Es un factor de producción inmóvil e ilimitado y presenta problemas de agotamiento.
Trabajo	Es la actividad humana, tanto física como intelectual, necesaria para la producción de bienes y servicios. El trabajo se presenta bajo formas muy diversas: trabajo manual y actividades administrativas, de investigación y de organización.
Capital	Se define como el conjunto de recursos que se necesitan para producir bienes y servicios. Se pueden distinguir tres clases. • **Capital físico.** Es el formado por los elementos materiales tangibles: edificios, maquinaria, materia primas, etc. • **Capital humano.** Es la educación y la formación profesional de los empresarios y trabajadores. • **Capital financiero.** Es el dinero necesario para constituir una empresa y mantener su actividad.

Tabla 1.2. Factores de producción.

En la actualidad, con los grandes cambios a nivel de producción, también se pueden considerar como factores de producción los siguientes (Tabla 1.3):

Tecnología	Conjunto de procedimientos tecnológicos utilizados para la producción de bienes y servicios.
Iniciativa empresarial	También llamado *espíritu empresarial* o *factor empresarial*. Es la capacidad de organizar los recursos materiales, humanos y de organización de la manera más eficiente posible.

Tabla 1.3. Otros factores de producción.

Otros elementos que hay que tener en cuenta en la producción de bienes y servicios son:

- **Productividad obtenida.** Es la relación entre la **cantidad de productos obtenidos** en el proceso productivo y los **recursos utilizados** para obtener dicha producción. La manera de combinar los factores de producción va a determinar que, con la misma cantidad de factores utilizados, unas empresas puedan producir una cantidad mayor o menor de productos o servicios.
- **Productividad del factor trabajo.** Es la medida más usada (y a la vez la más sencilla) para determinar la productividad, que es el cociente entre el volumen de producción y una medida de trabajo que puede ser el número de trabajadores o el número de horas trabajadas.

! **IMPORTANTE**

$$\text{Productividad obtenida} = \frac{\text{Producción}}{\text{Factores utilizados}}$$

$$\text{Productividad del factor trabajo} = \frac{\text{Producción obtenida}}{\text{Unidades de factor trabajo utilizadas}}$$

CASO PRÁCTICO 1. Productividad del factor trabajo

Una empresa dedicada a la fabricación de pantalones tiene dos fábricas, una en León y otra en Castellón. Comprueba qué fábrica es más productiva tomando como referencia el factor trabajo, y para ello facilitan la siguiente información:

	Producción	Plantilla	Horas trabajadas
León	576.000 uds.	40 trabajadores	1.800 c/u
Castellón	729.000 uds.	45 trabajadores	1.800 c/u

Solución:

a) León: $PT = \dfrac{576.000}{40 \cdot 1.800} = 8$ uds./hora trabajada

b) Castellón: $PT = \dfrac{729.000}{45 \cdot 1.800} = 9$ uds./hora trabajada

Es más productiva la fábrica de Castellón.

1.3. Sectores económicos

La actividad económica está dividida en sectores económicos, y cada sector se refiere a una parte de la actividad económica cuyos elementos tienen características comunes.

Los grandes sectores en que se divide la actividad económica son (Tabla 1.4):

		Subsector
Sector primario	Los productos propios de su actividad se obtienen directamente de la naturaleza, sin ningún proceso de transformación.	Agrícola, ganadero, pesquero, minero, forestal.
Sector secundario	La actividad de este sector consiste en la transformación de materias primas en productos terminados.	Industrial, construcción, energético, eléctrico, electrónica e informática.
Sector terciario o de servicios	Incluye todas aquellas actividades que no producen bienes tangibles, pero son necesarias para el funcionamiento de la economía.	Transportes, comunicaciones, comercial, turístico, sanitario, educativo, financiero, administración.
Sector cuaternario	Este sector económico es nuevo y ha surgido por la necesidad de incluir nuevas actividades difíciles de incluir en los anteriores. Son servicios altamente intelectuales I+D+i (Fig. 1.2). Las empresas invierten para asegurar futuras expansiones, reducir costes, promocionar ideas innovadoras, nuevos métodos de producción, etc.	Tecnología, inversiones, investigación.

Tabla 1.4. Sectores económicos.

Fig. 1.2. Las actividades del sector cuaternario están altamente relacionadas con las últimas tecnologías.

CASO PRÁCTICO 2. Sectores económicos

Clasifica las siguientes empresas según el sector y subsector económico a la que pertenecen: Toyota, Coca cola, Apple, Movistar BBVA, Pescanova, Repsol, Bayer.

Solución:

	Toyota	Coca-Cola	Apple	Movistar	BBVA	Pescanova	Repsol	Bayer
Sector	Secundario	Secundario	Secundario	Terciario	Terciario	Primario y secundario	Primario y secundario	Secundario y cuaternario
Subsector	Industrial	Industrial	Electrónica e informática	Comunicaciones	Financiero	Pesquero e industrial	Extracción y energético	Industrial e investigación

ACTIVIDADES

1. Teniendo en cuenta la información de las empresas A, B, C y D, ¿cuál de ellas es la más productiva? ¿Y la que menos?

    a) Producción 710.000 uds., trabajadores 5, horas trabajadas 1.600 c/u.

    b) Producción 620.000 uds., trabajadores 4, horas trabajadas 1.800 c/u.

    c) Producción 340.000 uds., trabajadores 3, horas trabajadas 1.800 c/u.

    d) Producción 1.200.000 uds., trabajadores 8, horas trabajadas 1.700 c/u.

1.4. Agentes económicos

> Los agentes económicos son las personas y, según el papel que desempeñan en la actividad económica, se agrupan en tres categorías: familias, empresas y sector público.

- **Economías domésticas o familias.** Constituyen la unidad básica de consumo. Persiguen obtener la máxima satisfacción en el consumo de bienes y servicios, teniendo en cuenta sus preferencias y sus gustos.

  Las economías domésticas ofrecen su trabajo a cambio de ingresos, siendo estos los que determinan su capacidad de gasto, ya que disponen de un presupuesto limitado.

- **Empresas.** La empresa es la unidad básica de producción, y su papel principal es la fabricación de bienes y servicios. Su objetivo es conseguir el máximo beneficio con unas limitaciones de presupuesto y tecnológicas.

  Para llevar a cabo su actividad, las empresas disponen de factores productivos a la vez que contratan a las economías domésticas.

- **Sector público.** Está formado por todas las Administraciones públicas, como son el Estado, las comunidades autónomas, las diputaciones provinciales y los ayuntamientos.

  Las funciones principales del sector público son:

  - Regular y promover la actividad económica estableciendo el marco legal en el cual tienen que actuar los agentes.
  - Proporcionar bienes y servicios básicos como la sanidad, la educación, la justicia, infraestructuras, etc.
  - Redistribuir la renta para disminuir las desigualdades existentes. Para compensar esas desigualdades el Estado utiliza los Presupuestos Generales, donde los ingresos obtenidos por los impuestos y que proceden de los que más ganan se aplican a gastos en beneficio de todos, en especial para los más necesitados.

Existe una relación entre los tres agentes económicos denominado flujo circular de la renta o de la actividad económica, que representa un intercambio entre las familias, las empresas y el sector público. Veamos esa interrelación en la Figura 1.3.

① Las familias:

- Acuden al mercado de bienes y servicios para cubrir sus necesidades.
- Pagan impuestos al sector público y reciben servicios públicos y subvenciones.
- Acuden al mercado de factores para ofrecer su trabajo y reciben un sueldo que gastan en el mercado de bienes y servicios.

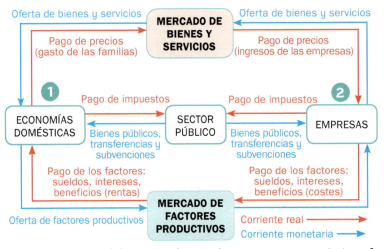

② Las empresas:

- Acuden al mercado de bienes y servicios para vender sus productos y obtienen ingresos, con ellos pagan los sueldos a las familias y los impuestos.
- Pagan impuestos al sector público y obtienen transferencias y subvenciones.
- Acuden al mercado de factores para contratar trabajadores (las familias) a cambio de un sueldo.

Fig. 1.3. Flujo circular de la renta. Como se observa, el dinero circula entre los tres agentes económicos: familia, empresas y sector público.

ACTIVIDADES

2. Identifica de qué agente económico se trata: *a)* la Consejería de Sanidad, *b)* un estudiante de Derecho, *c)* una floristería, *d)* un invernadero de flores, *e)* un instituto, *f)* una academia, *g)* la familia del consejero de Fomento, *h)* unos grandes almacenes.

1.5. Ciclo económico

> El conjunto de operaciones que realiza la empresa en el desarrollo de su actividad recibe el nombre de **ciclo económico**. Se llama ciclo económico **externo** a todas las operaciones que realiza la empresa con el exterior y ciclo económico **interno** a todas las operaciones internas realizadas por la empresa.

Los ciclos económicos tienen relación con la estructura económica y financiera de la empresa (Fig. 1.4). Un ciclo es un conjunto de sucesos que se dan continuamente a lo largo del tiempo. Según la duración, en cualquier empresa es posible identificar dos tipos de ciclo:

- **Ciclo a corto plazo,** llamado mercancía-dinero-mercancía o ciclo de explotación. Afecta a los elementos del Activo corriente y se utiliza para determinar la actividad corriente de la empresa.
- **Ciclo a largo plazo,** también denominado ciclo de capital. Afecta a los elementos del Activo no corriente, los cuales deben renovarse a medida que se utilicen en el proceso productivo de la empresa.

El **ciclo contable** está relacionado con la contabilidad, ya que es un conjunto de fases que se repiten en cada ejercicio económico y su finalidad es conocer la información de los resultados obtenidos en dicho periodo y de la situación económico-financiera y patrimonial al término del ejercicio.

Para llevarlo a cabo, la empresa cuenta con un patrimonio que varía con el desarrollo de su actividad. El **patrimonio** es el conjunto de elementos que una empresa tiene en un momento determinado. Estos elementos patrimoniales se clasifican en (Tabla 1.5):

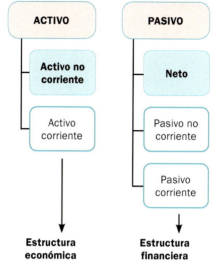

Fig. 1.4. Masas patrimoniales.

Activo	Bienes	Son los elementos propiedad de la empresa que utiliza para realizar su actividad, como son la maquinaria, el mobiliario, los bancos etc.
	Derechos	Representan todos los derechos de cobro que tiene la empresa, como son clientes, deudores, etc.
Pasivo	Obligaciones	Son todas las deudas que tiene la empresa con terceros, como son los proveedores, los préstamos o los acreedores.

Tabla 1.5. Clasificación de los elementos patrimoniales.

En la ecuación fundamental del patrimonio, se cumple siempre que:

$$\text{Activo (Bienes + Derechos)} = \text{Pasivo (Obligaciones)} + \text{Patrimonio neto}$$

Para controlar esas variaciones, la empresa registra todo el proceso del ciclo económico mediante la **contabilidad,** que es la ciencia que estudia el **patrimonio** de una empresa y todas las variaciones que se van produciendo en él, de forma que muestra una **imagen fiel** del patrimonio, de la situación financiera y de los resultados de la empresa en un momento determinado. La contabilidad se puede clasificar a su vez en:

- **Contabilidad externa,** también llamada contabilidad financiera o contabilidad general. Se encarga de registrar todas las variaciones que sufre el patrimonio como consecuencia de la actividad de la empresa; se ocupa además de dar información de la empresa a usuarios externos, tales como accionistas, Administraciones públicas, proveedores y público en general.
- **Contabilidad interna,** también llamada contabilidad analítica o contabilidad de costes. Calcula los costes y los beneficios derivados del proceso productivo.

! IMPORTANTE

Relación de los ciclos económicos con la estructura económica y financiera

- El **ciclo de explotación** afecta al Activo y Pasivo corriente. Supone la liquidación de las inversiones del Activo corriente, produciendo los recursos financieros que hacen falta para responder a las obligaciones de pago derivadas de las deudas a corto plazo y la reposición del Activo corriente.
- El **ciclo de capital** se encuentra relacionado con el Activo y Pasivo no corriente. Implica la aplicación de recursos financieros en activos inmovilizados que activen y garanticen el sistema productivo de la empresa.

CASO PRÁCTICO 3. Estructura económica y financiera

Una empresa presenta la siguiente situación patrimonial: Activo corriente 7.000 €, Activo no corriente 3.000 €, Patrimonio neto 1.000 €, Pasivo no corriente 4.000 €, Pasivo corriente 5.000 €. Relaciona los distintos elementos teniendo en cuenta los que forman parte de la estructura económica y los que forman parte de la estructura financiera.

Solución:

- **Estructura económica:** Activo corriente 7.000 € + Activo no corriente 3.000 € = 10.000 €.
- **Estructura financiera:** Patrimonio neto 1.000 € + Pasivo no corriente 4.000 € + Pasivo corriente 5.000 € = 10.000 €.

2. La actividad empresarial

La actividad empresarial la constituyen todas aquellas actividades que lleva a cabo una empresa, con el objetivo de producir y comercializar los bienes y servicios con el fin de generar ingresos.

Por otro lado, las tareas que realiza la empresa a nivel interno para gestionar de forma adecuada su capital y organizar de manera eficiente los recursos materiales y humanos, también constituyen una actividad empresarial.

$$\text{Rentabilidad} = \frac{\text{Beneficio obtenido}}{\text{Capital invertido}} \cdot 100$$

Fig. 1.5. Cálculo de la rentabilidad.

2.1. La empresa

> La empresa es una **unidad económica** de carácter **público** o **privado** que está formada por **recursos** humanos, financieros y materiales y se dedica a la producción de **bienes** y/o prestación de **servicios** para satisfacción de las necesidades humanas y cuyo objetivo final, en el caso de empresas privadas, es obtener el máximo **beneficio**.

Los objetivos que tienen las empresas son:

1. **Maximizar el beneficio.** Se puede plantear de dos maneras:

- **Obtener el máximo beneficio.** Es la diferencia entre los ingresos obtenidos por la venta de bienes producidos o por los servicios prestados y los costes resultantes de producir esos bienes o de prestar esos servicios.
- **Obtener la máxima rentabilidad** (Fig. 1.5). Es la relación entre los beneficios obtenidos en un periodo y el capital invertido, expresada en tanto por ciento.

2. **Objetivos sociales.** Suelen ser los siguientes:

- **Contribuir a la creación de empleo.** Las empresas son agentes sociales y desempeñan un papel muy relevante en el desarrollo de la sociedad. Tienen una responsabilidad respecto a los colectivos con los que se relaciona directamente: trabajadores, clientes, proveedores, sector público, sindicatos, etc.
- **Ayudar al desarrollo de una determinada zona geográfica.** Facilitar el progreso económico y social de determinadas zonas y contribuir al cuidado del medio ambiente.
- **Estabilidad y adaptabilidad al entorno.** Si la empresa quiere crecer, debe estar preparada para afrontar los cambios tecnológicos y de innovación que puedan producirse en el marco donde desarrolla su actividad.

ACTIVIDADES

3. Calcula la rentabilidad de cada una de las empresas A, B y C a partir de los datos facilitados. Razona la respuesta.

a) Beneficio anual 20.000 €, capital invertido 180.000 €.

b) Beneficio anual 70.000 €, capital invertido 320.000 €.

c) Beneficio anual 5.000 €, capital invertido 20.000 €.

2.2. Clasificación de las empresas

Las empresas se pueden clasificar de la siguiente manera (Tabla 1.6):

1. Según la naturaleza de la actividad que realizan	• Sector primario: extractivas. • Sector terciario: de servicios.	• Sector secundario: industriales. • Sector cuaternario: I+D+i.
2. Según su localización	• Locales: desarrollan su actividad en una sola población. • Nacionales: desarrollan su actividad en un país.	• Regionales: desarrollan su actividad en una región. • Multinacionales: desarrollan su actividad en varios países.
3. Según su titularidad	• Privadas: el capital está en manos de particulares. • Mixtas: son de titularidad mixta.	• Públicas: son aquellas que pertenecen al Estado.
4. Según el número de trabajadores y volumen de facturación	(ver tabla inferior)	
5. Según su forma jurídica	• De persona física.	• De persona jurídica.

	Número de trabajadores	Facturación (menor o igual a…, en mill. €)	Activo (menor o igual a…, en mill. €)
Microempresa	Menos de 10	2	2
Pequeña empresa	Entre 10 y 49	10	10
Mediana empresa	Entre 50 y 249	50	43
Gran empresa	250 o más	> 50	> 43

Tabla 1.6. Clasificación de las empresas.

A. Personas físicas

Para el **empresario individual**, las características y modalidades son (Tabla 1.7):

Empresario individual	El empresario individual es una persona física que, disponiendo de capacidad legal, ejerce de forma habitual y en nombre propio una actividad comercial, industrial o profesional. Las características son: • **Responsabilidad ilimitada.** El empresario responderá con sus bienes presentes y futuros de todas las obligaciones que contraiga la empresa. No hay separación entre el patrimonio mercantil y el patrimonio civil. • **Capital inicial.** No hay capital inicial establecido. • **Inscripción.** No es necesario inscribirse en el Registro Mercantil. • **Fiscalidad.** Tributa por el Impuesto de la Renta de las Personas Físicas (IRPF).
Emprendedor de responsabilidad limitada	El emprendedor de responsabilidad limitada permite al empresario persona física evitar, bajo determinadas condiciones, que la responsabilidad derivada de sus deudas empresariales o profesionales afecte a su vivienda habitual. Esta limitación no impide que el emprendedor ofrezca su vivienda en garantía, lo que impide es que pueda ser embargada por obligaciones que se deriven de su actividad empresarial, evitando por tanto que el riesgo empresarial afecte o llegue al núcleo familiar.
Trabajador autónomo económicamente dependiente	Es aquel que realiza una actividad económica o profesional a título lucrativo y de forma habitual, personal, directa y predominante para una persona física o jurídica denominada cliente, del que dependen económicamente en al menos un 75 % de sus ingresos.

Tabla 1.7. Empresario individual. Modalidades de empresario individual.

Para **comunidad de bienes** y **sociedad civil**, las características son (Tabla 1.8):

Comunidad de bienes	Se puede decir que existe una comunidad de bienes cuando la propiedad de un objeto o de un derecho pertenece pro indiviso a varias personas.
Sociedad civil	La sociedad civil está constituida por dos o más personas que ponen en común dinero, bienes o industria con el propósito de repartir entre sí las ganancias.
Características de ambas	• **Regulación.** Se regulan por lo establecido en el contrato suscrito por las partes y en lo no pactado se regulará por lo dispuesto en el Código Civil. • **Responsabilidad ilimitada.** Los comuneros o socios responderán con sus bienes presentes y futuros de todas las obligaciones que contraiga la empresa. No hay separación entre el patrimonio mercantil y el patrimonio civil. • **Aportaciones o capital.** No hay que hacer una aportación mínima. Debe existir un contrato privado donde se especifiquen las aportaciones y el porcentaje de cada socio. En las sociedades civiles las aportaciones pueden ser dinero, bienes o trabajo. • **Número de socios.** Mínimo dos socios. • **Fiscalidad.** Impuesto sobre Actividades Económicas. Actúan como sujetos pasivos. El IRPF se imputará a los comuneros con arreglo a su participación. Para el IVA son sujetos pasivos de este impuesto.

Tabla 1.8. Comunidad de bienes y sociedad civil.

 ACTIVIDADES

4. Confecciona en tu cuaderno un cuadro como el de abajo y clasifica las siguientes empresas: Zara (grupo Inditex), Taller de Reparaciones del Automóvil (15 empleados), Agencia de Desarrollo Local, Floristería Jazmín (cultiva y vende flores con 7 trabajadores), Adidas, Endesa, BBVA, Ferretería Rodríguez (3 empleados), Radio Televisión Española, Ferrovial, Cooperativa Pesquera Gallega (pesca y elabora conservas con sus 70 trabajadores).

Empresa	Sector	Tamaño	Titularidad	Ámbito geográfico de actuación
Zara (grupo Inditex)				

B. Personas jurídicas

Para **empresas personalistas**, sus tipos y características son (Tabla 1.9):

Sociedad colectiva	Se trata de una sociedad mercantil de tipo personalista en la que los socios, en nombre colectivo y bajo una razón social, aceptan participar, cada uno en el porcentaje que decidan, de los mismos derechos y obligaciones, respondiendo subsidiaria, personal y solidariamente de las deudas sociales. Sus características son: • **Nombre de la sociedad.** Estará constituido por los nombres de todos sus socios, o de alguno de ellos, debiendo añadirse en este último caso la expresión «y Compañía» o su abreviatura «y Cía». • **Socios.** Existen dos clases de socios: el capitalista que aporta bienes a la sociedad y el industrial que aporta trabajo, servicio o actividad en general. El mínimo de socios es dos. • **Responsabilidad ilimitada.** La sociedad responde con su propio patrimonio, aunque los socios también están obligados a responder de las deudas sociales subsidiaria, ilimitada y solidariamente. • **Capital social.** No es obligatorio un mínimo. • **Fiscalidad.** Tributan a través del Impuesto de Sociedades.
Sociedad comanditaria simple	Se trata de un tipo de sociedad mercantil de carácter personalista que se caracteriza por: • La presencia de dos clases de socios: **colectivos,** los cuales aportan capital y trabajo y responden subsidiaria, personal y solidariamente de las deudas sociales, y **comanditarios,** los cuales solo aportan capital y su responsabilidad se limitará a su aportación. • Los nombres de los socios comanditarios no podrán figurar en el nombre de la sociedad. • Se trata de una comunidad de trabajo en la que no colaboran los socios comanditarios. • Se exige la participación de al menos dos socios, uno de los cuales deberá ser socio colectivo. • Está regulada por el Código de Comercio. • No se exige capital mínimo para su constitución. • Tributan a través del Impuesto de Sociedades.

Tabla 1.9. Empresas personalistas. Tipos y características.

Para las **sociedades de economía social**, los tipos y características son (Tabla 1.10):

Sociedad laboral	Una sociedad laboral es un sociedad anónima o de responsabilidad limitada en la que la mayor parte del capital social (al menos un 51 %) es de los trabajadores de la empresa; estos trabajadores verán retribuidos sus servicios de forma personal y directa, y su relación laboral con la empresa será por tiempo indefinido. Sus características son: • **Nombre de la sociedad.** Deberá figurar obligatoriamente la expresión sociedad anónima laboral o S.A.L., o sociedad limitada laboral o S.L.L. • **Capital mínimo.** De 3.000 € para la sociedad limitada laboral y 60.000 € para la sociedad anónima laboral. El capital está formado por las aportaciones de los socios y dividido en acciones o participaciones. • **Socios.** Número mínimo: tres. Ningún socio podrá tener en acciones o participaciones más de la tercera parte del capital social. La responsabilidad de los socios se limita al capital aportado. • Deberán constituir un **fondo especial de reserva** con el 10 % del beneficio líquido. • Tributan por el Impuesto de Sociedades.
Sociedad cooperativa	Es una asociación de personas físicas o jurídicas que desarrollan una actividad empresarial, imputándose los resultados económicos a los socios. Sus características son: • **Capital mínimo.** Lo fijan los estatutos. • Las cooperativas pueden ser de **primer grado,** cuando sus socios son personas físicas o jurídicas, y de **segundo grado** cuando están constituidas por dos o más cooperativas de la misma o distinta clase. • **Responsabilidad.** Limitada al capital aportado. • **Constitución.** Formalizada en escritura pública. • Tributan por el Impuesto de Sociedades. • Tienen acceso a **subvenciones** para empresas de economía social.

Tabla 1.10. Sociedades de economía social. Tipos y características.

Para **sociedades de capital**, según el texto refundido de la Ley de Sociedades de Capital 1/2010 del 12 de julio, los tipos de Sociedades de Capital y sus características específicas son (Tabla 1.11):

Sociedad comanditaria por acciones	La sociedad comanditaria por acciones es una variedad de la sociedad comanditaria simple, se diferencian en que: • Su capital social está repartido en acciones. • Se exige un capital mínimo de 60.000 € en el momento de la constitución.
Sociedad de responsabilidad limitada	Sociedad mercantil de tipo capitalista en la cual el capital se encuentra dividido en participaciones iguales, acumulables e indivisibles, las cuales no pueden denominarse acciones. Sus características son: • Capital mínimo: 3.000 €, que deberá estar desembolsado en el momento de la constitución. Dicho capital, aportado por cada uno de los socios, podrá ser dinero, bienes o derechos que puedan ser valorados económicamente. • Puede ser constituida por un solo socio (sociedad limitada unipersonal). • En el nombre que se asigne a la sociedad deberá figurar lo siguiente: sociedad de responsabilidad limitada (S.R.L.) o sociedad limitada (S.L.). • Una sociedad limitada está compuesta por dos órganos: la junta general y los administradores. • Si un socio desea abandonar la sociedad no puede ceder sus participaciones a quien quiera, sino que tendrán preferencia los demás socios o la propia sociedad.
Sociedad anónima	Sociedad mercantil, de tipo capitalista, en la que el capital social está dividido en acciones que pueden ser transmitidas libremente por venta, donación o herencia. Sus características son: • Capital mínimo: 60.000 €, que deberá estar íntegramente suscrito en el momento de la constitución y desembolsado al menos el 25 % del valor nominal de cada una de las acciones. • El capital social está constituido por las aportaciones de los socios, que podrán ser en metálico, bienes o derechos. Solo podrán ser objeto de aportación los bienes o derechos patrimoniales susceptibles de valoración económica. • Puede ser constituida por un solo socio (sociedad anónima unipersonal). • En el nombre de la sociedad deberá figurar la expresión sociedad anónima o su abreviatura S.A. • Una sociedad anónima está compuesta por dos órganos: la junta general y los administradores. • El capital debe estar dividido en acciones de transmisión libre tras la inscripción de la empresa en el Registro Mercantil.

Tabla 1.11. Sociedades de capital. Tipos y características.

Otras características que son comunes a todas las sociedades de capital son:

- Serán españolas y fijarán su domicilio dentro del territorio español en el lugar en que se halle el centro de su efectiva administración y dirección, o en el que radique su principal establecimiento o explotación.
- Su constitución debe ser formalizada en una escritura pública e inscrita en el Registro Mercantil.
- Solo podrán ser objeto de aportación los bienes o derechos patrimoniales susceptibles de valoración económica.
- La responsabilidad de los socios se limita al capital aportado.
- Tributan a través del Impuesto de Sociedades.

CASO PRÁCTICO 4. Clasificación de las empresas atendiendo a su forma jurídica

Desde el punto de vista de la responsabilidad patrimonial del socio, responde a las siguientes cuestiones:

a) ¿Sería más conveniente crear una sociedad anónima o una colectiva?

b) ¿Cómo responden de las deudas de la sociedad frente a los acreedores?

Solución:

a) Los socios accionistas tienen una responsabilidad limitada al capital aportado, mientras que los socios colectivos tienen una responsabilidad ilimitada, personal y subsidiaria, por lo que esta última situación supone un mayor riesgo patrimonial del socio.

b) Una sociedad colectiva está respaldada por el patrimonio social y personal de sus socios, mientras que una sociedad anónima solo está acogida a las garantías del capital social.

SÍNTESIS

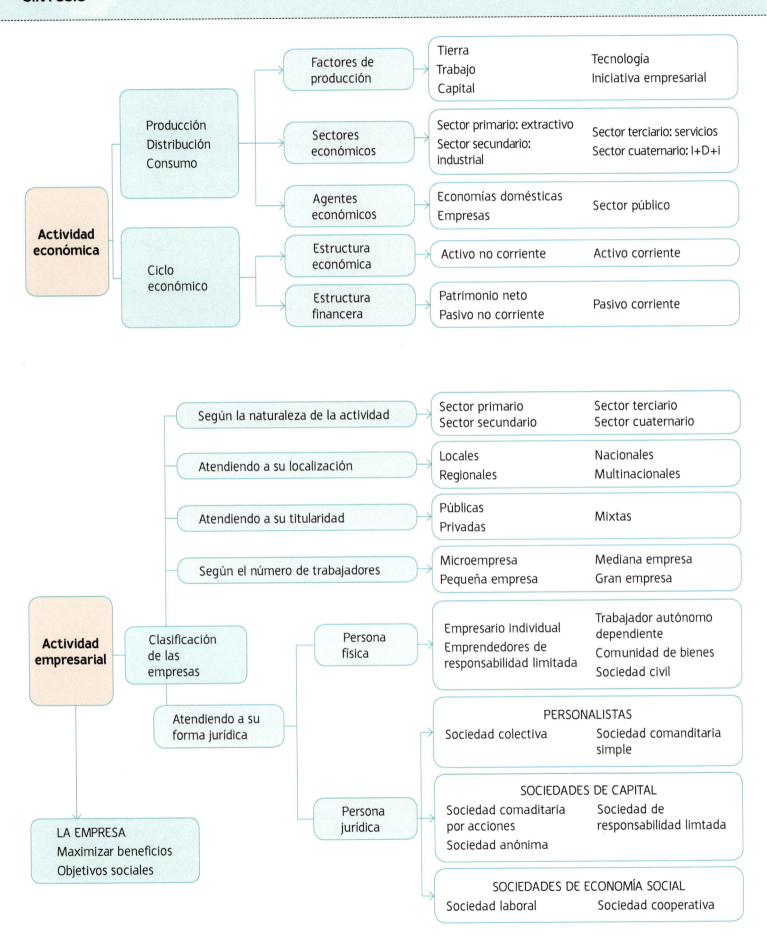

TEST DE REPASO

1. **Las fases en las que se puede dividir la actividad económica son:**
   a) Producción, distribución y venta.
   b) Producción, consumo y servicios.
   c) Producción, servicios y consumo.
   d) Producción, distribución y consumo.

2. **La distribución es la fase que:**
   a) Transforma la materia prima en productos terminados.
   b) Agrupa todas las actividades destinadas a poner los bienes al alcance del consumidor.
   c) Se adquieren los bienes y servicios.
   d) Controla administrativamente el proceso productivo.

3. **Los recursos necesarios para producir bienes y servicios forman parte del factor:**
   a) Tierra.
   b) Trabajo.
   c) Capital.
   d) Tecnología

4. **Dentro del factor capital, el capital físico es:**
   a) El que está formado por los elementos materiales tangibles.
   b) La educación y la formación profesional de los empresarios y trabajadores.
   c) El dinero necesario para constituir una empresa y mantener su actividad.
   d) Todos los anteriores son correctos.

5. **La productividad del factor trabajo de una empresa es la relación entre:**
   a) Las ventas realizadas y el beneficio obtenido.
   b) La producción obtenida y los costes de materia prima.
   c) La producción obtenida y las unidades de trabajo utilizadas.
   d) El total de las ventas y las unidades de trabajo utilizadas.

6. **En el sector secundario, la actividad que se desarrolla es:**
   a) Eléctrica, electrónica e informática.
   b) Pesquero y forestal.
   c) Comunicaciones y transporte.
   d) Tecnología y financiero.

7. **Una empresa que se dedica a cultivar y envasar para la venta pertenece a los sectores:**
   a) Primario y terciario.
   b) Primario y secundario.
   c) Secundario y terciario.
   d) Primario y cuaternario.

8. **El agente económico cuya función es regular y promover la actividad económica es:**
   a) Las economías domésticas.
   b) Las empresas.
   c) El sector público.
   d) Todas las anteriores son correctas.

9. **Unos grandes almacenes y una academia pertenecen a los grupos de agentes económicos:**
   a) Economías domésticas y empresa.
   b) Economías domésticas y sector público.
   c) Empresa y sector público.
   d) Ninguna de las anteriores es correcta.

10. **La estructura económica de una empresa está formada por:**
    a) El activo.
    b) El activo y el pasivo.
    c) El pasivo y el neto.
    d) El pasivo.

11. **El pasivo de una empresa está formado por:**
    a) Bienes y derechos.
    b) Bienes.
    c) Obligaciones.
    d) Derechos y obligaciones.

12. **La rentabilidad de una empresa se calcula en función de:**
    a) El beneficio obtenido y el número de trabajadores.
    b) El beneficio obtenido y el capital invertido, expresada en tantos por ciento.
    c) El capital invertido y las ventas realizadas, expresada en tantos por ciento.
    d) El capital invertido y los costes de producción, expresada en valores absolutos.

13. **Una empresa entre 10 y 49 trabajadores es una:**
    a) Microempresa.
    b) Pequeña empresa.
    c) Mediana empresa.
    d) Gran empresa.

14. **La responsabilidad de una empresa es ilimitada cuando su forma jurídica es:**
    a) Empresario individual.
    b) Sociedad civil.
    c) Comunidad de bienes.
    d) Todas las anteriores son correctas.

COMPRUEBA TU APRENDIZAJE

Distinguir los distintos sectores económicos, basándose en la diversa tipología de actividades que se desarrollan en ellos.

1. Identifica en los siguientes casos a qué fase de la actividad económica pertenece: de producción, de distribución o de consumo:

   a) Una máquina de empaquetado.

   b) Comprar leche en el supermercado.

   c) Vender leche a un supermercado.

   d) Un trabajador de envasado.

   e) Un camión de reparto de mercancías.

   f) Comprar una máquina de coser.

   g) Materias primas para elaborar los productos.

   h) Un trabajador de atención al público.

   i) Una campaña de publicidad.

2. Imagina una empresa, explica a qué se dedica y aplica todos los factores de producción que pueda usar esa empresa con un ejemplo real de cada uno.

3. La empresa ZAR quiere hacer un estudio de la productividad de sus fábricas y para ello elige seis de ellas al azar que aportan información sobre las unidades producidas en el año, el número de trabajadores y las horas trabajadas por cada uno.

   Calcula la productividad de cada fábrica. Razona la respuesta.

Tienda	Unidades producidas	N.º de trabajadores	Horas trabajadas
Madrid	2.300.000	45	1.950 c/u
Barcelona	1.800.000	38	2.050 c/u
Bilbao	1.200.000	36	1.980 c/u
Valencia	1.700.000	32	2.000 c/u
Las Palmas	1.200.000	29	2.020 c/u
A Coruña	1.000.000	24	2.100 c/u

4. El número de empresas en España por sectores económicos en 2015, es el siguiente:

   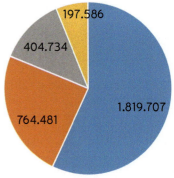

   ■ Resto de servicios ■ Comercio ■ Construcción ■ Industria

   Teniendo en cuenta esa información, entra en el siguiente enlace del Instituto Nacional de Estadística www.ine.es/prensa/np924.pdf y busca el total de empresas por sectores económicos que hay en tu comunidad autónoma.

   a) Realiza un gráfico de sectores para los datos de tu comunidad autónoma.

   b) Calcula los porcentajes de ambos gráficos con respecto al total.

   c) Las empresas del sector secundario de tu comunidad, ¿son proporcionales a las empresas del sector secundario de todo el país? En caso de disparidad, ¿crees que eso es bueno o malo para la economía de tu comunidad? Razona la respuesta.

   d) ¿Qué sector económico tiene más número de empresas en tu comunidad?

   e) ¿Qué sector económico tiene menos incidencia en la economía de tu comunidad?

Identificar las fases del ciclo económico de la actividad empresarial.

Relacionar el patrimonio económico de la empresa con el patrimonio financiero y ambos con las fases del ciclo económico de la actividad empresarial.

5. A partir de las siguientes informaciones, identifica los agentes económicos que intervienen en cada caso, así como el mercado en el que actúan.

   a) Carmen se compra un coche nuevo.

   b) Un supermercado contrata más personal.

   c) Un banco paga impuestos a Hacienda.

   d) Una empresa reparte beneficios entre sus socios.

   e) Juan trabaja de voluntario en una ONG.

   f) Jesús compra un nuevo ordenador en una tienda de informática y paga IVA.

   g) Unos grandes almacenes contratan nuevos trabajadores.

   h) Carmen recibe una beca.

   i) El Ministerio de Fomento adjudica una carretera a una empresa y esta contrata a más trabajadores.

6. Comprueba que se cumple la ecuación fundamental del patrimonio identificando los siguientes elementos patrimoniales según sean de Activo, de Pasivo o de Patrimonio neto.

   Relaciona también los elementos patrimoniales que forman parte de la estructura económica y los que pertenecen a la estructura financiera de la empresa (valor en euros): máquina envasado (23.000), dinero en bancos (1.400), deuda con proveedores (3.800), créditos a clientes (4.100), préstamo bancario (40.000), edificio de oficinas (120.000), dinero en caja (800), mobiliario (7.500), deudas con acreedores (13.000) y capital (100.000).

COMPRUEBA TU APRENDIZAJE

7. Una empresa obtiene durante este ejercicio económico unos beneficios superiores al ejercicio anterior, pero por otro lado la rentabilidad de este año ha sido inferior al año anterior. Teniendo en cuenta esta información:

a) ¿Crees que el aumento del beneficio compensa la disminución de la rentabilidad?

b) ¿Cuál crees que puede ser el motivo de esta situación?

c) ¿Qué dato de los dos, beneficio y rentabilidad, consideras que debe tenerse más en cuenta a la hora de valorar la marcha de la empresa?

d) ¿Tendrían que ser coincidentes los dos resultados obligatoriamente, es decir, aumentar los dos o disminuir los dos?

8. La empresa ZARA quiere hacer un estudio de la rentabilidad de sus tiendas en Europa, para ello elige 6 países que le aportan la siguiente información: beneficios obtenidos en el año y capital invertido. Calcula la rentabilidad que obtiene en cada país. Razona la respuesta.

País	Beneficio	Capital invertido
Alemania	4.300.000	11.200.000
Dinamarca	1.300.000	3.900.000
España	4.700.000	7.900.000
Francia	4.600.000	9.100.000
Holanda	1.700.000	4.100.000
Inglaterra	3.600.000	5.600.000

9. Busca ejemplos de empresas que realicen actualmente su actividad en tu comunidad autónoma atendiendo a la siguiente clasificación:

a) Una empresa de cada sector económico.

b) Una empresa de cada tipo según la localización.

c) Una empresa de cada tipo según la titularidad.

d) Una empresa de cada tipo según el tamaño.

10. Clasifica en un cuadro las siguientes empresas, según el sector al que pertenecen, su tamaño, la titularidad pública o privada y su ámbito geográfico de actuación: Mango, Empresa Municipal de Turismo (9 trabajadores), Farmacia Rosa, Nike, Cepsa, Construcciones Redondo (12 trabajadores), Cooperativa Agrícola Andaluza (extrae la materia prima, trasforma y comercializa aceite de oliva con sus 150 trabajadores), Renault, Correos, Cadena de supermercados Día.

11. En relación con el empresario individual:

a) ¿En qué consiste esta forma de empresa?

b) ¿Cuáles son sus características?

c) ¿Cuáles son sus ventajas e inconvenientes?

d) ¿Se puede ser una empresa grande bajo la forma de empresario individual? Razona tu respuesta.

12. Un grupo de conocidos economistas está pensando en constituir un gabinete de asesoramiento financiero, al que aportarán su capital y su dedicación profesional. Como confían en que les irá bien, y dada la confianza que existe entre ellos, no les preocupa demasiado la responsabilidad que puedan asumir.

a) ¿Qué forma jurídica podría convenirles?

b) ¿Qué deben saber sobre la responsabilidad que asumirán y sobre la forma de gestionar el gabinete?

c) ¿Qué otros requisitos deben conocer de la forma jurídica elegida para constituir la empresa?

13. Andrés y Sara cuentan con 30.000 € entre los dos y quieren montar un hotel de turismo rural, pero no desean correr el riesgo de perder más que su aportación al negocio, por lo que están pensando formar una sociedad limitada.

a) ¿Es esta la forma jurídica adecuada conforme a su capital y sus exigencias?

b) ¿Qué características deben conocer del tipo de sociedad elegida?

14. Carlos y dos compañeros de trabajo deciden constituirse como sociedad anónima para desarrollar un negocio para el que resuelven aportar 50.000 € cada uno, de los que piensan desembolsar el 40 % en el momento de la constitución de la sociedad.

a) ¿Reúnen los requisitos legales que se exigen para este tipo de sociedad? Razona tu respuesta.

b) ¿Qué tienen que hacer Carlos y sus compañeros para que su negocio sea reconocido legalmente?

15. Señala el carácter verdadero o falso de las siguientes afirmaciones, razonando la respuesta.

a) Una cooperativa formada por la unión de otras cooperativas es de segundo grado.

b) El empresario individual se convierte en persona jurídica al inscribir el acto de constitución de su empresa en el Registro Mercantil.

c) La sociedad limitada requiere que el capital inicial esté totalmente suscrito y al menos desembolsado en un 25 %.

d) En la sociedad anónima, los socios pueden trasmitir sus acciones libremente.

e) Cada uno de los socios de la sociedad colectiva responde de las deudas.

f) El emprendedor de responsabilidad limitada se caracteriza porque las deudas derivadas de su actividad no afectan a su vivienda habitual.

g) En las sociedades anónimas, el capital social tiene que estar suscrito y desembolsado en su totalidad en el momento de la constitución.

2 UNIDAD

Los tributos en la actividad comercial

En esta unidad

APRENDERÁS A

- Identificar la normativa fiscal básica.
- Clasificar los tributos, identificando las características básicas de los más significativos.
- Identificar los elementos tributarios.
- Identificar el procedimiento para gestionar la presentación de documentos de cobro y pago ante las Administraciones Públicas.

ESTUDIARÁS

- El sistema tributario español y la justificación del sistema tributario.
- Los impuestos, las tasas y las contribuciones especiales.
- La clasificación de los impuestos en directos e indirectos.
- Los elementos tributarios de IS, IRPF e IVA.
- Las operaciones con las Administraciones Públicas.

Y SERÁS CAPAZ DE

- Reconocer la interrelación entre las áreas comercial, financiera, contable y fiscal para gestionar los procesos de gestión empresarial de forma integrada.
- Identificar los modelos, los plazos y los requisitos para tramitar y realizar la gestión administrativa en la presentación de documentos en Organismos y Administraciones Públicas.

1. Sistema tributario español. Justificación del sistema tributario

> El sistema tributario español se define como el conjunto de normas, medios e instrumentos con los que la Administración Pública regula la gestión de los diferentes tributos de los que se compone y que exige como medio de financiación para el gasto público.

Se distinguen tres subsistemas tributarios: **estatal**, **autonómico** y **local**.

La Ley General Tributaria define los **tributos** como los «ingresos públicos que consisten en prestaciones pecuniarias exigidas por una Administración Pública como consecuencia de la realización del supuesto de hecho al que la ley vincula el deber de contribuir, con el fin primordial de obtener los ingresos necesarios para el sostenimiento de gastos públicos».

El tributo determinará la **obligación del contribuyente** al pago de una cantidad a la Administración Pública si se realiza un determinado hecho; esta obligación se justifica en la necesidad de la Administración de recibir ingresos para poder realizar sus fines.

Los tributos pueden ser de tres clases: **impuestos**, **tasas** y **contribuciones especiales** (Fig. 2.1).

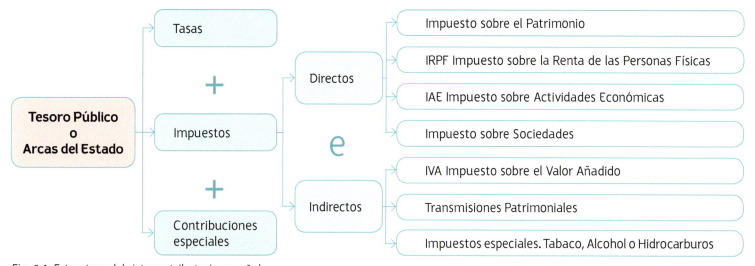

Fig. 2.1. Estructura del sistema tributario español.

A. Impuestos

Son los tributos que se exigen sin contraprestación, cuyo hecho imponible está constituido por negocios, actos o hechos que ponen de manifiesto la capacidad económica del contribuyente.

Los impuestos a su vez pueden ser **directos** e **indirectos** (Tabla 2.1):

Impuestos directos	Son tributos que se aplican sobre la renta de los particulares y sobre el beneficio de las empresas.	• Impuesto sobre la Renta de las Personas Físicas (IRPF). • Impuesto sobre Sociedades (IS). • Impuesto sobre el Patrimonio. • Impuesto sobre la Renta de No Residentes. • Impuesto sobre Sucesiones y Donaciones.
Impuestos indirectos	Se aplican en las operaciones de producción y consumo, sin tener en cuenta la situación del contribuyente.	• Impuesto sobre el Valor Añadido (IVA). • Impuesto sobre Transmisiones Patrimoniales y Actos Jurídicos Documentados (ITPAJD). • Impuestos Especiales. • Impuesto sobre las Primas de Seguros. • Impuestos sobre el Juego.

Tabla 2.1. Tipos de impuestos.

> **! IMPORTANTE**
>
> **Sede Electrónica**
>
> En la Sede Electrónica de la Agencia Tributaria se podrán realizar todos los trámites con la Hacienda Pública, de una manera ágil y sencilla. Se accede en la siguiente dirección:
>
> **www.agenciatributaria.gob.es**
>
> Para poder acceder y realizar gestiones es necesario alguno de los siguientes documentos identificativos:
>
> - Certificado digital.
> - DNI electrónico.
> - Clave PIN.

B. Tasas

La Ley General Tributaria define las tasas como los «tributos cuyo hecho imponible consiste en la utilización privativa o el aprovechamiento especial del dominio público, la prestación de servicios o la realización de actividades en régimen de Derecho Público que se refieran, afecten o beneficien de modo particular al obligado tributario, cuando los servicios o actividades no sean de solicitud o recepción voluntaria para los obligados tributarios o no se presten o realicen por el sector privado».

Como ejemplo tenemos las tasas que pagamos por el vado permanente de un garaje o, en caso de prestación de servicio, las tasas para el examen del carné de conducir (la persona que paga este tributo obtiene una utilidad de manera directa y particular).

C. Contribuciones especiales

La Ley General Tributaria define las contribuciones especiales como los «tributos cuyo hecho imponible consiste en la obtención por el obligado tributario de un beneficio o de un aumento de valor de sus bienes como consecuencia de la realización de obras públicas o del establecimiento o ampliación de servicios públicos». Como ejemplo de contribución tenemos, entre otros, la primera instalación, renovación o sustitución de redes de distribución de agua, alcantarillado y desagüe de aguas residuales. Los sujetos pasivos serán los propietarios de los inmuebles beneficiados.

1.1. Tributos que afectan a la actividad empresarial

Las empresas están obligadas a pagar determinados impuestos imputables a su actividad empresarial. En la unidad anterior vimos los impuestos que las empresas están obligadas a pagar en función de la forma jurídica que adopten. Los más importantes son (Tabla 2.2):

Impuestos estatales	Son aquellos impuestos que recauda el Estado: • Impuesto sobre la renta de las personas físicas (IRPF). • Impuesto sobre Sociedades. • IVA/IGIC.
Impuestos municipales	Son los impuestos que recaudan los ayuntamientos: • Impuesto sobre Actividades Económicas (IAE). • Impuesto sobre Bienes Inmuebles (IBI). • Impuesto sobre Vehículos de Tracción Mecánica.

Tabla 2.2. Tributos que afectan a la actividad empresarial.

A. Impuesto sobre la Renta de las Personas Físicas

> El Impuesto sobre la Renta de las Personas Físicas (IRPF) es un tributo de carácter personal y directo que grava la renta de las personas físicas de acuerdo con su naturaleza y sus circunstancias personales y familiares.

Los empresarios que son sujetos pasivos del IRPF, en función de su forma jurídica, son: empresario individual, trabajador autónomo económicamente dependiente y comunidad de bienes y sociedad civil en función de su participación.

Por otro lado, las **empresas** están **obligadas a retener a los trabajadores** determinadas cantidades en concepto de **pago a cuenta del IRPF**. La retención (cuantía) a practicar sobre los rendimientos del trabajo será el resultado de aplicar a la cuantía total de las retribuciones (sueldo íntegro) un tipo (tanto por ciento) de retención que irá en función de la situación de cada trabajador (se tendrá en cuenta su estado civil, si tiene hijos o personas dependientes, etc.). Posteriormente la empresa deberá presentar los siguientes impresos (Tabla 2.3) para el abono al Tesoro Público de las cantidades, a cuenta del IRPF, retenidas a los trabajadores y en los plazos establecidos.

> **? ¿SABÍAS QUE...?**
>
> Los impuestos que recaudan las Comunidades Autónomas y que no afectan directamente a las empresas son:
>
> - Impuesto sobre Transmisiones Patrimoniales y Actos Jurídicos Documentados (ITPAJD).
> - Impuesto sobre Sucesiones y Donaciones.

Modelo 111	En los primeros 20 días naturales de los meses de abril, julio, octubre y enero se declaran las cantidades retenidas y los ingresos a cuenta que correspondan por el trimestre natural inmediato anterior y se ingresará su importe en el Tesoro Público.
Modelo 190	Del 1 al 31 del mes de enero se realiza la declaración anual de las retenciones e ingresos a cuenta efectuados durante el periodo anterior.

Tabla 2.3. Modelos para declarar las retenciones del IRPF de los trabajadores.

B. Impuesto sobre Sociedades (IS)

La **Ley 27/2014, de 27 de noviembre, del Impuesto sobre Sociedades**, establece que es un impuesto directo que grava la obtención de renta de las sociedades y demás entidades jurídicas que residan en territorio español.

Dicha Ley establece, en su artículo 4.1, que constituirá hecho imponible en el IS la obtención de renta por el contribuyente, cualquiera que fuere su fuente u origen.

El impuesto sobre Sociedades toma como base la contabilidad y la determinación del **resultado contable (beneficio) de las sociedades**. Los tipos impositivos aplicables de forma general son los siguientes:

- Se fija como **tipo general de gravamen** el del **25 %**, para los periodos impositivos que se inicien a partir del 1 de enero de 2016.

- Las **entidades de nueva creación** que desarrollen actividades económicas tributarán al **15 %** en el primer periodo impositivo en que la base imponible resulte **positiva** y en el siguiente (salvo que deban tributar a un tipo inferior).

- Se **eliminan los tipos reducidos** para **empresas de reducida dimensión** en 2016, equiparándose su tipo de gravamen con el general. Para los periodos impositivos que se iniciaron en el año 2015, el gravamen de las empresas de reducida dimensión se mantenía diferenciado en dos tramos: con un tipo de gravamen del 25 % sobre la parte de la base imponible comprendida entre 0 y 300.000 €, y un tipo de gravamen del 28 % sobre la parte de la base imponible que exceda de 300.000 €.

- Las **entidades de crédito** y las entidades dedicadas a la exploración, la investigación y la explotación de yacimientos y almacenamientos subterráneos de **hidrocarburos** tributarán al **30 %**.

Las sociedades están obligadas a presentar los siguientes **modelos de declaración** en los plazos establecidos (Tabla 2.4):

Modelo 200	**Declaración anual** del Impuesto sobre Sociedades a presentar cada mes de julio, hasta el día 25 de julio de cada año, en el caso de empresas cuyo ejercicio económico coincida con el año natural.
Modelo 202	**Pago fraccionado** del Impuesto sobre Sociedades. Deberán presentar en los meses de abril, octubre y diciembre (los 20 primeros días de estos meses) este modelo las sociedades que tuvieron un resultado positivo en su última declaración del modelo 200.

Tabla 2.4. Modelos que las empresas están obligadas a presentar del Impuesto sobre Sociedades.

ABC VOCABULARIO

Devengo. Momento en el que nace la obligación de pago de un tributo.

Gravamen. Es una tasa que se aplica a la base imponible, se expresa a través de un porcentaje y cuyo resultado será la cuota tributaria.

C. Impuesto sobre el Valor Añadido (IVA)

El IVA es un impuesto de naturaleza indirecta, ya que recae sobre una manifestación indirecta de la capacidad económica del que lo soporta.

El IVA es un impuesto que **grava el consumo de bienes y servicios**. Este gravamen es soportado por el consumidor final, ya que las **empresas** pueden **deducir el IVA que soportan**, devolviendo a la Administración Pública el IVA que repercuten. Se puede decir que las empresas son «agentes recaudadores» del impuesto (Fig. 2.2).

Este impuesto se desarrollará en la siguiente Unidad.

Fig. 2.2. Las empresas actúan de hecho como agentes recaudadores para el Estado del impuesto del IVA.

CASO PRÁCTICO 1. Impuesto sobre Sociedades

¿Es contribuyente del IS una sociedad en formación? ¿Y una comunidad de bienes que explota un negocio?

Solución:

La sociedad en formación es una sociedad mercantil que se encuentra en el lapso temporal previo a su inscripción en el Registro Mercantil. Por ello no es contribuyente del IS al carecer de personalidad jurídica. Las comunidades de bienes con objeto mercantil pasan a ser contribuyentes del Impuesto sobre Sociedades, mientras que las que no tengan objeto mercantil seguirán tributando en Régimen de Atribución de Rentas (a partir del año 2016).

D. Impuesto sobre Actividades Económicas (IAE)

Es un impuesto gestionado por los **ayuntamientos** que se aplica tanto a personas **físicas** como a personas **jurídicas**. Este impuesto grava de forma directa la realización de cualquier tipo de actividad profesional, empresarial o artística y que tenga una cifra neta de negocio **igual o superior a un millón de euros.**

Están exentos de su pago las personas físicas y los sujetos pasivos que inicien una actividad en territorio español durante los dos primeros periodos impositivos de este impuesto. Los modelos de declaración del IAE son (Tabla 2.5):

Modelo 840	A presentar en los siguientes casos las declaraciones del Impuesto sobre Actividades Económicas: • **Altas.** Por iniciar una actividad. Se presentará en un mes desde el inicio de la misma. • **Variaciones.** En el plazo de un mes desde la fecha en que se produjo tal circunstancia. • **Bajas.** Por cesar en el ejercicio de la actividad. Se presenta en el plazo de un mes desde el cese.
Modelo 848	Comunicación del importe neto de la cifra de negocio. Se presentará entre el 1 de enero y el 14 de febrero del ejercicio en que deba surtir efecto dicha comunicación en el IAE.

Tabla 2.5. Modelos de declaración del IAE.

ABC VOCABULARIO

Valor catastral. Es un valor administrativo que se determina unilateralmente por la Administración de manera objetiva a partir de los datos obrantes en el catastro. El valor catastral está compuesto por el valor de suelo y el valor de construcción.

Base imponible. Cuantía sobre la cual se calcula el importe de determinado impuesto a satisfacer por una persona física o jurídica. Para calcular el importe de la cuantía del impuesto, se multiplica la base imponible por un porcentaje, llamado tipo de gravamen.

E. Impuestos sobre Bienes Inmuebles (IBI)

Es un impuesto de carácter local que recaudan los ayuntamientos y se define como un tributo directo de carácter real que grava el valor de los bienes inmuebles.

Este impuesto recae sobre todos los bienes inmuebles propiedad de las empresas. La base imponible de este impuesto está constituida por su valor catastral. El IBI se devengará el 1 de enero de cada año, tomando como periodo impositivo el año natural.

El tipo de gravamen mínimo y supletorio y el máximo establecido para esta clase de bienes inmuebles son los siguientes (Tabla 2.6):

Clases de inmuebles	Mínimo (%)	Máximo (%)
Inmuebles urbanos	0,4	1,10
Inmuebles rústicos	0,3	0,9

Tabla 2.6. Tipos de gravamen establecidos para los bienes inmuebles.

F. Impuesto sobre Vehículos de Tracción Mecánica

Es un tributo gestionado también por la Hacienda local. Este impuesto grava la titularidad de los vehículos de esta naturaleza, aptos para circular por las vías públicas, cualquiera que sea su clase y su categoría.

La cuota de este impuesto se regirá en función de la **potencia** del vehículo. La gestión, la liquidación y los plazos de recaudación corresponden al ayuntamiento del domicilio que conste en el permiso de circulación.

CASO PRÁCTICO 2. Impuesto sobre Bienes Inmuebles

La empresa Campa S.L. tiene en su activo los siguientes inmuebles: una oficina en un edificio cuyo valor catastral es de 90.000 €, una nave en zona industrial en la capital valorada en 150.000 € y una finca rústica valorada en 70.000 €.

Sabiendo que el ayuntamiento aplica un 0,8 % sobre los bienes urbanos y un 0,6 % sobre los bienes rústicos, ¿qué cantidad tendrá que pagar Campa S.L. al ayuntamiento en concepto de IBI, sabiendo que la empresa no tiene derecho a ningún tipo de reducción.

Solución:

Inmueble	Valor catastral	Gravamen	Cuota a pagar
Oficina	90.000	0,8 %	720,00
Nave industrial	150.000	0,8 %	1.200,00
Finca rústica	70.000	0,6 %	420,00
Total a pagar en concepto de IBI			2.340,00

2. Operaciones con las Administraciones Públicas

Para una correcta gestión de la tesorería en las empresas, que se estudiará de forma detallada en la Unidad 9, debemos tener presente las obligaciones de pago y los derechos de cobro con las Administraciones Públicas.

Para ello las empresas tendrán un calendario de pagos, donde se recogerán las fechas de los pagos a la Hacienda Pública, a la Tesorería General de la Seguridad Social y a otras Administraciones Públicas, con el fin de prever las cantidades que se han de abonar a cada institución.

Por otro lado, si la empresa fuera proveedora de la Administración Pública tendrá que controlar también las fechas de cobro establecidas por la Administración, presentando las facturas en tiempo y forma.

2.1. Derechos de cobro con la Administración Pública. Factura electrónica

La Ley 25/2013, de 27 de diciembre, de impulso de la factura electrónica y creación del registro contable de facturas en el sector público, aprobada con el fin de mejorar la competitividad de las empresas reduciendo la morosidad con las Administraciones Públicas, impulsa el uso de la **factura electrónica** y crea el **registro contable,** lo que permitirá agilizar los procedimientos de pago al proveedor y dar certeza de las facturas de pago existentes.

La citada Ley establece, entre otras medidas, las siguientes:

- La obligación, por parte de las empresas, de **presentar la factura electrónica** a las Administraciones Públicas a partir del **15 de enero de 2015.**
- Las Administraciones Públicas podrán excluir de esta obligación las facturas cuyo importe sea de **hasta 5.000 €.**
- Las facturas electrónicas que se remitan a las Administraciones Publicas deberán tener un **formato estructurado** y estar firmadas con **firma electrónica avanzada** basada en un **certificado digital** reconocido.
- El proveedor que haya expedido la factura a cualquier Administración Pública tendrá la obligación de presentarla, ante un registro administrativo, **en el plazo de 30 días** desde la fecha de entrega efectiva de las mercancías o la prestación de servicios.
- El Estado, las Comunidades Autónomas y las Entidades Locales dispondrán de un **punto general de entrada de facturas electrónicas** a través del cual se recibirán todas las facturas electrónicas que correspondan a entidades, entes y organismos vinculados o dependientes.

2.2. Obligaciones con la Hacienda Pública

En este apartado se va a hacer un repaso de las fechas para las obligaciones que tienen las empresas con la Hacienda Pública. Las características y el modelo para la presentación de cada impuesto ya se estudiaron en el apartado anterior.

La **Agencia Tributaria** publica cada año el **calendario del contribuyente,** donde establece las fechas del pago de los distintos impuestos que tienen que afrontar las empresas.

Para la gestión de tesorería las empresas deben tener en cuenta el calendario fiscal de la página siguiente (Tabla 2.7), donde aparecen las fechas e impuestos más habituales y de obligado cumplimiento para pymes y autónomos: IRPF, IVA e IS.

ACTIVIDADES

1. Una empresa creada el 1 de julio de 201_, ¿qué impuestos tendrá que pagar el 1 de enero del siguiente año? ¿Cuáles no está obligado a pagar? Razona la respuesta.
2. ¿Están las empresas obligadas a retener a los trabajadores cantidades a cuenta del IRPF o es opcional? Razona la respuesta.
3. ¿Qué empresas están obligadas a pagar el Impuesto sobre Actividades Económicas?

! IMPORTANTE

FACe es el **Punto General de Entrada de Facturas** de la Administración General del Estado. Permite la remisión de facturas en formato electrónico a aquellos organismos de las Administraciones que acepten la recepción de facturas en formato electrónico y que estén previamente dados de alta en el sistema.

@ WEB

Desde **www.agenciatributaria.es** puedes acceder al calendario del contribuyente siguiendo la siguiente ruta:

Inicio > Ayuda > Manuales, folletos y vídeos > Folletos informativos > Calendario del contribuyente.

A. Calendario del contribuyente para pymes y autónomos

Enero	Hasta el día 20	Retenciones cuarto trimestre año anterior.
	Hasta el día 30	IRPF: pagos fraccionados renta cuarto trimestre año anterior. IVA: autoliquidación, cuarto trimestre año anterior, resumen anual año anterior.
	Hasta el 31 de enero	Retenciones: resumen anual año anterior.
Febrero	Hasta el 28 de febrero	Declaración anual de operaciones con terceros, año anterior.
Abril	Hasta el día 20	Retenciones primer trimestre. IRPF: pagos fraccionados renta primer trimestre. IS: pago fraccionado ejercicio en curso. IVA: autoliquidación primer trimestre.
Mayo y Junio	Del 11 de mayo hasta 25 de junio	IRPF: declaración anual con resultado a ingresar con domiciliación en cuenta.
	Del 11 de mayo hasta 30 de junio	IRPF: declaración anual con resultado a devolver.
Julio	Hasta el día 20	Retenciones segundo trimestre. IRPF: pagos fraccionados renta segundo trimestre. IVA: autoliquidación segundo trimestre.
	Hasta el día 25	Impuesto sobre Sociedades. Declaración anual.
Octubre	Hasta el día 20	Retenciones tercer trimestre. IRPF: pagos fraccionados renta tercer trimestre. IS: pago fraccionado ejercicio en curso. IVA: autoliquidación tercer trimestre.
Diciembre	Hasta el día 20	IS: pago fraccionado ejercicio en curso.

Tabla 2.7. Calendario fiscal para pymes y autónomos.

2.3. Obligaciones con la Tesorería General de la Seguridad Social

Partiendo de la necesidad de las previsiones de tesorería de las empresas, se van a detallar aquí solo las obligaciones de pago con la Tesorería General de la Seguridad Social (TGSS) y así prever los desembolsos que tienen que realizar las empresas por los trabajadores contratados y en las fechas establecidas.

A. Cotizaciones a la Seguridad Social

Tanto los empresarios como los trabajadores por cuenta ajena están obligados a cotizar a la Seguridad Social (SS). La cotización a la Seguridad Social de los **trabajadores** consta de dos partes: una parte que es a **cargo de la empresa** y otra parte a **cargo del trabajador,** que se le retrae de su sueldo bruto.

Será **nulo todo pacto individual** por el cual el trabajador asuma la obligación de pagar total o parcialmente la cuota a cargo del empresario. También será nulo el pacto por el que el empresario se comprometa a soportar íntegramente la cotización del trabajador.

La cotización **comienza** al inicio de la actividad laboral y **finaliza** cuando se da de baja al trabajador, y esto supone disfrutar de las prestaciones propias de la cotización contributiva para los trabajadores. Las cuotas se ingresan **en el plazo del mes siguiente al de su devengo,** en el caso de pagar dichas cuotas fuera de plazo, se aplicarán recargos e intereses que tendrá que pagar la empresa.

Las **bases y tipos de cotización** varían según el régimen de cotización que se trate y serán los que establezca cada año la Ley de Presupuestos Generales del Estado. Los documentos de la cotización (Tabla 2.8) para realizar los pagos se podrán presentar en cualquier entidad financiera o a través del Sistema RED de la SS.

Recibo de liquidación de cotizaciones	Figura la Identificación de la empresa y las cuotas a ingresar, tanto de la empresa como del trabajador.
Modelo TC2 **Relación nominal de trabajadores**	Contiene los datos identificativos de los trabajadores de la empresa por los que se cotiza.

Tabla 2.8. Documentos a presentar para la cotización a la SS.

B. Seguridad Social. Sistema RED

> Es un servicio que ofrece la TGSS a empresas, agrupaciones de empresas y profesionales, cuya misión es permitir el intercambio de información y documentos entre ambas entidades (TGSS y usuarios) a través de Internet.

Por medio del Sistema RED se puede entrar en contacto directo con la TGSS que, gracias a los medios tecnológicos y los elementos de seguridad necesarios, le permite el acceso a datos de empresa y trabajadores. Hay dos modalidades (Fig. 2.3):

Sistema RED
www.seg-social.es/Internet_1/Masinformacion/SistemaRed/index.htm

Red Internet. Están obligados a incorporarse al Sistema RED todas las empresas, agrupaciones de empresas y demás sujetos responsables del cumplimiento de la obligación de cotizar. Dispone de dos métodos de trabajo:
- *Online.* A través de la página web de la Seguridad Social.
- **Remesas.** Mediante el envío de ficheros.

Red Directo. Esta autorización se concede a empresas con un número no superior a 15 trabajadores en el momento de la solicitud. Está orientado a la pequeña y mediana empresa, y permite conexión directa en tiempo real con TGSS.
- *Online.* A través de la página web de la Seguridad Social.
- **Remesas.** Mediante el envío de ficheros.

¿Qué necesitan las empresas?

Programa de nóminas adaptados a lo requerido por la TGSS.

Certificado digital

Acceso al sistema RED

1. **Solicitud del certificado SILCON.** El solicitante tiene que acreditar su identidad de forma presencial mediante NIF en las oficinas de certificados digitales.

2. **Solicitud de autorización.** Una vez obtenido el certificado SILCON, se presentará la solicitud de autorización (formulario FR101). Una vez concedida, se envía al autorizado las copias de su resolución de autorización.

Fig. 2.3. Funcionamiento del Sistema RED.

 CASO PRÁCTICO 3. Cálculo de retenciones a cuenta del IRPF y cotizaciones de los trabajadores

La empresa Campa S.L. tiene la siguiente relación de trabajadores, con las retenciones y las cotizaciones que se aplican a cada uno en función del tipo de contrato y la situación personal de cada trabajador. Con respecto a las cotizaciones, el 15 % del importe es a cuenta del trabajador y el resto a cuenta de la empresa.

Calcula:

a) El coste total de los trabajadores para la empresa.

b) El sueldo neto de cada trabajador.

c) La cantidad que tendrá que ingresar en Hacienda en concepto de retenciones.

d) La cantidad que tendrá que ingresar a la TGSS por las cotizaciones.

Datos del trabajador	Sueldo bruto	Retenciones (%)	Cotización total
Javier Caballero	1.900,00 €	21 %	350 €
Alicia Acosta	1.500,00 €	18 %	320 €
Ana Hernández	2.400,00 €	22 %	380 €

Solución:

Datos del trabajador	Sueldo bruto	Retenciones (%)	Cotización		Sueldo neto
			Empresa 85 %	Trabajador 15 %	
Javier Caballero	1.900,00 €	399,00	297,50	52,50	**1.448,50**
Alicia Acosta	1.500,00 €	270,00	272,00	48,00	**1.182,00**
Ana Hernández	2.400,00 €	528,00	323,00	57,00	**1.815,00**

SÍNTESIS

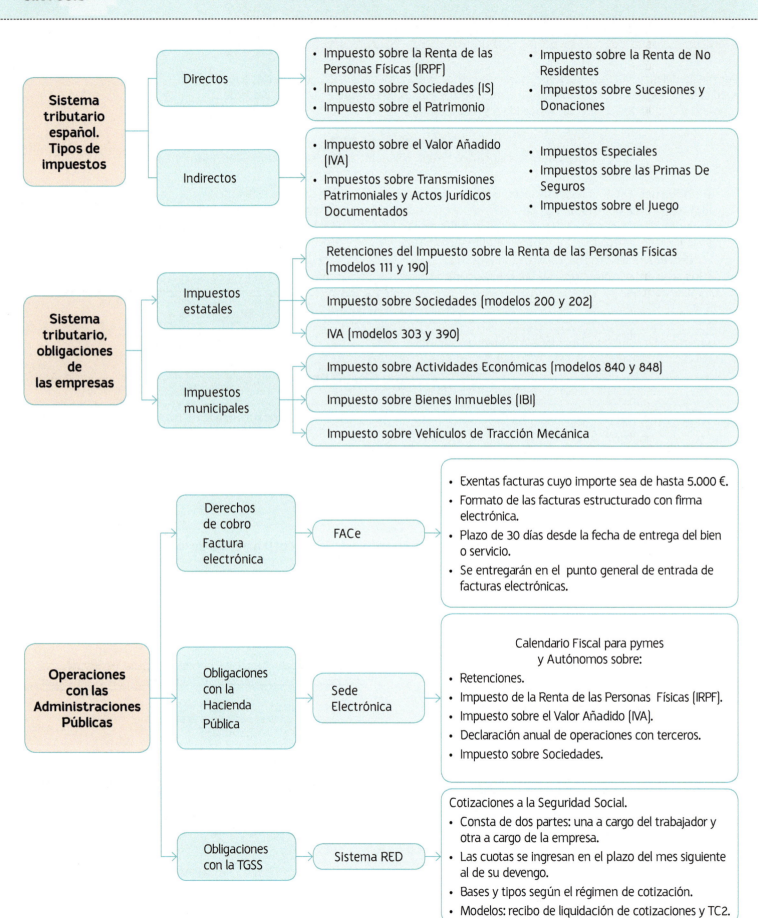

TEST DE REPASO

1. **Los tributos se definen como:**
   a) Gastos públicos realizados por la Administración.
   b) Ingresos públicos exigidos por la Administración.
   c) Obligación del contribuyente al cobro de una cantidad de la Administración.
   d) Todas las anteriores son ciertas.

2. **¿Cuál de los siguientes impuestos se considera indirecto?**
   a) Impuesto sobre el Valor Añadido (IVA).
   b) Impuesto sobre Sociedades.
   c) Impuesto sobre la Renta de las Personas Físicas (IRPF).
   d) Impuesto sobre el Patrimonio.

3. **De los siguientes tributos, ¿cuál es recaudado por los Ayuntamientos?**
   a) Impuesto sobre Sociedades.
   b) Impuesto sobre el Valor Añadido (IVA).
   c) Impuesto sobre Actividades Económicas.
   d) Impuesto sobre la Renta de las Personas Físicas (IRPF).

4. **¿Están las empresas obligadas a retener a los trabajadores cantidades en concepto de pago a cuenta del IRPF?**
   a) No es obligatorio, la empresa decide si retener o no las cantidades.
   b) El trabajador decide si le retienen o no.
   c) Sí, siempre es obligatorio.
   d) Solo cuando es autónomo.

5. **El impuesto que se paga sobre el beneficio de las empresas con personalidad jurídica es el:**
   a) Impuesto sobre el Valor Añadido.
   b) Impuesto sobre Sociedades.
   c) Impuesto sobre Actividades Económicas.
   d) Impuesto sobre Bienes Inmuebles.

6. **El IBI se paga teniendo en cuenta:**
   a) El valor catastral de los bienes inmuebles.
   b) El valor catastral de los bienes muebles.
   c) El valor de mercado de los bienes inmuebles.
   d) Todas las anteriores son ciertas.

7. **Las empresas que son proveedores de la administración pública de bienes o servicios tienen la obligación de presentar la factura:**
   a) En papel en cualquier oficina con registro.
   b) Electrónica con firma manual.
   c) Electrónica con cualquier formato que la empresa tenga.
   d) Electrónica con firma electrónica.

8. **El plazo que tienen los proveedores para presentar la factura electrónica es de:**
   a) 30 días a partir del pedido de los bienes y servicios.
   b) 15 días desde la fecha de entrega efectiva de la mercancía.
   c) 30 días desde la fecha de entrega efectiva de la mercancía.
   d) 60 días desde la fecha de entrega efectiva de la mercancía.

9. **La cotización a la Seguridad Social de los trabajadores es a cargo:**
   a) Íntegramente del trabajador.
   b) Una parte el trabajador y otra parte la empresa.
   c) Íntegramente de la empresa.
   d) Depende de la empresa.

10. **Las cuotas de cotización a la Seguridad Social se ingresan:**
    a) Cada trimestre devengado.
    b) A los diez días siguientes a su devengo.
    c) Al mes siguiente de su devengo.
    d) Al final del ejercicio económico.

11. **El Sistema RED está diseñado para las obligaciones a la Seguridad Social de:**
    a) Todas las empresas.
    b) Las grandes empresas.
    c) Los autónomos.
    d) Las sociedades anónimas.

12. **El Sistema RED Directo está establecido para empresas con un número de trabajadores en el momento de la solicitud:**
    a) No superior a 50.
    b) No superior a 20.
    c) Superior a 30.
    d) No superior a 15.

13. **¿Qué necesitan tener de forma obligada las empresas integradas en el Sistema RED Internet para hacer las gestiones?**
    a) Un programa de nóminas adaptado.
    b) Un certificado digital.
    c) El DNI digital.
    d) Cualquier programa de contabilidad.

14. **Los tipos de acceso necesarios para la realización de los trámites con la Agencia Tributaria son mediante:**
    a) Certificado electrónico.
    b) DNI electrónico.
    c) Cl@ve PIN o número de referencia.
    d) Dependiendo del trámite, cualquiera de los citados en los apartados anteriores.

COMPRUEBA TU APRENDIZAJE

Identificar la normativa fiscal básica.

Clasificar los tributos, identificando las características básicas de los más significativos.

Identificar los elementos tributarios.

Identificar el procedimiento para gestionar la presentación de documentos de cobro y pago ante las Administraciones Públicas.

1. ¿Qué tipos de impuestos hay? Define cada uno.

2. De los siguientes supuestos, determina si el impuesto que se carga es directo o indirecto y qué tipo de impuesto se aplica a cada caso.

    a) La compra de un paquete de tabaco.

    b) La compra de un pantalón.

    c) Repostar gasolina.

    d) Los timbres de la letra de cambio.

    e) La contribución de tu casa.

    f) Comer en un restaurante.

    g) Los impuestos que se pagan por una herencia recibida.

    h) Los impuestos sobre la venta de un edificio.

    i) El impuesto sobre el beneficio de la empresa.

    j) El impuesto del coche.

    k) El impuesto que se paga cuando se gana dinero en un concurso.

3. ¿Qué impuestos estatales y municipales tienen obligación de pagar las empresas?

4. ¿Cómo actúan las empresas con relación al IRPF de los trabajadores? ¿Qué modelos tiene que presentar la empresa para las liquidaciones?

5. ¿Sobre qué se calcula el Impuesto sobre Sociedades? ¿Cómo se llama el tipo impositivo que se le aplicaría a una empresa de nueva creación el primer año? ¿Y para una gran empresa?

6. Responde a las siguientes cuestiones sobre el Impuesto sobre Actividades Económicas:

    a) ¿Es obligatorio para las empresas pagar este impuesto?

    b) ¿A partir de cuándo es obligado el pago?

    c) Detalla los modelos a presentar para este impuesto y los plazos requeridos.

7. Con respecto al IBI y al impuesto de vehículos, responde a las siguientes cuestiones:

    a) ¿Qué tipo de impuesto es?

    b) ¿Sobre qué se carga?

    c) ¿Quién tiene la obligación de pagarlo?

8. Accede a la Sede Electrónica de la Agencia Tributaria y sigue la siguiente ruta: *Trámites > Impuestos y tasas*. Describe a continuación en un cuadro como el de abajo las características referidas, las cuales figuran en la ficha técnica de los impuestos del IVA, Sociedades y Patrimonio:

	IVA	IS	Patrimonio
Número del modelo			
Tipo de procedimiento			
Materia			
Objeto			
Órgano responsable			
Lugar de presentación			
Sistema de presentación			

9. Explica dónde se realiza el registro de documentos de forma electrónica.

10. Detalla los plazos de presentación y para qué se usa cada uno de los siguientes modelos: 111, 200, 202, 303, 840 y 848, teniendo en cuenta la información que aparece en la web de la AEAT, en la opción *Calendario del contribuyente*.

11. Realiza el procedimiento de «presentación de la declaración desde Sede Electrónica» del modelo 200 (Impuesto sobre Sociedades). Para ello sigue la siguiente ruta:

    Sede Electrónica AEAT > Impuestos y tasas > Impuesto sobre sociedades > Modelo 200 > Predeclaración de ejercicios anteriores > Información y Ayuda > Presentación electrónica modelo 200.

12. Accede al siguiente enlace en relación con la factura electrónica y responde a las siguientes cuestiones:

    http://www.facturae.gob.es/que-desea/Paginas/administraciones-publicas.aspx#dt3

    a) ¿Qué se necesita para crear una factura electrónica para las Administraciones Públicas?

    b) ¿Cómo tienen que ser las facturas electrónicas para las Administraciones Públicas?

    c) ¿Cómo se firma electrónicamente una factura electrónica para las Administraciones Públicas?

    d) ¿Cómo se envía la factura electrónica a las Administraciones Públicas?

13. Describe qué es FACe y su funcionamiento. Para ello accede al siguiente enlace:

    http://administracionelectronica.gob.es/ctt/face#.Vo-F6OzZUPyI.

COMPRUEBA TU APRENDIZAJE

14. Calcula el importe del Impuesto sobre Sociedades que deberán pagar las siguientes empresas sobre los beneficios obtenidos durante el año 20X5, teniendo en cuenta el tipo de empresa y los tipos impositivos que se aplican a cada una:

Empresa	Resultado contable 20x5 (euros)
Gran empresa	4.500.000
Empresa de reducida dimensión que comienza actividad en 20X5	630.000
Empresa de nueva creación año 20X4	1.100.000
Entidad de crédito	5.600.000
Empresa de nueva creación año 20X3	1.500.000
Microempresa creada en el año 20X2	850.000

15. De las siguientes empresas, ¿cuáles están obligadas a pagar el Impuesto sobre Actividades Económicas y cuáles no? Razona la respuesta.

a) Una empresa que comenzó su actividad hace 6 meses.

b) Una empresa cuya cifra de negocios es de 1.200.000 €.

c) Una empresa de fabricación de toallas de Portugal.

d) Una empresa que solo vende a las Administraciones Públicas y cuya cifra de negocio es de 1.600.000 €.

e) Una empresa cuya cifra de negocio es de 950.000 €.

f) Una empresa francesa que tiene una sede en Madrid cuya cifra de negocio es de 1.600.000 €.

g) Una empresa cuyo domicilio social está en Valencia y tiene sucursales en las siguientes localidades, con las respectivas cifras de negocio:

- Valencia: 600.000 €.
- Albacete: 140.000 €.
- Alicante: 520.000 €.
- Castellón: 180.000 €.
- Murcia: 320.000 €.

16. Una empresa de tu municipio tiene los siguientes inmuebles en su activo con su valor catastral correspondiente.

Inmueble	Valor catastral (euros)
Local comercial	140.000
Almacén urbano	60.000
Nave industrial en extrarradio	200.000
Finca rústica	270.000

Averigua el gravamen que aplica tu ayuntamiento en cada inmueble y calcula el importe total a pagar por la empresa en concepto de IBI.

17. La empresa Canarias Jeans S.L. tiene la siguiente relación de trabajadores. Las cotizaciones y retenciones que se aplican a cada uno están en función del tipo de contrato y la situación personal. Las cotizaciones a la Seguridad Social corresponden el 80 % a la empresa y el resto al trabajador. Calcula:

a) El coste total de los trabajadores para la empresa.

b) El sueldo neto de cada trabajador.

c) La cantidad que tendrá que ingresar en Hacienda en concepto de retenciones.

d) La cantidad que tendrá que ingresar a la TGSS por las cotizaciones practicadas.

Relación de trabajadores			
Datos del trabajador	Sueldo bruto	Retenciones	Cotización total
Alejandro Caballero	2.120,45 €	21 %	370 €
Beatriz Gonzáles	1.870,00 €	18 %	320 €
Guillermina Afonso	2.140,00 €	22 %	380 €
M.ª José Cáceres	2.220,50 €	20 %	370 €

18. Entra al Sistema RED de la Seguridad Social y sigue esta ruta: *Sistema RED > RED Internet > Información > Modalidades de pago > Domiciliación en cuenta*. Responde a continuación a las siguientes cuestiones:

a) ¿Qué es la domiciliación en cuenta?

b) ¿Cuándo se puede realizar la domiciliación en cuenta?

c) ¿Qué regímenes y tipos de liquidación admiten el cargo en cuenta?

d) ¿Cómo se realiza la solicitud de cargo en cuenta?

e) ¿Cómo se justifica el pago de las cuotas?

19. Entra al Sistema RED de la Seguridad Social y sigue esta ruta: *Sistema RED > RED Directo > Información > Modalidades de pago > Pago electrónico*. Responde a las a continuación a las siguientes cuestiones:

a) ¿Qué es el pago electrónico?

b) ¿Qué regímenes y tipos de liquidación admiten el pago electrónico?

c) ¿Cómo se realiza la solicitud de pago electrónico?

d) ¿Cómo se justifica el pago de las cuotas?

UNIDAD 3

La fiscalidad en las operaciones de compraventa. El IVA

En esta unidad

APRENDERÁS A

- Identificar las características básicas de las normas mercantiles y fiscales aplicables a las operaciones de compraventa.
- Distinguir y reconocer las operaciones sujetas, exentas y no sujetas a IVA.
- Diferenciar los regímenes especiales del IVA.
- Determinar las obligaciones de registro en relación con el IVA, así como los libros registro (voluntarios y obligatorios) para las empresas.
- Calcular las cuotas liquidables del impuesto y elaborar la documentación correspondiente a su declaración-liquidación.
- Identificar el procedimiento para gestionar la presentación de documentos de cobro y pago ante las Administraciones Públicas.

ESTUDIARÁS

- El Impuesto sobre el Valor Añadido (IVA).
- Tipos de operaciones en función de la aplicación del impuesto. El IVA en el comercio exterior.
- El sujeto pasivo y sus obligaciones. Declaración-liquidación del IVA.

Y SERÁS CAPAZ DE

- Interpretar la normativa y metodología aplicable para realizar la gestión contable y fiscal.
- Identificar los modelos, plazos y requisitos para tramitar y realizar la gestión administrativa en la presentación de documentos en organismos y Administraciones Públicas.

1. El Impuesto sobre el Valor Añadido (IVA)

En la unidad anterior estudiamos todas las obligaciones de las empresas con la Administración Pública, tanto las de la Hacienda Pública como las de la Tesorería General de la Seguridad Social, así como los derechos de cobro a la Administración.

Pero, de todos los impuestos, el más usado es el Impuesto sobre el Valor Añadido, más comúnmente conocido por sus siglas (IVA), ya que afecta directamente a todas las operaciones de compraventa de bienes y a las prestaciones de servicios que realizan las empresas para llevar a cabo su actividad empresarial. El Impuesto sobre el Valor Añadido o Impuesto sobre el Valor Agregado es un impuesto indirecto sobre el consumo, que grava las entregas de bienes y las prestaciones de servicios.

1.1. Características del IVA

Las características principales de este impuesto son las siguientes:

- Es **indirecto,** porque no se aplica de manera directa a la renta de los contribuyentes, sino que se paga según el **consumo** que haga cada persona. Cuantos más productos o servicios compres, más IVA se paga.
- Es una de las fuentes de **financiación** más importantes para el conjunto del país.
- Es un impuesto proporcional, ya que es un porcentaje determinado que se aplica a todos los productos y servicios.
- Es un impuesto que grava el **consumo de bienes y servicios.** Este gravamen es soportado por el consumidor final, ya que las empresas pueden deducir el IVA que soportan, devolviendo a la Administración Pública el IVA que repercuten. Se puede decir que las empresas son «agentes recaudadores» del impuesto.

Tipos impositivos	
Tipo general	21 %
Tipo reducido	10 %
Tipo superreducido	4 %

Tabla 3.1. Tipos impositivos del IVA.

1.2. Tipos de IVA

En la mayoría de países hay dos, tres y hasta cuatro tipos de IVA, dependiendo del producto o servicio al que esté sujeto el impuesto. Casi todos los países usan un sistema muy similar. En España existen tres tipos de IVA (Tabla 3.1):

- **IVA general: 21 %.** Aplicable a la gran mayoría de los productos.
- **IVA reducido: 10 %.** Se aplica para algunos productos alimenticios, hostelería, transporte, etc.
- **IVA superreducido: 4 %.** Es aplicado a productos de primera necesidad (leche, fruta, pan, libros, fármacos, etc.).

También es importante diferenciar entre IVA repercutido e IVA soportado, necesario para que una empresa o autónomo calcule el IVA que tiene que pagar a Hacienda (Fig. 3.1):

- **IVA repercutido.** Es el que cobra una empresa al vender un bien o servicio. Por ejemplo, cuando una tienda de ropa vende un abrigo por 100 € tiene que añadirle en el precio los 21 € de IVA. Esos 21 € son el IVA repercutido en la factura de la empresa.
- **IVA soportado.** Es el que paga una empresa por comprar un bien o un servicio. Por ejemplo, el algodón que compra la fábrica de ropa para hacer un abrigo supongamos que le costó a la fábrica 10 €, y pagó además un IVA de 2,1 €. Esos 2,1 € es el IVA soportado por la fábrica.

Al final de año o del trimestre cada empresa tiene que liquidar a la Hacienda Pública el IVA, que es tan sencillo como restar al IVA repercutido el IVA soportado. Si el resultado es negativo significa que Hacienda nos tiene que devolver, porque hemos soportado más IVA del que hemos recibido.

Liquidación del IVA = IVA repercutido – IVA soportado

Fig. 3.1. Funcionamiento del IVA.

¿SABÍAS QUE...?

Normas aplicables al concierto del País Vasco y Navarra

a) En los casos en que se opere exclusivamente en uno de los territorios (común o foral), se tributará exclusivamente en ese territorio.

b) Si operase conjuntamente en territorio común y foral habrá que atender al volumen de operaciones (facturación, excluyendo IVA) realizado:

- Si el importe es inferior a 7.000.000 € en el año anterior, se tributará exclusivamente donde esté situado su domicilio fiscal.

- Si el importe supera los 7.000.000 €, se tributará en cada Administración Tributaria en la proporción que representen las operaciones realizadas en cada una de ellas.

1.3. Ámbito de aplicación

El IVA se aplica en la Península y en las Islas Baleares, quedando al margen las Islas Canarias (en las que se aplica el Impuesto General Indirecto Canario, IGIC) y las Ciudades Autónomas de Ceuta y Melilla.

Por su parte, en el País Vasco y en Navarra el régimen de aplicación del impuesto goza de algunas particularidades, que se recogen al margen.

1.4. Tipos de operaciones con IVA

Dependiendo de dónde se realicen las operaciones, estas pueden ser:

- Cuando un empresario español entrega un bien a otro empresario en España: se llama **operación interior** o servicio que se presta en España.

- Cuando un empresario español envía un bien a un empresario de la Unión Europea: lo llamaremos **entrega intracomunitaria** de bienes.

- Cuando un empresario europeo entrega un bien a un empresario español: se llama **adquisición intracomunitaria** de bienes.

- Los bienes que entran o salen de/a países distintos de la Unión Europea: serán **importaciones** o **exportaciones** de bienes.

CASO PRÁCTICO 1. Tipos de IVA

La cafetería XXL realiza las siguientes operaciones: compra a su proveedor habitual 250 panes a 0,50 € cada uno (IVA no incluido); vende 50 refrescos a 1,20 € cada uno (IVA no incluido). Calcula el importe de cada factura aplicando el tipo de IVA correspondiente y señala cuál es el IVA soportado y el IVA repercutido.

Solución:

- Compra: 250 · 0,50 = 125 €, se le aplica el IVA superreducido del 4 %.

    Total compra: 125 + (125 · 4/100) = 130 €, **5 € es el IVA soportado.**

- Venta: 50 · 1,20 = 60 €, se le aplica el IVA reducido del 10%

    Total venta: 60 + (60 · 10/100) = 66 €, **6 € es el IVA repercutido.**

CASO PRÁCTICO 2. Tipos de operaciones con IVA

La empresa Complementos S.L., dedicada a la fabricación de joyas de bisutería, realiza una venta a un cliente de Gerona, otra venta a un cliente de Bruselas y otra venta a un cliente de Estados Unidos. ¿Qué tipo de operación realiza con cada cliente?

Solución:

- Cliente de Gerona: operación interior.
- Cliente de Bruselas: operación de entrega intracomunitaria.
- Cliente de Estados Unidos: exportación de bienes.

ACTIVIDADES

1. Determina qué tipo de IVA se aplica a los siguientes productos: una caja de aspirina, un litro de leche, un coche, un bolígrafo, un viaje en autobús, una noche de hotel, un kilo de naranjas, un libro de texto, un ordenador.

2. En los siguientes supuestos define de qué tipo de operación con IVA se trata:

    - Una empresa de Alemania le vende a una empresa de Aragón.
    - Una empresa de Marruecos le compra a una empresa de Andalucía.
    - Una empresa de Madrid le compra a una empresa de Canarias.
    - Una empresa de Galicia le compra a una empresa de Cataluña.
    - Una empresa de La Rioja le vende a una empresa de Ceuta.
    - Una empresa de Bruselas le compra a una empresa de Valencia.
    - Una empresa de Argentina le compra a una empresa de Extremadura.

2. Tipos de operaciones en función de la aplicación del IVA

A la hora de aplicar el IVA hay que tener en cuenta de qué tipo de operación se trata, ya que hay tres modalidades: operaciones sujetas al IVA, operaciones no sujetas al IVA y operaciones exentas de IVA.

2.1. Operaciones sujetas al IVA

Están sujetas al IVA las entregas de bienes y prestaciones de servicios realizadas por empresarios o profesionales, a título oneroso, siempre que se desarrollen dentro de una actividad empresarial o profesional.

Tienen consideración de entrega de bienes y prestación de servicios sujetos a la aplicación del IVA los siguientes (Tabla 3.2):

Bienes y servicios sujetos al IVA	
Entrega de bienes	• La transmisión del poder de adquisición sobre bienes corporales, incluso si se efectúa mediante cesión de títulos representativos de dichos bienes. • Las ejecuciones de obras que tengan por objeto la construcción o rehabilitación de edificios, cuando el empresario que ejecute la obra aporte una parte de los materiales utilizados, siempre que el coste de los mismos exceda del 40 % de la base imponible. • Las aportaciones no dinerarias efectuadas por los sujetos pasivos del impuesto de su patrimonio empresarial o profesional a comunidades de bienes o a cualquier otro tipo de entidad. • Las transmisiones de bienes en virtud de norma o de resolución administrativa o jurisdiccional, incluida la expropiación forzosa. • Los contratos de arrendamiento financiero, realizándose el pago del IVA en cada una de las cuotas. • Trasmisiones de bienes entre comitente y comisionista en virtud de contratos de comisión por ventas o comisión por compras, actuando el comisionista en nombre propio. • El suministro de productos informáticos efectuados en cualquier soporte, si no precisan una modificación sustancial para ser utilizados.
Prestación de servicios	• El ejercicio independiente de una profesión, arte u oficio. • Los arrendamientos de bienes, industria o negocio, empresas o establecimiento. • Las cesiones de uso o disfrute de bienes, ya sean estos muebles o inmuebles. • Las concesiones y cesiones de los derechos de autor, licencias, patentes, y demás derechos de propiedad intelectual o industrial. • El traspaso de locales de negocios. • Los transportes. • Los servicios de hostelería, restaurante o acampamento y venta de bebidas y alimentos para su consumo inmediato en el mismo lugar. • Las prestaciones de hospitalización. • Los préstamos y créditos. • El derecho a utilizar instalaciones deportivas o recreativas (Fig. 3.2). • Las operaciones de mediación y las de agencia o comisión cuando el agente o comisionista actúa en nombre ajeno (tanto en compras como en ventas). • El suministro de productos informáticos, previo encargo del cliente, o que sean objeto de adaptaciones sustanciales necesarias para el uso por su destinatario.

Tabla 3.2. Entrega de bienes y prestación de servicios sujetos al IVA.

@ **WEB**

En el siguiente enlace de la Agencia Tributaria se detallan las operaciones que están **sujetas a cada tipo** impositivo: http://www.agenciatributaria.es/static_files/AEAT/Contenidos_Comunes/La_Agencia_Tributaria/Segmentos_Usuarios/Empresas_y_profesionales/Novedades_IVA_2014/Nuevos_tipos_IVA.pdf.

Fig. 3.2. El derecho a utilizar instalaciones deportivas se considera una prestación de servicios sujeta al IVA.

Para que una **entrega de bienes** o una **prestación de servicios** resulte gravada, se tienen que dar las siguientes circunstancias:

- Que se realice a título **oneroso**.
- Que se lleve a cabo por un **empresario** o **profesional**, en el desarrollo de una actividad empresarial o profesional.
- Que se efectúe dentro del **ámbito de aplicación** del impuesto.
- Que **no esté incluida** dentro de los supuestos de no sujeción o exención.

En la entrega de bienes hay que tener en cuenta:

a) Si el lugar de aplicación es el ámbito de aplicación del impuesto (territorio español).

b) Si se realiza por empresario o profesional y dentro de una actividad empresarial (en caso contrario no están sujetas).

2.2. Operaciones no sujetas al IVA

No es necesario liquidar el IVA en los siguientes casos:

- Transmisiones de bienes y derechos del patrimonio empresarial o profesional, siempre que continúe la actividad empresarial.
- Las entregas de muestras de mercancías sin valor comercial estimable (artículos de propaganda), así como la prestación de servicios de demostración.
- La entrega sin contraprestación de impresos u objetos de carácter publicitario, siempre que el coste total de los suministros al mismo destinatario no supere los 200 €.
- Los servicios prestados por personas físicas en régimen de dependencia derivado de relaciones administrativas o laborales, incluidas en estas últimas las de carácter especial.
- Los servicios prestados a las cooperativas por sus socios de trabajo.
- El autoconsumo de bienes o servicios, si no se atribuyó el derecho a deducir total o parcialmente el IVA soportado en la adquisición de estos.
- Las concesiones y autorizaciones administrativas.
- Las prestaciones de servicios a título gratuito obligatorias para el sujeto pasivo por normas jurídicas o convenios colectivos.
- Las entregas de bienes y prestaciones de servicios realizadas directamente por las Administraciones Públicas sin contraprestación o mediante contraprestación de naturaleza tributaria.

2.3. Operaciones exentas del IVA

Están exentas de este impuesto, entre otras, las siguientes operaciones:

- Las prestaciones de servicios y las entregas de bienes accesorias a ellas que constituyan el servicio postal universal.
- Las prestaciones de servicios de hospitalización o asistencia sanitaria.
- La asistencia a personas físicas por profesionales médicos o sanitarios, cualquiera que sea la persona destinataria de dichos servicios.
- Las prestaciones de asistencia médica, quirúrgica y sanitaria relativas al diagnóstico, la prevención y el tratamiento de enfermedades, incluso las de análisis clínicos y exploraciones radiológicas.
- Las prestaciones de servicios realizadas en el ámbito de sus respectivas profesiones por estomatólogos, odontólogos, mecánicos dentistas y protésicos dentales.
- La educación de la infancia y de la juventud, la guarda y custodia de niños.
- Las clases a título particular prestadas por personas físicas sobre materias incluidas en los planes de estudios de cualquiera de los niveles y grados del sistema educativo.
- Los servicios prestados a personas físicas que practiquen el deporte o la educación física.
- El transporte de enfermos o heridos en ambulancias o vehículos especialmente adaptados para ello.
- Las operaciones de seguro, reaseguro y capitalización.
- Las siguientes operaciones financieras: los depósitos en efectivo, la concesión de créditos y préstamos en dinero, la prestación de fianzas, avales y cauciones.

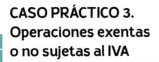

CASO PRÁCTICO 3.
Operaciones exentas o no sujetas al IVA

De las siguientes operaciones, ¿cuál se considera no sujeta al IVA y cual está exenta de IVA)? a) bolígrafos con el logo de la empresa entregados a los clientes en Navidad; b) el cultivo de patatas para el consumo propio; c) la enseñanza en Educación Infantil; d) el entrenador de un equipo de futbol *amateur*; e) el seguro del coche; f) el permiso de conducir; g) una trabajadora de servicio del hogar familiar.

Solución:

- **Operación no sujeta:** *a, b, f, g.*
- **Operación exenta:** *c, d, e.*

2.4. El IVA en el comercio exterior

Los hechos imponibles sujetos al IVA en el comercio exterior son (Fig. 3.3):

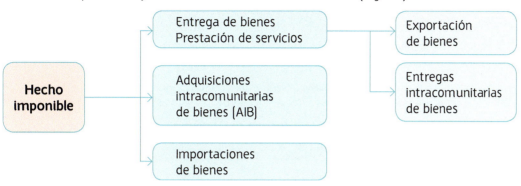

Fig. 3.3. El IVA en el comercio exterior.

A. Adquisición intracomunitaria de bienes

Según el **artículo 15** de la Ley del IVA, se entiende por adquisición intracomunitaria de bienes:

> «La obtención del poder de disposición sobre bienes muebles corporales expedidos o transportados al territorio de aplicación del impuesto, con destino al adquirente, desde otro Estado miembro, por el transmitente, el propio adquirente o un tercero en nombre y por cuenta de cualquiera de los anteriores».

Por su parte, el **artículo 13** de la misma Ley afirma que están sujetas al impuesto:

- «Las adquisiciones intracomunitarias de bienes efectuadas a título oneroso por empresarios, profesionales o personas jurídicas que no actúen como tales, es decir, como empresarios o profesionales, cuando el transmitente sea un empresario o profesional».

- «Las adquisiciones intracomunitarias de medios de transporte nuevos, cualquiera que sea el destinatario y cualquiera que sea la condición del transmitente».

Estas operaciones **tributan en destino,** de modo que la entrega de bienes en el país de origen queda exenta del impuesto, siendo en el país de destino donde se realiza el hecho imponible.

- **Base imponible.** La base imponible en las adquisiciones intracomunitarias de bienes se calculará conforme a las mismas reglas establecidas para las entregas de bienes y prestaciones de servicios.

- **Sujeto pasivo.** El sujeto pasivo será, en este caso, el adquirente de los bienes, que necesariamente deberá tener la condición de empresario o profesional.

- **Devengo.** En cuanto al devengo, se aplican los mismos criterios que en el caso de las operaciones interiores, con la única salvedad de que los pagos anticipados no provocan el devengo del impuesto, que se producirá, por el importe íntegro de la operación, en el momento de la adquisición del bien.

Las adquisiciones intracomunitarias están sometidas al **régimen de autoliquidación,** lo que exige el cumplimiento de una serie de obligaciones formales y de información:

- **Obligación de facturación.** Constituirá documento acreditativo de la realización de la operación la factura original emitida por el proveedor extranjero.

- **NIF intracomunitario y censo VIES.** Los sujetos que intervienen en estas operaciones deben quedar identificados de forma específica con el número de operador intracomunitario y estar dadas de alta en el censo VIES.

- **Obligaciones específicas de información.** En las operaciones intracomunitarias existe la obligación de presentar la declaración recapitulativa de operaciones intracomunitarias. Se cumplirá esta obligación mediante la presentación del **modelo 349.**

- **Sujeto pasivo.** Será quien deberá autoliquidar la operación, realizando el correspondiente asiento contable y contabilizando simultáneamente un IVA repercutido y un IVA soportado.

VOCABULARIO

Sede de actividad. Es el lugar en el que los empresarios o particulares centralizan la gestión y el ejercicio habitual de su actividad empresarial o profesional.

Establecimiento permanente. Cualquier lugar fijo de negocios donde los empresarios o particulares realizan actividades económicas.

IMPORTANTE

NIF-IVA

En las **operaciones intracomunitarias** los empresarios tienen que solicitar el **NIF-IVA.** Conforme al estándar internacional, al NIF se antepondrá el prefijo ES:

NIF-IVA = ES + NIF

El NIF-IVA se solicitará directamente en la Agencia Tributaria. La asignación del NIF-IVA supondrá que constará en el **censo VIES** (Sistema de Intercambio de Información sobre el IVA).

! IMPORTANTE

Impuesto General Indirecto Canario (IGIC)

El IGIC es un impuesto estatal de naturaleza indirecta que grava las entregas de bienes y prestaciones de servicios efectuados por empresarios y profesionales y **realizadas en las Islas Canarias,** así como las importaciones de bienes en dicho territorio. Tiene una estructura y funcionamiento similar al IVA.

Los tipos impositivos vigentes más importantes son los de la Tabla 3.3.

Tipos impositivos del IGIC	
Tipo cero (0 %)	Entrega de agua, venta de productos sanitarios, transporte aéreo de viajeros, etc.
Tipo reducido (3 %)	Industria química, maderera, papelera, sector textil, transporte terrestre, etc.
Tipo general (7 %)	Todas las actividades no comprendidas en el resto.
Tipo incrementado (9,5 %; 13,5 %)	Bebidas alcohólicas, joyería, perfumería.

Tabla 3.3. Tipos impositivos del IGIC.

B. Importaciones de bienes

> Tendrá la consideración de importación de bienes la entrada en el interior del país de un bien procedente de un país tercero, Canarias o Ceuta y Melilla.

El artículo 17 de la Ley establece que «estarán sujetas al impuesto las importaciones de bienes, cualquiera que sea el fin a que se destinen y la condición del importador».

A diferencia de las adquisiciones intracomunitarias de bienes, al importador no se le exige la condición de empresario o profesional, pudiendo un particular realizar este hecho imponible.

Estas operaciones **tributan en el país de destino** de las mercancías (Fig. 3.4).

Fig. 3.4. Las importaciones de bienes tributan en el país de destino de las mercancías.

CASO PRÁCTICO 4. Adquisiciones intracomunitarias de bienes

En los siguientes supuestos, razona la aplicación del IVA y el sujeto pasivo:

a) Un ciudadano español viaja a París y adquiere allí objetos para regalo por importe de 400 €, con los que viaja hasta Valencia en avión.

b) Un comerciante con sede en Bilbao paga el 20 de abril un anticipo de 20.000 € a un proveedor francés a cuenta de una operación, la adquisición de 2.000 unidades de jabón de olor, cuyo importe total es de 60.000 €. La mercancía se recibe en Bilbao el 8 de mayo. ¿Quién es el sujeto pasivo?

Solución:

a) No se trata de una adquisición intracomunitaria puesto que, aunque se adquiere el poder de disposición sobre bienes corporales (los regalos) y el transporte se inicia en la UE y tiene por destino el territorio de aplicación del impuesto (Península o Baleares), el adquirente no actúa como empresario, es decir, falta el requisito de que el adquirente tenga la condición de empresario o profesional.

b) El devengo se produce con la adquisición, es decir, el 8 de mayo, siendo la base imponible 60.000 €. No deberá autoliquidarse la operación por el importe anticipado el 20 de abril. El sujeto pasivo es el comerciante de Bilbao.

ACTIVIDADES

3. Establece la aplicación del IVA en los siguientes casos:

a) Doña María Hernández llega al aeropuerto de Madrid procedente de un viaje de vacaciones a Marruecos, y trae consigo varias alfombras adquiridas allí.

b) Un empresario, que tiene la sede de su actividad en Murcia, adquiere diferentes materias primas en Sudáfrica. La mercancía procedente de aquel país llega al puerto de Algeciras.

3. El sujeto pasivo y sus obligaciones

Vamos a desarrollar algunos elementos formales que están relacionados con el IVA, así como obligaciones de los sujetos pasivos de las operaciones de entrega de bienes y prestaciones de servicios.

3.1. El sujeto pasivo

> Son sujetos pasivos las personas físicas o jurídicas que tengan la condición de empresarios o profesionales y realicen las entregas de bienes o prestaciones de servicios sujetas al impuesto.

No obstante, será el sujeto pasivo el empresario o profesional para el que se realicen las operaciones cuando las mismas se efectúen por personas o entidades no establecidas en el territorio de aplicación del impuesto (TAI).

3.2. El devengo

> En las entregas de bienes, el devengo se produce con la puesta a disposición de los bienes. En las prestaciones de servicios, el IVA se devenga cuando se presten, ejecuten o efectúen los servicios.

No obstante, en las prestaciones de servicios en las que el destinatario sea el sujeto pasivo del Impuesto conforme a lo previsto en los números 2.º y 3.º del apartado 1 del artículo 84 de esta Ley, que se lleven a cabo de forma continuada durante un plazo superior a un año y que no den lugar a pagos anticipados durante dicho periodo, el devengo del Impuesto se producirá a 31 de diciembre de cada año por la parte proporcional correspondiente al periodo transcurrido desde el inicio de la operación o desde el anterior devengo hasta la citada fecha, en tanto no se ponga fin a dichas prestaciones de servicios.

Como **casos especiales** están:

a) **Contratos de comisión de venta** cuando actúa el comisionista en nombre propio. Se producen dos entregas, una del comitente al comisionista y otra de este al tercero (adquirente), retrasándose el devengo simultáneo de ambas entregas hasta el momento en que se realiza la segunda entrega del comisionista al adquirente.

b) **Pagos anticipados.** En las operaciones sujetas a gravamen que originen pagos anticipados anteriores a la realización del hecho imponible, el IVA se devengará en el momento del cobro total o parcial del precio por los importes efectivamente percibidos.

3.3. La base imponible

> La base imponible es el importe total de la contraprestación de las operaciones sujetas al impuesto procedente del destinatario o de terceras personas.

Se incluyen en el concepto de contraprestación:

- Los gastos de **comisiones,** portes y transporte, seguros y primas por prestaciones anticipadas.
- Las **subvenciones** establecidas en función del número de unidades entregadas o del volumen de los servicios prestados cuando se determinen con anterioridad a la realización de la operación.
- Los **tributos y gravámenes,** excepto el propio IVA y el impuesto especial sobre matriculación de determinados medios de transporte.

Se excluyen del concepto de contraprestación para el cálculo de la base imponible:

- Las cantidades percibidas por razón de **indemnizaciones** que, por su naturaleza y función, no constituyen contraprestación o compensación de las entregas de bienes o prestaciones de servicios sujetos al impuesto.
- Los **descuentos y bonificaciones** concedidos previa o simultáneamente a la realización de la operación.

> **IMPORTANTE**
>
> **IVA o IGIC en facturas de empresas de la Península y Baleares**
>
> Las empresas y autónomos de la Península y Baleares que vendan a Canarias no deben incluir el IVA en sus facturas.
>
> La entrega de bienes a Canarias se considera exportación. En el caso de bienes se considera una exportación y está exenta de IVA y en el caso de servicios es una operación no sujeta, por lo que tampoco lleva IVA.
>
> El comprador canario de bienes deberá pagar el IGIC correspondiente que le exijan en la aduana al recoger su producto.

CASO PRÁCTICO 5. Base imponible

> Un comisionista que actúa en nombre propio vende mercancías por importe de 200.000 €. La comisión pactada es del 10 % del precio de venta. Determina la base imponible del comitente y el importe del IVA. Régimen general.
>
> **Solución:**
>
> Importe de la base imponible: 200.000 − (200.000 · 10 %) = 180.000 €.
>
> IVA repercutido por el comitente: 180.000 · 21 % = = 37.800 €.

!IMPORTANTE

Libros registro obligados en el régimen general del IVA

- Libro registro de facturas expedidas.
- Libro registro de facturas recibidas.
- Libro registro de bienes de inversión.
- Libro registro de determinadas operaciones intracomunitarias.

3.4. Declaración-liquidación del IVA

> Los sujetos pasivos del IVA están obligados a presentar, trimestralmente, la declaración-liquidación del impuesto.

El IVA a ingresar y a devolver en este caso sería:

- **IVA a ingresar.** Cuando en el periodo correspondiente a una declaración-liquidación el importe del IVA repercutido por la empresa sea superior al IVA soportado, la diferencia será el importe que deberá ingresar a la Hacienda Pública.
- **IVA a compensar o devolver.** La Hacienda Pública será deudora por IVA cuando el IVA soportado sea superior al IVA repercutido en el periodo correspondiente a una declaración-liquidación. Si se produce esta circunstancia, el exceso de IVA soportado podrá deducirse en las declaraciones-liquidaciones trimestrales inmediatamente posteriores, hasta un plazo de cuatro años.

Los modelos y plazos de presentación para la declaración del IVA que deben presentar las empresas son los siguientes (Tabla 3.4):

Modelo 303	• **Declaración trimestral.** Refleja el resultado de la diferencia entre el IVA repercutido y el IVA soportado. Es obligatoria la presentación telemática para las sociedades anónimas y las sociedades de responsabilidad limitada. • Plazo de presentación: dentro de los 20 primeros días naturales del mes siguiente al trimestre natural; el cuarto trimestre se presentará del 1 al 30 de enero.
Modelo 390	• **Declaración-resumen anual.** Contiene las operaciones realizadas a lo largo del año natural relativas a la liquidación del IVA. Se presentará por vía telemática para las sociedades anónimas y las sociedades de responsabilidad limitada. • Plazo de presentación: del 1 al 30 de enero.
Modelo 347	• **Declaración anual de operaciones con terceros.** Son los datos que facilita una empresa de las operaciones que realiza con otras empresas, y esta declaración debe ser coincidente con los datos que presentan las otras empresas. • Plazo de presentación: durante el mes de febrero.

Tabla 3.4. Modelos y plazos para la declaración del IVA.

3.5. Regímenes del IVA

Los distintos regímenes de aplicación del IVA son los siguientes (Tabla 3.5):

Régimen general	Este régimen resulta aplicable cuando no lo sea ninguno de los especiales, o bien cuando se haya renunciado o se quede excluido del simplificado o del régimen especial de la agricultura, ganadería y pesca. Los industriales y los comerciantes mayoristas tributan en el régimen general, salvo que puedan tributar en el régimen simplificado. Obligaciones formales: expedir facturas, llevar **libros registro,** presentar cuatro declaraciones al año del modelo 303.
Régimen simplificado	Este régimen se aplica a las personas físicas y entidades en régimen de atribución de rentas que no rebasen, en 2016, los siguientes límites: • Volumen de ingresos del conjunto de actividades: económicas: 250.000 € anuales, a partir de 2018 será de 150.000 € anuales. • Volumen de ingresos de actividades agrícolas, forestales y ganaderas: 250.000 € anuales. • Que el importe de las adquisiciones o importaciones de bienes y servicios, excluidos los de elementos del inmovilizado, no hayan superado en el año inmediato anterior los 250.000 € anuales, a partir del 1 de enero de 2018 será de 150.000 € Los sujetos pasivos deberán llevar un libro de registro de facturas recibidas.
Régimen especial de recargo de equivalencia	Este régimen se aplica a los comerciantes minoristas, personas físicas, sociedad civil o comunidad de bienes. En la factura, los proveedores repercuten al comerciante el IVA correspondiente más el recargo de equivalencia **(5,2 % para el tipo general, 1,4 % para el tipo reducido y 0,5 % para el tipo superreducido).** En este régimen, el comerciante minorista no tiene la obligación de liquidar e ingresar el impuesto. No hay que presentar declaraciones del IVA.

Tabla 3.5. Régimen de aplicación del IVA.

3.6. Hacienda Pública. Sede Electrónica

La Agencia Tributaria, a través de su página web, publica toda la información de interés para los contribuyentes y pone a su disposición la realización de trámites por vía telemática, una alternativa segura para el cumplimiento de las obligaciones impositivas.

Todos los trámites se realizan a través de la Sede Electrónica de la Agencia Tributaria, a la cual se accede a través de la siguiente dirección: **www.agenciatributaria.gob.es**.

> La Sede Electrónica es un punto de acceso para que las empresas puedan realizar los trámites por vía telemática, una alternativa segura para las obligaciones impositivas.

Para **acceder y navegar** por la Sede Electrónica no es necesaria la identificación electrónica, no obstante la **mayoría de los trámites** exige contar con **DNI electrónico** o **certificado electrónico**, y también es posible realizar determinados trámites mediante el sistema de identificación **Cl@ve PIN**.

Si por ejemplo se quiere presentar el **modelo 303 del IVA**, desde la pantalla de inicio vamos a «Todos los trámites» y accedemos a «Impuestos y tasas», ya que el trámite que se desea realizar es Impuesto de Valor Añadido (IVA).

Dentro de la ventana «Modelo 303. IVA. Autoliquidación» (Fig. 3.5), podemos seleccionar la opción deseada.

Como se puede observar, están restringidos algunos tipos de accesos: los iconos de acceso junto al enlace de cada procedimiento (Fig. 3.6) hacen referencia al tipo de identificación necesaria para acceder a cada trámite:

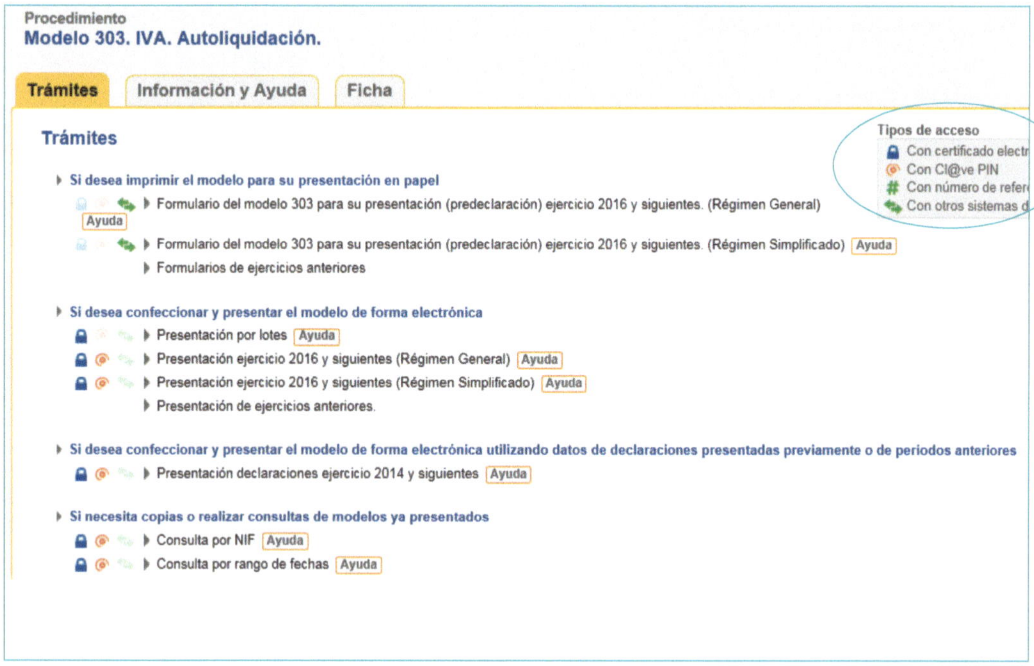

¿SABÍAS QUE...?

La Agencia Tributaria tiene encomendada la aplicación efectiva del sistema tributario estatal y aduanero, así como de aquellos recursos de otras Administraciones Públicas nacionales o de la Unión Europea cuya gestión se le encomiende por ley o por convenio.

Corresponde a la Agencia Tributaria aplicar el sistema tributario de tal forma que se cumpla el principio constitucional en virtud del cual **todos han de contribuir al sostenimiento de los gastos públicos** de acuerdo con su capacidad económica.

Fig. 3.5. Pantalla modelo 303. IVA. Autoliquidación.

Fig. 3.6. Iconos de acceso.

ACTIVIDADES

4. Ordena el procedimiento a seguir para la Autoliquidación del IVA, Modelo 303. Para ello accede a la Sede Electrónica y sigue los siguientes pasos:

1. Impuestos y tasas > 2. IVA > 3. Modelo 303. IVA. Autoliquidación > 4. Formularios de ejercicios anteriores > 5. Información y Ayuda > 6. Ayuda técnica > 7. Presentación electrónica modelo 303.

SÍNTESIS

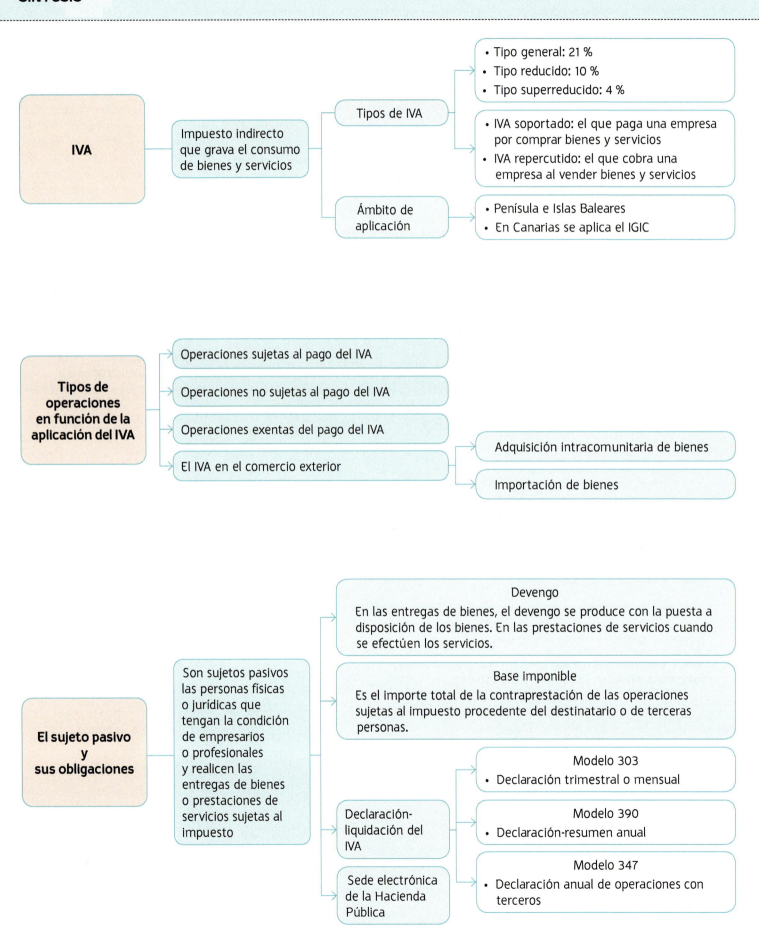

TEST DE REPASO

1. **El IVA es un impuesto:**
   a) Directo.
   b) Indirecto.
   c) Proporcional a la renta de los consumidores.
   d) Grava solo la prestación de servicios.

2. **La recaudación de IVA la realiza:**
   a) La Hacienda Pública.
   b) Los consumidores.
   c) Las empresas.
   d) Ninguna de las anteriores es correcta.

3. **El tipo de IVA general es el que se aplica a:**
   a) Medicinas y transporte.
   b) La mayoría de los productos.
   c) La leche y el pan.
   d) Hostelería.

4. **El IVA repercutido es:**
   a) El que cobran las empresas al vender un bien o servicio.
   b) El que pagan las empresas por comprar un bien o servicio.
   c) El que liquida la Hacienda Pública.
   d) La diferencia entre el IVA de las ventas y el IVA de las compras.

5. **El ámbito de aplicación del IVA es:**
   a) En todo el territorio nacional.
   b) En todo el territorio nacional excepto las Islas Canarias.
   c) Solo en la Península.
   d) En todo el territorio nacional excepto las Islas Canarias, Ceuta y Melilla.

6. **Cuando un empresario europeo vende un bien a un empresario español, estamos hablando de:**
   a) Operación interior.
   b) Entrega intracomunitaria.
   c) Adquisición intracomunitaria.
   d) Importación de bienes.

7. **De los siguientes supuestos, ¿cuál se considera entrega de bienes para aplicar el IVA?**
   a) Las cesiones de uso o disfrute de bienes, ya sean estos muebles o inmuebles.
   b) Los préstamos y créditos.
   c) Los arrendamientos de bienes o industria.
   d) Los contratos de arrendamiento financiero.

8. **De las siguientes operaciones, ¿cuál no está sujeta al pago del IVA?**
   a) Los servicios prestados a las cooperativas por sus socios de trabajo.
   b) Las prestaciones de servicios de hospitalización o asistencia sanitaria.
   c) Los transportes de viajeros.
   d) Las ejecuciones de obras para la rehabilitación de edificios.

9. **De las siguientes operaciones, ¿cual está exenta del pago del IVA?**
   a) Los servicios prestados a las cooperativas por sus socios de trabajo.
   b) Las prestaciones de servicios de hospitalización o asistencia sanitaria.
   c) Los transportes de viajeros.
   d) Las ejecuciones de obras para la rehabilitación de edificios.

10. **Las adquisiciones intracomunitarias de bienes tributan en:**
    a) El país de origen de la mercancía.
    b) En los dos países el de origen y el de destino.
    c) El país de destino de la mercancía.
    d) No tributan.

11. **En las operaciones de entrega de bienes gravadas por el IVA, el devengo se produce:**
    a) Cuando se realiza el pedido de las mercancías.
    b) Cuando se paguen las mercancías.
    c) Cuando se ponen las mercancías a disposición del cliente.
    d) A los 30 días de la disposición de las mercancías.

12. **Cuando en el periodo correspondiente a una declaración-liquidación, el importe del IVA repercutido por la empresa sea superior al IVA soportado...**
    a) La diferencia será el importe que deberá ingresar a la Hacienda Pública.
    b) La Hacienda Pública será deudora por IVA.
    c) El exceso de IVA soportado podrá deducirse en las liquidaciones inmediatamente posteriores.
    d) El IVA repercutido y el IVA soportado tienen que dar igual al final del trimestre.

13. **Al régimen general se acogen:**
    a) Las personas físicas y entidades que los ingresos no superen 250.000 € anuales.
    b) Las comunidades de bienes.
    c) Las sociedades civiles.
    d) Los industriales y los comerciantes mayoristas.

COMPRUEBA TU APRENDIZAJE

Identificar las características básicas de las normas mercantiles y fiscales aplicables a las operaciones de compraventa.

Distinguir y reconocer las operaciones sujetas, exentas y no sujetas a IVA.

Diferenciar los regímenes especiales del IVA.

1. De los siguientes supuestos, ¿cuáles están sujetos al IVA? Razona las respuestas.

    a) Una empresa de peluquería quiere renovar sus aparatos y le vende sus secadores de pared a un autónomo.

    b) Un fabricante de muebles de oficina aporta mobiliario a una sociedad mercantil para las oficinas, a cambio la sociedad le da participaciones de la sociedad.

    c) Un empresario vende a plazos una maquinaria, reservándose la propiedad de la misma hasta el completo pago del precio.

    d) Un arquitecto adquiere un equipo informático para su uso particular.

    e) Una empresa regala a sus clientes relojes con el nombre comercial de la empresa impreso en la esfera. El valor de cada reloj asciende a 32 €.

    f) Una constructora alemana vende chalés en Maspalomas (Gran Canaria) a clientes de toda Europa.

    g) Un empresario de Zaragoza vende maquinaria a dos clientes italianos.

    h) Un crédito bancario concedido a una empresa para solucionar problemas de liquidez de tesorería.

    i) A un empresario de Murcia le conceden un *leasing* financiero para la compra de dos tractores.

    j) Una asesoría alquila un piso para ser destinado a oficinas.

    k) Una academia de enseñanza vende mesas y sillas usadas en la actividad.

2. En los siguientes supuestos de operaciones de comercio exterior, determina de qué tipo de operación se trata, dónde se tributa y quién es el sujeto pasivo de la operación.

    a) D.ª María Pérez llega al aeropuerto del Prat procedente de Chile por un viaje de vacaciones. Trae consigo objetos de artesanía adquiridos allí por importe de 12.000 €.

    b) Un ciudadano residente en Argentina visita Sevilla y realiza compras en un almacén por importe de 3.200 €. Los bienes adquiridos son regalos para sus parientes argentinos.

    c) Una empresa belga compra aceite de oliva a un empresario de Jaén por importe de 5.000 €.

    d) Una empresa de Extremadura vende jamones a una empresa de Canarias por importe de 10.000 €.

    e) Una cooperativa de Tenerife vende plátanos a una cadena de supermercados de Cataluña por importe de 7.300 €.

    f) Un empresario de Segovia le vende piensos para animales a un empresario de Córdoba.

3. Accede al enlace de la Agencia Tributaria y busca, del IVA general, del IVA reducido y del IVA superreducido, tres ejemplos de:

    a) Bienes.

    b) Servicios.

    http://www.agenciatributaria.es/static_files/AEAT/Contenidos_Comunes/La_Agencia_Tributaria/Segmentos_Usuarios/Empresas_y_profesionales/Novedades_IVA_2014/Nuevos_tipos_IVA.pdf

    De los ejemplos que has buscado, determina a continuación el IGIC que se aplicaría en cada caso.

Determinar las obligaciones de registro en relación con el IVA, así como los libros registro (voluntarios y obligatorios) para las empresas.

Calcular las cuotas liquidables del impuesto y elaborar la documentación correspondiente a su declaración-liquidación.

Identificar el procedimiento para gestionar la presentación de documentos de cobro y pago ante las Administraciones Públicas.

4. En los siguientes supuestos, ¿cuándo se produce el devengo del IVA?

    a) Un empresario vende el día 10 de noviembre mercancías a un cliente. La entrega se realiza el día 1 de diciembre y el cobro de la mercancía se verifica el día 10 de diciembre.

    b) Un fabricante encarga a un comisionista, que actúa en nombre propio, la venta de una máquina. La mercancía es entregada por el fabricante al comisionista el 9 de noviembre. El 13 de marzo del siguiente año el comisionista vende la máquina a un empresario de Granada. El 8 de mayo de ese mismo año se verifica la entrega al adquirente. El empresario granadino paga la máquina el 15 de junio.

    c) Un fabricante vende una máquina por un total de 60.000 €. 10.000 € se cobran el 18 de octubre, otros 20.000 € el 1 de diciembre de ese mismo año (fecha de entrega de la máquina), y el importe restante se cobra en tres plazos anuales iguales.

    d) El Sr. Pérez, propietario de un taller de vehículos, recibe una máquina pactando que estará a prueba durante un mes, y una vez comprobado su funcionamiento formalizará la compra. En el momento en que la reciba abona 10.000 €.

    e) El Sr. Alonso, que actúa como comisionista en nombre propio, se dedica a la venta de recambios de automóviles a tiendas o a talleres, pactando previamente la comisión con el proveedor. El 15/05 pacta con el comitente la venta de una

COMPRUEBA TU APRENDIZAJE

partida de accesorios de vehículos por 3.000 €. La mitad la vende el 27/05 a una tienda por 1.500 € con una comisión de 300 € y la otra mitad a un taller el 05/06 por 1.500 €, quedándose el Sr. Alonso en concepto de comisión 200 €.

f) Un promotor contrata con una sociedad constructora la edificación de un bloque de apartamentos en un pueblo de la costa valenciana. La sociedad aporta todos los materiales necesarios siendo su valor un 35 % del coste total de la construcción, la obra se termina el día 05/08, pero como consecuencia de la burocracia administrativa esta no está a disposición del promotor hasta el día 05/10.

5. Determina la base imponible en los siguientes supuestos:

a) La empresa Campa compra mercaderías a Asa S.L. El precio son 10.000 €. Si quiere pagar a un plazo mayor, debe abonarse un interés de aplazamiento del 4 % anual. Los intereses se pactan entre las partes, pero no se han hecho constar separadamente en la factura. Campa opta por comprar las mercaderías a un año, pagando por ello 10.200 €.

b) La empresa Orusa compra mercaderías a Asa S.L. El precio son 10.000 €. Además paga 500 € en concepto de transporte y embalaje.

c) La empresa Guaguas S.L. presta servicios de transporte en Málaga. El precio del billete es de 1 €. El Ayuntamiento de Málaga acuerda subvencionar cada billete con 20 céntimos. El precio fijado por la compañía es de 0,85 €.

d) Una empresa de tabacos importa por el puerto de Algeciras cigarros egipcios. El coste del tabaco es de 100.000 €. Además se han pagado 25.000 € de impuestos de aduanas y 40.000 € de impuestos sobre labores del tabaco.

e) Campa pacta con Recosa la venta de unas mercaderías. El precio de las mercaderías es de 50.000 €, y además, debe tenerse en cuenta que las mercancías van en unos embalajes retornables cuyo coste es de 3.000 €. Al cabo de un mes se devuelven los embalajes.

f) Campa compra mercaderías a la empresa Asa S.L. El precio de las mercaderías es de 50.000 €, pero dado el volumen de las compras, se concede un descuento de 2.000 €. También se reduce la cantidad en 3.000 € debido a que Asa S.L. va a realizar unas prestaciones de servicios para Campa.

g) Una academia de inglés con el inicio de cada curso entrega material de estudio, el precio de este material es 45 €, que se cobra con la primera mensualidad del curso, y el precio de cada una de estas es de 70 €.

6. La empresa Campa S.L. ha realizado durante el primer trimestre del año las siguientes operaciones:

- El 4 de enero hace una compra de materias primas por importe de 2.500 €. El porte de la compra es de 54 €.
- El 10 de enero realiza una compra por importe de 3.000 € con un descuento del 5 %.
- El 25 de enero efectúa una venta por 1.200 €, el seguro de la operación es de 30 €, tiene un descuento del 5 %.
- El 6 de febrero hace una compra por importe 2.800 €.
- El 12 de febrero vende por importe de 3.000 €, cargando además 180 € por envases retornables.
- El 20 de febrero los envases son devueltos por el cliente.
- El 25 de febrero vende por importe 5.000 €.
- El 12 de marzo compra por importe de 3.500 €.
- El 26 de marzo vende por importe de 5.000 € con un descuento del 15 %, el coste del transporte es de 240 €.

Se te pide:

a) Calcular la base imponible de cada operación.

b) Calcular el IVA soportado y el IVA repercutido. Tipo general.

c) La liquidación trimestral del IVA.

d) El modelo para la liquidación trimestral.

7. Calcula el importe de las liquidaciones trimestrales de IVA, teniendo en cuenta los datos que se relacionan a continuación, de la empresa Campa S.L. IVA incluido, tipo general.

Determina los modelos a presentar así como las fechas de presentación.

	1.er trim.	2.º trim.	3.er trim.	4.º trim.
Compras	25.000	54.000	40.000	38.000
Ventas	34.000	45.000	43.000	44.000

8. Un empresario español dispone de la siguiente información para realizar la declaración trimestral del IVA (modelo 303). Determina el IVA a ingresar o a devolver resultante de las operaciones realizadas en el trimestre.

Operación	Tipo	Base imponible
Compra a una empresa catalana	21 %	60.000,00
Compra a una empresa italiana	21 %	35.000,00
Compra a una empresa canaria	21 %	22.000,00
Compra a una empresa china	21 %	48.000,00
Vende a una empresa leonesa	21 %	85.000,00
Vende a una empresa canaria	21 %	63.000,00
Vende a una empresa belga	21 %	35.000,00
Vende a un minorista en régimen general	21 %	18.000,00

Documentación administrativa de la compraventa (I)

En esta unidad

APRENDERÁS A

- Determinar los elementos del contrato mercantil de compraventa.
- Establecer los flujos de documentación administrativa relacionados con la compraventa.
- Identificar y cumplimentar los documentos relativos a la compraventa en la empresa, precisando los requisitos formales que deben reunir.
- Reconocer los procesos de expedición y entrega de mercancías, así como la documentación administrativa asociada.

ESTUDIARÁS

- El contrato de compraventa.
- El presupuesto.
- El pedido.
- El albarán o nota de entrega.
- El transporte de mercancías. Documentos.

Y SERÁS CAPAZ DE

- Analizar y confeccionar los documentos o comunicaciones que se utilizan en la empresa, identificando la tipología de los mismos y su finalidad, para gestionarlos.
- Analizar los documentos o las comunicaciones que se utilizan en la empresa reconociendo su estructura, elementos y características para elaborarlos.
- Analizar las posibilidades de las aplicaciones y equipos informáticos, relacionándolas con su empleo más eficaz en el tratamiento de la información para elaborar documentos y comunicaciones.

1. El contrato de compraventa

La **compraventa mercantil** es el contrato fundamental del comercio, tanto en actividades comerciales nacionales como internacionales. En esta unidad vamos a tratar sus características generales, centrándonos en la compraventa **mercantil** tras diferenciarla de la compraventa **civil**.

Hemos de tener en cuenta que, en la mayoría de las ocasiones, el contrato de compraventa mercantil se encuentra relacionado con otros contratos mercantiles, como el de transporte, depósito o seguro.

1.1. Contrato de compraventa

Según el Código Civil, en su artículo 1445, el **contrato de compraventa** es «aquel en el que uno de los contratantes se obliga a entregar una cosa determinada y el otro a pagar por ella un precio cierto, en dinero o signo que lo represente».

Partiendo de este concepto, el Código de Comercio, en su **artículo 325**, califica el contrato mercantil como «la compraventa de cosas muebles para revenderlas, bien en la misma forma que se compraron o bien en otra diferente, con ánimo de lucrarse en la reventa».

> Los **contratos mercantiles** son los que se realizan entre comerciantes o empresarios en su actividad profesional.

La compraventa mercantil es un contrato fundamental del tráfico mercantil en una economía de mercado como la nuestra, pues se trata de un contrato que permite la circulación de los bienes y el desarrollo de otros contratos como el de transporte, el de depósito o el de seguro.

Según el Código de Comercio, no se consideran mercantiles los siguientes (por tanto, serán contratos de compraventa civil):

- La venta de productos para el consumo del comprador o de la persona por cuyo encargo se adquieran.
- La reventa que realice cualquier persona no comerciante.
- Las que realicen los artesanos en sus talleres de objetos construidos o fabricados por ellos.
- Las que realicen los agricultores o ganaderos de sus cosechas o su ganado.

1.2. Elementos del contrato de compraventa mercantil

Los elementos del contrato de compraventa pueden ser reales o materiales y personales (Tabla 4.1):

LEGISLACIÓN

Los contratos de **compraventa civil** están regulados por el Código Civil.

Los contratos de **compraventa mercantil** están regulados por el Código de Comercio.

Fig. 4.1. Los derechos de propiedad intelectual suelen ser objeto de contrato mercantil.

\	Elementos del contrato de compraventa
Elementos reales o materiales	• **La cosa objeto del contrato.** Las más frecuentes son los bienes muebles (denominados mercancías o mercaderías), los bienes inmuebles y las cosas no corporales, como derechos de propiedad intelectual sobre marcas, patentes, etc. (Fig. 4.1). • **El precio.** El precio debe ser cierto y estar expresado en dinero o en signo que lo represente, entendiéndose por *precio cierto* aquel que se refiere a un precio determinable. La moneda en que se fije el precio debe ser euros o extranjera extracomunitaria. Según el precio, las ventas pueden clasificarse en: – Ventas a precio firme: el precio no se puede modificar. – Ventas a precio variable: se tienen en cuenta las circunstancias del mercado.
Elementos personales	• **El vendedor.** Persona que entrega la mercancía. • **El comprador.** Persona que recibe la mercancía y paga el precio acordado. • El Código de Comercio establece que para poder contratar es necesario tener capacidad de obrar, ser mayor de edad o menor emancipado.

Tabla 4.1. Elementos del contrato de compraventa.

1.3. Contenido del contrato de compraventa mercantil

El contrato de compraventa mercantil es un contrato **bilateral**, que genera obligaciones para ambos contratantes. El contenido del contrato de compraventa viene determinado por las **obligaciones** que las partes hayan establecido en el mismo. En este sentido, es necesario diferenciar las obligaciones del vendedor de las obligaciones del comprador.

A. Obligaciones del vendedor

1. **La obligación de entregar la mercancía.** El vendedor debe entregar la mercancía o el bien vendidos en el momento y el lugar pactados. Esta es la obligación principal del vendedor.

   El vendedor cumple su obligación de entrega si realiza todos los actos necesarios para que el comprador pueda tomar posesión de la cosa vendida (puesta a disposición del comprador en tiempo y lugar convenido). Por ello, los principios que se deben observar en la entrega son:

   - **Entrega íntegra.** No se puede aceptar la entrega parcial (artículo 330 del Código de Comercio).

   - **Entrega puntual.** La entrega ha de ser puntual, esto es, en el plazo pactado. Ahora bien, si no se estipuló plazo para la entrega de las mercancías, el vendedor deberá tenerlas a disposición del comprador dentro de las **24 horas** siguientes al contrato (artículo 337 del Código de Comercio). El retraso del vendedor en la entrega equivale a la falta de entrega. Por tanto, el comprador tiene derecho a exigir el cumplimiento o la rescisión del contrato y la indemnización por los perjuicios que le haya producido la tardanza (artículo 329 del Código de Comercio).

   - **Entrega de la cosa pactada o de género o calidad acordados.** En la entrega de la mercancía pueden existir defectos de cantidad o calidad, de los cuales es responsable el vendedor. El comprador tiene **cuatro días** desde que recibió la mercancía (embalada o enfardada) para reclamar y optar por la rescisión del contrato o por su cumplimiento con indemnización de perjuicios. En el caso de mercancías sin embalar o enfardar, la reclamación debe hacerse al tiempo de recibir la cosa o rehusar el recibo. El vendedor, para evitar dichas reclamaciones, puede exigir que, en el acto de entrega, se realice el reconocimiento en cuanto a calidad y cantidad, a contento del comprador (artículo 336 del Código de Comercio).

   - **Entregar en el lugar pactado.** Establecimiento del vendedor, domicilio del comprador, puerto de embarque, etc. Pueden ocurrir los siguientes casos:

     a) No se indica el lugar de entrega, en cuyo caso se presume que es el establecimiento del vendedor.

     b) La compraventa se pacta «con expedición» y, por tanto, implique transporte de las mercancías. En este supuesto se entiende que la puesta a disposición del comprador se produce cuando se entregan las mercancías al porteador.

     c) La venta se realiza «sobre documentos» (carta de porte, conocimiento de embarque, etc.), produciéndose la entrega cuando se envían los documentos representativos de la mercancía.

2. **Obligación de conservar la cosa vendida.** El vendedor debe conservar la cosa vendida antes de su entrega al comprador.

3. **Obligación de garantía de la cosa vendida.** El vendedor está obligado al saneamiento de la cosa objeto de la venta. El vendedor responde de la posesión legal y pacífica de la cosa y de los vicios ocultos o defectos ocultos que tuviere.

   El plazo de reclamación por vicios o defectos ocultos es de 30 días siguientes a la entrega de la mercancía (Fig. 4.2). El comprador puede optar entre desistir del contrato o rebajar una cantidad proporcional del precio (artículo 1.486 del Código Civil).

   Sin embargo, en la venta de algunos productos se suelen acordar plazos de denuncia de los vicios ocultos más amplios, o se introducen cláusulas sobre el buen funcionamiento de la cosa vendida.

Fig. 4.2. El plazo de reclamación por vicios o defectos ocultos es de 30 días.

ACTIVIDADES

1. La empresa Campa contrata, a la empresa Pinturas S.L. una obra que consiste en pintar toda la oficina. Se pactan cantidades, plazos y precios. ¿En qué consisten las expectativas de ambos? ¿Qué aporta el contrato a dichas expectativas?

2. ¿Qué puede suceder cuando una mercancía es entregada 24 horas después de finalizar el plazo establecido?

B. Obligaciones del comprador

1. **Obligación de la recepción** de las mercancías compradas. El comprador está obligado a recibir la cosa comprada. Pero no está obligado a admitir entregas parciales, aunque puede hacerlo y, con ello, consumar la venta en cuanto a los géneros recibidos, sin perjuicio del derecho del comprador a pedir por el resto el cumplimiento del contrato o su rescisión (artículo 330 del Código de Comercio).

2. **Obligación de pagar el precio.** En los siguientes términos:

- El comprador ha de pagar el precio de la cosa comprada. El precio debe pagarse en el tiempo y lugar fijados en el contrato o, en su defecto, en el tiempo y lugar en que se haga la entrega de la cosa (artículo 1.500 del Código Civil).
- Si el tiempo y lugar de pago del precio es el de la entrega, el comprador está obligado a pagar el precio una vez se dé por satisfecho de las mercancías puestas a su disposición por el vendedor. El precio puede estar determinado o ser determinable.
- Pueden haberse entregado cantidades por señal. Dichas cantidades son entregadas a cuenta del precio. Se entiende que dichas cantidades o señal son, salvo pacto en contrario, confirmatorias del contrato.
- Si el comprador se demora en el pago del precio, tiene obligación de pagar el interés legal de la cantidad que adeude al vendedor y, además, el vendedor tiene preferencia sobre los géneros vendidos mientras estén en su poder para obtener el pago del precio con los intereses moratorios.

3. **Obligación de pagar los gastos de transporte,** salvo que se pacte lo contrario.

1.4. Incumplimiento del contrato de compraventa

Tanto el vendedor como el comprador pueden incumplir sus obligaciones. Las consecuencias derivadas de este hecho se exponen en la Tabla 4.2.

> **¡ IMPORTANTE**
>
> **Interés de demora**
>
> El interés de demora en el pago puede pactarse en el contrato de compraventa y, en su defecto, será el tipo legal de demora que el deudor está obligado a pagar, siendo este la suma del tipo de interés aplicado por el Banco Central Europeo a sus operaciones principales de financiación **más ocho puntos porcentuales.**

	Incumplimiento del contrato de compraventa
Incumplimiento de la obligación del vendedor	• **Ausencia de entrega de la mercancía.** Si el vendedor no entrega el objeto de la compraventa, el comprador puede exigir el cumplimiento forzoso más la indemnización de daños y perjuicios o resolver el contrato más la indemnización de daños y perjuicios. • **Retraso en la entrega de la mercancía.** Si el vendedor no entrega la cosa vendida en el plazo estipulado, el comprador puede pedir el cumplimiento o la rescisión del contrato con indemnización de los perjuicios que le haya causado la tardanza. • **Entrega de cosa distinta a la pactada.** Equivale a la falta de entrega. • **Entrega de mercancía con defecto de cantidad o calidad.** Equivale a la falta de entrega.
Incumplimiento de la obligación del comprador	• **De pagar la mercancía.** Cuando el comprador no paga el precio de las mercancías en el momento en que le es exigible, se constituye en situación de mora. Ello significa que está obligado a pagar al vendedor el interés legal de la cantidad adeudada. • **De recibir las mercancías.** El vendedor puede optar entre exigir el cumplimiento del contrato o solicitar su resolución. Para pedir el cumplimiento del contrato, el vendedor depositará judicialmente las mercancías compradas. Los gastos de depósito judicial serán por cuenta del comprador. También podrían reclamarse los daños y perjuicios.

Tabla 4.2. Incumplimiento del contrato de compraventa.

ACTIVIDADES

3. ¿Quién ha de pagar los gastos de transporte de una operación de compraventa, salvo pacto en contra?

4. ¿Qué sucede cuando en una operación de compraventa se retrasa el pago de todo o de parte del precio pactado?

1.5. Compraventas especiales

Aunque existe un gran número de compraventas con ciertas especialidades, las operaciones de este tipo más importantes son, entre otras:

- **Compraventa a plazos.** Parte del precio se paga posteriormente a la entrega de la mercancía, en fracciones generalmente iguales y periódicas.
- **Compraventa plaza a plaza.** La mercancía se traslada de una localidad a otra distinta. Se pueden incluir aquí las importaciones, las exportaciones y la compraventa intracomunitaria.
- **Contrato de suministro.** El suministrador se obliga a realizar a favor del suministrado entregas sucesivas y periódicas de una determinada mercancía a cambio de un precio. Las empresas suelen realizar estos contratos para asegurarse el aprovisionamiento continuado y constante.
- **Compraventa de ensayo o prueba.** El comprador puede probar o ensayar la mercancía y deshacer la compra si la mercancía no es de su agrado.
- **Compraventa sobre muestras.** Las mercancías que se entregan han de coincidir con la muestra que ha visto el comprador.
- **Compraventa en tienda o almacén.** Suelen ser al contado.
- **Compraventa en ferias y mercados.** Pueden ser al contado o a plazos. Si son al contado han de cumplirse en el mismo día o en las 24 horas siguientes.
- **Contrato de comisión.** El comisionista se obliga a realizar por encargo y cuenta del comitente una o varias operaciones comerciales.

1.6. Estructura del contrato de compraventa

Un contrato de compraventa debe contener lo siguiente (Tabla 4.3):

1. Encabezamiento	Se hará constar el lugar y la fecha de celebración del contrato.

2. Cuerpo	Está integrado por los siguientes apartados:
	
	• REUNIDOS o COMPARECEN: para la identificación de las partes.
	• EXPONEN o ACUERDAN: se especifica el motivo que origina el contrato de compraventa, con una rigurosa descripción del objeto.
	• CLÁUSULAS o ESTIPULACIONES: se detallan las condiciones, derechos y obligaciones del contrato:
	  – Precio.
	  – Forma de pago.
	  – Lugar y fecha de entrega del bien objeto del contrato.
	  – Gastos que origina.
	  – Señal o arras.
	  – Saneamiento de defectos ocultos.
	  – Intereses de demora.
	  – Tribunales de Justicia a los que se someten.

3. Pie	Se da la conformidad con las firmas de las partes contratantes.

Tabla 4.3. Estructura base de un contrato de compraventa.

Cuando se elabora un contrato de compraventa es conveniente tener en cuenta lo siguiente:

1. Donde pone **REUNIDOS** o **COMPARECEN** hay que determinar la personalidad jurídica de los contratantes (si es pública o privada). Cuando se trata con multinacionales, hay que aclarar si son matrices o filiales, de qué país son, etc. Cuanta más información se tenga, menos problemas habrá al contratar. Una vez aclarada esta información, se concluye con la frase «Ambas partes se consideran con capacidad suficiente para otorgar el presente contrato».

> **! IMPORTANTE**
>
> **Incoterms para transporte marítimo o vías navegables**
>
>
>
> **FOB (franco a bordo).** La mercancía debe ser entregada por el vendedor a bordo del buque o vagón señalado. A partir de ahí todos los gastos y riesgos corren a cargo del comprador.
>
> **FAS (franco al costado del buque).** La mercancía se entrega en el muelle al costado del buque sin izada a bordo. A partir de ahí todos los gastos y riesgos corren a cargo del comprador.
>
> **CFR (coste y flete).** La mercancía se entrega descargada en el puerto de destino. Hasta ese punto los gastos corren a cuenta del vendedor, salvo el seguro, que es responsabilidad del comprador.
>
> **CIF (coste seguro y flete).** Igual que CFR pero el vendedor debe pagar también el seguro.

2. Donde pone **EXPONEN** o **ACUERDAN** se determina el objeto del contrato:

- Descripción, cantidad y calidad de la mercancía.
- Embalaje en la que se quiere la mercancía.
- Plazos y modo de entrega de la mercancía.
- Obligaciones complementarias: documentos para el transporte, despacho de aduanas y la venta.
- Incoterms.

> Los **Incoterms** son cláusulas que se emplean en operaciones internacionales que determinan quién paga los costes derivados del transporte de mercancías, es decir, hasta dónde está obligado el vendedor y desde dónde está obligado el comprador a asumir esos costes. Suelen ir ligados a un contrato de transporte internacional, aunque también se pueden establecer en el comercio nacional.

3. Determinación del precio:

- El precio debe de estar cuantificado o se podrá cuantificar.
- Momento del pago.
- Medio de pago o forma de pago: efectivo, transferencia, aplazado, etc.
- Cláusulas penales en caso de incumpliendo de alguna de las partes.

CASO PRÁCTICO 1. Contrato de compraventa civil o mercantil

Diferencia, en las siguientes operaciones de compraventas entre civiles y mercantiles:

a) La compra de un equipo informático por parte de una empresa para su uso en sus oficinas.

b) La compra de un coche de segunda mano por parte de un particular a otro.

c) La compra de una máquina por parte de una empresa para revenderla.

d) La compra de ordenadores para revenderlos posteriormente, con un margen de beneficios.

e) Una empresa vende leche a otra empresa mayorista.

f) Un comerciante minorista compra artículos para su tienda.

g) Un empresario compra artículos en un supermercado para consumo propio.

Solución:

a) Operación de compraventa civil.

b) Operación de compraventa civil.

c) Operación de compraventa mercantil.

d) Operación de compraventa mercantil.

e) Operación de compraventa civil.

f) Operación de compraventa mercantil.

g) Operación de compraventa civil.

ACTIVIDADES

5. Para un español que compra mercancías en Francia, ¿qué Incoterms resultarán más ventajosos?

! IMPORTANTE

Incoterms para transporte multimodal

Ex works (en fábrica). La mercancía se pone a disposición de comprador en la fábrica o almacén del vendedor. El comprador debe pagar todos los gastos y asumir el riesgo a partir de ese momento.

FCA (libre transportista, lugar convenido). El vendedor se compromete a entregar la mercancía al transportista en el lugar o punto fijado, asumiendo todos los riesgos hasta ese momento.

CPT (pagado hasta lugar de destino convenido). El vendedor asume los gastos de transporte hasta el destino convenido. Puede usarse para cualquier modo de transporte, incluido el multimodal.

CIP (transporte y seguro pagado hasta el destino). Igual que CPT, pero en este caso el vendedor asume también el seguro.

DAT (entrega en terminal convenida). El vendedor asume todos los costes, incluido el seguro hasta que la mercancía se despacha en la terminal definida.

DDP (entregada derechos pagados). El vendedor entregará las mercancías en el almacén del comprador.

2. El presupuesto

> El presupuesto es un documento expedido por la parte vendedora donde se detalla la oferta de unos determinados bienes y servicios, reflejando también la forma de pago, el plazo de entrega y el periodo de vigencia de dicha oferta.

Es un documento previo a la compraventa, siendo vinculante únicamente para el vendedor por el tiempo de vigencia de la oferta; el comprador solo estará comprometido cuando lo acepte, bien mediante la firma del documento o bien de forma tácita cuando acepte recibir los bienes y servicios ofrecidos por el vendedor. Una vez aceptado, se formaliza la venta.

Para que sea válido, el presupuesto debe contener la siguiente información (Fig. 4.3):

1. Datos del vendedor y del comprador.
2. Periodo de vigencia del presupuesto y plazo de entrega.
3. Descripción detallada de la oferta.
4. Otras condiciones.
5. Lugar, fecha y firma del aceptante.

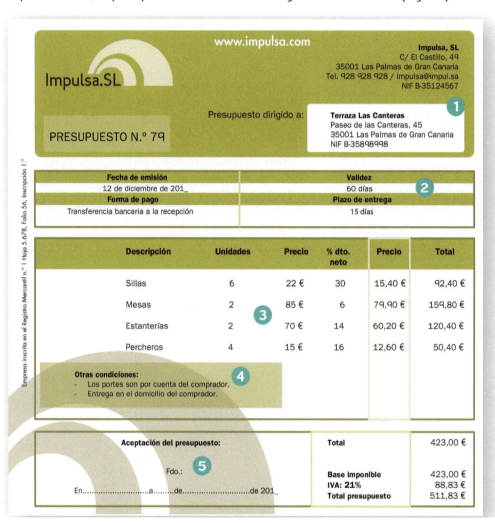

Fig. 4.3. Modelo de presupuesto.

ACTIVIDADES

6. La empresa Canarias Jeans S.L., con domicilio en la calle Tomás Morales 43, 28008 Madrid, le prepara el 15/01/201_ a Modas del Sur S.L., con domicilio en Avda. Trajana 43, 11005 Cádiz, un presupuesto con los siguientes artículos y condiciones: 100 pantalones vaqueros varias tallas a 34 € c/u, 50 cazadoras vaqueras de varias tallas a 60 € c/u, 200 camisetas variadas a 15 € c/u. Canarias Jeans le aplica los siguientes descuentos: 8 % a los pantalones y camisetas y 10 % a las cazadoras. El presupuesto tiene una vigencia de 15 días. El plazo de entrega de la mercancía es de 48 horas después de la aceptación en el domicilio del cliente. La forma de pago es 50 % a la aceptación del presupuesto y el resto mediante un efecto con vencimiento a 30 días a contar desde la de la recepción de la mercancía. El presupuesto lo prepara el comercial de la empresa Juan García Pérez. Se pide:

a) Elaborar el presupuesto con todos los datos planteados.

b) Calcular el importe total y el importe de cada pago.

3. El pedido

El pedido es una petición de compra que un cliente hace a un proveedor para que este le suministre los bienes y servicios solicitados.

A. Clases de pedidos

Atendiendo al conocimiento que las partes tengan de las condiciones de la operación, los pedidos se pueden clasificar en:

- **Pedidos en firme.** Cuando el comprador y vendedor estén de acuerdo con las condiciones de la operación o bien se hayan negociado previamente y se hayan plasmado en algún tipo de contrato. El documento que se utiliza se denomina **nota de pedido**.
- **Pedidos condicionales.** Surge cuando el comprador expone unas condiciones al vendedor, por ejemplo con respecto al precio, a los descuentos, a los plazos de entrega, al transporte, etc. El documento que se utiliza se denomina **propuesta de pedido**.

B. Forma de los pedidos

Los pedidos se pueden formalizar de la siguiente manera (Tabla 4.4):

Formas de pedido	
Por teléfono	Para confirmar el pedido es conveniente enviar una carta tras la llamada.
Carta, fax o correo electrónico	Permite, por un lado, establecer una relación formal con el cliente y, por otro, plasma por escrito las condiciones de la operación.
Con una nota de pedido	Se trata de un impreso que tiene la empresa vendedora y que debe contener los datos necesarios para facilitar la operación de compraventa.
Mediante un agente comercial o representante	El agente comercial elabora el pedido, el cliente firma el original y se queda con una copia (sería una propuesta de pedido).

Tabla 4.4. Formas de realizar un pedido.

C. La nota de pedido

La **nota de pedido** (Fig. 4.4) es un documento que utilizan las empresas para que, a través de él, los clientes soliciten la mercancía deseada. Se extiende por duplicado o triplicado: el original se lo queda la empresa y la copia se entrega al cliente. La nota de pedido no es uniforme, depende de cada empresa, pero debe contener como mínimo los siguientes datos:

- Lugar y fecha en los que se hace el pedido, número de orden.
- Identificación del comprador y del vendedor.
- Detalle de las mercancías pedidas: clase, calidad, número de unidades.
- Condiciones de pago y entrega: aclarando si en el precio está incluido el IVA o no.
- Firma del comprador.

D. La propuesta de pedido

Son impresos que las empresas proporcionan a sus agentes comerciales y representantes para recoger los pedidos de los clientes. Se firma por triplicado, siendo el original para el proveedor. Los datos que contiene son los mismos que la nota de pedido, e incluye además el nombre del agente que interviene en la operación.

> **IMPORTANTE**
>
> **Pago del transporte**
>
> Varía en función de cuándo se efectúe el pago:
>
> - **Portes debidos.** El destinatario paga el coste del porte a la recepción de la mercancía (cliente).
> - **Portes pagados.** El pago del transporte se hace en el origen (proveedor).
> - **Reembolso.** El destinatario paga las mercancías y los portes a su recepción.

Fig. 4.4. Modelo de nota de pedido.

ACTIVIDADES

7. ¿Cómo se denomina el documento en el que se realiza un pedido en firme? ¿Y el documento en el que se hace un pedido condicional? Explica la diferencia de ambos documentos.

4. El albarán o nota de entrega

> El **albarán**, también conocido como **nota de remisión** o **nota de entrega**, es un documento mercantil que acredita la entrega de algún producto o la prestación de un servicio. La función de este documento es principalmente la de **demostrar la existencia de una transacción**, dejando constancia del momento y de la forma en que se ha llevado a cabo.

! **IMPORTANTE**

Requisitos que debe cumplir un albarán.

1. **Numeración** o código del documento.
2. Los **datos del cliente**: nombre y apellidos, dirección, teléfono y NIF.
3. **Relación de artículos** que se envían, cantidad y referencia de los mismos.
4. **Fecha del documento**: pueden ser dos, la fecha de emisión y la fecha de entrega o fecha de valor, ya que es la que se tiene en cuenta a efectos de facturación.

El comprador de la mercancía debe firmar este documento, dejando en evidencia que el producto o servicio fue recibido de manera conforme, y una copia de este documento debe llegar también al vendedor. Por ello, el **albarán** adquiere suma importancia ante cualquier reclamo por el producto recibido. Este documento es vital para:

- **El comprador.** El albarán debe ser comparado con la nota de pedido para **corroborar** si se trata efectivamente de la **mercadería solicitada**. También le es útil para controlar los productos o las mercaderías que ha recibido con la facturación posterior.
- **El vendedor.** El albarán debidamente firmado por el comprador le sirve como una **constancia** de haber entregado la mercadería de manera conforme y para poder elaborar posteriormente la factura.
- **La empresa de transporte.** El albarán es una **garantía** de que ha entregado en buen estado las mercaderías solicitadas.

4.1. Tipos de albaranes

Existen dos tipos de albaranes que, si bien son semejantes, cumplen funciones distintas:

- **Albarán valorado.** En él no solo se consignan los datos que demuestran la existencia de una transacción, sino que también se debe incluir el **precio individual** de cada mercancía, los impuestos, los descuentos y el **valor total** de la operación.

  Un albarán valorado debe ser emitido por las empresas que facturan a sus clientes **por periodos de tiempo**, ya sean periodos semanales, quincenales o mensuales. Así el comprador podrá **conocer el valor de la mercancía** sin tener que esperar la factura.

- **Albarán sin valorar.** Al no valorar económicamente la mercancía, debe mostrar solamente la cantidad de la mercancía y hacer una descripción de ella. Aquí no se deja constancia ni del valor unitario ni del precio final de la operación.

  Es común que junto al **albarán sin valorar** se entregue la factura. De esta manera, el cliente podrá conocer el valor de la mercancía que ha adquirido.

El uso de uno u otro tipo de **albarán** depende del momento en que se emite la factura y también de las exigencias de cada cliente.

CASO PRÁCTICO 2. El albarán

¿Cómo se hace un albarán?

Solución:

El **albarán original** y una **copia** se envían al comprador, el cual debe firmarlo como prueba de que ha recibido el pedido, quedándose con el original y entregando la copia al mensajero. Otra copia permanecerá en poder del vendedor.

Es necesario guardar el albarán por si se produjese alguna reclamación.

ACTIVIDADES

8. La empresa El Cortijo S.L., con NIF B-12345678, domiciliada en la calle Guatemala 66, 11590 Ubrique, realizó a la empresa Flora y Fauna S.L. el día 27 de octubre el pedido siguiente: 25 unidades de naranjos a 34 €/u, 15 perales a 60 €/u y 20 olivos a 45 €/u. La entrega de la mercancía habrá de realizarse en el plazo máximo de tres días en el domicilio del portador, siendo la forma de pago mediante dos letras de cambio de 30 y 60 días.

Se pide realizar el albarán valorado n.º 143.

5. El transporte de mercancías. Documentos

El uso del transporte de mercancías supone un coste bien para el proveedor, bien para el cliente. Este coste incide en el **coste final** de la mercancía. El envío de mercancías se puede realizar con **vehículos propios** de la empresa o contratando **empresas externas**, denominadas **agencias de transportes**.

5.1. Medios de transporte

Los medios de transporte se pueden clasificar atendiendo a los siguientes criterios (Tabla 4.5):

Medios de transporte		
Medio utilizado	Terrestre	• **Transporte por ferrocarril.** Las mercancías son transportadas en vagones. Suele ser el medio más barato. • **Transporte por carretera.** Es el realizado por medio de vehículos de motor, a través de vías terrestres. Es el más idóneo para viajes cortos.
	Aéreo	Es el más adecuado para el envío de productos perecederos o que exigen un transporte rápido. Es el más caro.
	Marítimo	Utiliza las vías marítimas o fluviales. Es la modalidad que puede transportar mayor volumen de mercancías.
Modalidades de contrato	Sucesivo	El transporte sucesivo por carretera es aquel en que, existiendo un único contrato con el cargador, es realizado de forma sucesiva por varios porteadores por carretera.
	Multimodal	Es aquel en que, existiendo un único contrato con el operador, es realizado por varios transportadores y usando diversos medios de transporte. La responsabilidad recae en el operador.
	Combinado	Es una variedad del multimodal, pero en este tipo de contrato la responsabilidad es solidaria respecto a todos los transportadores, los cuales han de cumplir con el contrato.

Tabla 4.5. Medios de transporte.

5.2. Documentos del transporte de mercancías

Dependiendo del medio, los documentos más importantes son, entre otros (Tabla 4.6):

Documentos del transporte de mercancías	
Transporte por carretera	• **Cuaderno TIR.** Documento expedido por la Asociación de Transporte Internacional por Carretera (ASTIC) que detalla las mercancías que viajan en el vehículo. • **Documento CMR.** Prueba la existencia del contrato de transporte internacional por carretera y sirve de recibo probatorio al cargador de que ha entregado la mercancía al transportista para su posterior transporte.
Transporte marítimo	• **Manifiesto marítimo.** Es la relación definitiva de toda la carga que lleva el buque. Debe ser entregado a las autoridades aduaneras en el país de importación a la llegada al puerto. • **B/L** *(bill of lading)* **o conocimiento de embarque.** Es un documento que recoge el contrato de transporte marítimo internacional que justifica que el cargador ha entregado la mercancía a bordo del buque. • *Admitase colla* **o terminal estibadora.** Documento que acredita la entrega de las mercancías en un muelle del puerto de origen a una determinada colla (terminal estibadora) para su posterior embarque.
Transporte aéreo	• **Manifiesto aéreo.** Documento donde va inscrita toda la carga que lleva un avión. Debe ser entregado a las autoridades aduaneras del país de importación. • **AWB** *(air way bill)* **o conocimiento de embarque aéreo.** Es un documento que recoge el contrato de transporte aéreo internacional que justifica que el cargador ha entregado la mercancía a bordo del avión.

Tabla 4.6. Documentos del transporte de mercancías.

ACTIVIDADES

9. Define la modalidad de contrato de transporte en cada caso:
   a) Una empresa contrata a un cargador, el transporte de las mercancías es por carretera, para ello utiliza un camión y un tren.
   b) La misma empresa contrata a una agencia de transporte para llevar las mercancías desde Badajoz hasta Las Palmas.

SÍNTESIS

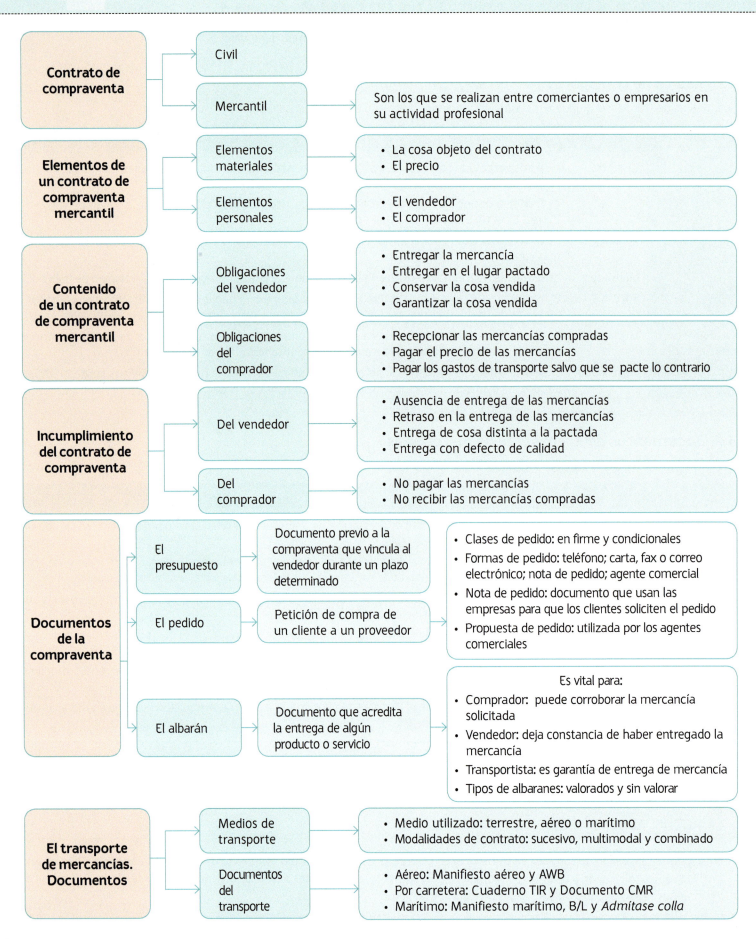

TEST DE REPASO

1. **Se trata de un contrato de compraventa civil:**
   a) La venta de un mayorista a un minorista.
   b) La venta de un coche a un comprador para su uso personal.
   c) La venta de neumáticos por parte de Michelin a la empresa Seat.
   d) Un concesionario de la empresa Seat le vende un coche a una empresa de alquiler de coches.

2. **Se trata de un contrato de compraventa mercantil:**
   a) Un ganadero vende leche a una fábrica de quesos.
   b) La venta de una vivienda particular.
   c) Adidas le vende zapatillas deportivas y ropa deportiva al Corte Inglés.
   d) Una tienda de regalos de Toledo le compra jarrones de barro a un artesano de Murcia en su taller.

3. **Son elementos reales del contrato de compraventa:**
   a) La cosa objeto del contrato.
   b) Las ventas a precio firme.
   c) Las ventas a precio variable.
   d) Las tres anteriores son ciertas.

4. **Las obligaciones del vendedor en un contrato de compraventa son las de:**
   a) Pagar los gastos de transporte salvo que se pacte lo contrario.
   b) Recibir las mercancías vendidas.
   c) Entregar siempre las mercancías en el almacén del comprador.
   d) Entregar la mercancía en el lugar pactado.

5. **Las obligaciones del comprador en un contrato de compraventa son las de:**
   a) Pagar los gastos de transporte salvo que se pacte lo contrario.
   b) Conservar la cosa vendida.
   c) Recoger siempre las mercancías en el almacén del vendedor.
   d) Entregar la mercancía en el lugar pactado.

6. **De los siguientes casos, ¿cuándo se está incurriendo en incumplimiento del contrato de compraventa?**
   a) El vendedor no entrega en el plazo establecido la cosa vendida.
   b) El vendedor entrega una mercancía distinta a la pactada.
   c) El comprador no paga la mercancía en el que se le exige.
   d) Todas las anteriores son ciertas.

7. **El presupuesto es un documento:**
   a) Vinculante para el comprador cuando lo recibe.
   b) Que no tiene periodo de vigencia.
   c) Previo a la operación de compraventa.
   d) Ninguna de las anteriores son ciertas.

8. **La nota de pedido se utiliza en los pedidos:**
   a) En firme.
   b) Condicionales.
   c) Telefónicos, en los cuales para confirmar el pedido es conveniente enviar una carta tras la llamada.
   d) Por correo electrónico, plasmando por escrito las condiciones de la operación.

9. **Cuando los gatos de transporte son «portes debidos»:**
   a) El pago del transporte se hace en el origen (proveedor).
   b) El destinatario paga las mercancías y los portes a su recepción.
   c) El destinatario paga el coste del porte a la recepción de la mercancía (cliente).
   d) El destinatario deja a deber al transportista los gastos de transporte.

10. **El albarán debe firmarse a la entrega de las mercancías por:**
    a) El vendedor.
    b) El comprador.
    c) El transportista.
    d) Todos los anteriores.

11. **En un albarán valorado viene detallado:**
    a) El precio por unidad de cada producto.
    b) El número de unidades de cada producto.
    c) El precio del transporte contratado.
    d) El valor total de toda la operación.

12. **El contrato de transporte multimodal es aquel que:**
    a) Existiendo un único contrato con el cargador, es realizado de forma sucesiva por varios porteadores por carretera.
    b) Existiendo un único contrato con el operador, es realizado por varios transportadores y usando diversos medios de transporte.
    c) Existiendo un contrato de responsabilidad solidaria, es realizado por varios transportadores y usando diversos medios de transporte.
    d) Utiliza las vías marítimas o fluviales ya que es la modalidad que puede transportar mayor volumen de mercancías.

COMPRUEBA TU APRENDIZAJE

Determinar los elementos del contrato mercantil de compraventa

1. Pedro, ganadero de Asturias, ha establecido relaciones comerciales con la empresa de envasado de leche La Vaca Feliz S.L. Ambos han llegado a un acuerdo por el cual Pedro se compromete a suministrar diariamente la leche que obtenga de sus vacas a la empresa. En las conversaciones mantenidas, pactan el precio por litro, la forma de pago y las condiciones de entrega de la leche. Pedro está preocupado por esta relación comercial con la empresa y decide formalizar dicho acuerdo mediante un contrato.

    a) ¿Qué tipo de contrato podrían firmar las partes? Razona la respuesta.

    b) ¿Podría considerarse una compraventa especial? En caso afirmativo, ¿de qué tipo sería?

2. Indica quién es el responsable y cómo debe responder, cuando en una compraventa se presentan las siguientes circunstancias:

    a) La entrega se realiza antes del plazo establecido.

    b) La mercancía presenta vicios ocultos.

    c) En el bien existen vicios manifiestos.

    d) Existen defectos en la cantidad que se aprecian en la entrega.

    e) La mercancía no es recibida en el momento de la entrega.

    f) La mercancía presenta defectos en la calidad que se aprecian al ser desembalada una semana después.

Establecer los flujos de documentación administrativa relacionados con la compraventa.

Identificar y cumplimentar los documentos relativos a la compraventa en la empresa, precisando los requisitos formales que deben reunir.

Reconocer los procesos de expedición y entrega de mercancías, así como la documentación administrativa asociada.

3. Realiza un contrato de compraventa de ordenadores, detallando todas las condiciones, con la siguiente información:

    D.ª Clara Ojeda Díaz, con NIF 12.222.222 S, domiciliada en la Calle Sonrisas 70, 36043 de Burgos, se dedica a la venta de equipos informáticos, su empresa se llama La Red Informática S.L., con NIF B-36453796. El día 21 de marzo de 20X1 firma un contrato con la empresa Software S.L. de San Sebastián, CP 46064, cuya representante legal es Amanda Arias Pérez, con NIF 43.333.444 P, domiciliada en la calle La Alegría 60 de San Sebastián, para la adquisición de 30 ordenadores modelo XP900 a un precio de 550 € c/u, y 10 impresoras modelo HP 5556 a un precio de 62,00 € c/una. IVA no incluido.

    La mercancía ha de ser entregada con derechos pagados de la siguiente forma:

    - Diez ordenadores y cinco impresoras se entregarán a los quince días de la firma del contrato.
    - El resto se entregarán en el plazo máximo de dos meses, también contados desde la firma del contrato.

    El pago se realizará de la siguiente forma: 30 % en el momento de la firma del contrato con cheque y el resto también mediante cheque cuando se entregue el total de la mercancía. Pactan unos intereses de demora del 10 %.

    Las condiciones para la reclamación de vicios ocultos son las establecidas por la ley. Software S.L. le ofrece un descuento del 5 % del total de la factura si el segundo pago se realiza con la primera entrega.

    Se pide:

    a) Realizar el contrato de compraventa.

    b) ¿Quién se hace cargo de los gastos de transporte?

    c) ¿Qué tipo de Incoterms le convendría al vendedor?

    d) ¿Y al comprador?

4. D.ª Clara Ojeda Díaz, propietaria de la empresa La Red Informática S.L., acude el día 22 de marzo de 20X1 a la empresa Hardware S.L. de Bilbao, con NIF B-45009098 y domiciliada en calle La Esperanza 33, CP 55005, dedicada a la venta de consumibles, para pedir presupuesto de los siguientes artículos:

    - 40 cartuchos de tinta para impresora.
    - 100 ratones inalámbricos modelo 66RT.
    - 20 almohadillas para ratones.
    - 40 cajas de CD de 20 unidades.

    El comercial le elabora el presupuesto con la siguiente información:

    - Precios por unidad: cartuchos de tinta 37 €, ratones 12 €, almohadillas 1,50 € y caja de CD 9,75 €.
    - El IVA no está incluido en el precio.
    - La forma de pago es mediante cheque a la entrega de las mercancías.
    - Vigencia del presupuesto: 10 días. Entrega de la mercancía a la firma del presupuesto.
    - Icoterm acordado: Ex works.

    Se te pide:

    a) Elaborar el presupuesto.

    b) El Icoterm establecido para la operación de compraventa ¿a quién beneficia más? Razona la respuesta.

5. El día 23 de mayo D.ª Clara Ojeda Díaz realiza una nota de pedido a la empresa Software S.L. por la compra de 15 ordenadores del mismo modelo y con las mismas condiciones que las pactadas en la compra anterior.

COMPRUEBA TU APRENDIZAJE

La empresa informa a D.ª Clara que el precio es el mismo, pero el Incoterm usado ahora por la empresa es el DAT, siendo la Avenida los Huetos de Vitoria el lugar de entrega.

La empresa se compromete a entregar toda la mercancía a los 20 días de la firma del pedido y el pago se realizará a los 15 días de la entrega de la mercancía mediante transferencia bancaria. El resto de las condiciones se mantienen igual que en la actividad 3. Número de pedido 175/05.

Se te pide:

a) Elaborar la nota de pedido. D.ª Clara Ojeda Díaz firma el pedido el día 23 de mayo de 20X1.

b) Sabiendo que los gastos de transporte suponen un coste adicional de 0,76 € por kilómetro, el peaje 23 € y el seguro un 2 % del valor de la mercancía, ¿cuál será el coste total de la operación para D.ª Clara? (para calcular los kilómetros puedes usar Google Maps).

c) El Incoterm aplicado en esta operación, en relación con el aplicado en la compra anterior, ¿a quién beneficia? Razona la respuesta.

6. El día pactado con la empresa Software S.L. (actividad 5), D.ª Clara Ojeda Díaz recibe las mercancías junto con el albarán de entrega valorado n.º 436/06 y la factura de portes de Transportes el Relámpago S.L. Se te pide:

a) Cumplimentar el albarán.

b) ¿Quién le hace entrega del albarán a D.ª Clara Ojeda?

c) ¿Qué documento tendrá que entregar el transportista a la empresa Software S.L. cuando esta le entregue las mercancías en la Avenida los Huetos de Vitoria? ¿Para qué sirve dicho documento?

d) ¿Qué día tendrá que realizar D.ª Clara la transferencia a la empresa Software S.L.?

7. Indica sin son verdaderas o falsas las siguientes afirmaciones:

a) En un contrato de compraventa mercantil, al menos una de las partes intervinientes es comerciante.

b) Los Incoterms son cláusulas usadas en la compraventa de operaciones internacionales que determinan quién paga los costes derivados del transporte de mercancías.

c) En un contrato de compraventa mercantil se puede incluir una cláusula que indique que los defectos ocultos del bien no son responsabilidad del vendedor.

d) El vendedor tiene la obligación de pagar los gastos de transporte salvo que se pacte lo contrario.

e) En el caso de que el vendedor entregue una mercancía distinta a la pactada, tiene la obligación de realizar un descuento del 10 % al comprador.

f) Un contrato de suministro es aquel en el que el comprador puede probar la mercancía y deshacer la compra si no es de su agrado.

g) El FAS, FOB y CIF son Incoterms para transporte marítimo.

h) El documento que se utiliza para pedidos en firme es la propuesta de pedido.

i) El albarán es un documento vital para el vendedor ya que, una vez firmado por el comprador, le sirve de justificante de haber entregado la mercancía.

j) En una operación de venta a crédito, normalmente se usa el albarán valorado.

k) Un contrato de transporte multimodal es aquel donde la responsabilidad es solidaria respecto a todos los transportadores, los cuales han de cumplir con el contrato.

l) El manifiesto marítimo es la relación definitiva de toda la carga que lleva el buque. Debe ser entregado a las autoridades aduaneras en el país de importación a la llegada al puerto.

m) El presupuesto es un documento previo a la compraventa y es vinculante únicamente para el vendedor por el tiempo de vigencia de la oferta.

n) En el pie del contrato de compraventa solo es necesaria la firma del vendedor.

8. D. Antonio Mateo Hernández, de Las Palmas de Gran Canaria, compra en una fábrica de Alemania 10 microbuses por importe de 70.000 € c/u. Los gastos de transporte fueron los siguientes:

- Desde la fábrica hasta el puerto de embarque en Alemania fueron 1.500 €.
- Los gastos de cargar en el barco, 500 € c/u.
- El transporte en barco desde Alemania hasta el puerto de Las Palmas de Gran Canaria, 1.600 € c/u.
- Los gastos de descarga en el puerto de Las Palmas de Gran Canaria, 400 € c/u.
- El seguro, 2.700 €.
- El transporte desde el puerto de Las Palmas de Gran Canaria hasta la cochera de la empresa, 500 €.
- Los gastos de aduana en el puerto de exportación, 1.800 €.
- Los gastos de aduana en el puerto de importación, 1.300 €.

Sin tener en cuenta otros gastos, se pide calcular el coste e indicar cuánto asume el comprador y cuánto el vendedor usando los siguientes Incoterms:

a) FAS y CFR.

b) ¿Qué Incoterm es más interesante para el comprador?

c) De los documentos de transporte marítimo de mercancías, ¿cuáles hay que cumplimentar? ¿Quién los recibe?

5 UNIDAD

Documentación administrativa de la compraventa (II)

En esta unidad

APRENDERÁS A

- Verificar que la documentación comercial, recibida y emitida, cumple la legislación vigente y los procedimientos internos de una empresa.

- Identificar los parámetros y la información que deben ser registrados en las operaciones de compraventa.

- Valorar la necesidad de aplicar los sistemas de protección y salvaguarda de la información, así como criterios de calidad en el proceso administrativo.

- Gestionar la documentación, manifestando rigor y precisión.

- Utilizar aplicaciones informáticas específicas.

ESTUDIARÁS

- El proceso de facturación. La factura.
- Los descuentos y gastos en la factura.

Y SERÁS CAPAZ DE

- Analizar y confeccionar los documentos o comunicaciones que se utilizan en la empresa, identificando la tipología de los mismos y su finalidad, para gestionarlos.

- Analizar los documentos o comunicaciones que se utilizan en la empresa reconociendo su estructura, elementos y características para elaborarlos.

- Analizar las posibilidades de las aplicaciones y los equipos informáticos, relacionándolas con su empleo más eficaz en el tratamiento de la información para elaborar documentos y comunicaciones.

- Identificar las técnicas y parámetros que determinan las empresas para clasificar, registrar y archivar comunicaciones y documentos.

1. El proceso de facturación. La factura

En la unidad anterior vimos los siguientes documentos de uso en las operaciones: presupuesto, pedido y albarán de entrega, así como la importancia de los gastos del transporte en este tipo de operaciones. El último documento en una operación de compraventa es la **factura**.

1.1. Concepto de factura

> La factura es el documento en el cual se recoge toda la información de una operación de compraventa. En ella se muestra o detalla el producto comprado o vendido y el origen de la operación y se indica, entre otras cosas, los géneros vendidos, el precio, los servicios prestados, los descuentos y gastos, así como los impuestos aplicados.

1.2. Requisitos formales de una factura

A efectos tributarios, toda factura y sus copias contendrán los datos o requisitos que se citan a continuación:

a) **Número** y, en su caso, serie. La numeración de las facturas dentro de cada serie será correlativa.

b) **Fecha de su expedición.** Es el día en el que se emite la factura.

c) **Nombre y apellidos,** razón o denominación social completa, tanto del vendedor como del comprador.

d) **Número de Identificación Fiscal (NIF)** atribuido por la Administración Tributaria española.

e) Domicilio, tanto del obligado a expedir factura como del destinatario de las operaciones.

f) **Descripción de las operaciones,** consignándose todos los datos necesarios para la determinación de la base imponible del impuesto y su importe, incluyendo el precio unitario sin impuesto de dichas operaciones, así como cualquier descuento o rebaja que no esté incluido en dicho precio unitario.

g) **Tipo impositivo** o, en su caso, tipos impositivos aplicados a las operaciones.

h) **Cuota tributaria** que se repercuta deberá consignarse por separado.

i) **Fecha** en que se hayan efectuado las **operaciones** que se documentan o en la que, en su caso, se haya recibido el pago anticipado, siempre que se trate de una fecha distinta a la de expedición de la factura.

j) En el supuesto de que la operación que se documenta en una **factura esté exenta** del impuesto, hay que hacer referencia a las disposiciones correspondientes que lo justifique.

k) En el caso de aplicación de un régimen especial, hacer mención de cuál se trata.

l) En las entregas de medios de transporte nuevas habrá que consignar además la fecha de su primera puesta en servicio y las distancias recorridas u horas de navegación realizadas hasta su entrega.

1.3. Plazos de las facturas

Los plazos de emisión, envío y conservación de las facturas son los siguientes:

- **Plazo de emisión.** Al realizarse la operación; sin embargo, cuando el destinatario de la operación sea un empresario o profesional, deben expedirse antes del día 16 del mes siguiente al periodo de liquidación del impuesto en el que se hayan realizado las operaciones.

- **Plazo de envío.** Un mes desde la fecha de emisión.

- **Plazo de conservación.** Tanto el vendedor como el comprador deben conservar las facturas emitidas como consecuencia de las operaciones de compraventa, numeradas y correlativas, durante **6 años**.

! **IMPORTANTE**

A partir del **1 de enero de 2015**, **los socios de sociedades que realizan actividades profesionales** y que, además, estén dados de alta en el Régimen de Autónomos de la Seguridad Social por el porcentaje de participación que tienen en la empresa, **emiten una factura en lugar de recibir una nómina** para cobrar su trabajo en la sociedad.

Los ingresos obtenidos por los servicios profesionales prestados por los socios se considerarán **ingresos de actividades económicas** en lugar de ingresos de trabajo, siempre que se cumpla que:

- Realizan actividades calificadas como profesionales.
- Están incluidos en el Régimen Especial de Autónomos.

1.4. Tipos de facturas

- En función de su **contenido**, las facturas se clasifican en (Tabla 5.1):

Facturas ordinarias	La factura ordinaria es el tipo de factura que se usa con más frecuencia. Este tipo de factura documenta una operación comercial, bien sea de compraventa o de prestación de algún servicio. Debe contener todos los requisitos exigidos.
Facturas rectificativas	La factura rectificativa se usa cuando hay que hacer alguna corrección de una factura anterior porque la misma no cumpla los requisitos establecidos por la Ley o si se producen devolución de productos, de envases o embalajes, o bien cuando se aplican descuentos o bonificaciones posteriores a la operación.
Facturas recapitulativas	La factura recapitulativa permite incluir, en una sola factura, varias operaciones dirigidas a un mismo destinatario y que estén comprendidas en distintas fechas pero en un mismo mes natural. Cuando el destinatario sea un empresario o profesional que actúe como tal, la expedición deberá realizarse antes del día 16 del mes siguiente a aquel en el que se hayan realizado las operaciones.

Tabla 5.1. Tipos de facturas según su contenido.

- En función de la ausencia de **valor legal**, se dividen en (Tabla 5.2):

Copia de factura	Contiene los mismos datos que la factura original; tan solo se diferencia en que tiene que venir especificada la expresión *Copia*. La copia queda en manos del vendedor, mientras que la factura original es la que se envía al comprador.
Duplicado de factura	Es igual que la factura original y se hace cuando hay varios destinatarios o bien cuando se produce la pérdida de la factura original. Se debe detallar que es un duplicado.
Factura proforma	Documenta una oferta comercial indicando los productos o servicios que el vendedor proporcionará al comprador a un determinado precio, con lo cual su finalidad es que el comprador disponga del máximo posible de información relativa a la futura compra que va a realizar. No tiene valor contable ni sirve de justificante. Hay que incluir en el encabezamiento la indicación *proforma*.

Tabla 5.2. Tipos de facturas en función de ausencia de valor legal.

- En función de los **requisitos formales** que cumplan, las facturas pueden ser (Tabla 5.3):

Factura completa	Cuando cumple todos los requisitos formales establecidos por la Ley.
Factura simplificada	• Es aquella que se puede emitir cuando su importe no exceda de 3.000 €, incluido el IVA, en operaciones del comercio al por menor, la hostelería o el transporte de personas, etc., es decir, en todas aquellas actividades para las que antes era suficiente un tique. • Facturas cuyo importe no supere los 400 € (IVA incluido). • Facturas rectificativas.

Tabla 5.3. Tipos de facturas en función de los requisitos.

ACTIVIDADES

1. Relaciona el orden en el que se cumplimentan los siguientes documentos en una operación de compraventa y otros relacionados e indica quién firma cada uno para que tenga validez:

   a) Factura.

   b) Albarán.

   c) Nota de pedido.

   d) Libro de Registro de Facturas Emitidas.

   e) Factura proforma.

   f) Factura rectificativa.

1.5. Factura electrónica

La diferencia con la de papel es que su trasmisión es por medios electrónicos o **telemáticos**.

A. Concepto

> La factura electrónica se define legalmente como «aquella factura que se ajusta a lo establecido en el Reglamento de Facturación para cualquier factura en papel y que haya sido expedida y recibida en formato electrónico».

Para cumplir con la norma y que una factura electrónica tenga la misma validez legal que una emitida en papel, el documento electrónico debe contener los campos obligatorios exigibles a toda factura y ser transmitido de un ordenador a otro recogiendo el consentimiento de ambas partes. Es **recomendable** (pero no obligatorio) el uso de la **firma electrónica**.

Deberán facturar electrónicamente las **medianas y grandes empresas** que operan en el **sector privado**, que son aquellas que cuentan con más de 100 empleados o un volumen anual de operaciones superior a 6.010.121 €.

B. Normativa

La factura electrónica está regulada por:

- **Reglamento de facturación**, que se recoge en el Real Decreto 1619/2012 y que entró en vigor el 1 de enero de 2013.
- **Ley 25/2013, de 27 de diciembre**, de impulso de la factura electrónica y creación del registro contable de facturas en el sector público.

C. Las Administraciones Públicas

A partir del 15 de enero de 2015 **es obligatorio facturar electrónicamente** a todos los organismos de la **Administración Pública**: ministerios, comunidades autónomas, ayuntamientos, empresas públicas, etc. Pueden quedar exentas las facturas cuyo importe sea de hasta 5.000 €.

El objetivo es incrementar el control sobre los pagos de la Administración Pública y así reducir su morosidad. Para ello la Administración Pública ha creado un **punto general de entrada de facturas electrónicas** por cada Administración, esto es, Estado, comunidades autónomas y entidades locales, en el que los proveedores presentarán y tramitarán las facturas, que deberán estar en el **formato XML «Facturae 3.2.1.»**, lo cual obliga a trabajar con proveedores que tengan integrado este formato. El punto de entrada de facturas electrónicas para la Administración General del Estado se denomina **FACe** (Fig. 5.1).

El artículo 3 de la Ley 25/2013 regula la obligación de presentación de facturas en el registro, «en el **plazo de 30 días** desde la fecha de entrega efectiva de las mercancías o la prestación de servicios. En tanto no se cumplan los requisitos de tiempo y forma de presentación establecidos en esta Ley, no se entenderá cumplida esta obligación de presentación de facturas en el registro». Por otro lado, el plazo de pago de las Administraciones Públicas se limita a 30 días contados a partir de la presentación de la factura.

D. Obligaciones del emisor de la factura electrónica

Son las siguientes:

- Crear una factura en una aplicación informática que cumpla los requisitos legales.
- Asegurarse de la legibilidad en el formato original.
- Garantizar el acceso a las facturas, ya sea por visualización, descarga, etc.
- Conservar los datos de la factura en una base de datos.
- Contabilizar la factura.
- Garantizar la autenticidad e integridad de los datos de la factura.

@ WEB

Firma digital certificada

Pese a que con la nueva normativa no es obligatoria la firma digital certificada, se reconoce esta como garante del origen de la factura y de la integridad de los datos, por lo que se recomienda su uso en la factura electrónica.

La certificación digital que deben solicitar las empresas y los organismos públicos para sus relaciones con la Agencia Tributaria se obtiene en la Fábrica Nacional de Moneda y Timbre (FNMT), en CERES, en el siguiente enlace:

http://www.cert.fnmt.es/certificados.

Fig. 5.1. Página de inicio de Facturae.

En la ruta *www.facturae.es* > *Formato Facturae,* se puede ver un modelo de factura electrónica que establece la Agencia Tributaria. Un modelo de formato para elaborar la factura electrónica puede ser (Fig. 5.2):

① **Datos del emisor:** vendedor.

② **Datos del receptor:** comprador.

③ **Datos de la factura:** número, serie y fecha de emisión.

④ **Descripción** detallada de la mercancía o el servicio.

⑤ **Impuestos aplicados.**

⑥ **Importe total** de la factura incluidos impuestos.

⑦ **Condiciones** y forma de pago.

⑧ **Firma electrónica** (opcional).

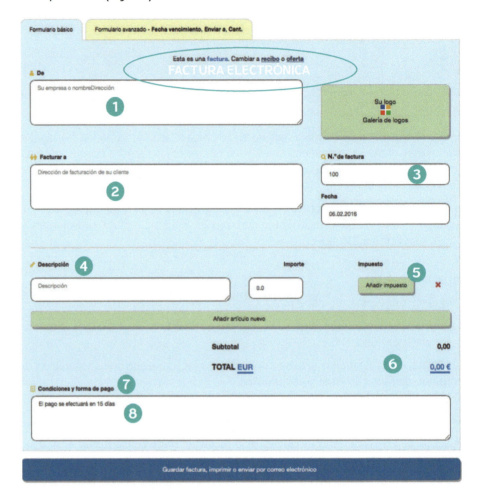

Fig. 5.2. Modelo de formato para factura electrónica.

¿SABÍAS QUE...?

Prestadores de servicios de facturación electrónica

Los prestadores de servicios de facturación electrónica son las empresas a las que se puede encomendar tanto la expedición como la conservación de facturas electrónicas.

Una empresa proveedora de un bien o un servicio que desea emitir facturas electrónicas puede adquirir el servicio de facturación electrónica contratando a una **entidad prestadora de servicios telemáticos** en la que delega todas las obligaciones que la legislación exige al expedidor de la factura, sin dejar de ser el empresario proveedor el obligado tributario.

CASO PRÁCTICO 1. Factura electrónica

De los siguientes supuestos, indica cuáles tienen obligación de presentar la factura electrónica y cuáles no, razonando la respuesta:

a) Una empresa de material escolar que presenta una factura a un colegio por importe de 1.200 €.

b) Una empresa de 20 trabajadores que tiene un contrato con la Consejería de Educación y le factura mensualmente 17.800 €.

c) Un empresa de 20 trabajadores que le factura 17.800 € mensuales a un pequeño supermercado.

d) Una empresa de 230 trabajadores presenta una factura de 2.000 € a un pequeño comerciante.

Solución:

a) No es necesaria la factura electrónica ya que el importe no supera los 5.000 €.

b) Sí es obligatoria la factura electrónica ya que es con la Administración Pública y supera los 5.000 €.

c) No es necesaria la factura electrónica ya que son pequeñas empresas.

d) Sí es obligatoria ya que la empresa que la emite supera los 100 trabajadores.

1.6. Registro de facturas

La Agencia Tributaria establece una serie de normas de obligado cumplimiento para las empresas que atañen a los Libros Registro de Facturas Emitidas y Recibidas.

A. Libro de Registro de Facturas Emitidas

En el Libro de Facturas Emitidas deberán anotarse las **facturas**, los **justificantes contables** y los **documentos de aduanas, numeradas correlativamente**, correspondientes a los bienes vendidos y a los servicios prestados en el desarrollo de la actividad empresarial o profesional. Se anotarán una por una las facturas emitidas con la información que se indica al margen. Un modelo de Libro de Registro de Facturas que presenta la Agencia Tributaria puede ser (Fig. 5.3):

> **! IMPORTANTE**
>
> **Información de las facturas emitidas a incluir en el Libro Registro**
>
> - Número de factura.
> - Fecha de expedición.
> - Fecha de realización de las operaciones, en caso de que sea distinta de la anterior y así conste en el citado documento.
> - Nombre y apellidos, razón social o denominación completa y número de identificación fiscal del destinatario.
> - Base imponible.
> - Tipo impositivo.
> - Cuota tributaria.

Fig. 5.3. Modelo de Libro Registro de Facturas Emitidas.

B. Libro de Registro de Facturas Recibidas

Los empresarios o profesionales deberán numerar correlativamente todas las facturas, justificantes contables y documentos de aduanas correspondientes a los bienes adquiridos o importados o a los servicios recibidos en el desarrollo de su actividad empresarial o profesional. En particular, se anotarán las facturas originales correspondientes a las entregas que den lugar a las adquisiciones intracomunitarias de bienes sujetas al impuesto efectuadas por empresarios y profesionales. Un modelo de libro Registro de Facturas Recibidas puede ser (Fig. 5.4):

Fig. 5.4. Modelo de Libro Registro de Facturas Recibidas.

C. Requisitos formales y plazos de las anotaciones

Se recogen en la Tabla 5.4.

Requisitos formales	Plazos de las anotaciones
• Los Libros Registro deben llevarse con claridad y exactitud. • Por orden de fechas. • Sin espacios en blanco, raspaduras o tachaduras. • Los errores u omisiones deben anotarse desde que se adviertan. • Las anotaciones se tienen que expresar en euros. • Las páginas deben ser numeradas correlativamente.	• **Facturas emitidas.** Las operaciones deben estar anotadas cuando se realice la liquidación y pago del impuesto relativo a dichas operaciones. • **Facturas recibidas.** Deben anotarse por el orden en que se reciban y dentro del periodo de liquidación en que proceda efectuar su deducción. • **Operaciones intracomunitarias determinadas.** Deben anotarse en el plazo de siete días a partir del momento de inicio de la expedición o el transporte de los bienes a que se refieren.

Tabla 5.4. Requisitos formales de los Libros Registro y plazos de las anotaciones.

2. Descuentos, gastos y retenciones en la factura

En el epígrafe anterior hemos estudiado la normativa y los requisitos formales que debe contener la factura. Ahora vamos a ver el detalle de los elementos que afectan a la factura, así como las retenciones, los gastos y los descuentos que se incluyen en la misma.

A. Gastos incluidos en factura

Son los gastos que surgen como consecuencia de la operación de compraventa y se incluyen en la factura. Los gastos incluidos en factura pasan a formar parte de la **base imponible** y, por tanto, están sometidos al mismo tipo impositivo que la operación principal. Estos gastos son (Tabla 5.5):

Gastos incluidos en factura	
Transportes y aranceles	Es el gasto que se origina por el transporte de las mercancías y está en función de los Incoterms acordados entre el vendedor y el comprador. Este gasto figurará sumando el importe del principal.
Seguros	Gasto que cubre posibles riesgos que puedan sufrir las mercancías durante su traslado. Estos también dependen de los Incoterms acordados. En la factura figurará sumando el importe del principal.
Envases y embalajes	Se diferencian dos tipos: los retornables y los no retornables. Los segundos incrementan el importe de la factura y, en el caso de los retornables, el cliente los devuelve y el proveedor abona su importe mediante una factura de rectificación.
Gastos suplidos	Son gastos que ha pagado el emisor de la factura en nombre de un cliente y que le corresponden a este. Suele ser habitual en la prestación de servicios de profesionales: abogados, notarios, etc. Van incluidos en factura pero no se le repercute el IVA.

Tabla 5.5. Gastos incluidos en factura.

B. Descuentos incluidos en factura

En muchas operaciones comerciales los proveedores hacen una rebaja o bonificación en el precio de un bien o servicio. Los descuentos incluidos en factura suponen una **disminución en la base imponible,** es decir, aminora el importe principal de la factura. Los descuentos incluidos en factura suelen venir expresados en tantos por ciento, y son (Tabla 5.6):

Descuentos incluidos en factura	
Descuento comercial	• Es el más usual. Se aplica como consecuencia de las políticas de las empresas para la promoción de los productos o bien por rebajas u ofertas. Se calcula sobre el precio de los productos promocionados u ofertados.
Descuento por volumen de venta o *rappel*	• Este descuento se aplica cuando se ha alcanzado un determinado volumen de compras. • Van incluidos en factura cuando no son acumulativos, es decir, se aplican a la venta objeto de la factura y se calcula sobre el importe neto que resulte de aplicar el descuento comercial. • El *rappel* acumulativo se aplica cuando se ha conseguido un determinado volumen de ventas al mismo cliente durante un periodo de tiempo determinado. En este caso se realiza una factura rectificativa, ya que la aplicación del descuento es posterior a la operación de compraventa.
Descuento por pronto pago	• Este descuento se realiza en operaciones de compraventa al contado o en operaciones de pago aplazado cuando el pago se realiza antes de la fecha convenida. Se calcula sobre el importe neto que resulte de aplicar el descuento comercial y el *rappel*.

Tabla 5.6. Descuentos incluidos en factura.

CASO PRÁCTICO 2. Gastos suplidos

Un asesor fiscal va a gestionar la compraventa de un inmueble para un cliente, gestión por la que va a cobrar 1.000 €.

Por dicha gestión, el asesor pagó unas tasas en el Registro de la Propiedad que ascienden a un total de 375 € IVA incluido. Posteriormente el asesor emite la factura a su cliente.

¿Cuál será el importe total de la factura?

Solución:

Factura = 1.000 € + IVA (21 %) − Retenciones (15 %) + Gastos suplidos

TOTAL FACTURA = 1.000 + 210 − 150 + 375 = 1.435 €

Al importe de los gastos suplidos no le repercute el IVA ni ninguna retención, puesto que él no ha prestado el servicio.

C. Retenciones en la factura de venta o prestación de servicios

Las retenciones son cantidades que, quien tiene que pagarlas (es decir, el pagador), debe descontar del total de la factura de compra de algunos servicios profesionales y otras operaciones concretas que la normativa fiscal exige.

El **pagador** es el **obligado a aplicar la retención**, para ello le deja de pagar al que presta el servicio un porcentaje del importe total que figura en la factura. Esta retención debe ser luego **ingresada por el pagador a la Agencia Tributaria, al final de cada trimestre natural**, en nombre del profesional al que se le descontó.

Las retenciones en factura se aplicarán en los siguientes casos (Tabla 5.7):

Retenciones en la factura de venta o prestación de servicios	
Retención en factura a profesionales	Las personas físicas que realizan una actividad económica profesional (incluida en la clasificación del IAE como actividad profesional), al emitir sus facturas deben aplicar una retención a cuenta del IRPF. • Retención general: 15 %. • Nuevos profesionales, primer año de actividad y los dos siguientes: 7 %.
Retenciones en factura de algunos empresarios por módulos	También están sujetas a retención las personas físicas que realizan algunas actividades concretas de todas las que pueden estar acogidas a módulos (régimen de estimación objetiva, artículo 95.6 del reglamento del IRPF). • Porcentaje de retención: 1 %.
Retenciones por alquiler de inmuebles urbanos	Retención en las facturas de alquiler de los propietarios de locales e inmuebles que se alquilan para la actividad económica. • Porcentaje de retención: 19 %.

Tabla 5.7. Aplicación de las retenciones en factura.

El importe de la retención se calcula aplicando el porcentaje de la retención sobre el **importe neto total** de la factura y antes de aplicar el IVA correspondiente.

Las retenciones practicadas deben ser ingresadas al final de cada trimestre natural en el que se han practicado (cuando se realiza el pago).

El **obligado a practicar la retención e ingresarla en Hacienda es el pagador.** El responsable ante la Administración Tributaria es el que recibe la factura y no el que la ha emitido.

D. Recargo de equivalencia

El recargo de equivalencia en factura, como vimos en la Unidad 3, se aplica a los comerciantes minoristas, que sean personas físicas, las sociedades civiles o las comunidades de bienes.

En la factura, los proveedores repercuten al comerciante el IVA más el recargo de equivalencia correspondiente (Tabla 5.8).

Tipos de recargo de equivalencia		
Tipo	% IVA	% Recargo de equiv.
Tipo general	21 %	5,2 %
Tipo reducido	10 %	1,4 %
Tipo superreducido	4 %	0,5 %

Tabla 5.8. Tipos de recargo de equivalencia.

CASO PRÁCTICO 3. Recargo de equivalencia

Calcula el importe total de la factura que un comerciante mayorista le presenta a otro minorista si el importe total de la mercancía es de 3.700 €. Se aplica el tipo general de IVA y de recargo de equivalencia, detallando por separado ambos importes. Aparte el comerciante mayorista le hace un descuento en factura del 5 % ya que son artículos que están en promoción.

Solución:

Descuento comercial = 3.700 · 5 % = 185 €; Base imponible = 3.700 − 185 = 3.515 €

IVA = 21 % s/3.515 = 783,15 €; Recargo de equivalencia = 5,2 % s/3.515 = 182,78 €

TOTAL FACTURA = 3.700 − 185 + 738,15 + 182,78 = 4.435,93 €

 ACTIVIDADES

2. En los siguientes casos de facturas emitidas, indica a qué factura se le tiene que incluir la retención: *a)* factura de un abogado; *b)* factura de alquiler de una vivienda; *c)* factura de un ganadero; *d)* factura de alquiler de unas oficinas; *e)* factura del asesor fiscal; *f)* factura del fontanero.

> **IMPORTANTE**
>
> **Margen de ventas**
>
> El comprador, una vez que recibe la factura, tiene que calcular el precio de adquisición de cada unidad y para ello tiene que tener en cuenta los gastos y los descuentos aplicados, así como los impuestos.
>
> Al precio por unidad se le calcula el margen de ventas para determinar el precio de venta de cada producto.
>
> **P. venta = PA/ud. + % MV**
>
> Siendo:
>
> - PA/ud. = precio de adquisición por unidad.
> - % MV = tanto por ciento de margen comercial.

> **ACTIVIDADES**
>
> **3.** La sociedad Campa S.L. compra 5.300 unidades de mercaderías a 8 € la unidad; los descuentos y gastos van incluidos en factura y el IVA aplicado es el general. Las características de la compra son las siguientes:
>
> - Descuento por pronto pago del 5 %.
> - Descuento por volumen de pedido del 6 % del importe de adquisición.
> - Transporte de las mercancías 800 €.
> - Seguro de transporte de mercancías 200 €.
>
> Se pide calcular:
>
> *a)* El importe total de la factura.
>
> *b)* El precio de adquisición de cada unidad. Si queremos vender la mercancía con un margen del 60 % sobre el precio de coste, ¿cuál será el precio de venta de cada unidad?

CASO PRÁCTICO 4. Factura de compraventa

El 15 de octubre de 201_, la sociedad Productos del Mar, S.L., con NIF B-46987654 y domicilio en la calle Alegría 44, Polígono Industrial de Catarroja, 46470 Valencia, dedicada a la manipulación del pescado, recibe un pedido de la empresa Dieta Mediterránea S.L. (minorista), con domicilio en calle Camino de las Torres, nave 43, 50008 Zaragoza, de las siguiente mercancías: 100 unidades de abadejo fileteado en bandejas de 1,5 kg a 6,50 €/unidad, 150 unidades de boquerón en bandejas de 500 gramos a 4,75 €/unidad, 15 kg de lenguado congelado a 5,25 €/kg, 200 bolsas de calamar de 2 kg a 6,25 €/unidad.

La venta se realiza en las siguientes condiciones: embalaje desechable para el traslado 70 €, transporte a cargo del comprador 190 €, seguros a cargo del comprador 65 €. El IVA aplicado es el reducido.

La empresa le aplica un descuento del 10 % del importe del calamar, ya que lo tiene en oferta. Como Dieta Mediterránea S.L. realiza el pago en el momento de la entrega mediante cheque, la empresa le hace el 3 % de descuento por pronto pago que incluye en la factura. La entrega de la mercancía será en 8 días a contar desde la fecha del pedido. La factura se emite el 19 de octubre.

Se pide confeccionar la factura de compraventa con la información facilitada.

Solución:

Véase la Fig. 5.5.

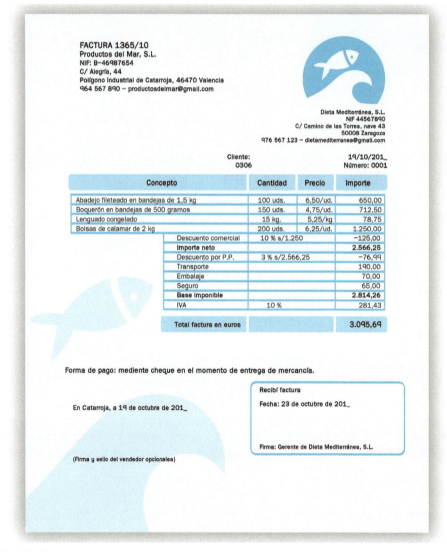

Fig. 5.5. Factura de compraventa.

CASO PRÁCTICO 5. Factura rectificativa

En el momento de la entrega de la mercancía del Caso práctico 4, la empresa Dieta Mediterránea S.L. detecta que la mitad de las bolsas de calamar están en mal estado, por lo que se pone en contacto con Productos del Mar S.L. y esta acuerda enviarle por mensajero la factura rectificativa por el importe de la mercancía en mal estado y por los gastos imputados a esa mercancía, sabiendo que, del total de gastos incluidos en factura, el 20 % corresponden a la partida del calamar. Por otro lado, la empresa Productos del Mar S.L. se compromete a realizar una transferencia bancaria por el importe de la factura rectificativa, siendo la fecha de emisión la misma de la entrega de la mercancía.

Se pide confeccionar la factura rectificativa.

Solución:

Véase la Fig. 5.6.

Fig. 5.6. Factura rectificativa.

CASO PRÁCTICO 6. Libro Registro Facturas Emitidas

Anota en el Libro Registro correspondiente de la empresa Campa S.L. las facturas que se detallan y que la empresa ha emitido el 20 de mayo de 20X1: fecha operación 8 de mayo, Fra. n.º 123/05 para Azulejos del Sur S.L., base 6.370 €, IVA general; fecha operación 2 de mayo, Fra. n.º 122/05 para Maderas del Norte, S.L., base 14.500 €, IVA general; fecha operación 11 de mayo, Fra. n.º 124/05 para Fertilizantes de Extremadura S. Coop., base 7.700 € IVA reducido.

Solución:

N.º de factura	Fecha expedición	Fecha operación	Datos del cliente	NIF	Base imponible	Tipo	IVA repercutido	Total factura
122/05	20/05/X1	02/05/X1	Maderas del Norte S.L.	B-28987654	14.500,00	21 %	3.045,00	17.545,00 €
123/05	20/05/X1	08/05/X1	Azulejos del Sur S.L.	B-43445667	6.370,00	21 %	1.337,70	7.707,70 €
124/05	20/05/X1	11/05/X1	S. Coop. Fertilizantes de Extremadura	F-23456789	7.700,00	10 %	770,00	8.470 €

ACTIVIDADES

4. La empresa Campa S.L. alquila unas oficinas a la inmobiliaria Mar Azul S.L. de Málaga para ampliar su negocio, que le costará 800 €, más IVA, al mes (Fra. n.º AQ335). La retención es del 19 %. En la factura también figura una fianza por importe de una mensualidad. Calcula el importe que tendrá que pagar Campa S.L. el primer mes e indica quién tiene que hacerse cargo de la retención para su ingreso posterior en la Hacienda Pública.

SÍNTESIS

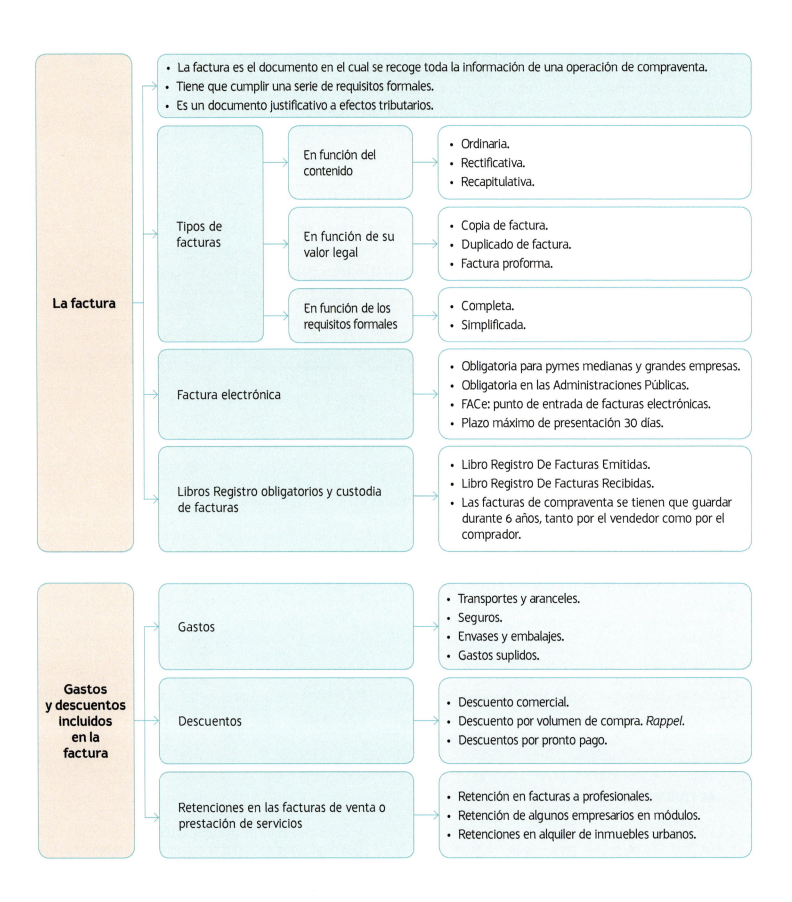

TEST DE REPASO

1. De los siguientes documentos, indica cuál tiene validez como comprobante fiscal:
   a) Factura proforma.
   b) Copia de factura.
   c) Factura ordinaria.
   d) Albarán.

2. La factura recapitulativa se realiza:
   a) En una operación de compraventa.
   b) Para incluir varias operaciones en una sola factura.
   c) Cuando hay que realizar una corrección de una factura anterior.
   d) Todas las anteriores son ciertas.

3. Cuando en una factura hay varios destinatarios, se dice que es:
   a) Un duplicado de factura.
   b) Una copia de factura.
   c) Una factura proforma.
   d) Una factura simplificada.

4. La factura simplificada se puede emitir:
   a) Cuando su importe no exceda de 5.000 €.
   b) Cuando su importe no exceda de 3.000 €.
   c) Cuando se trate de operaciones al por mayor.
   d) Nunca se pueden emitir.

5. La factura electrónica se caracteriza porque:
   a) Tiene que estar expedida en papel.
   b) Tiene que estar expedida en papel y enviada por correo electrónico.
   c) Tiene que estar expedida y recibida en formato electrónico.
   d) No importa el formato mientras se haga en un ordenador.

6. Deben facturar electrónicamente de forma obligada:
   a) Las pequeñas empresas.
   b) Las grandes empresas.
   c) Las empresas que tengan más de 50 empleados.
   d) El empresario individual.

7. Es obligatorio facturar electrónicamente a todos los organismos de la Administración Pública:
   a) Cuando la empresa disponga de medios para hacerlo.
   b) Solo es obligatorio para los ayuntamientos.
   c) Cuando el importe de las facturas supere los 5.000 €.
   d) No es obligatorio, sino opcional.

8. El plazo de entrega de las facturas en la Administración Pública es de:
   a) 30 días desde la fecha de pedido de las mercancías.
   b) 60 días desde la fecha de entrega de las mercancías.
   c) Entre el día 1 y el 5 de cada mes.
   d) 30 días desde la fecha de entrega de las mercancías.

9. En el Libro Registro De Facturas Recibidas deben anotarse:
   a) Las facturas, los justificantes contables y los documentos de aduanas.
   b) Los albaranes y las facturas.
   c) Las facturas.
   d) Los pedidos y las facturas.

10. Los Libros Registro De Facturas Emitidas y Recibidas:
    a) Nos son obligatorios.
    b) Son obligatorios para las grandes empresas.
    c) Son obligatorios para todas las empresas.
    d) Son obligatorios solo para las facturas con la Administración Pública.

11. Los gastos incluidos en factura pueden ser:
    a) Transporte y aranceles.
    b) Seguros.
    c) Envases y embalajes.
    d) Todos los anteriores son válidos.

12. Los gastos suplidos son:
    a) Gastos que ha pagado el emisor de la factura en nombre de un cliente.
    b) Gastos que ha pagado el emisor de la factura en nombre propio.
    c) Gastos que se originan en todas la operaciones de compraventa.
    d) Gastos de seguros que se originan en una operación de compraventa.

13. El *rappel* es un descuento que se aplica cuando:
    a) El producto está en oferta.
    b) Se alcanza un determinado volumen de compras.
    c) Se adelanta el pago de la compra.
    d) El vendedor quiere.

14. El descuento por pronto pago se calcula sobre:
    a) El importe bruto de la factura.
    b) El importe resultante después de sumar los impuestos.
    c) El importe neto que resulta de aplicar el descuento comercial y el *rappel*.
    d) El importe resultante después de sumar los gastos incluidos en factura.

COMPRUEBA TU APRENDIZAJE

Verificar que la documentación comercial, recibida y emitida, cumple la legislación vigente y los procedimientos internos de una empresa.

Identificar los parámetros y la información que deben ser registrados en las operaciones de compraventa.

1. Cumplimenta los documentos de la operación de compraventa que se plantea a continuación:

   a) Datos de interés sobre nuestra empresa:

Razón social	Rica Bebida S.L.
Actividad	Empresa minorista dedicada a la compraventa de bebidas para el consumo.
Domicilio social	C/ Naranja Mecánica, 12
Localidad	33002 Oviedo
CIF	B-330226017C
Transportista	Corre Corre S.L. NIF 44567987C. Cobra el kilogramo transportado a 0,75 €, al contado y mediante cheque nominativo.

   b) Ficha de nuestro proveedor habitual:

Razón social	Refresquito S.L.
Domicilio	Avda. San Gregorio, 25
Localidad	33003 Oviedo
NIF	B-3315896584
Condiciones portes	En factura a cargo del cliente. Cada caja de 24 unidades de bebidas isotónicas pesa 6 kg y cada caja de 48 refrescos pesa 4,8 kg.
Condiciones embalaje	No incluido en el precio. Cada caja cuesta 0,25 € y en c/u caben 24 latas del bebida isotónica y 48 de refrescos. El peso en vacío es de 0,2 kg.
Otros gastos	Seguro 5 %.
Descuentos	3 % p.p. y 10 % comercial en bebida isotónica.
Entrega	1 día fecha nota de pedido.
Condiciones de pago	A la presentación de la factura.

   03/12. Remitimos nuestro pedido 0100/11 al proveedor habitual solicitando, según las condiciones habituales: 336 unidades de bebida isotónica de ref. 00140 a 1,08 €/u y 240 unidades de refrescos de ref. 00124 a 0,89 €/u.

   04/12. Según lo acordado recibimos la mercancía acompañada del documento correspondiente (0125/11).

   06/12. Recibimos la factura número 0125/11 con fecha 05/12.

2. Comprueba que la factura está realizada correctamente, sabiendo que todas las condiciones que se recogen son las pactadas y las cantidades, descripción y precios también.

COMERCIAL FERRETERA, S.L.					
NIF B-352220161					
c/ Tacha, 56 39006 Santander Cantabria					
Teléfono: 942 655 698 Fax: 942 655 699					
E-mail: comercialferretera@info.es Web: www.comercialferretera.org					
Factura n.º	0512/15	Fecha	21/05/15	MARTILLO, S.L.	
Ref. Pedido	0800/15	Ref. albarán	0512/15	NIF B-35000222 Minorista c/ Tijeras de Podar, 12 39002 Cantabria	
Condiciones portes	Por s/cargo y a s/ego.				
Condiciones embalaje	No incluido				
Forma de pago	25 % efectivo, 25 % ch/al portador cruzado general, 50 % l/domiciliada vto. 60 d/v				
Observaciones: 3 % dto. comercial artículo CAHEPI y 5 % de dto. p.p. Seguro: 3 %					
Cod.		Descripción	Precio	Dto.	Importe
CAHEPI	150	CAJAS DE HERRAMIENTAS MOD. PICATOSTE	9,50 €	3%	1.485,00 €
CECAST	250	CEPILLO CARPINTERO MINI MOD. STANLY	18,95 €		4.737,00 €
				Importe bruto	6.222,50 €
				Descuento comercial	44,55 €
					6.177,95 €
				Descuento p.p.p.	308,90 €
				Importe neto	5.569,05 €
				Embalajes	35,00 €
				Portes	89,58 €
				Seguro	186,68 €
				BASE IMPONIBLE	6.180,31 €
IVA	21 %			CUOTA	1.267,86 €
				TOTAL FACTURA	7.478,17 €

   Inscrita en Registro Mercantil de Cantabria, tomo VII, sección 05, folio 20, hoja 2

Valorar la necesidad de aplicar los sistemas de protección y salvaguarda de la información, así como criterios de calidad en el proceso administrativo.

Gestionar la documentación, manifestando rigor y precisión.

Utilizar aplicaciones informáticas específicas.

3. La empresa Campa S.L. solicita a la gestoría Prisma y Asociados que realice los pagos del Impuesto de Circulación de tres vehículos que tiene la empresa para su actividad.

   El importe de dicho impuesto es de 725 €, que la gestoría abona al ayuntamiento.

   La gestoría le pasa la factura por las gestiones realizadas durante el mes de febrero, que asciende a 840 €. IVA 21 % y retenciones 15 %.

   Se pide:

   a) El importe total que tiene que pagar Campa S.L.

   b) ¿Con qué concepto se anota en la factura el pago del impuesto de circulación?

   c) ¿Quién debe ingresar en la Agencia Tributaria el importe de las retenciones?

COMPRUEBA TU APRENDIZAJE

4. De las siguientes afirmaciones, indica las que son verdaderas y las que son falsas:

   a) La numeración de las facturas no será correlativa, en cambio las series sí lo serán.

   b) La fecha de la factura será la fecha en que se hayan efectuado las operaciones.

   c) La factura ordinaria documenta una operación comercial de compraventa o de prestación de servicios.

   d) La factura rectificativa permite incluir en una sola factura varias operaciones dirigidas a un mismo destinatario, y que estén comprendidas en distintas fechas pero en un mismo mes natural.

   e) El duplicado de factura es igual que la factura original, y se hace cuando se produce la pérdida de la factura original.

   f) La factura proforma tiene valor contable y sirve de justificante, hay que incluir en el encabezamiento la indicación de proforma.

   g) La factura electrónica debe contener los campos obligatorios exigibles a toda factura y es obligatoria la firma electrónica.

   h) Deberán facturar electrónicamente las pymes medianas y grandes que operan en el sector privado, que son aquellas empresas con más de 100 empleados o un volumen anual de operaciones superior a 6.010.121 €.

   i) Es obligatorio facturar electrónicamente a todos los organismos de la Administración Pública. Pueden quedar exentas las facturas cuyo importe sea de hasta 10.000 €.

   j) Los Libros Registro De Facturas Emitidas y Recibidas no son obligatorios, pero la Agencia Tributaria aconseja su uso.

   k) Los gastos suplidos son gastos que ha pagado el emisor de la factura en nombre de un cliente y que le corresponden a este.

5. El 15 de julio la empresa Interlex S.L., fabricante de ropa, recibe de su cliente Mara Tejanos S.L. el siguiente pedido:

   - 100 pantalones azul oscuro (ref. PA001).
   - 200 chaquetas azul desteñido (ref. CH001).
   - 150 faldas minis azul añil (ref. FA001).

   Las condiciones de venta de la empresa Interlex son:

   - Precios:
     - Pantalón azul oscuro a 18,50 €/u.
     - Chaquetas azul desteñido a 15,40 €/u.
     - Faldas minis azul añil a 15,00 €/u.
   - Transporte: a nuestro cargo, 5 € por bulto.
   - Embalajes: no incluido; cada caja cuesta 0,80 €.
   - Forma de pago: efectivo o cheque.
   - Envío: 3 días a partir de la fecha de pedido.
   - Lugar de entrega: su almacén.
   - Descuentos: 2 % comercial en chaquetas y 5 % p.p.

   Teniendo en cuenta lo siguiente:

   - La fecha de salida de la mercancía es la pactada.
   - La fecha de entrega de la mercancía un día después.
   - Para el cálculo de los bultos, dentro de cada caja caben 10 pantalones u 8 chaquetas o 10 faldas.
   - El IVA es el general y, teniendo en cuenta que el cliente es minorista, se aplica el recargo de equivalencia correspondiente.

   Se pide cumplimentar la factura correspondiente. Los datos de las empresas los pone cada alumno de su provincia o municipio.

6. Anota en el Libro Registro de Facturas Emitidas por la empresa Interlex S.L. el día 30 de enero y calcula el importe total del IVA repercutido.

Día operación	N.º de factura	Cliente	Base Imponible	Tipo de IVA y RE
20/01	075/01	Moda cálida	4.750,00	General
22/01	076/01	Talla XXL	6.325,70	General
27/01	077/01	Moda al por mayor S.L.	27.570,00	General
29/01	003/01 Rectif.	Moda cálida	1.270,00	General
30/01	004/01 Rectif.	Talla XXL	940,00	General

7. Con la siguiente información, calcula el importe total de la factura:

   Condiciones de venta de Oficina S.A. sobre un pedido que realizó la empresa Papelería Ruiz.

   - Precios:
     - 50 grapadora modelo Sujeta (Ref. GR1), 7,81 €/u.
     - 80 encuadernadora modelo Fina (Ref. EN3), 36,06 €/u.
     - 25 perforadora modelo Fondo (Ref. PE5), 21,04 €/u.
   - Descuento comercial:
     - 2 % grapadora.
     - 5 % encuadernadora.
   - Embalaje: no incluido, 40,08 €.
   - Portes: a su cargo.
   - Seguro: 5 %.
   - Lugar de entrega: nuestro almacén.
   - Oficina S.A. contrata siempre como empresa transportista a Rapidito S.L., que cobra por transporte terrestre 2,20 €/kg transportado (impuestos no incluidos), IVA general, el cliente está acogido al recargo de equivalencia.
   - El peso de cada unidad de los productos solicitados es:
     - Grapadora 0,50 kg.
     - Encuadernadora 2,50 kg.
     - Perforadora 3,80 kg.

Operaciones financieras. Capitalización simple y compuesta

En esta unidad

APRENDERÁS A
- Aplicar las leyes financieras de capitalización simple o compuesta en función del tipo de operaciones.
- Calcular la liquidación de efectos comerciales en operaciones de descuento.

ESTUDIARÁS
- Las operaciones financieras.
- La capitalización simple.
- La capitalización compuesta.

Y SERÁS CAPAZ DE
- Organizar las tareas administrativas de las áreas funcionales de la empresa para proponer líneas de actuación y mejoras.

1. Operaciones financieras

> Una operación financiera es toda acción encaminada a la sustitución, en un momento determinado de tiempo, de uno o varios capitales por otro u otros equivalentes en diferentes momentos del tiempo, aplicando una determinada ley financiera.

ABC VOCABULARIO

Ley financiera. Conjunto de reglas concretas de cálculo de operaciones financieras que nos permite proyectar cualquier capital en cualquier momento del tiempo.

Los bienes económicos no solo deben ser valorados por su cuantía, sino también por el momento del tiempo en el que estarán disponibles.

1.1. Variables que intervienen en una operación financiera

En toda operación financiera se tiene que aplicar, dependiendo de sus características, la **Ley Financiera de Capitalización Simple** o la **Ley Financiera de Capitalización Compuesta**.

Para utilizar estas leyes financieras es preciso disponer de una serie de variables necesarias para los cálculos, que son:

- El **tiempo**, que se representa mediante n.
- El **tipo de interés**, que es el rendimiento de una operación financiera expresado en tantos por ciento, y se representa mediante i.
- El **criterio de cálculo** del interés.

De todo ello se puede afirmar que el **valor de un capital** dependerá de (Fig. 6.1):

- El momento de valoración del mismo (n).
- El tipo de interés aplicado a la operación (i).
- La ley financiera que se use.

Fig. 6.1. El momento de valoración, el tipo de interés y la ley financiera son los elementos que determinan el valor de un capital.

El capital valorado en el momento actual se denomina **capital inicial** y se representa con C_0, y el capital valorado en el vencimiento de la operación financiera se denomina **capital final** o **montante** y se representa con C_n.

Por todo ello se deduce que, para que una operación financiera se realice, es necesario que las cuantías que dan y reciben los intervinientes resulten equivalentes. Para ello es necesario que deudor y acreedor se pongan de acuerdo en **cuantificar los capitales** de los que se parte y a los que finalmente se llega. Esto implica elegir un método matemático que permita dicha sustitución: una **ley financiera**.

1.2. Clasificación de las operaciones financieras

A. En función de la duración de la operación

- **Operaciones a corto plazo.** Son las operaciones financieras cuya duración es inferior a un año. En este tipo de operaciones se suele usar la ley financiera de capitalización simple. Como ejemplo se puede citar el descuento de efectos comerciales.
- **Operaciones a largo plazo.** Se trata de aquellas operaciones financieras cuya duración es superior al año. Un ejemplo puede ser un préstamo para la compra de un coche.

B. En función de la aplicación de la ley financiera

Es importante, en toda operación financiera, distinguir entre los conceptos de capitalizar y descontar capitales. Veamos la diferencia entre ambos:

- **Capitalizar.** Es la acción de calcular el valor de un capital C_0 desde un momento del tiempo determinado a otro momento del tiempo posterior, obteniendo así el valor de C_n. Se representa gráficamente en la Figura 6.2.
- **Actualizar** o **descontar.** Es la acción de calcular el valor de un capital C_n desde un momento del tiempo determinado a otro momento del tiempo anterior, obteniendo así el valor de C_0. Se representa gráficamente en la Figura 6.3.

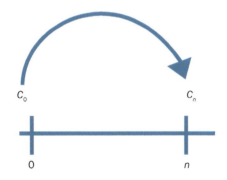

Fig. 6.2. Capitalización.

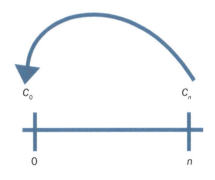

Fig. 6.3. Descuento.

Fig. 6.4. Elementos de una operación financiera.

1.3. Elementos de una operación financiera

En toda operación financiera hay que tener en cuenta los siguientes elementos (Tabla 6.1, Fig. 6.4).

Origen de la operación	Corresponde al momento en el que comienza la operación financiera.
Final de la operación	Corresponde al momento en el que finaliza la operación financiera.
Duración de la operación	Es el periodo comprendido entre el origen y el final de la operación financiera.
Acreedor de la operación	Es la persona acreedora del capital que origina la operación financiera.
Deudor de la operación	Es la persona deudora del capital objeto de la operación financiera.
Condiciones de la operación	Corresponde a las variables de tiempo y de tanto de interés que se acuerden en la operación financiera.
Ley financiera	Es la ley que se acuerda entre las partes para el cálculo de las operaciones financieras, pudiendo ser de capitalización simple o compuesta.

Tabla 6.1. Elementos de una operación financiera.

! IMPORTANTE

Como norma que hay que cumplir, independientemente de la ley financiera que se use, es que antes de resolver cualquier operación lo primero que hay que comprobar es que el **tiempo** y el **interés** estén expresados en la **misma unidad** temporal. En caso contrario habrá que convertir una de las variables a la unidad de la otra.

CASO PRÁCTICO 1. Operación financiera

La empresa Canarias Jeans solicita un crédito hoy al Banco de Fuerteventura por valor de 5.000 €, con el compromiso de devolver 5.200 € dentro de tres años.

Representa gráficamente la operación financiera y responde a las siguientes cuestiones:

a) ¿Qué momento es el origen de la operación? ¿Y el final de la operación?

b) ¿Cuánto dura la operación financiera?

c) ¿Quién es el acreedor de la operación? ¿Y el deudor?

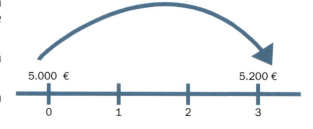

Solución:

a) El origen de la operación es el momento 0 y el final de la operación es el momento 3.

b) La operación dura 3 años.

c) El acreedor de la operación es el Banco de Fuerteventura y el deudor es la empresa Canarias Jeans.

ACTIVIDADES

1. La empresa Muebles del Norte ha vendido a D. Pedro Sánchez mercancías por importe de 6.000 €. Acuerda con el cliente que los pagos se realicen de la siguiente manera: 3.100 € dentro de un año y 3.100 € dentro de dos años, el interés que se aplica es compuesto anual. Representa gráficamente esta operación financiera determinando los elementos que la componen.

2. Pon un ejemplo de una operación financiera de capitalización y otro ejemplo de una operación de descuento.

2. Capitalización simple

> La característica fundamental de la Ley Financiera de Capitalización Simple es que los intereses no son productivos, es decir, los intereses no se acumulan al capital principal para producir nuevos intereses.

El interés correspondiente a cualquier periodo es el resultado de multiplicar el **capital inicial por el tanto unitario de interés.**

La Ley Financiera de Capitalización Simple se utiliza principalmente para operaciones **a corto plazo,** es decir, en periodos inferiores o iguales a un año.

Las **variables** que intervienen en el cálculo de las operaciones financieras a interés simple vienen indicadas en la Tabla 6.2.

2.1. Cálculo del interés total

Supongamos que se invierte en capitalización simple un capital C_0 a un tanto de interés unitario i durante 1, 2, 3... n años. El interés producido en cada periodo será:

Interés del primer año: $\quad I_1 = C_0 \cdot i$

Interés del segundo año: $\quad I_2 = C_0 \cdot i$

Interés del tercer año: $\quad I_3 = C_0 \cdot i$

Interés del año n: $\quad I_n = C_0 \cdot i$

$$I_t = C_0 \cdot i + C_0 \cdot i + C_0 \cdot i + \ldots + C_0 \cdot i = C_0 \cdot i \cdot n$$
$$I_t = C_0 \cdot n \cdot i$$

C_0	Capital inicial.
n	Tiempo que dura la operación. Puede venir expresado en meses, trimestres, semestres, años, etc.
i	Tipo de interés que se aplica a la operación. Puede ser anual, semestral, trimestral, mensual, etc.
I_t	Interés total que produce la operación.
C_n	Capital final, también llamado montante de la operación, que será igual al capital inicial más los intereses producidos. $C_n = C_0 + I_t$

Tabla 6.2. Variables que intervienen en el cálculo de operaciones financieras a interés simple.

2.2. Fórmula general de capitalización simple

Supongamos que invertimos en capitalización simple un capital C_0 a un tanto de interés anual unitario i durante 1, 2, 3... n años. Calculamos el capital final de cada año:

El montante del año 1 será: $\quad C_1 = C_0 + C_0 \cdot 1 \cdot i = C_0 (1 + i)$

El montante del año 2 será: $\quad C_2 = C_0 + C_0 \cdot 2 \cdot i = C_0 (1 + 2 \cdot i)$

El montante del año n será: $\quad C_n = C_0 + C_0 \cdot n \cdot i = C_0 (1 + n \cdot i)$

$$C_n = C_0 \cdot (1 + n \cdot i)$$

Otra forma de **calcular el capital final o montante,** y sabiendo que este es la **suma del capital inicial más los intereses totales producidos,** es sustituyendo el valor de I_t en la expresión calculada anteriormente:

$$C_n = C_0 + I_t$$
$$C_n = C_0 + (C_0 \cdot n \cdot i)$$

De donde, extrayendo el factor común C_0, se deduce la **fórmula general de capitalización simple,** que nos dará el capital final de la operación:

$$C_n = C_0 \cdot (1 + n \cdot i)$$

 CASO PRÁCTICO 2. Cálculo del capital final o montante

Un capital de 3.500 € se invierte al 6 % de interés anual durante tres años. Calcula el capital final y los intereses totales producidos.

Solución:

$C_n = C_0 \cdot (1 + n \cdot i)$

$C_n = 3.500 \cdot (1 + 3 \cdot 0{,}06)$;

$C_n = 4.130$ € es el montante obtenido

$I_t = C_0 \cdot i \cdot n$

$I_t = 3.500 \cdot 0{,}06 \cdot 3$;

$I_t = 630$ € es el interés total producido

> **IMPORTANTE**
>
> Para facilitar el cálculo de las operaciones financieras utilizaremos el **tanto unitario** o **tanto por uno**, que se calcula dividiendo el tanto por ciento entre cien:
>
> $$i = \frac{\text{tanto por ciento}}{100}$$
>
> Por ejemplo, calcularemos así el tanto por uno del 8 % de interés anual:
>
> $$i = \frac{8}{100}$$
>
> 0,08 será el tanto unitario.

A partir de la fórmula general de capitalización simple, o el cálculo del montante, se pueden calcular el resto de las variables que intervienen en una operación financiera.

A. Cálculo del capital inicial

De la fórmula general de capitalización simple, $C_n = C_0 \cdot (1 + n \cdot i)$, conocido el capital final C_n, el tiempo n y el tanto unitario de interés i, fácilmente se puede calcular el valor del capital inicial C_0 despejándolo de la fórmula, por lo que quedaría:

$$C_0 = \frac{C_n}{(1 + n \cdot i)}, \text{ que se puede expresar también como: } \boxed{C_0 = C_n \cdot (1 + n \cdot i)^{-1}}$$

Siendo $(1 + n \cdot i)^{-1}$ el **factor de actualización** o **descuento** en capitalización simple.

B. Cálculo del tiempo

Partiendo de la expresión $C_n = C_0 \cdot (1 + n \cdot i)$ y conocido el capital inicial C_0, el capital final C_n y el tanto de interés unitario i, se puede calcular el tiempo que dura la operación financiera. Despejando, quedaría:

$C_n = C_0 \cdot (1 + n \cdot i) \Rightarrow C_n = C_0 + C_0 \cdot n \cdot i \Rightarrow C_n - C_0 = C_0 \cdot n \cdot i \Rightarrow$ De donde: $\boxed{n = \dfrac{C_n - C_0}{C_0 \cdot i}}$

C. Cálculo del tanto de interés

Partiendo de la expresión $C_n = C_0 \cdot (1 + n \cdot i)$ y conocido el capital inicial C_0, el capital final C_n y el tiempo que dura la operación n, se puede calcular el tanto de interés que se aplica a la operación financiera. Despejando, quedaría:

$C_n = C_0 \cdot (1 + n \cdot i) \Rightarrow C_n = C_0 + C_0 \cdot n \cdot i \Rightarrow C_n - C_0 = C_0 \cdot n \cdot i \Rightarrow$ De donde: $\boxed{i = \dfrac{C_n - C_0}{C_0 \cdot n}}$

> **CASO PRÁCTICO 3. Cálculo del capital inicial**
>
> Calcula el capital que invertido al 7 % de interés simple anual durante tres años, alcanzó al cabo de los mismos un montante de 3.630 €.
>
> **Solución:**
>
> $C_0 = C_n \cdot (1 + n \cdot i)^{-1}$
>
> $C_0 = 3.630 \cdot (1 + 3 \cdot 0,07)^{-1}$
>
> **$C_0 = 3.000$ € es el capital que se invirtió**

> **CASO PRÁCTICO 4. Cálculo del tiempo**
>
> ¿Durante cuánto tiempo se tiene que invertir un capital de 5.000 € para que se conviertan en 6.000 € si el banco ofrece un interés del 10 % simple anual?
>
> **Solución:**
>
> $n = \dfrac{C_n - C_0}{C_0 \cdot i}$ $n = \dfrac{6.000 - 5.000}{5.000 \cdot 0,1}$ **n = 2 años**

> **CASO PRÁCTICO 5. Cálculo del tanto de interés**
>
> Una imposición a plazo fijo de 3.000 € durante dos años generó un montante de 3.300 €. ¿Qué tanto por ciento de interés aplicó el banco a esta operación?
>
> **Solución:**
>
> $i = \dfrac{C_n - C_0}{C_0 \cdot n}$ $n = \dfrac{3.300 - 3.000}{3.000 \cdot 2}$ $i = 0,05$
>
> **$i = 5$ % anual**

2.3. Fraccionamiento del tanto o del tipo de interés

La premisa válida y de uso obligado en cualquier operación financiera es que **«el tipo de interés y el tiempo deben ser correlativos»**, es decir, se tienen que expresar en la **misma unidad**.

Hasta ahora siempre nos hemos referido a periodos anuales (es decir, el tiempo y el tanto se han expresado en años), pero ambas variables pueden venir referidas a otra medida temporal distinta del año: meses, semestres, etc. (Tabla 6.3).

- **Fraccionamiento del tiempo.** Mediante la utilización de reglas de tres simples podemos transformar los periodos de tiempo n anuales en tiempos fraccionados y periodos fraccionados del año.
- **Fraccionamiento del tipo de interés.** Supongamos que un año se divide en k partes; el tipo de interés simple equivalente le llamaremos i_k, siendo k el número de veces en que se divide el año.

Dos **tantos** son **equivalentes** cuando, aplicados al mismo capital inicial durante el mismo tiempo, producen el mismo interés o se obtiene el mismo capital final o montante.

Veamos la relación que deben guardar i e i_k para que sean equivalentes en capitalización simple, siendo i el tanto anual e i_k el tanto fraccionado. Partiendo del cálculo del montante, y del principio de equivalencia financiera, tenemos:

$C_n = C_0 \cdot (1 + n \cdot i)$ y $C_n = C_0 \cdot (1 + nk \cdot i_k)$. Como el capital final tiene que ser igual en las dos expresiones:

$C_0 \cdot (1 + n \cdot i) = C_0 \cdot (1 + nk \cdot i_k)$. Como el capital inicial también tiene que ser igual:

$(1 + n \cdot i) = (1 + nk \cdot i_k)$. Restando 1 a cada miembro y dividiendo posteriormente por n, resulta:

$$i = i_k \cdot k \qquad \text{de donde:} \qquad i_k = \frac{i}{k}$$

! IMPORTANTE

Tiempo	Interés
n = años	i
n = semestres	i_2
n = cuatrimestres	i_3
n = trimestres	i_4
n = meses	i_{12}
n = días (año comercial)	i_{360}
n = días (año civil)	i_{365}

Tabla 6.3. Fraccionamiento del tiempo y el tanto. Correlación entre ambos.

CASO PRÁCTICO 6. Tantos equivalentes

Calcula el montante que se obtiene al invertir 5.000 € durante 4 años al 6 % de interés simple semestral (i_2 = 0,06).

Solución:

i_2 = 0,06; como el tiempo y el tanto no son correlativos, calculamos el interés equivalente **anual** sabiendo que k = 2:

$i = i_k \cdot k \qquad i = 0,06 \cdot 2 \qquad i = 0,12$

El montante será:

$C_n = C_0 \cdot (1 + n \cdot i) \qquad C_n = 5.000 \cdot (1 + 4 \cdot 0,12) \quad C_n = \mathbf{7.400\ €}$

CASO PRÁCTICO 7. Tantos fraccionados

Un capital invertido durante 6 meses al 9 % de interés simple anual produjo un montante de 5.300 €. ¿Cuál fue el capital invertido?

Solución:

i = 0,09. Como el tiempo y el tanto no son correlativos, calculamos el interés equivalente **mensual**, sabiendo que k = 12:

$i_k = \dfrac{i}{k} \qquad i_{12} = \dfrac{0,09}{12} \qquad i_{12} = 0,0075 \qquad i_{12} = 0{,}75\ \%\ \text{mensual}$

El capital inicial será: $C_0 = C_n \cdot (1 + n \cdot i) \qquad C_0 = 5.300 \cdot (1 + 6 \cdot 0,0075) \qquad C_n = \mathbf{5.071{,}77\ €}$

ACTIVIDADES

3. El capital final obtenido en una operación financiera a un interés simple del 5 % anual, durante nueve meses, fue de 2.801,25 €. ¿Cuál fue el capital inicial invertido?

4. Sabemos que una inversión de 4.000 € ha producido un montante de 5.280 €. Si el interés aplicado a la operación fue del 8 % anual, ¿cuánto tiempo duró la inversión?

5. Un capital de 10.000 € invertido durante 6 semestres produjo un montante de 10.700 €. ¿Qué tanto por ciento aplicó el banco a esta operación?

6. Calcula el montante que se obtiene al invertir un capital de 7.000 € durante dos años a los siguientes tipos de interés: *a)* 12 % anual; *b)* 6 % semestral; *c)* 3 % trimestral; *d)* 1 % mensual.

? ¿SABÍAS QUE...?

La **negociación de efectos** es una de las herramientas de financiación a corto plazo que más usan las empresas cuando tienen falta de liquidez.

Normalmente las empresas tienen contratado con el banco un límite de descuento bancario, de esa manera el proceso de negociación es más rápido y, por tanto, la liquidez de los efectos es inmediata.

Estas operaciones tienen unos gastos financieros que hay que valorar y tener en cuenta.

2.4. Descuento comercial y descuento racional. Diferencias

> El descuento simple es la operación financiera que tiene por objeto la sustitución de un capital futuro por otro equivalente con vencimiento presente mediante la aplicación de la Ley Financiera de Descuento Simple. Es una operación inversa a la de capitalización.

Mientras que en la capitalización simple los intereses se suman al capital principal, en el descuento simple **los intereses se restan** a dicho capital.

El descuento simple se aplica en la negociación de efectos comerciales y, más concretamente, en la negociación de **letras de cambio**.

A. Descuento comercial. Descuento bancario

El descuento bancario es un instrumento de financiación de las empresas a **corto plazo**.

En una operación de descuento bancario, el punto de partida es un **capital futuro** conocido cuyo vencimiento se quiere **adelantar**. A través del descuento comercial o bancario, una entidad financiera anticipa a un cliente el importe de un crédito que aún no ha vencido y que está debidamente documentado (a través, generalmente, de letras de cambio y pagarés).

En esta operación, la entidad financiera exigirá un interés por el anticipo del importe de la letra, por lo que no entregará al cliente el **valor nominal**, sino el resultado de restarle a este el interés correspondiente según el tipo de interés aplicado y el tiempo de descuento.

Las **variables** que intervienen en las operaciones de descuento son:

- N: nominal del efecto. Importe que aparece en el documento mercantil.
- t: tiempo en días que media entre la fecha de negociación y la fecha de vencimiento.
- i: tipo de interés anual que exige el banco por el anticipo.
- D: importe del descuento.
- E: valor efectivo que recibirá el librador o tenedor del efecto.

El descuento comercial se calcula usando la siguiente expresión:

$$D = N \cdot \frac{t}{360} \cdot i$$

$$D = \frac{N \cdot t}{360/i} \text{ siendo } 360/i \text{ el } \textbf{divisor fijo } (D_f).$$

ABC VOCABULARIO

Remesa de efectos. Es el acto por el cual una empresa lleva al banco a descontar simultáneamente varios efectos a la vez, que pueden ser de distinta clase. Una vez presentados en la entidad financiera esta procede a la liquidación, es decir, aplicará a cada efecto los intereses y las comisiones correspondientes.

CASO PRÁCTICO 8. Descuento comercial

Calcula el valor efectivo que se obtiene al descontar un efecto de valor nominal 15.000 € durante 90 días si el banco le aplica a la operación un interés del 8 % simple anual.

Solución:

En primer lugar se calcula el importe del descuento:

$$D = \frac{N \cdot t}{360/i} \qquad D = \frac{15.000 \cdot 90}{360/0,08} \qquad D = 300 \text{ €}$$

A partir de aquí se calcula el valor efectivo:

$$E = N - D \qquad E = 15.000 - 300 \qquad \textbf{E = 14.700 €}$$

B. Importe líquido en la negociación de efectos

Cuando se realiza una operación de descuento bancario, además del interés que exige la entidad por el anticipo, hay que considerar otros gastos que esta aplica:

- **Comisiones (c).** Vienen expresadas en tantos por mil y se calculan sobre el valor nominal del efecto.

- **Gastos fijos (G_f).** Es el importe que cobra la entidad por la gestión.

La cantidad resultante se denomina **importe líquido** de la negociación de efectos.

$$\text{Importe líquido} = N - D - c - G_f$$

C. Descuento de varios capitales

En la práctica empresarial, el librador o tenedor suele llevar al banco **varios efectos a la vez** para su descuento.

Sean $N_1, N_2 \ldots N_n$ los **nominales** de varios efectos; $t_1, t_2 \ldots t_n$, los **días** que median entre la fecha de negociación y el **vencimiento** de cada uno, e i, el tanto anual de interés que exige el banco, el **total** de la operación de descuento comercial será la suma de lo que nos descuentan por cada letra, es decir:

$$D = \frac{N_1 \cdot i \cdot t_1}{360} + \frac{N_2 \cdot i \cdot t_2}{360} + \ldots + \frac{N_n \cdot i \cdot t_n}{360}$$

Si dividimos numeradores y denominadores por i resulta:

$$D = \frac{N_1 \cdot t_1}{360/i} + \frac{N_2 \cdot t_2}{360/i} + \ldots + \frac{N_n \cdot t_n}{360/i}$$

Y, si el tipo de interés del descuento es constante para todos los nominales, obtendríamos la siguiente expresión:

$$D = \frac{N_1 \cdot t_1 + N_2 \cdot t_2 + \ldots + N_n \cdot t_n}{D_f}$$

ACTIVIDADES

7. Una empresa lleva al banco para su descuento la siguiente remesa de efectos. El tanto aplicado a la operación es del 9,5 % simple anual, las comisiones son del 3 ‰ y los gastos fijos, de 8 €. Calcula el valor líquido de la negociación (año comercial).

Nominal	Vencimiento
1.450 €	35 días
975 €	90 días
2.525 €	120 días

CASO PRÁCTICO 9. Valor líquido en la negociación de efectos

Llevamos al banco para su descuento un efecto de valor nominal 7.000 € con vencimiento dentro de 60 días. El banco aplica un tipo de interés del 6,5 % anual; aparte cobra una comisión del 4 ‰ y unos gastos fijos de 8 €. Calcula el valor líquido de la negociación.

Solución:

Cálculo del descuento, sustituimos en la expresión:

$$D = \frac{N_1 \cdot t_1}{D_f} \qquad D = \frac{7.000 \cdot 60}{360/0,065} \qquad \mathbf{D = 75{,}83\ €}$$

Cálculo de la comisión: Comisión = 4/1.000 · 7.000 **c = 28 €**

Valor líquido = 7.000 − 75,83 − 28 − 8   **VL = 6.888,17 €**

CASO PRÁCTICO 10. Descuento de varios capitales

Una empresa presenta para descontar en su banco varios efectos con los nominales y vencimientos de la tabla.

	Nominal		Vencimiento
N_1	600 €	t_1	45 d
N_2	950 €	t_2	60 d
N_3	1.200 €	t_3	90 d

El tanto por ciento aplicado a la operación es del 9 % de interés simple anual. Calcula el valor efectivo de la negociación.

Solución:

Sustituimos en la expresión:

$$D = \frac{N_1 \cdot t_1 + N_2 \cdot t_2 \cdot \ldots \cdot N_n \cdot t_n}{D_f} \qquad D = \frac{600 \cdot 45 + 950 \cdot 60 + 1.200 \cdot 90}{360/0{,}09}$$

$$D = \frac{192.000}{4.000} = 48\ €$$

E = Total nominales − Descuentos

E = 2.750 − 48 = 2.702 €

IMPORTANTE

Cuando queremos sustituir uno o varios efectos por otro u otros con distinto vencimiento, y no queremos que se produzca **lesión de intereses**, se tendrá que calcular el valor nominal del nuevo efecto igualando el valor efectivo de ambos:

$$E_1 = E_2$$

Sabiendo que:

$$E_1 = N_1 - D_1$$
$$E_2 = N_2 - D_2$$

D. Vencimiento común y vencimiento medio

Puede suceder, en las operaciones de compraventa formalizadas mediante varias letras de cuantías y vencimientos determinados, que el comprador proponga al vendedor la sustitución de dichas letras por otra u otras de vencimientos y cuantías diferentes.

Como generalmente el vendedor presenta los efectos en el banco para su descuento, el valor efectivo de la primera propuesta debe ser igual al valor efectivo de la segunda. Siempre que los valores efectivos sean iguales, resultará indiferente una u otra forma de pago. Las situaciones más frecuentes que se plantean son:

1. Hallar el nominal N de la única letra que vence en un momento t conocido y que se desea que sustituya a varias de nominal N_1, N_2... N_n que vencen en t_1, t_2..., t_n. Para ello se tiene que cumplir que:

$$N - \frac{N \cdot t}{D_f} = \Sigma N_T - \frac{N_1 \cdot t_1 + N_2 \cdot t_2 + \ldots + N_n \cdot t_n}{D_f}$$

Siendo N el valor de la nueva letra y N_T la suma de los nominales a sustituir.

2. Hallar el vencimiento t en que deben sustituirse varios efectos. Se pueden dar dos situaciones (Tabla 6.4):

Vencimiento común	Cuando la cuantía de la nueva letra es distinta de la suma de los nominales a sustituir. Tenemos la cuantía N de un capital único que vence en el momento t y que sustituye a varios nominales N_1, N_2... N_n, con vencimientos t_1, t_2..., t_n, respectivamente, todos ellos conocidos en cuantías y tiempos. Ese momento t es el vencimiento común. $N \neq N_1 + N_2 + \ldots + N_n$	Para su cálculo se usa la siguiente expresión: $$t = \frac{\left[N - \Sigma N_h + \dfrac{\Sigma N_h \cdot t_h}{D_f}\right] \cdot D_f}{N}$$ Siendo: N: nominal de la nueva letra; D_f: divisor fijo; N_h: nominales de las letras a sustituir; t_h: días de descuento.
Vencimiento medio	Es una variedad del vencimiento común, con la característica de que el valor nominal del nuevo efecto es igual a la suma de los valores nominales de los efectos que sustituye. En este caso, el dato que se debe calcular será el vencimiento t del nuevo efecto. $N = N_1 + N_2 + \ldots + N_n$	Para su cálculo se usa la siguiente expresión: $$t = \frac{\Sigma N_h \cdot t_h}{N}$$

Tabla 6.4. Vencimiento común y vencimiento medio.

CASO PRÁCTICO 11. Vencimiento común y vencimiento medio

Queremos sustituir las tres letras que se indican a continuación por una letra de valor nominal 2.900 €. Sabiendo que el descuento aplicado por el banco es el 9 % simple anual:

a) ¿Qué tipo de operación es?

b) ¿Cuál será el vencimiento de la nueva letra para que no se produzca lesión de intereses?

	Nominal	Vencimiento	
N_1	600 €	t_1	45 d
N_2	950 €	t_2	60 d
N_3	1.200 €	t_3	90 d

	Nominal		Vencimiento	$N_h \cdot t_h$
N_1	600 €	t_1	45 d	27.000
N_2	950 €	t_2	60 d	57.000
N_3	1.200 €	t_3	90 d	108.000
			$\Sigma N_h \cdot t_h$	192.000

Solución:

a) Se trata de una operación de vencimiento común ya que el nominal de la nueva letra es distinto a la suma de los nominales de las letras a sustituir.

b) En primer lugar calculamos el valor de $\Sigma N_h \cdot t_h$

Sustituimos en la siguiente expresión:

$$t = \frac{\left[N - \Sigma N_h + \dfrac{\Sigma N_h \cdot t_h}{D_f}\right] \cdot D_f}{N} \quad t = \frac{\left[2.900 - 2.750 + \dfrac{192.000}{360/0,09}\right] \cdot 360/0,09}{2.900} \quad t = 273 \text{ días}$$

El vencimiento de la nueva letra de importe 2.900 euros es de 274 días.

E. Descuento racional

Es el **descuento a interés simple calculado sobre el valor efectivo**, siendo este el capital que se percibe después de aplicar el descuento.

La diferencia que hay con respecto al descuento comercial es que este se calcula sobre el valor nominal, mientras que el descuento racional se calcula sobre el valor efectivo.

Realizar el descuento racional es igual a realizar la operación inversa a la capitalización simple, es decir, realizar una **actualización simple**.

Se trata de realizar el cálculo de C_o del interés simple, teniendo en cuenta que N equivale a C_n y E equivale a C_o. Haremos una comparativa:

Actualización simple	Descuento racional
$C_o = C_n / (1 + t \cdot i)$	$E = N / (1 + t \cdot i)$

$D_r = N - E$; sustituimos el valor del efectivo:

$D_r = N - N/(1 + t \cdot i)$; operando, la expresión queda de la siguiente manera:

$$D_r = \frac{N \cdot i \cdot t}{1 + i \cdot t}$$

! **IMPORTANTE**

En la **práctica bancaria** se usa el **descuento comercial** y no el descuento racional. Como se puede observar, el descuento comercial **se puede considerar abusivo**; la diferencia estriba en que los intereses se calculan sobre el valor nominal y se usa como base el año comercial (360 días).

CASO PRÁCTICO 12. Descuento racional. Comparativa con el descuento comercial

Una empresa lleva al banco para su descuento un efecto por importe de 15.000 € que vence dentro de 45 días. El banco le aplica a la operación de descuento un interés del 10 % simple anual. Calcula el valor efectivo de la operación usando el descuento comercial y el descuento racional.

Solución:

a) Descuento comercial:

$$D_c = \frac{N \cdot t}{360} \cdot i \quad D_c = \frac{15.000 \cdot 45}{360} \cdot 0,1 \quad \mathbf{D_c = 187,5 \ €}$$

$E = 15.000 - 187,5$ $\mathbf{E = 14.812,5 \ €}$

b) Descuento racional:

$$D_r = \frac{N \cdot i \cdot t}{1 + i \cdot t} \quad D_r = \frac{15.000 \cdot 0,10 \cdot (45/365)}{1 + 0,10 \cdot (45/365)}$$

$\mathbf{D_r = 182,68 \ €}$

$E = 15.000 - 182,68$ $\mathbf{E = 14.817,32 \ €}$

Como vemos, el valor efectivo es distinto, utilizando el descuento racional se obtiene un valor efectivo mayor que usando el descuento comercial.

ACTIVIDADES

8. Un deudor tiene pendientes tres letras de 5.000 €, 6.000 € y 8.000 €, que vencen dentro de 30, 60 y 90 días, respectivamente. Si el interés aplicado a la negociación es el 6 % simple anual, ¿en qué momento deberá sustituirlas sin que haya lesión de intereses, en los siguientes casos?:

a) Por una letra única de 19.300 €.

b) Por una letra única de 19.000 €.

c) Suponiendo que el pago se quiere realizar dentro de 50 días, determina la cuantía de la nueva letra.

9. Una empresa compró el día 4 de diciembre una máquina por valor de 15.000 € y se comprometió a pagarla mediante tres letras de igual cuantía, 5.000 €, con vencimiento en el 20 de enero, el 20 de febrero y 20 de marzo, respectivamente.

El día 10 de enero, viendo que no puede hacer frente a los pagos, pide al proveedor que sustituya las tres letras por una sola, con vencimiento el 12 de abril.

Si el tanto de negociación es el 9 % simple anual, determina el valor de la nueva letra para que ambas propuestas sean financieramente equivalentes.

10. Sabiendo que el descuento racional de un efecto descontado al 7 % de interés simple anual durante 30 días es de 160 €, determina el valor nominal de dicho efecto.

> **¿SABÍAS QUE...?**
>
> Cuando se habla de momento 1, momento 2, momento 3... momento n, se hace referencia al valor del capital inicial capitalizado, es decir, la suma del capital inicial más los intereses producidos **hasta ese momento del tiempo**.

Fig. 6.5. Representación del cálculo del montante.

3. Capitalización compuesta

> La característica fundamental de la Ley Financiera de Capitalización Compuesta es que los intereses son productivos, es decir, se acumulan al capital para producir nuevos intereses.

Así, en cada periodo, los intereses se calculan sobre el capital inicial más los intereses acumulados hasta el comienzo de dicho periodo.

Mientras que la capitalización simple se usa en operaciones financieras para periodos inferiores al año, la capitalización compuesta se aplica normalmente a operaciones financieras para periodos superiores al año.

3.1. Fórmula general de la capitalización compuesta

Supongamos que se invierte en capitalización compuesta un capital C_0 a un tanto de interés unitario i durante 1, 2, 3... n años. El interés producido en cada periodo es el resultado de multiplicar el tanto unitario de interés i por el capital existente al comienzo de cada periodo (Fig. 6.5).

Si tenemos en cuenta que los capitales de cada periodo son $C_0, C_1, C_2, C_3... C_n$ y los periodos o momentos del tiempo son 0, 1, 2, 3... n, podemos deducir el valor de los capitales en cada momento:

Momento 1: $\quad C_1 = C_0 + C_0 \cdot i = C_0 (1 + i)$

Momento 2: $\quad C_2 = C_1 + C_1 \cdot i = C_1 (1 + i)$. Sustituimos el valor de C_1 y resulta:

$\quad\quad\quad\quad\quad C_2 = C_0 (1 + i)(1 + i) = C_0 (1 + i)^2$

Momento 3: $\quad C_3 = C_2 + C_2 \cdot i = C_2 (1 + i)$. Sustituimos el valor de C_2 y resulta:

$\quad\quad\quad\quad\quad C_3 = C_0 (1 + i)^2 (1 + i) = C_0 (1 + i)^3$

Momento n: $\quad C_n = C_{n-1} + C_{n-1} \cdot i = C_{n-1} (1 + i)$. Sustituimos el valor de C_{n-1} y resulta:

$\quad\quad\quad\quad\quad C_n = C_0 (1 + i)^{n-1} (1 + i) = C_0 (1 + i)^n$

de donde se deduce la fórmula general de capitalización compuesta, que nos dará el **capital final** o **montante** de la operación.

$$C_n = C_0 (1 + i)^n$$

Considerando $(1 + i)^n$ **factor de capitalización,** factor que sirve para trasladar capitales de un momento a otro posterior.

 CASO PRÁCTICO 13. Cálculo del capital final o montante

> Hemos invertido 6.000 € durante 4 años en unos fondos de inversión que producen un 6 % de interés compuesto anual. ¿Cuál será el capital que se recupera al cabo de los 4 años?
>
> **Solución:**
>
> Se pide el montante obtenido en la inversión, sustituimos en la expresión:
>
> $C_n = C_0 \cdot (1 + i)^n$
>
> $C_n = 6.000 \cdot (1 + 0{,}06)^4$
>
> $C_n = \mathbf{7.574{,}86\ €}$
>
>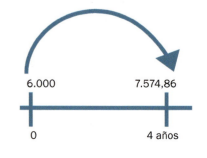

3.2. Cálculo del capital inicial

A partir de la fórmula general de capitalización compuesta, y conocido el capital final C_n, el tiempo n y el tanto unitario de interés i, podemos deducir el cálculo del capital inicial C_0. Despejando de la expresión $C_n = C_0 \cdot (1+i)^n$ resulta:

$$C_0 = \frac{C_n}{(1+i)^n}, \text{ que se expresa también como } C_0 = C_n \cdot (1+i)^{-n}$$

Considerando $(1+i)^{-n}$ **factor de actualización,** factor que sirve para trasladar capitales de un momento dado a otro anterior.

3.3. Cálculo del tiempo

A partir de la fórmula general de capitalización compuesta, y conocido el capital final C_n, el capital inicial C_0 y el tanto unitario de interés i, podemos calcular el tiempo n. Despejando de la expresión $C_n = C_0 \cdot (1+i)^n$ resulta:

$$\frac{C_n}{C_0} = (1+i)^{-n}$$

Utilizando logaritmos podemos despejar el valor de n, puesto que:

$\log(C_n/C_0) = \log(1+i)^n$, de donde

$\log(C_n/C_0) = n \cdot \log(1+i)$, y despejando resulta

$$n = \frac{\log(C_n/C_0)}{\log(1+i)}$$

3.4. Cálculo del tanto de interés

A partir de la fórmula general de capitalización compuesta, y conocido el capital final C_n, el capital inicial C_0 y el tiempo n, podemos calcular el tanto de interés i. Despejando de la expresión $C_n = C_0 \cdot (1+i)^n$, resulta:

$$\frac{C_n}{C_0} = (1+i)^n \qquad \sqrt[n]{C_n/C_0} = (1+i) \qquad \boxed{i = (C_n/C_0)^{(1/n)} - 1}$$

> **IMPORTANTE**
>
> Cuando realicemos cualquier operación financiera, a la hora de hacer los cálculos siempre se usarán todos los decimales.
>
> Solo se redondeará con dos decimales el resultado final.

CASO PRÁCTICO 14. Cálculo del capital inicial

Calcula el capital que, invertido al 6 % de interés compuesto anual durante 8 años, alcanzó al cabo de los mismos un montante de 95.630,88 €.

Solución:

Sustituyendo en la expresión:

$C_0 = C_n \cdot (1+i)^{-n} \qquad C_0 = 95.630,88 \, (1+0,06)^{-8} \qquad \boxed{C_0 = 60.000 \, €}$

CASO PRÁCTICO 15. Cálculo del tiempo

Un capital de 80.000 € invertido al 7,5 % de interés compuesto anual alcanzó un montante de 123.464,12 €. ¿Cuánto tiempo estuvo invertido?

Solución:

Sustituyendo en la expresión:

$$n = \frac{\log(C_n/C_0)}{\log(1+i)} \qquad n = \frac{\log(123.464,12/80.000)}{\log(1+0,075)} \qquad \boxed{n = 6 \text{ años}}$$

CASO PRÁCTICO 16. Cálculo del tanto de interés

Aporté a un plan de jubilación 10.000 € al cumplir los 50 años. Ahora a los 65 he recibido 25.718,41 €. ¿A qué tanto por ciento anual compuesto se ha revalorizado dicho plan?

Solución:

Calculamos el valor de n:

$n = 65 - 50 = 15$ años

Sustituyendo en la expresión:

$i = (C_n/C_0)^{(1/n)} - 1$

$i = (25.718,41/10.000)^{(1/15)} - 1$

$i = 0,065$

$\boxed{i = 6,5\% \text{ anual}}$

IMPORTANTE

Denominación y valor de k en los tantos equivalentes.

- Semestral: i_2

  $k = 2$: dos semestres.

- Cuatrimestral: i_3

  $k = 3$: tres cuatrimestres.

- Trimestral: i_4

  $k = 4$: cuatro trimestres.

- Bimensual: i_6

  $k = 6$: seis bimestres.

- Mensual: i_{12}

  $k = 12$: doce meses.

3.5. Capitalización no anual o fraccionada. Tantos equivalentes

Hasta ahora los cálculos se han referido siempre a periodos anuales de tiempo. Consideremos el año dividido en k partes, meses, trimestres, semestres, etc., designado al tanto correspondiente a cada parte como i_k, siendo k el número de veces en que se divide o fracciona el año.

Se tiene que cumplir la correlación entre el tanto y el tiempo para los cálculos de una operación financiera, es decir, el tanto por ciento de interés (i) y el tiempo (n), **siempre tienen que estar expresados en la misma unidad.**

Para calcular el tanto de interés equivalente partimos de la siguiente igualdad:

$(1 + i)^n = (1 + i_k)^{nk}$, de la que se obtiene:

a) El valor del interés anual equivalente (i) en función del interés fraccionado (i_k)

$$i = (1 + i_k)^k - 1$$

b) El valor del interés fraccionado equivalente (i_k) en función del interés anual (i)

$$i_k = (1 + i)^{1/k} - 1$$

3.6. Tanto nominal

Según el Banco de España, el **tipo de interés nominal** (TIN) es el tipo que se menciona usualmente en los contratos en los que se pacta el pago de intereses y se caracteriza porque no se descuenta la tasa de inflación (por oposición al tipo de interés real, en el que se resta la inflación).

La **tasa anual equivalente** (TAE) es entonces el tipo de interés que indica el coste o rendimiento efectivo de un producto financiero. La TAE se calcula de acuerdo con una fórmula matemática normalizada que tiene en cuenta el tipo de interés nominal de la operación, la frecuencia de los pagos (mensuales, trimestrales, etc.), las comisiones bancarias y algunos gastos de la operación.

Al tanto de interés nominal lo denominaremos J_k, siendo k el número de veces que fracciona el año. Partiendo de un interés nominal conocido J_k, se puede calcular el interés equivalente fraccionado con la siguiente expresión:

$$i_k = \frac{J_k}{k} \quad \text{de donde se deduce que } J_k = i_k \cdot k$$

El tanto nominal, también llamado capitalizable, **nunca se puede usar directamente en las fórmulas** para la realización de los cálculos de cualquier operación financiera. Siempre se usará el tanto fraccionado equivalente (i_k) o el tanto equivalente anual (i), en función del la periodicidad de la operación.

CASO PRÁCTICO 17. Tantos equivalentes en capitalización compuesta

Partiendo de un tanto compuesto anual del 12 %, calcula los tantos equivalentes siguientes: *a)* mensual, *b)* trimestral.

Solución:

a) Mensual: $i_k = (1+i)^{1/k} - 1$ $k = 12$ $i_{12} = (1 + 0{,}12)^{1/12} - 1$ $i_{12} = 0{,}009488792935$ $i_{12} = 0{,}95\,\%$ mensual.

b) Trimestral: $i_k = (1+i)^{1/k} - 1$ $k = 4$ $i_4 = (1 + 0{,}12)^{1/4} - 1$ $i_4 = 0{,}02873734472$ $i_4 = 2{,}87\,\%$ trimestral.

CASO PRÁCTICO 18. Tanto nominal

Realizamos una inversión de 80.000 € en una entidad financiera que nos ofrece un interés nominal del 8 % capitalizable trimestralmente. La inversión tiene una duración de 3 años. Calcula el valor del capital invertido transcurridos los tres años.

Solución:

Lo primero es valorar el tiempo y el tanto en la misma unidad. Como el interés es trimestral, se operará en trimestres. Usando la siguiente expresión, determinaremos el interés equivalente trimestral i_4:

$$i_k = \frac{J_k}{k} \qquad i_4 = \frac{0{,}08}{4} \qquad i_4 = 0{,}02$$

$n_k = 3 \cdot 4 = $ **12 trimestres**

Calculamos el capital final: $C_n = C_0 \cdot (1 + i_k)^{nk}$

$C_n = 80.000 \cdot (1 + 0{,}02)^{12}$ $C_n = \mathbf{101.459{,}34\,€}$

3.7. Equivalencia de capitales en capitalización compuesta

> Dos capitales C_1 y C_2 que vencen en los momentos del tiempo t_1 y t_2 respectivamente son equivalentes cuando, valorados a un mismo tanto en un mismo momento t, tienen la misma cuantía.

El principio de equivalencia financiera nos permite determinar si dos o más capitales situados en distintos momentos del tiempo resultan indiferentes o, por el contrario, hay preferencia por uno de ellos.

La sustitución de uno o varios capitales por otro u otros capitales, con vencimientos y cuantías diferentes, solo se podrá llevar a cabo si financieramente son equivalentes.

Supongamos que tenemos dos capitales C_1 y C_2, que vencen en t_1 y t_2 respectivamente, y queremos sustituirlos por un solo capital C en el momento 0. Esto solo será posible si se cumple que:

$$C_0 = C_1 \cdot (1+i)^{-t_1} + C_2 (1+i)^{-t_2}$$

¿SABÍAS QUE...?

Motivo de la equivalencia financiera

El porqué de la equivalencia financiera se entenderá mejor si se analizan las siguientes afirmaciones:

- «Un euro hoy vale más que un euro mañana».
- «Cantidades iguales de dinero, colocadas en diferentes momentos del tiempo, no tienen el mismo valor».

La pérdida de valor del dinero no solo se debe a la inflación; también hay que tener en cuenta que, si el dinero se hubiese invertido, podría haber generado intereses, aumentado así su valor.

CASO PRÁCTICO 19. Equivalencia de capitales en capitalización compuesta

Una empresa tiene dos deudas con su proveedor de 4.000 € y 7.000 € que vencen dentro de 6 y 12 meses respectivamente. La empresa le propone al proveedor cancelar hoy dichas deudas. Si el tanto de interés que se aplica a este tipo de operaciones es del 1 % mensual (i_{12}), ¿qué cantidad tendrá que abonar hoy para pagar las deudas?

Solución:

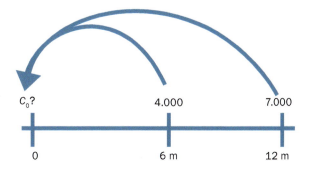

Se tiene que realizar la equivalencia en el momento 0.

Para determinar el importe de cancelación, se tienen que cumplir que:

$C_0 = C_1 \cdot (1+i)^{-t_1} + C_2 (1+i)^{-t_2}$

$C_0 = 4.000 (1+0,01)^{-6} + 7.000 (1+0,01)^{-12}$

$C_0 = 9.980,33$ € es el importe a pagar hoy para cancelar las deudas

Fig. 6.6. En capitalización compuesta, si dos capitales son equivalentes en un momento del tiempo, son equivalentes en cualquier momento.

ACTIVIDADES

11. Determina el valor final de un capital de 30.000 €, invertido durante 5 años, a los siguientes tipos de interés compuesto:

a) 8 % anual; b) 4 % semestral.

12. Considerando que los precios varían de acuerdo con el índice de precios al consumo (IPC), calcula dicho índice anual sabiendo que un artículo que costaba 4.000 € hace 8 años hoy cuesta 5.909,82 €.

13. Un inversor dispone de 200.000 € para invertir durante 3 años y tiene tres ofertas: a) al 9 % capitalizable trimestralmente; b) al 9 % compuesto anual; c) al 3 % cuatrimestral. Averigua el orden de preferencia de las ofertas recibidas.

SÍNTESIS

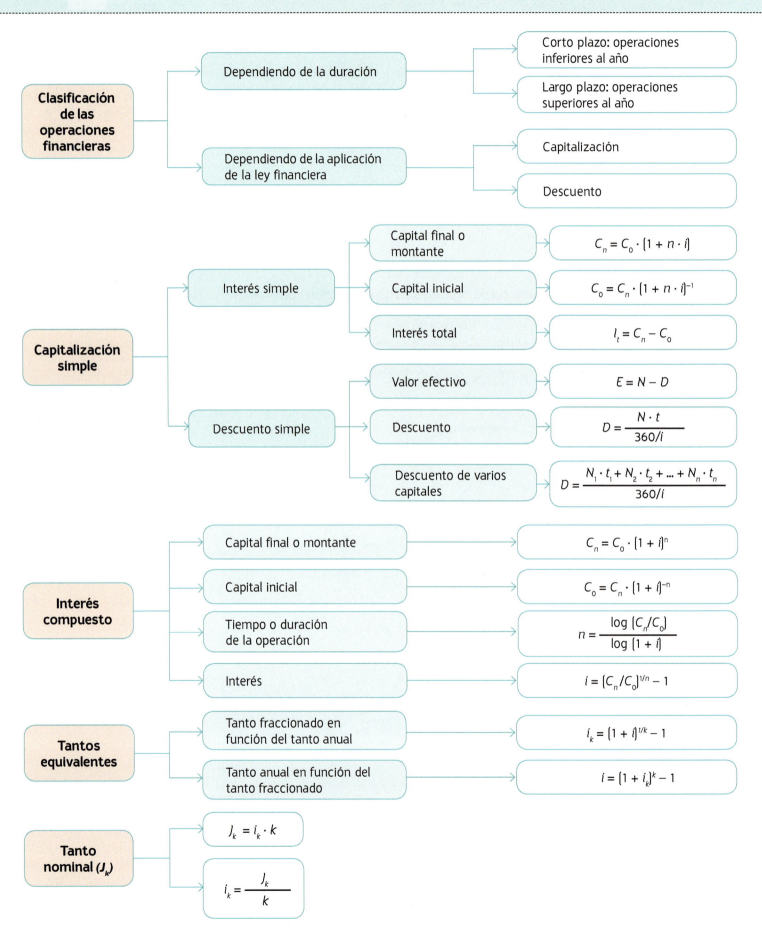

TEST DE REPASO

1. **La misma cantidad de dinero vale menos en el futuro que hoy porque esperar al futuro supone:**
   a) Renunciar al consumo presente.
   b) Renunciar a oportunidades de inversión.
   c) *a* y *b* son ciertas.
   d) *a* y *b* son falsas.

2. **En una operación financiera, la acción de capitalizar significa:**
   a) Calcular el valor de C_n a partir de un capital inicial conocido C_o.
   b) Calcular el valor de C_o partiendo de un capital conocido C_n.
   c) Calcular el valor del tiempo de la operación *n*, conocidos los valores de C_o y C_n.
   d) Calcular el valor del tipo de interés *i*, conocidos los valores de C_o y C_n.

3. **El periodo comprendido entre el origen y final de la operación financiera se denomina:**
   a) Origen de la operación.
   b) Final de la operación.
   c) Duración de la operación.
   d) Ley financiera utilizada.

4. **El precio que debe pagar un deudor por unidad de capital y tiempo se conoce como:**
   a) Cupón.
   b) Tipo de interés.
   c) Principal.
   d) Amortización.

5. **A diferencia del régimen de capitalización simple, en el régimen de capitalización compuesta:**
   a) Se cobran intereses.
   b) Se cobran intereses de forma continua.
   c) El capital se devuelve al final de la operación.
   d) Los intereses se acumulan sin pagar y generan nuevos intereses.

6. **Si el tipo de interés anual simple es del 3,25 %:**
   a) El interés simple semestral es del 1,625 %.
   b) El interés simple trimestral es del 0,83 %.
   c) El interés simple mensual es del 0,24 %.
   d) Todas las anteriores son correctas.

7. **En una operación de descuento bancario, ocurre que:**
   a) Ingresamos en una entidad el nominal.
   b) El banco nos descuenta un cheque y nos ingresa el efectivo.
   c) El banco anticipa a un cliente el importe de un crédito aún no vencido.
   d) El banco se compromete a cobrar los efectos a su vencimiento e ingresar el importe en la cuenta.

8. **La equivalencia financiera se produce cuando dos capitales:**
   a) Son equivalentes en distintos momentos del tiempo.
   b) Son equivalentes en el mismo momento del tiempo.
   c) Dos capitales nunca pueden ser equivalentes.
   d) Solo pueden ser equivalentes en el momento cero.

9. **Hablamos de vencimiento medio cuando el valor nominal de la nueva letra:**
   a) Es superior a la suma de los nominales a sustituir.
   b) Es inferior a la suma de los nominales a sustituir.
   c) Es igual a la suma de los nominales a sustituir.
   d) Las tres anteriores son ciertas.

10. **En las operaciones financieras a interés compuesto, a la hora de realizar los cálculos nunca se puede usar:**
    a) El tanto efectivo.
    b) El tanto nominal.
    c) El tanto equivalente.
    d) Ninguno de los tres anteriores.

11. **Si el tipo de interés compuesto anual aplicable a una operación es del 2,5 %, ¿cuál es el valor presente de 10.000 € que se recibirán dentro de un año?**
    a) 9.460,33 €.
    b) 10.234,07 €.
    c) 9.967,78 €.
    d) 9.756,097 €.

12. **En las operaciones financieras, indica la respuesta correcta sobre el interés y el tiempo:**
    a) Pueden ser unidades diferentes.
    b) Depende de la operación financiera.
    c) Siempre tienen que estar en la misma unidad.
    d) Siempre tienen que ser anuales.

13. **En capitalización compuesta el tanto de interés fraccionado se calcula con la expresión:**
    a) $i_k = (1 + i)^k - 1$.
    b) $i_k = (1 + i) \cdot k$.
    c) $i_k = (1 + i)^{1/k} - 1$.
    d) $i_k = (1 + i \cdot k) - 1$.

COMPRUEBA TU APRENDIZAJE

Aplicar las leyes financieras de capitalización simple o compuesta en función del tipo de operaciones.

1. La empresa Canarias Jeans desea comprar una nueva maquinaria para incrementar la producción. Para ello solicita un préstamo de 30.000 € al Banco de Fuerteventura que se compromete a devolver en tres pagos anuales iguales, siendo el interés aplicado del 6 % compuesto anual. Representa gráficamente la operación financiera e identifica cada uno de los elementos de dicha operación.

2. Tenemos un capital hoy y queremos conocer cuál será su valor dentro de n años aplicando a la operación un tanto de interés simple. ¿Estamos hablando de capitalización o de actualización simple? ¿Qué fórmula utilizarías para resolver este supuesto? Razona la respuesta.

3. Calcula el montante alcanzado por un capital de 23.000 €, colocado durante dos años y medio:

   a) A un interés del 6 % simple anual.

   b) A un interés del 6 % compuesto anual.

   Razona la respuesta.

4. ¿Qué capital se debe invertir hoy al 5 % de interés simple anual para que su montante al cabo de 9 meses sea de 20.000 €?

5. Un estudiante ingresa en una cuenta de ahorro para sus estudios un capital de 2.000 €. Al cabo de tres años el estudiante recibe un montante de 2.600 €. ¿Qué tanto por ciento de interés simple anual aplicó el banco a la operación?

6. Prestamos hoy 12.000 € al 10 % simple anual. Al final de la operación nos devuelven 13.200 €. ¿Cuánto tiempo estuvo el capital prestado?

7. Javier necesita un ordenador que cuesta 1.250 € y para ello acude a dos establecimientos que le proponen lo siguiente:

   a) Establecimiento Sofware, S. L.: pagar al contado 650 € y, dentro de tres meses, 618 €.

   b) Establecimiento Hardware, S. L.: pagar 300 € al contado, 400 € dentro de dos meses y 580,16 € dentro de cuatro meses.

   Teniendo en cuenta que el interés aplicado en ambas operaciones es del 12 % simple anual, ¿cuál de las dos opciones es más ventajosa para Javier?

8. Dos capitales, de los que se sabe que el segundo es doble del primero, se invierten de la siguiente manera:

   a) El primero al 0,75 % mensual durante un año y medio.

   b) El segundo al 3,5 % semestral durante el mismo tiempo.

   Sabiendo que el montante obtenido al final de la operación asciende a 16.725 €, calcula el importe de los capitales invertidos (capitalización simple).

9. Una empresa compra una maquinaria que vale al contado 25.000 € y acuerda con el acreedor pagarlo del siguiente modo:

   - En el momento de formalizar la venta, 6.000 € (lo llamaremos momento 0).
   - Dentro de 6 meses, 10.000 €.
   - Dentro de un año, 4.000 €.
   - El resto, al cabo de un año y medio de formalizar la operación.

   Si el interés planteado por la empresa vendedora por aplazamiento es del 9 % de interés simple anual, calcula el importe del último pago.

Calcular la liquidación de efectos comerciales en operaciones de descuento.

10. El día 5 de octubre llevamos al banco para su descuento un efecto cuyo valor nominal es de 35.000 €. La letra vence el 27 de enero del año siguiente. El banco aplica a la operación de descuento un interés del 8 % simple anual. Aparte cobra los siguientes gastos: comisión 3 ‰, gastos fijos 6 €. Calcula el valor líquido de la negociación.

11. Llevamos al banco para su descuento la remesa de efectos que se indica en la tabla que se muestra a continuación. El tanto aplicado a la operación es del 9,5 % simple anual, las comisiones son del 3 ‰ y los gastos fijos, de 8 €. Calcula el valor efectivo de la negociación en un año comercial.

Nominal	Vencimiento
1.425 €	35 días
975 €	90 días
2.525 €	120 días

12. Las condiciones de un banco para la negociación de una remesa de efectos son las siguientes:

    - Interés de descuento: 9 % simple anual.
    - Comisiones:
      - 4 ‰ para efectos domiciliados, mínimo 9 €.
      - 7 ‰ para efectos no domiciliados, mínimo 12 €.
      - Si el periodo de negociación es superior a 90 días, se cobrará el doble de la comisión.

    Teniendo en cuenta estas condiciones, calcula el líquido de la siguiente remesa:

Valor nominal	Días de descuento	Domiciliación
6.700 €	22	Sí
12.500 €	45	No
8.400 €	90	No
15.000 €	120	Sí

COMPRUEBA TU APRENDIZAJE

13. Una letra de 15.000 € que vencía el 15 de febrero se sustituye por otra que vence el 5 de marzo. Si el tanto de descuento es del 9,5 % simple anual, ¿cuál será el valor de la nueva letra si ambas dan el mismo valor efectivo si las negociamos el 20 de diciembre?

14. Calcula el valor efectivo de un efecto de 5.500 €, con vencimiento en 60 días, interés 8,5 % simple anual, usando:

    a) Descuento comercial.

    b) Descuento racional.

    Razona la respuesta.

15. Queremos sustituir la relación de efectos que se indica en la tabla que se muestra a continuación por los siguientes casos:

    a) Un efecto de valor nominal 2.120 €.

    b) Un efecto de valor nominal 2.350 €.

Nominal	Vencimiento
450 €	30 días
700 €	60 días
970 €	90 días

    Sabiendo que el interés aplicado es del 10,5 % anual, determina el vencimiento del efecto en ambos casos para que no exista lesión de intereses.

16. Calcula el sueldo mensual que percibía un trabajador hace 10 años si hoy cobra 2.100 € mensuales y la tasa de aumento de sueldo es el 5 % anual acumulativo.

17. Calcula el valor que tiene hoy un fondo de inversiones que se realizó hace 5 años y 4 meses por importe de 6.000 €, sabiendo que los intereses aplicados han sido del 7 % compuesto anual.

18. Calcula los siguientes tantos equivalentes correspondientes al 8 % anual:

    a) Trimestral.

    b) Semestral.

    c) Mensual.

    d) Cuatrimestral.

19. Ruth abrió una cuenta de ahorros hace 5 años con 10.000 €, de una herencia que recibió, para pagar sus estudios universitarios. Actualmente la cuenta arroja un saldo de 14.356 €. ¿Qué tanto por ciento de interés compuesto anual le aplicaron a la cuenta?

20. Disponemos de cierto capital que decidimos invertir de la siguiente manera:

    - Su cuarta parte al 7,5 % de interés compuesto anual.

    - El resto al 9 % nominal capitalizable trimestralmente.

    Sabiendo que al cabo de 6 años el montante total obtenido es de 66.606 €, determina el valor del capital invertido.

21. Una empresa tiene dos deudas con su proveedor de 15.000 y 25.000 € que vencen dentro de 12 y 18 meses respectivamente.

    La empresa le propone al proveedor cancelar las dos deudas hoy. Si el tipo de interés del mercado para esta clase de operaciones es el 6 % compuesto anual, ¿qué importe debe pagar hoy la empresa al proveedor para que no se produzca lesión de intereses?

22. La Sra. Alicia tiene una deuda de 8.000 € que tiene que pagar hoy al banco. La Sra. Alicia le propone al banco pagar la deuda de la siguiente manera:

Deuda	Vencimiento
2.700 €	3 meses
2.700 €	6 meses
x €	9 meses

    Si el banco le cobra por el aplazamiento un interés del 12 % nominal convertible mensualmente, ¿qué importe debe pagar la Sra. Alicia a los nueve meses para que el banco acepte la propuesta?

23. Una sociedad de inversión inmobiliaria se plantea dos alternativas de inversión:

    a) Comprar unos terrenos que le suponen los siguientes desembolsos: 10.000 € al contado, 20.000 € dentro de un año y 40.000 € dentro de tres años.

    b) Comprar unos locales comerciales cuya forma de pago es la siguiente: 5.000 € al contado, 25.000 € dentro de dos años y 50.000 € dentro de cinco años.

    Si el tipo de interés del mercado es del 10 % efectivo anual, ¿cuál de las dos inversiones le cuesta menos a la sociedad?

24. El Sr. Alejandro colocó 120.000 € en un banco. El interés que le ofrece el banco es el siguiente:

    - 3,5 % capitalizable semestralmente durante los dos primeros años.

    - 4,5 % compuesto anual los tres años siguientes.

    - 1 % trimestral durante los últimos cuatro años.

    ¿A cuánto asciende el montante de la cuenta del Sr. Alejandro al final de los nueve años?

25. Un padre que tiene tres hijos de 9, 12 y 15 años deposita hoy a nombre de cada uno 100.000 € en una institución financiera al 8 % de interés compuesto anual. Calcula cuánto cobrará cada uno cuando cumplan los 25 años.

26. Halla el tiempo durante el que se invirtió un capital de 50.000 € al 7 % nominal capitalizable semestralmente, sabiendo que alcanzó un montante de 78.197,80 €.

UNIDAD 7

Gestión de cobros y pagos al contado

En esta unidad

APRENDERÁS A

- Diferenciar los flujos de entrada y salida de tesorería, valorando los procedimientos de autorización de los pagos y de gestión de cobros.

- Identificar los medios de cobro y pago habituales en la empresa, así como sus documentos justificativos, diferenciando el pago al contado y el pago aplazado.

ESTUDIARÁS

- Medios habituales de cobro y pago al contado.
- Justificante de cobro y pago: el recibo.
- El cheque.
- Las tarjetas bancarias.

Y SERÁS CAPAZ DE

- Analizar la información disponible para detectar necesidades relacionadas con la gestión empresarial.

- Identificar las técnicas y parámetros que determinan las empresas para clasificar, registrar y archivar comunicaciones y documentos.

1. Medios habituales de cobro y pago al contado

Entre las operaciones más habituales que se realizan en una empresa están los **cobros**, que provienen normalmente de las ventas o de los servicios realizados, y los **pagos**, derivados de las compras de mercaderías y de los gastos que se generan como consecuencia de la propia actividad de la empresa.

En esta unidad se estudiarán los medios más habituales de cobro y pago al contado, así como los documentos asociados a los mismos.

1.1. Cobros y pagos en efectivo

El artículo 34.2 de la Ley 10/2010 establece como efectivo los medios de pago en monedas y billetes, cheques bancarios al portador y cualquier otro medio físico, incluido el electrónico concebido para ser utilizado como medio de pago.

La Ley 7/2012, de 29 de octubre, sobre prevención del fraude fiscal, ha establecido en el artículo 7 una serie de limitaciones a los pagos en efectivo. En particular, dispone que:

- No podrán pagarse en efectivo las operaciones en las que alguna de las partes intervinientes actúe en calidad de empresario o profesional, con un importe igual o superior a 2.500 euros o su contravalor en moneda extranjera.

- Los intervinientes de las operaciones que no puedan pagarse en efectivo deberán conservar los justificantes del pago, durante el plazo de 5 años desde la fecha del mismo, para acreditar que se efectuó a través de alguno de los medios de pago distinto al efectivo.

- Esta limitación no es aplicable a los pagos e ingresos realizados en entidades de crédito.

1.2. Domiciliación bancaria

> Es una forma de pago de recibos por determinados **servicios** que son **periódicos**. La domiciliación bancaria consiste en **ordenar al banco el cargo** en cuenta de los recibos a favor de la cuenta del beneficiario de dicho servicio.

Se consideran pagos al contado porque se pagan en el momento de la presentación.

Las empresas suelen domiciliar en su cuenta corriente bancaria determinados gastos fijos periódicos y cuotas de cualquier índole, como por ejemplo los gastos de agua, luz, comunicaciones, etc.

La **orden de domiciliación** debe incluir los datos de identificación de la compañía emisora del recibo, que es una referencia única y válida para todos los recibos correspondientes a esta orden.

El **deudor (cliente)** debe aportar a la compañía emisora de los recibos sus datos de identificación personal así como los datos bancarios donde ha de realizarse el cobro, que son el código completo de su cuenta bancaria (IBAN) y el código de identificación de su banco (BIC).

Las entidades financieras no suelen aplicar **comisiones** para el cliente en las domiciliaciones, pero sí al **emisor** de los recibos. Las domiciliaciones bancarias pueden ser de dos tipos (Tabla 7.1):

ABC VOCABULARIO

Código IBAN. Es un código internacional estandarizado que identifica las cuentas bancarias. Su nombre viene de las siglas en inglés de *International Bank Account Number*. En España consta de 24 dígitos y **vincula directamente al cliente con su entidad de crédito,** y su objetivo es facilitar la correcta transmisión de datos para cobros y pagos nacionales y transfronterizos. La composición del código IBAN es la siguiente:

- País: ES.
- Dígito de control del IBAN: 12.
- Entidad bancaria: 1.234.
- Sucursal: 5.678.
- Dígito de control del banco: 90.
- Número de cuenta: 0123456789.

Código SWIFT o BIC. Sirve para identificar al banco beneficiario de una **transferencia** (o banco destino). Su nombre viene de las siglas en inglés de *Bank Identifier Code*. Se puede encontrar:

- **Código de 8 caracteres.** Incluye información de la entidad, el país y la localidad.
- **Código de 11 caracteres.** Además de lo anterior, incluye la información de la sucursal en los tres últimos caracteres.

Domiciliación bancaria	Domiciliaciones de cargo	Son aquellas que suponen un cargo en la cuenta del cliente. Sirven para canalizar el pago de facturas y recibos de carácter periódico. Por ejemplo, recibos de agua, luz o teléfono, o también impuestos, tasas, etc.
	Domiciliaciones de abono	Son ingresos en cuenta que previamente han sido autorizados por el cliente a empresas e instituciones para su abono en cuenta. Por ejemplo, abono de nóminas, devolución de impuestos, cobro de alquileres, etc.

Tabla 7.1. Tipos de domiciliaciones bancarias.

> **? ¿SABÍAS QUE...?**
>
> **STP** viene del inglés *Straight-Through Processing*, que se puede traducir como 'procesamiento directo'. Es un concepto nuevo y ha surgido a partir del deseo de los inversores de tener una solución más fiable de colocar sus órdenes.
>
> Se trata de una plataforma donde los datos están centralizados en los servidores del mercado electrónico. De esta manera, las transacciones se hacen de forma automatizada, más segura y rápida.
>
> Los datos deben estar en un formato normalizado.

1.3. Transferencia bancaria

> Una transferencia bancaria es la operación por la cual una persona o empresa **(ordenante)** da instrucciones a su banco para que envíe, con cargo a su cuenta, una determinada cantidad de dinero a favor de otra persona o empresa **(beneficiario)**.

Las transferencias que tienen lugar en la misma entidad se suelen denominar **traspasos.**

Para las empresas es una **herramienta muy útil** como medio de cobro y pago en su actividad comercial. Su uso es muy frecuente con los proveedores y los clientes, sobre todo en operaciones exteriores o transfronterizas.

Las transferencias suelen llevar aparejadas unas **comisiones.** Con la entrada en vigor de la nueva Ley de Servicios de Pago, los gastos y comisiones generadas serán compartidos entre ordenante y beneficiario, salvo que se indique a la entidad que deben repercutirse en su totalidad a uno o a otro.

El criterio de clasificación más importante es el que distingue el área geográfica, ya que afecta a las comisiones y a los plazos de ejecución (Tabla 7.2).

Transferencias nacionales	• Tanto el envío del ordenante como la recepción tienen lugar en España. • Solo son necesarios los datos del IBAN del beneficiario.
Transferencias exteriores	• El ordenante y beneficiario se encuentran en países diferentes. • En este caso, si la transferencia es STP, es decir, incluye todos los datos necesarios para ser enviada de forma automatizada, la comisión será más baja que si no lo es. • Para ser incluido en el STP, se tiene que presentar el código IBAN del beneficiario y el BIC del banco del beneficiario.

Tabla 7.2. Clases de transferencias.

Las transferencias más usadas actualmente son las realizadas *online,* pues suelen ser mucho más económicas (y, en algunos casos, gratuitas).

1.4. Justificantes de cobro y pago: el recibo

Todas las operaciones de cobro y pago que realiza una empresa tienen que tener un soporte documental que justifique dicha operación. En las operaciones al contado, este soporte es lo que comúnmente se denomina recibo.

> El **recibo** es un documento mercantil mediante el cual una persona acredita haber recibido de otra persona una determinada suma de dinero en efectivo o en especie y sirve de comprobante de pago.

Los recibos pueden tener fundamentalmente dos formatos: el recibo propiamente dicho y el tique de compra.

- **Recibo.** Es un documento que suele respaldar la recepción de efectivo o cheques por ventas al contado, cobros a clientes y otros deudores. Debe contener como mínimo los datos que se muestran en la Fig. 7.1.

    Los recibos deben estar numerados previamente y han de emitirse respetando la correlatividad. En algunos casos vienen expedidos en talonarios. Se cumplimentan por duplicado, siendo una copia para el pagador y la otra para quien recibe el dinero (normalmente, cuando los recibos se hacen en talonarios, la parte izquierda o matriz se la queda el que cobra).

    El recibo no tiene valor fiscal ni funciona como un comprobante vinculado al impuesto.

- **Tique de compra.** Puede ser usado como sinónimo de recibo, ya que certifica el pago de un producto o servicio. En este caso no suele llevar los datos del comprador.

Fig. 7.1. Modelo de recibo.

1. **Nombre** de quién realiza el pago.
2. Importe o cantidad expresada en **letras**.
3. Importe o cantidad expresada en **números**.
4. Una breve **descripción** del motivo del pago.
5. Si el pago se hace en **efectivo** o en **cheque**. En caso de que sea mediante cheques, es conveniente anotar el número de cheque y el banco.
6. **Lugar, fecha** y **firma** del cajero o responsable que realiza el cobro.
7. Matriz.

 CASO PRÁCTICO 1. Pagos al contado. El recibo

La empresa Todo para la Construcción S.A. (TOCOSA), con domicilio en C/ La Obra, 35, 35004, Las Palmas de Gran Canaria, y NIF 35467889-A, vende a D. Juan Pérez García, con DNI 44567678-A, materiales para una obra en su domicilio por importe de 3.500 €. Acuerdan el pago de la factura 324/20 de la siguiente manera: 30 % en efectivo a la entrega del material (que tiene lugar el 2 de abril de 201_), una transferencia por el 25 % del total a los 15 días y el resto con tres recibos que cobrará mensualmente por medio de una entidad financiera. Determina el importe de cada pago y el medio de pago respectivo y elabora el recibo correspondiente.

Solución:

- En dinero en efectivo 30 % s/3.500 = (30 · 3.500)/100 = 1.050 €.
- Transferencia bancaria 25 % s/3.500 = (25 · 3.500)/100 = 875 €.
- Domiciliación bancaria [(45 · 3.500) /100]/3 = 525 € (tres recibos domiciliados de 525 €).
- La empresa le extenderá el siguiente recibo por el importe recibido en efectivo (billetes y monedas), y el resto tendrá su justificante bancario correspondiente.

! **IMPORTANTE**

Otros tipos de recibo.

- **Recibo de caja.** Es la forma más simple de un recibo de pago y normalmente se genera por una venta en efectivo. En él generalmente figura un inventario de los elementos que se han adquirido, el precio de estos, cualquier impuesto aplicable y el importe total cargado.

- **Recibo de crédito.** Este tipo de recibo se genera cuando se paga por bienes y servicios con una tarjeta de crédito. Es un recibo que muestra algunos de los datos de la tarjeta de crédito, junto con el importe total cargado.

 ACTIVIDADES

1. El día 2 de mayo de 201_ D. Juan Martínez compra a la empresa Cielo Azul material de oficina para su empresa. El importe de la compra es de 240 € (Fra. n.º 156). D. Juan le paga el importe en efectivo y Cielo Azul quedó en llevarle la mercancía en 48 horas, por lo que le hace un recibo como justificante del pago realizado. Cumplimenta el recibo correspondiente.

2. El cheque

> El cheque es un título formal y completo que incorpora un mandato de pago, permitiendo al **librador** retirar en su provecho o en el de un tercero parte de los fondos que tiene en poder del **librado**.

También se puede definir como un documento mercantil por el que una entidad financiera (un banco) se obliga al pago de una determinada cantidad por orden de uno de sus clientes y con cargo a su cuenta corriente.

Como medio de pago es muy útil, pues quien recibe el documento puede cobrarlo en el banco librado o puede ingresarlo en otro banco para abonarlo en su cuenta.

2.1. Elementos personales que intervienen en el cheque

Los elementos personales que intervienen en el cheque son:

- **Librador.** Es quien emite y firma el cheque, acto que implica dar la orden de pago del cheque al librado.
  - En caso de que el titular de la cuenta sea una persona física, firmará el titular.
  - Si el titular de la cuenta es una persona jurídica, lo hará el apoderado o representante de la empresa con poderes para la disposición de fondos.
- **Librado.** Es el banco a quien se ordena pagar el cheque con cargo a la cuenta del librador.
- **Tenedor o portador.** Persona a la que debe pagarse el cheque, bien por ser expedido a su nombre o bien por ser el portador o el endosatario.
- **Endosante.** Es el tenedor o beneficiario del cheque y que cede el derecho de cobro del mismo a un tercero, siempre y cuando no contenga la cláusula «no a la orden» o sea emitido al portador.
- **Endosatario.** Es el que recibe el cheque mediante endoso, convirtiéndose en tenedor del mismo.
- **Avalista.** Esta figura no es muy frecuente en el cheque pero se puede incluir y tendrá que firmar la cláusula «por aval» inserta en el documento, indicando a quién avala. El avalista garantiza el pago de la persona avalada en caso de impago de la misma.

2.2. Requisitos formales y regulación legal

La regulación legal del cheque la marca la Ley 19/1985 (texto consolidado 2009), de 16 de julio, Cambiaria y del Cheque.

Desde el punto de vista formal, el artículo 106 de la Ley Cambiaria y del Cheque (LCCH) establece que deberá contener las menciones señaladas en la Figura 7.2:

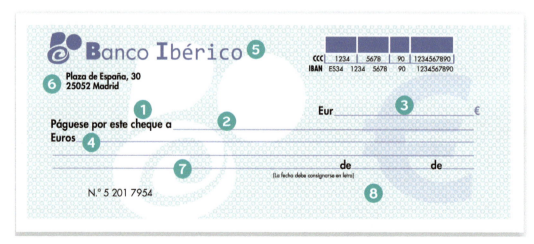

Fig. 7.2. Requisitos formales del cheque.

? ¿SABÍAS QUE...?

Consejos para operar con cheques

Actualmente existe cierta desconfianza ante este medio de pago. Para evitar que tanto el emisor del documento como el tenedor del mismo se vean envueltos en cualquier tipo de situación fraudulenta es conveniente seguir una serie de recomendaciones:

- No hay que tener nunca cheques firmados en blanco.
- No rellenarlo hasta el momento de su entrega.
- Guardar la chequera en un lugar seguro para evitar que la firma pueda ser falsificada.
- Destruir los cheques no válidos y no tirarlos sin más.
- Rodear el importe con símbolos o líneas para que sea imposible modificar la cantidad.

---

① Denominación de *cheque* inserta en el texto del título.

② El mandato puro y simple (sin poner condición ni plazo) de pagar una suma determinada en euros. En esta casilla figura quién debe cobrar el cheque.

③ Cantidad en cifras.

④ Cantidad en letra.

⑤ El nombre del que ha de pagar, denominado *librado*, que necesariamente tiene que ser un banco.

⑥ El lugar del pago.

⑦ La fecha y el lugar de emisión del cheque.

⑧ La firma de la persona que expide el cheque, denominada *librador*.

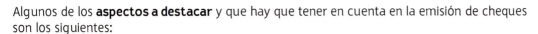

Algunos de los **aspectos a destacar** y que hay que tener en cuenta en la emisión de cheques son los siguientes:

- Si la cantidad escrita en cifras y la cantidad escrita en letras no coinciden, el cheque no se invalida, sino que **prevalece lo escrito en letra.**

- En la cláusula «páguese por este cheque a...» puede aparecer «al portador», o bien el nombre de una persona física o jurídica (cheque nominativo).

- Para que el banco atienda los cheques, el librador deberá contar con fondos.

- Si el cliente (librador) tiene **menos fondos** depositados en la cuenta que el importe del cheque que ha emitido, el banco está obligado a pagarlo por el importe de dichos fondos, quedando **el resto impagado.**

- El **plazo legal en España** para presentar un cheque al **cobro** sin que pierda su especial fuerza jurídica es de **15 días** si ha sido emitido en España, 20 días en Europa y 60 días en el resto del mundo, y se computan a partir del día que consta en el cheque como fecha de emisión.

2.3. Clases de cheques

Teniendo en cuenta el beneficiario o tenedor, los cheques pueden ser (Tabla 7.3):

Nominativo	El beneficiario es la persona o empresa cuyo nombre figura en el cheque. En este caso, el cheque puede ser transmitido a otra persona mediante el endoso. Los cheques nominativos a su vez pueden incluir una cláusula que puede ser: • «A la orden»: permite expresamente su endoso o traspaso a otra persona. • «No a la orden»: que impide su transmisión mediante endoso.
Al portador	El beneficiario (es decir, el que lo puede cobrar) es el que lo tiene en su poder.

Tabla 7.3. Clases de cheques atendiendo al beneficiario o tenedor.

Fig. 7.3. Cheque cruzado.

Existen otras modalidades de cheques que pueden considerarse especiales, ya que tienen requisitos o condiciones para su cobro. Este tipo de cheques son los más usados en las relaciones comerciales entre empresas. Entre los cheques especiales de más uso están (Tabla 7.4):

Cheque conformado	Es un cheque ordinario en el que el banco (librado) inserta una cláusula mediante la cual se acredita la autenticidad del mismo y la existencia de fondos suficientes en la cuenta del librador para su pago.
Cheque cruzado	No se puede cobrar directamente, sino que el tenedor tiene que ingresarlo en una cuenta bancaria. La finalidad es evitar el riesgo de pérdida o robo. Se representa mediante dos líneas paralelas transversales (Fig. 7.3).
Cheque bancario	Emitido por la entidad financiera a solicitud de su cliente. El que firma el cheque (el librador) es el propio banco y es quien debe pagarlo.

Tabla 7.4. Cheques especiales.

ACTIVIDADES

2. La empresa Formato S.L. compró a la empresa Software S.L. mercancías por importe de 850 €. El pago lo realizó de la siguiente manera: 30 % en efectivo y el resto mediante un cheque nominativo y cruzado con el n.º 234.234 del Banco Islas Canarias.

Elabora el cheque y el recibo que formalizan esta operación.

 CASO PRÁCTICO 2. El cheque

D. Juan Pérez García extiende un cheque «a la orden» a favor de la empresa Construcciones y Cementos S.L. El banco de D. Juan Pérez es el Banco Islas Canarias y acredita la autenticidad del mismo y la existencia de fondos. A su vez, la empresa ingresa el cheque en el Banco del Norte. Define las características del cheque y cada uno de los elementos personales que intervienen.

Solución:

Es un cheque nominativo «a la orden» y conformado por el Banco Islas Canarias.

Librador: D. Juan Pérez García; librado: Banco Islas Canarias; tenedor y endosante: Construcciones y Cementos S.L.; endosatario: Banco del Norte.

2.4. El endoso y el aval

> El endoso es el acto por el que el beneficiario o tenedor transfiere los derechos de cobro a un tercero.

La Ley Cambiaria y del Cheque establece, entre otros, los siguientes aspectos relativos al endoso:

- El cheque al portador se transmite mediante su entrega.
- El cheque nominativo con o sin cláusula «a la orden» es trasmisible mediante el endoso.
- Un cheque nominativo con la cláusula «no a la orden» no se puede endosar.
- El endoso debe ser total, puro y simple.
- Son nulos el endoso parcial y el hecho por el librado.
- El endoso deberá escribirse en el reverso del cheque y será firmado por el endosante.
- El endosante garantiza el pago frente a los tenedores posteriores.

> El aval del cheque es la garantía que se presta al obligado al pago del cheque, pudiendo ser el librador o cualquiera de los endosantes del cheque.

En cuanto al aval, la misma Ley establece:

- El pago del cheque puede garantizarse por aval, ya sea por la totalidad o por parte de su importe.
- Esta garantía podrá ser prestada por un tercero, pero no por el librado.
- El aval ha de ponerse en el cheque o en su suplemento. Se expresará mediante la palabra «por aval» e irá firmado por el avalista.
- El aval ha de indicar a quién se ha avalado. A falta de esta indicación, se entenderá avalado el librador.

2.5. El protesto

Las acciones en caso de **falta de pago** del cheque que establece La ley Cambiaria y del Cheque son las siguientes:

«Una vez acreditado el impago del cheque, el poseedor puede ejercitar en un plazo de seis meses su acción de regreso contra los endosantes, el librador y los demás obligados cuando, presentado el cheque en tiempo hábil, no fuera pagado, siempre que la falta de pago se acredite por alguno de los medios siguientes:

a) Por un protesto notarial.

b) Por una declaración del librado, fechada y escrita en el cheque, con indicación del día de la presentación.

c) Por una declaración fechada de una Cámara o sistema de compensación, en la que conste que el cheque ha sido presentado en tiempo hábil y no ha sido pagado.

El tenedor puede reclamar de aquel contra quien se ejercita su acción:

1. El importe del cheque no pagado.
2. Los réditos o intereses de dicha cantidad, devengados desde el día de la presentación del cheque y calculados al tipo de interés legal del dinero aumentado en dos puntos.
3. Los gastos, incluidos los del protesto y las comunicaciones.
4. El 10 % del importe no cubierto del cheque y la indemnización de los daños y perjuicios cuando se ejercite la acción contra el librador que hubiera emitido el cheque sin tener provisión de fondos en poder del librado».

ACTIVIDADES

3. Busca en Internet la Ley Cambiaria y del Cheque (Ley 19/1985) y enumera los artículos que desarrollan el endoso, el aval y el protesto del cheque. Señala algún otro elemento que consideres interesante de estos conceptos.

4. En Granada, el día 5 de mayo de 201_, Alejandro Caballero Pérez extiende un cheque, con cargo a su cuenta corriente y abierta en el Banco Ibérico, a favor de Clara Ojeda Santana por importe de 1.500 € con la característica de que el cheque no se puede endosar.

   a) Cumplimenta el cheque.

   b) En la presentación al cobro, el saldo de la cuenta de D. Alejandro asciende a 800 €. ¿Qué ocurre en este caso? ¿Qué acciones tendría que realizar Clara Ojeda?

   c) Diferencia entre un cheque nominativo a la orden y nominativo no a la orden.

3. Tarjetas bancarias

> La tarjeta bancaria es un plástico que, dotado de una identidad única, permite a su titular movilizar fondos desde su cuenta bancaria hacia sí mismo (mediante la retirada de efectivo de un cajero) o hacia un tercero (un pago que se realiza en un establecimiento determinado).

La tarjeta bancaria se puede considerar como una transferencia desde la cuenta del cliente hacia la cuenta del proveedor, asumiendo este último el coste de la transferencia. Por otro lado, es el banco del cliente o titular de la tarjeta el que asume los posibles riesgos de insolvencia.

Los elementos que deben figurar en una tarjeta bancaria se indican en la Figura 7.4.

Fig. 7.4. Modelo de tarjeta bancaria.

① **Entidad emisora.** Habitualmente es una entidad bancaria, pero también puede ser un centro comercial o unos grandes almacenes.

② **Estándar de la tarjeta.** La red a la que está vinculada para su utilización: American Express, MasterCard, Visa, etc.

③ **Chip.** La tarjeta incorpora un chip con la información del titular y de las características de la tarjeta (el límite, el disponible, etc.).

④ **Identificación de la tarjeta.** Se trata de un número de identificación de la tarjeta, de tal manera que cada tarjeta emitida es única.

⑤ **Identificación del titular de la tarjeta**, así como el periodo de vigencia de la misma.

⑥ **Medidas de seguridad.** Cada estándar de la tarjeta establece la suya (por ejemplo, un holograma del mundo, una paloma, etc.).

⑦ **Firma** del titular.

⑧ **Código de seguridad denominado CVV** *(Card Verification Value)*, que es un código corto de tres cifras que se encuentra al lado de la firma y es necesario para asegurar la protección en aquellas transacciones donde no se exige la tarjeta.

3.1. Modalidades de tarjetas bancarias

Los tipos de tarjetas bancarias que existen son las que aparecen en la Tabla 7.5:

Tarjetas de crédito	Los pagos que se realizan con esta tarjeta se aplazan. En el contrato de esta tarjeta se establecen los siguientes requisitos: • Las condiciones del plazo de adeudo. El pago del crédito puede ser total, a mes vencido o aplazado con pagos fraccionados. • El límite de crédito concedido. Es la cantidad máxima de que puede disponer el titular. • Intereses y comisiones. Son las que debe abonar el titular de la tarjeta por su uso. En esta modalidad de tarjeta solo se puede considerar una **operación de contado** la **acción del cobro**, ya que como vemos el pago es aplazado.
Tarjetas de débito	Es un medio de pago que permite disponer del saldo de la cuenta que el titular de la tarjeta tiene asociada a la misma. El límite de la tarjeta de débito es el saldo de la cuenta del titular ya que, cuando dispone de efectivo mediante un cajero o realiza un pago en un establecimiento, se produce de forma automática el cargo en su cuenta. **Esta modalidad es al contado**, tanto para la acción de cobro como para la de pago.

Tabla 7.5. Modalidades de tarjetas bancarias.

ACTIVIDADES

5. ¿Qué es el CVV? Pon un ejemplo de una operación en la que se solicite este código.

6. Entra en el enlace **www.bankimia.com/tarjeta-de-credito** y selecciona las tres tarjetas que más te puedan interesar por sus condiciones. Detalla las características de cada una de las tarjetas elegidas y explica el porqué de la elección.

7. Relaciona tres empresas que emitan tarjetas de crédito no bancarias.

¿SABÍAS QUE...?

Estructura de los números de las tarjetas de crédito

La estructura de la numeración está determinada por unos estándares que establece la norma ISO/IEC 7812. Esta norma surgió en 1989 y delimita la posición y el significado de los dígitos (que normalmente son 16). La combinación de números no es aleatoria. Los números se dividen en cuatro bloques, con la siguiente información:

- **Prefijo.** Lo componen los seis primeros dígitos. Establece quién es el emisor y la financiera de la que depende la tarjeta. Se puede deducir que las que empiezan por 4 las designa Visa, las que lo hacen por 51 o 55 las entrega MasterCard o las que comienzan por 34 y 37 son de American Express, entre otros.

- **Resto de números** (excepto el último). Identifican al titular de la tarjeta y la cuenta corriente a la que está asociada.

- **Último dígito.** Es el dígito de control. Su función es validar la tarjeta.

3.2. Costes de las tarjetas bancarias

Se debe distinguir entre los costes que soporta el titular de la tarjeta y los que soporta el proveedor o comercio donde se utiliza.

A. Costes para el titular

- **Comisión de emisión y renovación.** La entidad bancaria cobra una cantidad fija por la emisión de la tarjeta.

- **Intereses por financiación en tarjeta.** Solo se aplica a las tarjetas de crédito. Son los intereses que cobra la entidad financiera por el crédito concedido. Se calcula sobre la cantidad dispuesta del límite de crédito.

- **Comisiones** por disposición de efectivo en cajeros automáticos. Hay que diferenciar entre:
  - **Tarjetas de débito.** Solo se cobran comisiones si se usan cajeros de otra entidad u otra red.
  - **Tarjetas de crédito.** Se cobrarán comisiones con independencia del cajero utilizado.

- Cuando la tarjeta se utiliza para el pago en un establecimiento no supone ningún gasto para el titular.

B. Costes para el comercio o proveedor

- El comercio o proveedor necesita de la instalación de un datáfono, instrumento que permite la codificación de los datos de las tarjetas y la conexión al sistema de pago electrónico del banco (Fig. 7.5).

- Cuando se realiza el cobro mediante una tarjeta de crédito o débito, el proveedor o comercio soporta unas comisiones por cada transacción o venta que realiza en función del importe de la operación. Los porcentajes aplicados no son fijos y dependen de cada entidad bancaria.

ACTIVIDADES

8. El director de la empresa Todo Bicicletas solicita al BBVA una tarjeta que le permita elegir la forma de pago, limitar su uso mensual a un importe y restringir las disposiciones de efectivo.

Entra en el siguiente enlace y elige el tipo de tarjeta que se ajustaría más a las necesidades de la empresa: **www.bbva.es/autonomos/tarjetas-y-tpv/tarjetas/index.jsp**.

Infórmate asimismo de las opciones de TPV de que dispone para su negocio.

Fig. 7.5. El datáfono o TPV (terminal de punto de venta) es el aparato que, por medio de la línea telefónica, facilita el pago con tarjetas de crédito o débito en comercios y otros establecimientos.

3.3. Pago en operaciones *online*

La plataforma de pagos *online* es un método que permite la transferencia de dinero entre usuarios que desean adquirir un producto o servicio **por Internet**. Este método de pago al contado se realiza normalmente con **tarjetas de crédito**.

Estas plataformas de pago asumen la tarea de **validar las operaciones** realizadas con tarjetas de crédito, conectando con las redes privadas de las entidades emisoras de tarjetas a través de Internet. Para garantizar el buen fin de las transacciones, se emplean sistemas y protocolos de seguridad.

A. Funcionamiento para el comprador

Cuando el cliente accede a la **tienda virtual** y desea realizar una compra o contratar un servicio, los pasos que normalmente sigue son:

- El comercio muestra la información del pedido realizado por el cliente con la información básica.
- Cuando el cliente procede a realizar el pago, el comercio virtual se conecta a una página segura perteneciente a la entidad bancaria, desde donde se solicita el número de tarjeta, el nombre del titular, la fecha de caducidad y el código de seguridad CVV.
- El banco comprueba la validez de la operación verificando los datos de la misma y la disponibilidad de fondos para el pago. De esta forma el comercio no tiene acceso a los datos de la tarjeta.
- Una vez autorizada la transacción, la plataforma de pago informa tanto al comprador como al comercio del resultado de la operación y devuelve el control a la web de la tienda virtual.
- A partir de ahí, la tienda virtual confirma el pedido y se procede al abono del importe en la cuenta del vendedor. El cliente recibe un correo electrónico con la información detallada del pedido realizado.

B. Funcionamiento para el vendedor

El responsable de la tienda virtual tendrá que realizar los siguientes pasos:

- Cuando el cliente realiza un pedido, la tienda virtual tiene que permitir calcular *online* el importe total de la compra, incluyendo los impuestos y los gastos adicionales.
- Cuando el cliente acepta el pago, la tienda virtual tiene que enlazar con la pasarela de pago del banco con el que opera, indicando las tarjetas que se aceptan y remitiendo a la entidad el importe del pedido.
- Si el pago se confirma, tiene que informar al cliente del estado del pedido en pantalla y por correo electrónico.

> **IMPORTANTE**
>
> **Sistema de pago PayPal**
>
> Es un sistema de pago muy usado para **compras *online***. Permite realizar pagos de compras por Internet sin necesidad de compartir la información financiera en las operaciones realizadas en la red. Es un sistema de pago sencillo, rápido y privado.
>
> Hay una modalidad llamada **PayPal prepago** o «tarjeta monedero». En este caso la tarjeta se puede recargar por el importe que se considere y cuando se necesite, y no tiene que estar vinculada a ninguna tarjeta ni a ninguna cuenta del comprador.

Fig. 7.6. El phising es un tipo de fraude que consiste en intentar obtener información confidencial a través de Internet.

CASO PRÁCTICO 3. Tarjetas bancarias

Enumera las diferencias y similitudes que hay entre la tarjeta de débito y la tarjeta de crédito.

Solución:

- Similitudes. Las dos sirven para realizar pagos en comercios y a proveedores, así como hacer disposiciones en efectivo en los cajeros. Además, tienen los mismos datos impresos y están hechas del mismo material. Están vinculadas a una red estándar.

- Diferencias. La tarjeta de débito carga directamente en la cuenta el importe del pago realizado o de la disposición de efectivo de los cajeros; en cambio, en las tarjetas de crédito, los pagos y disposiciones se van acumulando durante un periodo de tiempo o bien hasta llegar al límite establecido y se cargan en la cuenta al final de ese periodo (normalmente un mes). Las tarjetas de débito no soportan intereses y, en algunos casos, tampoco comisiones cuando se dispone de efectivo en los cajeros, mientras que las tarjetas de crédito soportan intereses por el importe del crédito y comisiones por las disposiciones del efectivo.

ACTIVIDADES

9. Busca en Internet información sobre las tarjetas PayPal. ¿Cómo se obtienen? ¿Qué beneficio reporta al comprador? ¿Y al vendedor? Investiga las ventajas y los inconvenientes que tiene la tarjeta PayPal de prepago.

SÍNTESIS

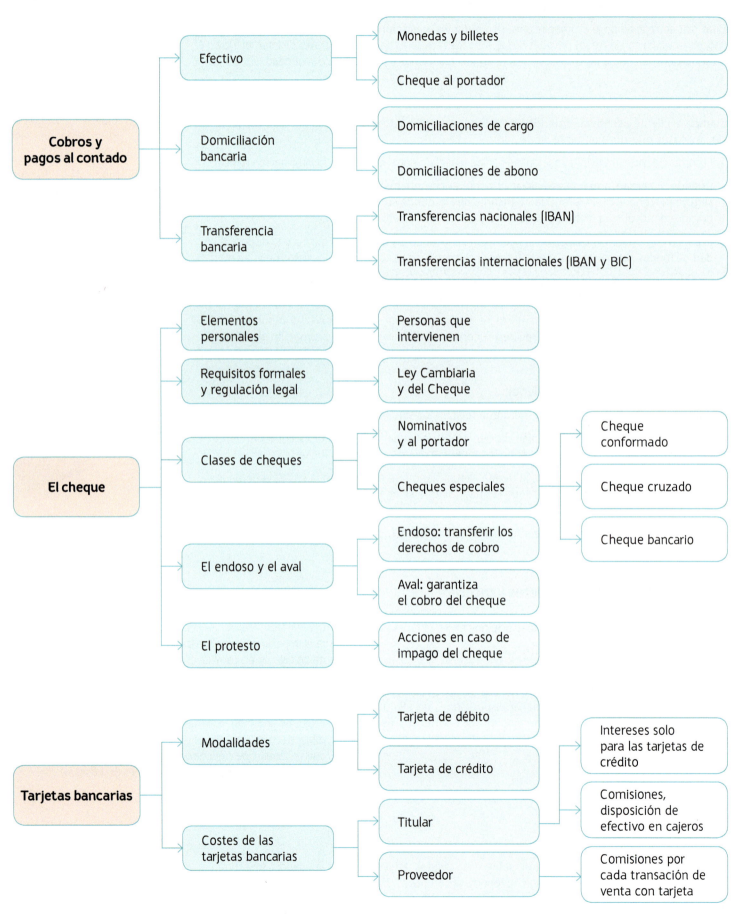

TEST DE REPASO

1. Son medios de pago en efectivo:
   a) La domiciliación bancaria.
   b) Las transferencias.
   c) Los realizados con billetes y monedas.
   d) Los realizados con tarjeta de crédito.

2. No podrán pagarse en efectivo operaciones en las que intervenga un empresario o profesional por un valor igual o superior a:
   a) 6.000 euros.
   b) 2.500 euros.
   c) 3.000 euros.
   d) 10.000 euros.

3. Una orden de domiciliación debe llevar los siguientes datos:
   a) El código de identificación personal IBAN.
   b) El código de identificación de su banco.
   c) Las comisiones aplicadas al cliente.
   d) Los datos identificativos de la compañía emisora.

4. Las domiciliaciones de abono sirven para:
   a) Canalizar el pago de facturas.
   b) Pagar recibos de carácter periódico.
   c) Cobrar nóminas.
   d) Pagar impuestos.

5. Con la nueva Ley de Servicios de Pago, los gastos y comisiones generadas por una transferencia son:
   a) Compartidas entre ordenante y beneficiario.
   b) A cargo del ordenante.
   c) A cargo del beneficiario.
   d) A cargo de la entidad financiera que la realiza.

6. Para ser incluido en la plataforma STP o procesamiento directo es necesario disponer de:
   a) El IBAN del ordenante y el BIC del banco del beneficiario.
   b) El IBAN del ordenante y el BIC del banco del ordenante.
   c) El IBAN del beneficiario y el BIC del banco del beneficiario.
   d) El IBAN del beneficiario y el BIC del banco del ordenante.

7. El recibo como comprobante de pago lo firma:
   a) El cajero que realiza el cobro.
   b) El cliente o persona que realiza el pago.
   c) Los dos, el cajero y el cliente.
   d) No es necesaria la firma de ninguno.

8. El librador de un cheque es:
   a) El banco a quien se ordena pagar.
   b) El que recibe un cheque mediante endoso.
   c) El que emite y firma el cheque.
   d) El que garantiza el pago de la persona avalada.

9. Si la cantidad escrita en letra y la cantidad escrita en número en un cheque no coinciden:
   a) El cheque es invalidado.
   b) Prevalece la escrita en letra.
   c) Prevalece la escrita en cifras.
   d) Ninguna de las tres anteriores.

10. En los cheques nominativos con la cláusula «a la orden»:
    a) El beneficiario puede ser cualquier persona y además se puede endosar.
    b) El beneficiario es la persona cuyo nombre figura en el cheque y además se puede endosar.
    c) El beneficiario es la persona cuyo nombre figura en el cheque pero no se puede endosar.
    d) El beneficiario puede ser cualquier persona pero no se puede endosar.

11. Cuando un cheque no se puede cobrar directamente, sino que el tenedor tiene que ingresarlo en una cuenta corriente, nos estamos refiriendo a un cheque:
    a) Conformado.
    b) Bancario.
    c) Al portador.
    d) Cruzado.

12. El endoso del cheque deberá escribirse en el reverso del cheque y será firmado por:
    a) El endosante.
    b) El endosatario.
    c) El librador.
    d) El librado.

13. En una tarjeta de crédito tiene que aparecer obligatoriamente:
    a) El estándar de la tarjeta.
    b) La identificación del titular.
    c) La identificación de la tarjeta.
    d) Las tres respuestas anteriores son correctas.

14. Cuando se realiza un pago con tarjeta y se produce de forma automática el cargo en cuenta, se trata de:
    a) Tarjeta de crédito.
    b) Tarjeta de débito.
    c) Tarjeta bancaria.
    d) Son correctas las tres respuestas anteriores.

COMPRUEBA TU APRENDIZAJE

Diferenciar los flujos de entrada y salida de tesorería, valorando los procedimientos de autorización de los pagos y gestión de cobros.

1. De las siguientes domiciliaciones, identifica cuáles son de cargo y cuáles de abono:

    a) Recibo del agua y de la luz.

    b) Devolución del IRPF.

    c) Pago del impuesto trimestral.

    d) Ingreso de la nómina.

    e) Pago de alquiler.

    f) Cobro del alquiler.

    g) Recaudación del impuesto de circulación.

2. Entra en el siguiente enlace del Banco de España y explica la limitación legal que existe a los precios de las comisiones en las transferencias internacionales:

    http://www.bde.es/clientebanca/es/areas/Productos_Bancar/Cambios_de_moned/Transferencias/Que_comisiones_b/internacionales

3. Investiga en Internet y describe cómo enviar una transferencia bancaria internacional, así como los pasos a seguir y los costes que puede generar. Enumera las diferencias entre una transferencia a un país de la Unión Europea y una transferencia a un país no comunitario.

Identificar los medios de cobro y pagos habituales en la empresa, así como sus documentos justificativos, diferenciando pago al contado y pago aplazado.

4. El día 1 de octubre de 201_, la empresa Cielo Azul, S.L. le vende a D. Javier Caballero materiales para su negocio por importe de 1.200 €. La fecha de entrega de la mercancía es el 10 de octubre. Para formalizar la operación, Cielo Azul le exige al cliente el pago en efectivo del 20 % del importe, y el resto acuerdan que se abonará con un cheque nominativo y cruzado a la entrega de la mercancía. La empresa Cielo Azul tiene su cuenta en el Banco Ibérico y Javier Caballero, en el Banco Islas Canarias.

    Teniendo en cuenta los datos de esta operación de compraventa, determina:

    a) El importe del pago en efectivo.

    b) El importe del cheque.

    c) Las características del cheque.

    d) Quién es el librado, el librador y el tenedor del cheque.

    e) El importe que debe figurar en el recibo.

    f) Quién firma el recibo.

    g) La fecha del recibo y la fecha del cheque.

    Cumplimenta ambos documentos.

5. D.ª Clara Ojeda acaba de cobrar una factura con un cheque nominativo a la orden del Banco Islas Canarias por importe de 1.500 €. Por otro lado, D.ª Clara le debe a Confecciones La Costura S.L. una factura por importe de 1.800 € que paga de la siguiente forma: le endosa el cheque que acaba de cobrar y el resto mediante un cheque conformado «no a la orden». La operación se justifica con un recibo. Teniendo en cuenta los datos expuestos, responde a las siguientes cuestiones:

    a) ¿Puede D.ª Clara endosar el cheque? Justifica la respuesta.

    b) ¿Cuál es el nombre del endosante?

    c) ¿Cuál es el nombre del endosatario?

    d) ¿Quién realiza la conformidad del cheque?

    e) ¿Quién es el librador del cheque conformado?

    f) Describe el contenido del recibo y di la persona que lo firma.

    g) ¿Se puede endosar el cheque conformado? ¿Por qué?

6. Entra en el siguiente enlace sobre el cheque bancario, haz un pequeño resumen de lo más importante y determina los gastos y comisiones que genera su emisión.

    https://www.helpmycash.com/blog/sale-rentable-un-cheque-bancario-cuanto-cuestan/

    Teniendo en cuenta la información que has recopilado, ¿sale rentable emitir un cheque bancario?

7. Responde a las siguientes cuestiones referentes al protesto del cheque:

    a) ¿Qué es el protesto del cheque? ¿Es obligatorio?

    b) La acción cambiaria contra el librador y sus avalistas, ¿por qué motivos caduca?

    c) Los gastos que ocasiona el protesto y por consiguiente la posterior acción cambiaria, ¿por quién son asumidos? Enumera los gastos que ocasiona la acción cambiaria.

    En el siguiente enlace encontrarás ayuda para responder a las preguntas planteadas:

    http://www.gerencie.com/importancia-del-protesto-en-el-cheque.html

8. ¿Qué importe debe reclamar el tenedor de un cheque de 900 € que no ha sido pagado, teniendo en cuenta que se ha ejecutado la correspondiente acción de regreso o acción cambiaria? Se sabe que:

    - El interés legal del dinero es el 3 %. Han transcurrido cinco meses desde su presentación.

    - Los gastos ocasionados ascienden a 40 €.

    - Reclama una indemnización por daños y perjuicios de 70 €.

9. D.ª Juana Sosa Lorenzo pagó unas mercancías a D.ª Estrella Cantero León mediante un cheque de una cuenta corriente del Banco Islas Canarias. D.ª Estrella exigió que el

COMPRUEBA TU APRENDIZAJE

pago del cheque fuese garantizado por otra persona, cosa que hizo D.ª Guillermina Afonso Pérez.

Al día siguiente, D.ª Estrella endosó el cheque a D.ª Alicia Acosta para saldar una deuda que tenía con ella. Se desea saber quiénes son:

a) El librador.

b) El librado.

c) El tenedor.

d) El avalista.

e) El endosante.

f) El endosatario.

10. Explica qué puede suceder en las siguientes situaciones:

a) El cheque es presentado al cobro cuando ha expirado el plazo de presentación y no hay fondos en la cuenta.

b) El cheque es presentado al cobro en tiempo y forma y el librador ha dado la orden de que no sea pagado.

c) Un cheque se ha endosado por el 50 % de su importe.

d) ¿Qué cantidad prevalece en un cheque que se presenta al cobro con el importe en cifras de 300 € y en el importe en letras de «tres mil euros»?

11. Responde a las siguientes cuestiones referentes al cheque conformado:

a) ¿En qué consiste conformar un cheque?

b) ¿Quién realiza la conformidad del cheque?

c) ¿Para qué se solicita conformar un cheque?

d) ¿Qué efectos tiene conformar un cheque? ¿Tiene plazo de vencimiento para el cobro?

e) ¿Dónde se hace la conformidad, en el anverso o en el reverso del cheque? ¿Qué pone el texto de conformidad?

En el siguiente enlace del Banco de España puedes aclarar algunas cuestiones:

http://www.bde.es/clientebanca/es/areas/Productos_Bancar/Efectivo_y_chequ/Cheques/Que_tipos_de_che

12. Cumplimenta el recibo n.º 345 correspondiente a la siguiente operación:

- Alquiler de una nave industrial.
- La nave la alquiló la empresa Cielo Azul S.L.
- El importe del alquiler son 1.700 €, pagados mediante cheque nominativo del Banco Islas Canarias.
- El propietario es D. Alejandro Caballero Arias.
- La fecha de emisión es el 1 de marzo de 201_.

13. Extiende un cheque para abonar en cuenta con los siguientes datos:

- Por importe de 1.300 €.
- Expedido por D. Julio Arias Pérez.
- El lugar y la fecha de emisión son Málaga, 1 de marzo de 201_.
- El beneficiario es D. Eduardo Gortázar Arias.
- No se podrá endosar.
- Intervino como avalista D.ª Rosa María González Arias, que avaló el 50 % del importe.

Explica las características del mismo.

14. Busca en Internet las ofertas de las tarjetas de crédito y de débito que tienen los bancos para sus clientes. A continuación:

a) Determina qué banco ofrece mejores condiciones, teniendo en cuenta las ventajas e inconvenientes de cada uno.

b) Haz la comparativa con cuatro bancos distintos.

15. Beatriz González va a realizar un año de estudios en Alemania con una beca de Erasmus. Para disponer de fondos y realizar compras en Alemania, necesita una tarjeta de débito que pueda usar en el extranjero y no le cobre muchos gastos y comisiones.

Ayuda a Beatriz a decidir qué opción es mejor para sus necesidades de estudiante. Para ello infórmate en diferentes entidades financieras y aconséjale el banco que le interese más. Justifica la decisión.

16. Relaciona las afirmaciones siguientes con el medio de cobro o de pago correspondiente (tarjeta de débito, tarjeta de crédito o cheque):

a) El librado es el banco.

b) Se carga en cuenta en el momento de realizar el pago.

c) Tiene un límite de crédito concedido.

d) En caso de impago se procede a la acción cambiaria.

e) El límite de la tarjeta es el saldo de la cuenta.

f) En caso de que no coincida, prevalece el importe escrito en letra.

g) Tiene que aparecer la red donde está vinculada.

h) El banco acredita la existencia de fondos.

i) Se cobran intereses por la financiación.

j) Se cobran comisiones con independencia del cajero utilizado.

k) Se necesita la instalación de un datáfono.

l) El plazo de cobro en España son 15 días.

m) Es necesaria la firma del titular.

n) Cada estándar tiene sus medidas de seguridad.

8 UNIDAD

Gestión de cobros y pagos aplazados

En esta unidad

APRENDERÁS A

- Identificar los medios de pago y de cobro habituales en la empresa, así como sus documentos justificativos, diferenciando pago al contado y pago aplazado.
- Calcular la liquidación de efectos comerciales en operaciones de descuento.
- Calcular las comisiones y los gastos de determinados productos y servicios bancarios relacionados con el aplazamiento del pago o el descuento comercial.
- Comparar las formas de financiación comercial más habituales.

ESTUDIARÁS

- El aplazamiento del pago a los proveedores.
- La letra de cambio y el pagaré.
- Las operaciones bancarias con letras de cambio.
- El *factoring* y el *confirming*.

Y SERÁS CAPAZ DE

- Analizar la información disponible para detectar necesidades relacionadas con la gestión empresarial.
- Identificar la normativa vigente, realizar cálculos, seleccionar datos, cumplimentar documentos y reconocer técnicas y procedimientos de negociación con proveedores y de asesoramiento a clientes para realizar la gestión administrativa de los procesos comerciales.

1. Aplazamientos de pagos a los proveedores

En este apartado se estudiarán las disposiciones legales que se deben cumplir para las operaciones de pago aplazado de las empresas en general y del comercio minorista en particular.

1.1. Normativa que regula el pago aplazado

La normativa que regula el aplazamiento de pagos con proveedores como medidas de apoyo al emprendedor, y por la que se establecen medidas de **lucha contra la morosidad** en las operaciones comerciales, dispone lo siguiente:

- **Objeto de la Ley.** Combatir la morosidad en el pago de deudas dinerarias y el abuso, en perjuicio del acreedor, **en la fijación de los plazos de pago** en las operaciones comerciales que den lugar a la entrega de bienes o a la prestación de servicios realizadas entre empresas o entre empresas y la Administración.

- **Aplicación de la Ley.** Es de aplicación a **todos los pagos** efectuados como contraprestación en las operaciones comerciales realizadas **entre empresas** o entre empresas y la Administración.

- **Exentos de aplicación.** Están exentas de aplicación las operaciones en las que intervienen los **consumidores** y los pagos realizados mediante cheques y letras de cambio, ya que tienen su propia legislación.

- **Plazos de pago.** El plazo de pago que debe cumplir el deudor será el que se hubiera pactado entre las partes y, en su defecto, será el siguiente (Tabla 8.1):

> **LEGISLACIÓN**
>
> La normativa aplicable a los pagos aplazados a proveedores es:
>
> - Ley 3/2004, de 29 de diciembre, por la que se establecen medidas de lucha contra la morosidad en las operaciones comerciales.
>
> - Ley 15/2010, de 5 de julio, de modificación de la Ley 3/2004, de 29 de diciembre.
>
> - Ley 11/2013, de 26 de julio, de medidas de apoyo al emprendedor y de estímulo del crecimiento y de la creación de empleo.

Plazo de pago	1. Treinta días naturales después de la fecha de recepción de las mercancías o prestación de servicios, incluso cuando hubiera recibido la factura con anterioridad.
	2. Si en el contrato se ha dispuesto un procedimiento de comprobación de los bienes o los servicios, su duración no podrá exceder de 30 días naturales a contar desde la fecha de recepción de los mismos. En este caso, el plazo será de 30 días después de la fecha de comprobación de los bienes o los servicios.
	3. Estos plazos podrán ser ampliados por acuerdo entre las partes, sin que se pueda acordar un plazo superior a 60 días naturales.
	Podrán agruparse facturas a lo largo de un periodo determinado no superior a 15 días, mediante una factura comprensiva de todas las entregas realizadas en dicho periodo. El plazo de pago no puede ser superior a 60 días, tomando como referencia la mitad del periodo de la factura resumen.

Tabla 8.1. Plazos de pago aplazado.

- **Efectos de la falta de pago en plazo.** La Ley contempla tres posibles **consecuencias** en caso de incumplimiento (Tabla 8.2).

Efectos de la falta de pago en plazo	1. Deberá pagar el interés de demora pactado en el contrato o, en su defecto, el fijado por la Ley, sin necesidad de aviso de vencimiento ni reclamación alguna al deudor. Si se pactó un calendario de pagos y se dejó de pagar alguno de ellos, los intereses se aplicarán sobre las cantidades vencidas y no pagadas.
	2. Cuando el deudor incurra en mora por causa solo a él imputable, el acreedor tendrá derecho a reclamar una indemnización de 40 €.
	3. Cuando así se hubiere pactado, el vendedor puede conservar la propiedad de los bienes vendidos hasta el pago total.

Tabla 8.2. Efectos de la falta de pago en plazo.

- **Interés de demora.** El interés de demora es el interés que hay qe pagar en el caso de incumplimiento de pago en el plazo establecido. Puede suceder que, entre cliente y proveedor se acuerde de antemano el tanto de interés que se aplicará por incumpliendo de pago; en su defecto, el tipo de **interés legal de demora** que el deudor está obligado a pagar será la **suma** entre el tipo de interés establecido por el Banco Central Europeo a sus operaciones principales de financiación (operaciones de crédito o préstamo a corto plazo) **más ocho puntos porcentuales**; por ejemplo, si el BCE establece en 1,5 % simple anual el interés para operaciones de créditos a c/p, el interés de demora resultante será:

$$i_{(demora)} = 1{,}5\ \% + 8\ \% = 9{,}5\ \%\ \text{simple anual}$$

Fig. 8.1. Los aplazamientos de pago para proveedores de productos frescos y perecederos no excederá de 30 días.

1.2. Comercio minorista

En relación con el comercio minorista, la nueva legislación establece lo siguiente:

- A falta de plazo expreso se entenderá el pago antes de 30 días a partir de la fecha de entrega.
- Los aplazamientos para:
  - Los productos frescos y perecederos no excederán de 30 días (Fig. 8.1).
  - Los demás productos de alimentación y gran consumo no excederán de 60 días.
  - Se puede incrementar el plazo, cuando se prevean compensaciones económicas equivalentes al mayor aplazamiento y de las que el proveedor sea beneficiario, sin que puedan exceder, en ningún caso, de 90 días.
- Cuando se acuerden aplazamientos de pago que excedan de los 60 días desde la fecha de entrega y recepción de mercancías, se tiene que cumplir lo siguiente (Tabla 8.3):

Plazo de pago superior a 60 días	1. Debe quedar instrumentalizado en un documento que lleve aparejada acción cambiaria (letra de cambio o pagaré).
	2. Si el aplazamiento es superior a 90 días, el documento cambiario será endosable y a la orden.
	3. En pagos superiores a 120 días, el vendedor podrá exigir una garantía mediante aval bancario o seguro de crédito o caución.

Tabla 8.3. Aplazamiento de pago superior a 60 días para minoristas.

- En caso de **demora en el pago**, los intereses se devengarán de forma automática a partir del día siguiente al señalado para el pago. Si los intereses no están pactados se aplicarán los previstos en el artículo 7 de la Ley 3/2004, de 29 de diciembre. En caso de intereses pactados, estos no podrán ser inferiores al interés legal, incrementado en un 50 %.

CASO PRÁCTICO 1. Intereses de demora

La empresa CAMPA S.L. tiene los siguientes deudores, cuyos pagos han superado el límite legal establecido en el tiempo que se detalla. El Banco Central Europeo ha establecido un interés para este tipo de operaciones del 4 % simple anual. Aparte, se cargará a cada deudor la indemnización correspondiente. ¿A cuánto asciende la deuda de cada uno después de sumarle los intereses y los gastos de indemnización? El año es natural.

Deudor A	20.000 €	40 días
Deudor B	12.000 €	60 días
Deudor C	30.000 €	15 días

Solución:

El interés de demora es: 4 % + 8 % = 12 % simple anual.

Los gastos de indemnización por mora son: 40 € a cada uno.

Se usará la fórmula del montante en capitalización simple para el cálculo de intereses:

Deudor A: $C_n = 20.000 \cdot (1 + 40 \cdot 0,12/365) = 20.263,01$

Deuda total A = 20.263,01 + 40 = **20.303,01 €**

Deudor B: $C_n = 12.000 \cdot (1 + 60 \cdot 0,12/365) = 12.236,71$

Deuda total B = 12.236,71 + 40 = **12.276,71 €**

Deudor C: $C_n = 30.000 \cdot (1 + 15 \cdot 0,12/365) = 30.147,95$

Deuda total C = 30.147,95 + 40 = **30.187,95 €**

ABC VOCABULARIO

Seguro de crédito. Garantiza al asegurado el pago de los créditos que tenga a su favor cuando se produzca una insolvencia de sus deudores, teniendo en cuenta los límites e importes que se pacten en la póliza.

Seguro de caución. En caso de incumplimiento por parte del tomador del seguro (deudor), el asegurador está obligado a indemnizar al asegurado (acreedor) los daños patrimoniales sufridos dentro de los límites previstos. Se suele usar para contrato con las Administraciones Públicas.

1.3. Pagos aplazados. Datos de la memoria normal y abreviada

En relación con los pagos aplazados a los proveedores, la resolución de 29 de diciembre de 2010 del Instituto de Contabilidad y Auditoría de Cuentas (ICAC) establece lo siguiente:

Las empresas deberán incluir en la **Memoria de las Cuentas Anuales** modelo normal, una nota que contendrá la siguiente información (Tabla 8.4).

Datos a incluir en la memoria modelo normal	1. Importe total de pagos aplazados a los proveedores en el ejercicio económico, distinguiendo los que hayan excedido los límites legales de aplazamiento. 2. Plazo medio ponderado excedido (PMPE) de pagos. Es el importe resultante del cociente, formado en el numerador por el sumatorio del producto de cada pago a proveedor aplazado que supere el plazo legal por el número de días excedido del respectivo plazo, y en el denominador por el importe total de pagos aplazados que superen el plazo legal de pago. 3. Importe del saldo pendiente de pago a proveedores que al cierre del ejercicio económico acumule un aplazamiento superior al plazo legal de pago.

Tabla 8.4. Datos a incluir por la empresa en la memoria modelo normal sobre pagos aplazados a proveedores.

Si se presenta el **modelo abreviado de memoria** no se tendrá que recoger el plazo medio ponderado excedido de pagos (PMPE).

CASO PRÁCTICO 2. Datos de la memoria abreviada

La empresa CAMPA S.L., al elaborar la memoria de año 20X5, cuenta con la siguiente información:

- **Año 20X4.** El importe de los aplazamientos de pagos a proveedores que a 31/12/20X4 sobrepasan el máximo legal es de 21.000 €. El total de pagos en el ejercicio 20X4 es de 425.000 €, de los cuales 125.000 € se efectuaron superando el máximo legal.
- **Año 20X5.** El importe de los aplazamientos de pagos a proveedores que a 31/12/20X5 sobrepasan el máximo legal es de 32.000 €. El total de pagos en el ejercicio 20X5 es de 670.000 €, de los cuales 160.000 € se efectuaron superando el máximo legal.

Elabora la información que debe contener la memoria abreviada con respecto a los pagos aplazados.

Solución:

	Pagos realizados y pendientes en el ejercicio			
	20X5		20X4	
	Importe	%	Importe	%
Dentro del plazo máximo legal	510.000	76,1	300.000	70,6
Superan el máximo legal	160.000	23,9	125.000	29,4
Total pagos del ejercicio	670.000	100	425.000	100
Aplazamiento que al cierre sobrepasa el máximo legal	32.000		21.000	

ACTIVIDADES

1. De los siguientes supuestos, establece cuáles cumplen con los plazos establecidos por la Ley y cuáles no. En los casos que no se cumplan, calcula los intereses y los gastos aplicables teniendo en cuenta que el interés que establece el BCE es del 3,5 % simple anual y que las facturas pendientes de cobro a 30 de octubre 201_ son las siguientes:

   - 25 de agosto de 201_. Venta de mercancías no perecederas por importe de 4.000 €, fecha de entrega 27 de agosto de 201_, hay un acuerdo con el cliente de comprobación de la mercancía antes del pago.
   - 12 de septiembre de 201_. Venta de mercancías no perecederas por importe de 3.000 €, fecha de entrega 15 de septiembre de 201_.
   - 19 de septiembre de 201_. Venta de frutas y hortalizas por importe de 1.500 €, fecha de entrega 24 de septiembre de 201_.

2. La letra de cambio y el pagaré

Las operaciones de pago aplazado se instrumentalizan o tienen su soporte en documentos regulados por la Ley 19/1985, de 16 de julio, Cambiaria y del Cheque (LCCH), como son la letra de cambio y el pagaré.

Ambos constituyen una forma habitual de pago aplazado en las operaciones comerciales y, a la vez, una fuente de financiación a corto plazo tanto para los compradores (con el retraso del pago de las compras realizadas) como para los vendedores (ya que puede adelantar el cobro mediante el descuento bancario).

2.1. La letra de cambio

1. Denominación de «letra de cambio» insertada en el título.
   - 1.1 Mandato de pago puro y simple.
   - 1.2 Cantidad que debe figurar en cifras.
   - 1.3 Cantidad en letras.
2. Nombre de la persona que ha de pagar, denominada *librado*.
3. Vencimiento de la letra.
4. Lugar donde ha de efectuarse el pago (normalmente un banco).
5. Nombre de la persona a la que ha de hacerse el pago, normalmente es el *librador*.
6. Lugar de libramiento: día, mes y año en que se extiende la letra.
7. Fecha de libramiento: día, mes y año en que se extiende la letra.
8. Firma, nombre y domicilio del que emite la letra, denominado *librador*.
9. Moneda en la que se extiende el título: euros, dólares, etc.
10. Aceptación por parte del librado.
11. **Aval.** Los datos que deben figurar son:
    - Persona a la que avala, será el librado o aceptante de la letra.
    - Nombre, domicilio y firma del avalista: persona que garantiza el pago.
    - Fecha en que se produce el aval.
12. **Endoso.** Transmisión del derecho de cobro de la letra a un tercero. Los datos que deben figurar son:
    - Nombre, domicilio y firma del endosante.
    - Nombre y domicilio del endosatario.
    - Fecha en la que se produce el endoso.

> La letra de cambio es un título valor mediante el cual una persona, denominada **librador**, ordena a otra, denominada **librado**, que pague cierta cantidad de dinero, al vencimiento del título, a una tercera persona, llamada **tomador** o tenedor.

A. Legislación y requisitos formales

El artículo 1 de la LCCH establece que la letra de cambio debe contener, en su **anverso** (Fig. 8.2), los siguientes conceptos:

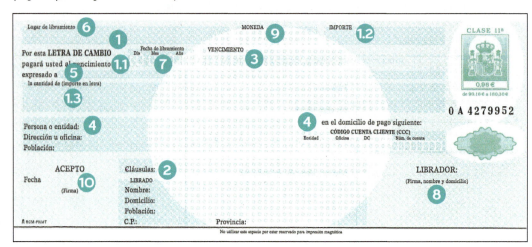

Fig. 8.2. Anverso de la letra de cambio.

Los artículos 16 y 36 del la LCCH determinan los **elementos personales** que puede contener una letra de cambio y que figurarán en el **reverso** (Fig. 8.3) o en un suplemento.

Fig. 8.3. Reverso de la letra de cambio.

B. Elementos personales de una letra de cambio

En una letra de cambio intervienen en principio tres personas:

- **Librador.** Persona que libra o emite la letra de cambio (acreedor), dando la orden de pago a otra persona (deudor).
- **Librado.** Es el que está llamado a pagar y se convierte en obligado a pagar, cuando acepta, el día del vencimiento.
- **Tomador.** Es el primer acreedor de la letra, es decir, la persona que tiene el derecho de cobro de la letra. El tomador es el primer acreedor y a los siguientes se les llama **tenedor**.

Posteriormente, a su puesta en circulación, pueden incluirse:

- **Endosante.** Es el tomador o tenedor de la letra y que transmite su derecho de cobro.
- **Endosatario.** Es la persona a la que se ha trasmitido el derecho de cobro y se convierte en tenedor de la misma.
- **Avalista.** Es la persona que garantiza todo o parte del pago, y se obliga a pagar en defecto de la persona que debe pagar (avalado). Figura en el reverso de la letra de cambio.

C. La aceptación

> Es la declaración del **librado** (deudor) por la que **asume la obligación de pagar** cuando llegue su vencimiento.

Con esta declaración el **librado** se convierte en **aceptante**, es decir, en el obligado principal y directo. Si **el librado no acepta** la letra, el tenedor de la letra podrá dirigirse **contra** el **librador** para reclamar su pago. Así, la aceptación:

- Debe realizarse por el librado mediante la **firma** de la letra de cambio.
- Puede ser **total** o **parcial** respecto a la cantidad consignada en la letra de cambio.
- La aceptación será **pura y simple,** y no puede estar sujeta a ninguna condición.

D. El vencimiento

Teniendo en cuenta el vencimiento, la letra de cambio puede emitirse (Tabla 8.5):

A fecha fija	El día del vencimiento será el que conste en la letra de cambio.
A un plazo desde la fecha	El vencimiento tendrá lugar transcurrido un determinado plazo contado desde la fecha que se indica en la letra y en su cómputo no se excluyen los días inhábiles (domingos y festivos). Si el plazo se establece por meses, estos se computarán de fecha a fecha.
A la vista	La letra será pagadera en el momento de su presentación al cobro.
A un plazo desde la vista	La letra será pagadera cuando transcurra el plazo establecido desde el momento que se acepta o desde el levantamiento del protesto.

Tabla 8.5. Vencimiento de la letra de cambio.

¿SABÍAS QUE...?

La letra de cambio nace en el siglo XII como un documento mercantil de crédito que intenta solucionar los peligros y dificultades que entraña el transporte físico de dinero de un lugar a otro.

ACTIVIDADES

2. La empresa El Corte Andaluz presenta una factura al cobro a la empresa Cremalleras del Sur S.L. Junto con la factura presenta un efecto con vencimiento a 60 días y domicilio de pago en el Banco de Fuerteventura. Para garantizar el pago, la empresa Cremalleras del Sur presenta como garante a D. Félix García. La letra es aceptada en la presentación.

   a) Diferencia los elementos personales que intervienen en la letra de cambio.

   b) Posteriormente se produce un endoso a favor de la empresa Canarias Jeans. ¿Quién es el endosante? ¿Y el endosatario? Razona la respuesta.

CASO PRÁCTICO 3. Financiación a corto plazo

La empresa CAMPA S.L. necesita financiación para unos pagos que tiene en pocos días. A su vez, tiene efectos en cartera pendientes de cobro. ¿Qué tipo de operación es la más adecuada para solucionar ese problema puntual de tesorería, llevar los efectos a gestión de cobro o llevarlos al descuento? Razona la respuesta.

Solución:

Llevar los efectos al descuento. Con esta operación el banco le anticipa el importe de los efectos que tiene en cartera, por lo que podrá hacer frente a la deuda, cobrando el banco unos intereses por adelantarnos el importe de los efectos y unas comisiones por la gestión.

E. Otros elementos

En la Figura 8.4 se recogen otros elementos que intervienen en la letra de cambio.

El endoso

El endoso es el acto por el cual el tenedor o tomador de la letra de cambio cede todos los derechos de cobro de la misma a un tercero. Entre otras disposiciones legales que regulan el endoso, están:

- La letra de cambio será transmisible mediante el endoso.
- Cuando el librador haya escrito en la letra de cambio las palabras «no a la orden», no se puede transmitir.
- El endoso deberá ser total, puro y simple.
- El endoso se tiene que realizar por el importe total del efecto. El endoso parcial será nulo.
- El endosante garantiza la aceptación y el pago frente a los tenedores posteriores.
- El endoso deberá escribirse en el reverso de la letra de cambio o en un suplemento y será firmado por el endosante.

El aval

El aval es el acto por el cual se garantiza, frente a terceros, el pago de la letra a su vencimiento en caso de incumplimiento del avalado. Entre otras disposiciones legales que regulan el aval, están:

- El pago de una letra podrá garantizarse mediante aval, ya sea por la totalidad o por parte de su importe.
- El aval se pondrá normalmente en el reverso en la letra o en su suplemento. Se expresará mediante las palabras «por aval», e irá firmado por el avalista.
- El aval deberá indicar a quién se avala. A falta de esta indicación, se entenderá avalado el aceptante, y en defecto de este, el librador.
- El avalista responde de igual manera que el avalado.
- Si el avalista pagara la letra de cambio por incumplimiento del avalado, adquirirá los derechos de la letra y podrá ir contra la persona avalada.

Acciones por falta de pago

La acción cambiaria o acción de regreso es el proceso que se origina como consecuencia de impago de la letra de cambio o la no aceptación de la misma. Las disposiciones legales que recoge la Ley Cambiaria y del Cheque son variadas dependiendo de cada situación que se pueda presentar; entre las más comunes están:

- La acción cambiaria puede ser directa contra el aceptante o sus avalistas, o de regreso contra cualquier otro obligado.
- Llegado el vencimiento y en el caso de que la letra resulte impagada, el tenedor, aunque sea el propio librador, podrá ir contra:

  a) El aceptante y su avalista para reclamar sin necesidad de protesto, tanto en la vía ordinaria como a través del proceso especial cambiario.

  b) Los endosantes, el librador y las demás personas obligadas. La falta de aceptación o de pago deberá hacerse constar mediante protesto.

El protesto

Para iniciar las acciones cambiarias que surgen como consecuencia del protesto de la letra por falta de aceptación o de pago, tiene que constar en la propia letra «una declaración firmada y fechada por el librado en la que se deniegue la aceptación o el pago, así como la declaración, del domiciliario (entidad financiera donde se domicilia el pago) o, en su caso, de la Cámara de Compensación».

El protesto por falta de pago de una letra de cambio pagadera a fecha fija o a cierto plazo desde su fecha o desde la vista deberá hacerse en uno de los ocho días hábiles siguientes al del vencimiento de la letra de cambio. La declaración de quedar protestada la letra se hará por el notario. En los dos días hábiles siguientes, el notario notificará el protesto al librado. El tenedor podrá reclamar a la persona contra quien ejercite su acción:

1. El importe de la letra de cambio no aceptada o no pagada, con los intereses en ella indicados conforme al artículo 6 de la LCCH.
2. Los intereses de la cantidad anterior devengados desde la fecha de vencimiento de la letra calculados al tipo de interés legal del dinero incrementado en dos puntos.
3. Los demás gastos, incluidos los del protesto y los de las comunicaciones.

Fig. 8.4. Otros elementos de la letra de cambio.

ACTIVIDADES

3. El 1 de julio de 201_ la empresa Formato S.L. compró a la empresa Sofware S.L. mercancías por importe de 3.000 €. El pago de la factura se realizó con una letra con vencimiento 15 de agosto de 201_. La empresa Formato tiene su cuenta en el Banco de Fuerteventura, sucursal n.º 5. Cumplimenta el pagaré y haz una relación de los elementos personales que intervienen.

2.2. El pagaré

> Un pagaré es un título o documento de crédito mediante el cual una persona (librado o firmante) se compromete a pagar a otra (beneficiario o tenedor) una determinada cantidad de dinero en una fecha acordada previamente.

Es un título valor muy similar a la letra de cambio, la diferencia radica en que quien emite el pagaré es el propio deudor, no el acreedor como sucede con la letra de cambio.

A. Legislación y requisitos formales

El artículo 94 de la Ley Cambiaria y del Cheque establece que el pagaré deberá contener los siguientes elementos formales (Fig. 8.5):

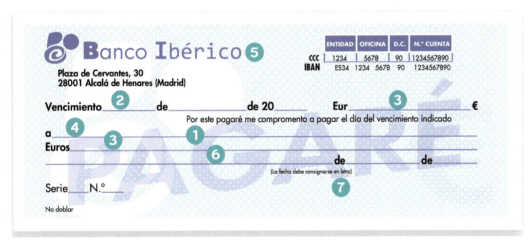

Fig. 8.5. Modelo de pagaré.

1. Denominación de «pagaré» inserta en el texto mismo del título y expresada en el idioma empleado para la redacción de dicho título.
2. Indicación del vencimiento.
3. Promesa pura y simple de pagar una cantidad determinada en euros o moneda extranjera convertible admitida a cotización oficial, en cifra y en letra.
4. Nombre de la persona a quien haya de hacerse el pago o a cuya orden se haya de efectuar.
5. Lugar en que el pago haya de efectuarse.
6. Fecha y lugar en que se emite el pagaré.
7. Firma del que emite el título, denominado *firmante*.

B. Elementos personales del pagaré

En el pagaré intervienen:

- **Librado.** Es quien se compromete a pagar la suma de dinero, a la vista o en una fecha futura fija o determinable. La persona del librado coincide con la del librador, que es aquel que emite el pagaré.
- **Beneficiario o tenedor.** Es aquel a cuya orden debe hacerse el pago de la suma de dinero estipulada en el pagaré, si este ha sido transmitido o endosado por el librador.
- **Avalista.** Es la persona que garantiza el pago del pagaré a favor del librado.

Las disposiciones de la letra de cambio aplicables al pagaré son (Fig. 8.6):

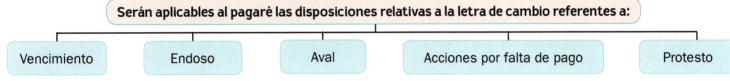

Fig. 8.6. Disposiciones de la letra de cambio aplicables al pagaré.

CASO PRÁCTICO 4. El pagaré

El 1 de julio de 201_ la empresa CAMPA S.L. presenta una factura a la empresa Lanzarote S.L. por importe de 12.350 €. La empresa Lanzarote paga la factura con un documento contra su cuenta corriente a favor de CAMPA con fecha de vencimiento 16 de julio. ¿Qué tipo de documento emitirá Lanzarote S.L. para realizar el pago? Relaciona los elementos personales.

Solución:

- Lanzarote S.L. emitirá el 1 de julio un pagaré con vencimiento 16 de julio a favor de CAMPA y por importe de 12.350 €.
- Los elementos personales que intervienen son: como firmante Lanzarote S.L. y como beneficiario CAMPA S.L.

3. Operaciones bancarias con letras de cambio

Los títulos valores que hemos visto hasta el momento, la letra de cambio y el pagaré, además de constituir una forma de pago aplazado es también, junto con el descuento bancario, un medio de financiación a corto plazo para las empresas.

Una vez formalizado el cobro de una operación comercial mediante letras de cambio, el acreedor (tomador o tenedor) puede optar por: esperar al vencimiento para el cobro, presentarlas en el banco para una operación de gestión de cobro o presentarlas en el banco para una operación de descuento bancario.

A partir de ahora nos referiremos a las letras de cambio como **efectos comerciales**, y al importe del efecto como **valor nominal**. Los **efectos comerciales a cobrar** son efectos no vencidos y con derecho al cobro que la empresa **tiene en cartera** (es decir, que están en su poder).

3.1. Gestión de cobro de efectos

> En este caso la empresa cede el derecho de cobro de los efectos mediante el endoso a la entidad financiera que actúa como intermediaria, ya que no anticipa el importe del efecto sino que espera a la fecha de vencimiento para el cobro de los mismos.

Una vez **llegado el vencimiento** el banco abonará, en la cuenta corriente del cliente, el importe del valor nominal del efecto, descontando la comisión y otros gastos aplicados por la entidad financiera por los servicios prestados. Si no llegara a efectuarse el cobro, solo cargaría las **comisiones de devolución**, debiendo reflejar la empresa a partir de ahí el efecto como impagado.

Los **gastos de gestión de cobro** más habituales son:

- Los **gastos fijos de gestión** establecidos por cada entidad.
- Las **comisiones**, que se calculan aplicando un tanto por ciento sobre el valor nominal de los efectos, con un mínimo establecido por la entidad, y se aplican en función de las características de los efectos comerciales presentados, que pueden ser (Tabla 8.6):

Características de los efectos a cobrar	
Efectos domiciliados y aceptados: figuran el IBAN y la firma de aceptación del librado.
Efectos domiciliados sin aceptar: figura el IBAN o lugar de cobro, pero no está aceptado por el librado.
Efectos no domiciliados: **no figura** el IBAN del librado o lugar donde deberá ser adeudado el importe del efecto.

Tabla 8.6. Características de los efectos a cobrar presentados a gestión de cobro para el cálculo de las comisiones.

ACTIVIDADES

4. Cada entidad financiera tiene establecidas comisiones para situaciones concretas en la gestión de cobro. Busca en Internet dos entidades financieras y analiza las comisiones que aplica cada una de ellas a dichas operaciones. Extráelas en tu cuaderno y:

a) Compáralas para determinar cuál es la entidad que cobra menos por la gestión de cobro.

b) Describe tres tipos de comisiones, distintas de las generales, que aplican las dos entidades financieras para situaciones especiales.

CASO PRÁCTICO 5. Gestión de cobro de efectos

La empresa CAMPA S.L. lleva al banco los efectos que se indican para su gestión de cobro. El banco aplica las comisiones de la tabla, y cobra por gastos de correo 2 € por efecto. Llegado el vencimiento, el efecto de 6.000 € es devuelto. Calcula el importe total de las comisiones y gastos fijos que cobra el banco por la gestión de cobro.

- A: efecto domiciliado y aceptado, 3.000 €.
- B: efecto domiciliado sin aceptar, 1.200 €.
- C: efecto no domiciliado, 5.000 €.
- D: efecto domiciliado sin aceptar, 6.000 €.

Especificación	Comisión			
	Por presentación		Por devolución	
	% sobre nominal	Mínimo EUR	% sobre nominal	Mínimo EUR
1. Tarifa general				
• Efectos domiciliados aceptados	0,75	15	6	20
• Efectos domiciliados no aceptados	1,0	15	6	20
• Efectos no domiciliados	1,50	15	6	20

Solución:

Efecto A = 3.000 · 0,75/100 = **22,5 €**

Efecto B = 1.200 · 1/100 = 12 € (se le aplicará el mínimo, que es **15 €**).

Efecto C = 5.000 · 1,5/100 = **75 €**

Efecto D (devuelto) = 6.000 · 6/100 = **360 €**

Total comisiones y gastos fijos = 22,5 + 15 + 75 + 360 + (4 · 2) = = **480,5 €** es lo que cobra el banco por la gestión de cobro.

3.2. Descuento bancario de efectos

> Consiste en la presentación en el banco de unos títulos de crédito, ya sean letras de cambio o pagarés, para su descuento. A través del descuento bancario, la entidad financiera anticipa al cliente el importe de los títulos que aún no han vencido, exigiendo un interés por el anticipo de esos importes.

ACTIVIDADES

5. Con la información del Caso práctico 6, calcula el valor líquido de la negociación de los efectos que la empresa CAMPA S.L. presentó al descuento.

Es la operación más usada por las empresas para obtener liquidez y financiación a corto plazo. Normalmente los efectos no se descuentan individualmente, sino que se presentan al banco **varios títulos** para descontarlos conjuntamente y en las mismas condiciones. En el descuento bancario hay que destacar dos documentos de uso:

- **Remesa de efectos.** Es el documento donde se relacionan todos los efectos a descontar y se detallan los datos de cada efecto.
- **Factura de negociación.** Es el documento donde el banco realiza la liquidación de la operación de descuento.

Dado que la **negociación de efectos** es una operación de riesgo para las entidades financieras, es obligada la firma de una póliza de riesgo entre el banco y la empresa donde se detallan las condiciones de la **línea de descuento** (Tabla 8.7).

Límite máximo de descuento	Importe máximo nominal acumulado de efectos comerciales descontados pendientes de vencimiento que pueden estar en la entidad en cada fecha.
Tiempo máximo de anticipo	Tiempo máximo autorizado para el descuento. Por tanto, los días que median entre la fecha de descuento y el vencimiento no pueden superar el tiempo establecido.
Gastos financieros	Son los intereses y comisiones que aplica el banco. Su cálculo está en función de: • El importe de los efectos. • Los días de descuento. • La aceptación y domiciliación de los efectos.
Días mínimos de descuento	Normalmente el banco establece un número mínimo de días hasta el vencimiento. En caso de que sean menos, cobrará intereses por el mínimo establecido.

Tabla 8.7. Condiciones de la póliza de descuento.

CASO PRÁCTICO 6. Descuento de efectos comerciales a cobrar

La empresa CAMPA S.L. lleva al banco para su descuento la siguiente remesa de efectos. En el momento del descuento la empresa tenía en la entidad financiera efectos descontados no vencidos por importe de 31.000 €. Teniendo en cuenta las condiciones de la línea de descuento que tiene con el banco, ¿puede descontar la empresa todos los efectos? Razona la respuesta.

	Remesa de efectos			Condiciones de la línea de descuento	
A	Domiciliado sin aceptar	8.500 €	45 días	**Límite máximo**	60.000 €
B	Domiciliado y aceptado	12.700 €	70 días	**Tiempo máximo de anticipo**	90 días
C	Domiciliado y aceptado	6.650 €	100 días	**Interés simple anual**	5 % hasta 60 días, 5,5 % hasta 90 días
D	No domiciliado	5.400 €	10 días	**Comisiones**	Las del Caso práctico 5

Solución:

Si sumamos el nominal de todos los efectos nos da un total de 33.250 €; si lo sumamos a lo descontado en el banco en ese momento nos da un total de 64.250 €, por lo que se supera el límite máximo establecido en las condiciones.

Por otro lado, el vencimiento de la letra C es superior al tiempo máximo de anticipo.

4. El *factoring* y el *confirming*

El *factoring* y el *confirming* son servicios que ofrecen las entidades financieras a sus clientes (empresas) para la gestión de cobros y pagos aplazados.

IMPORTANTE

Los servicios de *factoring* y *confirming* soportan unos costes y las empresas tendrán que valorar la rentabilidad de los mismos. Con estos servicios las empresas obtienen financiación a corto plazo.

4.1. El *factoring*

El *factoring* o **anticipo de facturas** consiste en ceder un crédito comercial a corto plazo reflejado en una factura comercial a una entidad especializada (factor), que adelanta el importe de la factura al cedente para, posteriormente, ocuparse de cobrar el dinero estipulado al deudor en la fecha acordada.

Con el *factoring*, la empresa (cedente) convierte las facturas emitidas a plazo a los clientes en dinero en efectivo de forma inmediata, sin necesidad de esperar a la fecha de cobro. Véanse los dos **tipos de *factoring*** en la Tabla 8.8 y los **gastos de gestión** más frecuentes en la Tabla 8.9.

Factoring sin recurso	• Lleva aparejada la garantía contra impagos, es decir, es el factor (entidad financiera) el que asume la insolvencia del deudor y no la empresa. La entidad financiera solicitará ciertas garantías de que no hay riesgo de insolvencia. • Es un sistema de financiación del circulante cada vez más usado por las grandes empresas. • Los costes de gestión del servicio pueden suponer un ahorro a la empresa al no tener que realizar esa labor de gestión.
Factoring con recurso	• La empresa es la que asume el riesgo de insolvencia. • Es el sistema más usado por las pymes. • Tiene aparejados costes de gestión que hay que valorar.

Tabla 8.8. Tipos de factoring.

Intereses	Tanto de interés aplicado al capital anticipado durante el plazo de cesión. Tipo de interés habitual para una operación de préstamo a corto plazo.
Comisiones	Comisión de cesión sobre el nominal de los créditos.
	Comisión sobre el límite máximo de financiación.
	Comisión por solicitud de estudio.
Gastos de gestión	Por la devolución de documentos o efectos. Tanto por ciento sobre el importe del documento devuelto.

Tabla 8.9. Gastos de gestión del servicio de factoring.

CASO PRÁCTICO 7. Gastos de gestión del *factoring*

La empresa BETA S.L. envía el 1 de marzo de 201_ a la empresa de *factoring* cinco facturas de sus clientes por un total de 15.700 € con vencimiento a 60 días. El 2 de marzo la empresa factor ingresa en la cuenta corriente de la empresa el 80 % del valor de las facturas. El 30 de abril la empresa de *factoring* efectúa el cobro de las facturas recuperando el 100 % de estas. El 5 de mayo el factor procede a efectuar la liquidación de la operación y abonar en la cuenta corriente de la empresa la liquidación de la operación.

Teniendo en cuenta las condiciones de la empresa factor para la operación (intereses: 7 % simple anual, año comercial; comisión de cesión: 0,75 % sobre el total de las facturas, mínimo 6 €), calcula:

a) El total de gastos que la entidad financiera cobra por la operación.

b) El importe que ingresa la empresa factor en la cuenta del cliente los días 2 de marzo y 5 de mayo.

Solución:

a) Capitalización simple, cálculo del interés total: I = 15.700 · 60 · · 0,07/360 = 183,17 €. Comisión: 0,75 % s/15.700 = 117,75 €.

Total gastos de gestión: 183,17 + 117,75 = 300,92 €.

b) Ingreso 2 de marzo: 80 % s/15.700 = 12.560 €.

Ingreso 5 de mayo: Liquidación (20 % s/15.700) − Gastos = = 3.140 − 300,92 = 2.839,08 €.

4.2. El *confirming*

> El *confirming* es un servicio de pago a proveedores por el cual la entidad financiera se encarga de gestionar y pagar las facturas de los proveedores emitidas por la compra de bienes o prestaciones de servicio, permitiendo al proveedor el cobro anticipado.

La entidad financiera gestiona el pago a los proveedores de la empresa y les propone voluntariamente cobrar las facturas al cliente de forma inmediata, sin tener que esperar al plazo estipulado de cobro.

Los elementos del *confirming* pueden verse en la Figura 8.7. El **funcionamiento del confirming** es el siguiente:

1. La empresa (cliente) pacta con el proveedor el pago de la factura en una fecha determinada pero, por otro lado, el proveedor necesita adelantar el cobro.
2. La empresa (cliente) solicita a la entidad financiera realizar sus pagos mediante *confirming*, cediendo al banco las facturas para que gestione el pago a sus proveedores.
3. La entidad financiera ofrece a los proveedores el **cobro anticipado** de sus facturas a un **tipo de interés** establecido.
4. La empresa emisora **no tendrá coste alguno** por el pago a sus proveedores a través del *confirming*.

Las **ventajas del *confirming*** tanto para la empresa como para los proveedores son (Fig. 8.8):

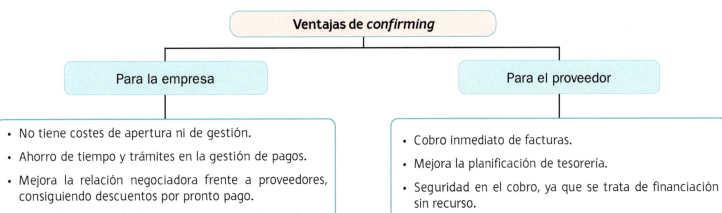

Fig. 8.7. Elementos del confirming.

Fig. 8.8. Ventajas del confirming.

CASO PRÁCTICO 8. Gastos de gestión del *confirming*

La empresa CAMPA S.L. compra a la empresa BETA S.L. mercancías por valor de 5.700 € y acuerdan un aplazamiento de pago de 30 días. CAMPA dispone además de 30 días para validar la factura, por lo que el plazo total para el pago es de 60 días. CAMPA cede la factura a la entidad financiera donde tiene contratado el servicio de *confirming*. La entidad financiera le propone a BETA el pago anticipado de la factura, y el interés aplicado para el anticipo será del 5,5 % simple anual.

Calcula el coste del anticipo de cobro de la factura (año comercial). ¿Qué empresa tiene que asumir el coste del anticipo?

Solución:

Interés total en capitalización simple: I = 5.700 · 60 · 0,055/360 = **52,25 €** son los intereses que cobra la entidad.

La empresa que tiene que asumir el coste de los intereses es BETA S.L.

ACTIVIDADES

6. La empresa MDA compró:
   - Pantalones a la empresa XXL por un importe de 6.000 € a pagar en tres meses.
   - Camisas a la empresa XXS por un importe de 15.000 € a pagar en dos meses.

   a) Calcula el coste del anticipo de cada factura sabiendo que la empresa de *confirming* cobra un interés del 6 % simple anual.

   b) ¿Quién asume los costes de la operación de *confirming*?

SÍNTESIS

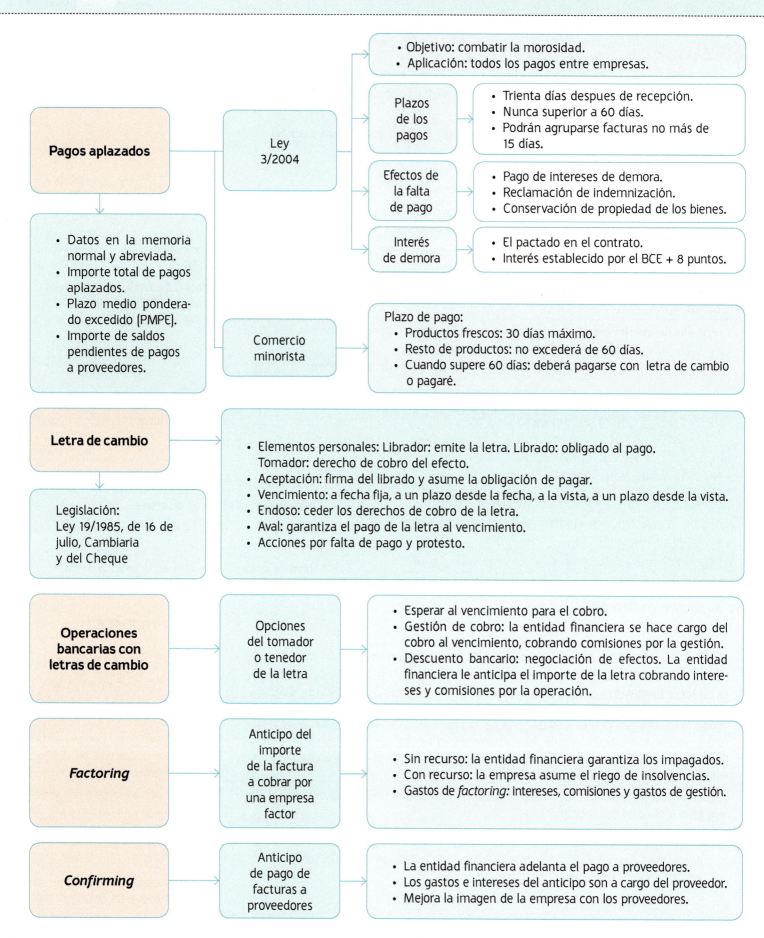

TEST DE REPASO

1. La ley de medidas de apoyo al emprendedor está exenta para los pagos aplazados:
- a) Más de 60 días.
- b) Realizados con letras de cambio.
- c) Entre empresas.
- d) Entre la empresa y la Administración.

2. El plazo de pago cuando hay un acuerdo de comprobación de la mercancía es (días naturales):
- a) 30 días después de la fecha de recepción de factura.
- b) 70 días después de la fecha de recepción de factura.
- c) 30 días después de la fecha de comprobación.
- d) 70 días después de la fecha de comprobación.

3. Los efectos de la falta de pago en plazo son:
- a) Interés de demora pactado.
- b) Reclamación de una indemnización.
- c) El vendedor conserva la propiedad de los bienes vendidos.
- d) Todas las respuestas anteriores son ciertas.

4. En los pagos aplazados a minoristas superiores a 120 días, el vendedor podrá exigir:
- a) Una garantía de aval bancario o un seguro de crédito o caución.
- b) El pago inmediato de la deuda.
- c) Que se realice el pago con una letra de cambio.
- d) Que se realice el pago con una letra de cambio endosable y a la orden.

5. En la memoria de cuentas anuales abreviada, no se tendrá que recoger:
- a) El importe total de pagos aplazados.
- b) El plazo medio ponderado excedido.
- c) El importe del saldo pendiente a proveedores.
- d) Ninguna de las respuestas anteriores.

6. En la letra de cambio, el librado es:
- a) El primer acreedor de la letra.
- b) La persona que libra o emite la letra de cambio.
- c) El que está llamado a pagar el día del vencimiento.
- d) El tomador de la letra que transmite su derecho de cobro.

7. Cuando el tenedor de una letra de cambio tiene que comunicar la falta de aceptación o de pago a su endosante y al librador dentro del plazo de ocho días se trata de:
- a) Un endoso.
- b) Un aval.
- c) Una aceptación.
- d) Un protesto.

8. En la gestión de cobros, la empresa cede los derechos de cobro a una entidad financiera. Esta abona en la cuenta del cliente:
- a) En el momento de la entrega de los efectos, el valor nominal menos las comisiones.
- b) En el momento de la entrega de los efectos, el valor nominal menos los intereses y las comisiones.
- c) Al vencimiento de los efectos, el valor nominal menos las comisiones.
- d) Al vencimiento de los efectos, el valor nominal menos los intereses y las comisiones.

9. En la negocociación de efectos, el contrato de riesgo que firma la empresa con la entidad financiera tiene, entre otras, la siguiente condición:
- a) Límite mínimo de descuento.
- b) Tiempo mínimo de anticipo.
- c) Días máximos de descuento.
- d) Gastos financieros.

10. El *factoring* consiste en:
- a) Ceder un crédito comercial a corto plazo reflejado en una factura comercial.
- b) Pagar las facturas de los proveedores emitidas.
- c) Pactar con el proveedor el pago en una fecha determinada.
- d) Ofrecer a los proveedores el cobro anticipado.

11. Cuando se dice que el factor asume la insolvencia del deudor, se trata de:
- a) *Confirming*.
- b) *Factoring* con recurso.
- c) *Factoring* sin recurso.
- d) Descuento bancario.

12. En el *confirming*, los gastos por el anticipo de pagos son a cuenta de:
- a) El cliente.
- b) El proveedor.
- c) La entidad financiera.
- d) Todas las respuestas anteriores son correctas.

13. ¿Cuál de las siguientes operaciones está relacionada con el concepto «línea de descuento»?
- a) La gestión de cobro de efectos.
- b) La negociación de efectos.
- c) El *factoring* sin recurso.
- d) El *confirming*.

COMPRUEBA TU APRENDIZAJE

Identificar los medios de pago y cobro habituales en la empresa, así como sus documentos justificativos, diferenciando pago al contado y pago aplazado.

1. De los siguientes plazos de pago, señala cuáles se acogen a la legislación vigente y cuáles no en el supuesto de que las mercancías se compren hoy y los pagos se realicen del siguiente modo:

    a) Pago en 45 días sin acuerdo de ampliación de plazo.

    b) Pago en 45 días con contrato de comprobación de bienes.

    c) Pago en 70 días con acuerdo de ampliación de plazos.

    d) Pago en 60 días con acuerdo de ampliación de plazos.

    e) Pago en 45 días con factura comprensiva mensual.

    f) Pago en 45 días con factura comprensiva semanal.

    g) Pago en 50 días factura de productos perecederos.

    h) Pago en 90 días productos no perecederos con acuerdo del proveedor.

    i) Pago en 90 días productos no perecederos con la aceptación de una letra de cambio y de acuerdo con el proveedor.

    j) Pago en 120 días con un efecto endosable a la orden y de acuerdo con el proveedor.

    k) Pago en 130 días con un aval bancario y de acuerdo con el proveedor.

2. La empresa Canarias Jeans S.L. va a elaborar la memoria de las cuentas anuales, modelo abreviado del año 20X4, y para ello cuenta con esta información de los pagos aplazados:

Concepto	20X3	20X4
Pagos pendientes a proveedores que sobrepasan máximo legal	123.400 €	183.000 €
Total de pagos a proveedores en el ejercicio	2.130.600 €	3.470.000 €
Pagos realizados a proveedores que superaron el máximo legal	420.500 €	363.800 €

Elabora la memoria abreviada del año 20X4 y compárala con la obtenida en 20X3.

3. El día 1 de junio de 201_ la empresa El Corte Andaluz S.A., representada por su administrador Javier Caballero, domiciliada en la Calle Arabial 35, CP 18001 de Granada, adquirió diversas mercaderías para su comercio de moda a la empresa Canarias Jeans S.L., situada en la calle Tomás Morales 33, CP 35004 de Las Palmas de Gran Canaria. El importe de la operación ascendió a 9.000 €, IVA incluido.

El Corte Andaluz tiene la cuenta corriente (IBAN ES12 1234 1234 12 1234567890) en el Banco Ibérico, con domicilio en la calle Recogidas 111, 18002 Granada.

El pago se pactó en tres plazos de importes iguales, documentados de la siguiente manera:

- Un cheque con fecha de emisión 3 de junio de 201_.
- Un pagaré con fecha de emisión 3 de junio de 201_ y vencimiento 15 de julio de 201_.
- Una letra de cambio con fecha de libramiento 1 de junio de 201_ y con vencimiento a 90 días fecha.

La empresa Canarias Jeans domicilia el pago en su cuenta corriente (IBAN ES89 9876 9876 98 9876543210) del Banco de Fuerteventura, sucursal n.º 1, situada en calle Franchi Roca 33, 35007 Las Palmas de Gran Canaria.

La empresa vendedora solicitó a la compradora que los mencionados efectos fuesen avalados. El aval se realizó el día 4 de junio por Félix Delgado, con domicilio en Gran Vía 24, 18002 Granada.

El día 5 de junio la empresa compradora entrega debidamente cumplimentados a la empresa vendedora el cheque, el pagaré y la letra aceptada con fecha 3 de junio de 201_.

Canarias Jeans envió el día 10 de junio la letra al Banco de Fuerteventura para su descuento. El citado banco endosó la letra el día 15 de junio de 201_ al Banco Islas Canarias, sucursal n.º 2, con domicilio en la calle León y Castillo 45, 35003 Las Palmas de Gran Canaria.

Se pide cumplimentar los tres documentos teniendo en cuenta los datos del enunciado.

Calcular la liquidación de efectos comerciales en operaciones de descuento.

4. La empresa BETA S.L. tiene contratada una póliza de descuento con el Banco Ibérico con las siguientes condiciones: importe máximo de descuento: 10.000 €; tiempo máximo de descuento: 90 días; días mínimos para descontar: 15 días.

Actualmente tiene descontadas letras por un valor nominal de 6.500 €, pero necesita liquidez y presenta en el banco la siguiente remesa de efectos.

	Características	Importe	Días de descuento
A	Aceptada y domiciliada	1.750 €	30
B	Aceptada y no domiciliada	2.120 €	60
C	Domiciliada sin aceptar	960 €	10

Teniendo en cuenta las condiciones de la póliza:

a) ¿Podrá realizar el descuento de todos los efectos?

COMPRUEBA TU APRENDIZAJE

b) Calcula el valor líquido de la negociación de efectos, sabiendo que la entidad financiera le aplica un interés del 6,25 % simple anual (año comercial) y las siguientes comisiones:

Comisiones Banco Ibérico	%	mínimo
Efecto domiciliado sin aceptar	1 %	10 €
Efecto domiciliado y aceptado	0,80 %	10 €
Efecto no domiciliado	1,25 %	10 €
Devolución	2 %	20 €

Calcular las comisiones y los gastos de determinados productos y servicios bancarios relacionados con el aplazamiento del pago o el descuento comercial.

5. La empresa Canarias Jeans S.L. lleva al Banco Ibérico para una operación de gestión de cobro los efectos que se detallan a continuación (todos ellos tienen un vencimiento de 60 días):

	Características	Importe
A	Aceptada y domiciliada	1.425 €
B	Aceptada y no domiciliada	975 €
C	Domiciliada sin aceptar	2.525 €
D	Aceptada y domiciliada	3.200 €

Llegado el vencimiento, la letra B ha sido devuelta por el librado.

Teniendo en cuenta que la entidad cobra unos gastos fijos por efecto de 3 € y aplica las comisiones de la actividad n.º 4, calcula:

a) El total de gastos y comisiones que cobra el banco por la gestión de cobro.

b) El importe que ingresa la entidad financiera en la cuenta del cliente dentro de 60 días.

c) ¿Cómo denominará la empresa el efecto devuelto?

6. A la empresa BETA S.L. con fecha 30 de noviembre, le aparecen en su contabilidad los siguientes deudores cuyos pagos han superado el límite legal establecido en los días que se detalla. Se le pide al administrativo que calcule la indemnización y los intereses de demora de cada factura, para presentarles al siguiente día el importe total de la deuda que cada uno tiene con la empresa.

El administrativo consulta el interés del BCE establecido para estos casos, que en este momento está en el 3,5 % simple anual. Los datos que figuran de los deudores son los siguientes:

	Importe	Días excedidos
Deudor A	13.500 €	25 días
Deudor B	16.700 €	43 días
Deudor C	22.500 €	30 días
Deudor D	8.300 €	60 días

Calcula el importe total de deuda pendientes de cada uno de los deudores.

Comparar las formas de financiación comercial más habituales.

7. Una empresa tiene dificultades financieras por la gran cantidad de pagos aplazados concedidos a sus clientes y no tiene claro si acudir al contrato de *factoring* o al contrato de *confirming*. Indícales a qué tipo de contrato deben acudir razonando la respuesta.

8. La empresa Construcciones del Norte S.L. presenta el 5 de mayo de 201_ a la empresa de *factoring* las facturas de abajo, con los importes y el plazo de cobro. El 7 de mayo la empresa factor ingresa en la cuenta del cliente el 75 % del total de las facturas presentadas. La empresa tiene contratado un *factoring* sin recurso. Llegado el vencimiento, la factura n.º 3 no es atendida por el deudor.

	Importe	Vencimiento
Factura 1	120.200 €	25 de mayo
Factura 2	166.700 €	10 de junio
Factura 3	40.500 €	15 de junio
Factura 4	85.300 €	25 de junio

Teniendo en cuenta que las condiciones de la empresa de *factoring* son las siguientes:

Condiciones del *factoring*	
Intereses	6,5 % simple anual. Año comercial
Comisión de cesión	0,75 % sobre el total de las facturas. Mínimo 6 €
Comisión devolución	1,5 % sobre el documento devuelto. Mínimo 20 €

Calcula:

a) El importe del ingreso del día 7 de mayo.

b) El importe de la liquidación que realiza la empresa de *factoring* el día 27 de junio.

c) ¿Qué ocurre con la factura devuelta? Razona la respuesta.

UNIDAD 9

Gestión de tesorería

En esta unidad

APRENDERÁS A

- Establecer la función y los métodos de control de la tesorería en la empresa.
- Cumplimentar los distintos libros y registros de tesorería.
- Ejecutar operaciones del proceso de arqueo de caja y detectar desviaciones.
- Cotejar la información de los extractos bancarios con el Libro Registro de Bancos.
- Describir las utilidades del calendario de vencimientos en términos de previsión financiera.
- Relacionar el servicio de tesorería y el resto de departamentos con empresas y entidades externas.
- Efectuar procedimientos de acuerdo con los principios de responsabilidad y confidencialidad de la información.
- Utilizar las hojas de cálculo y otras herramientas informáticas para la gestión de la tesorería.

ESTUDIARÁS

- La gestión de tesorería.
- Otros Libros Registro de control de tesorería.
- La gestión de cuentas bancarias.
- La previsión de tesorería.

Y SERÁS CAPAZ DE

- Elaborar informes sobre los parámetros de viabilidad de una empresa, reconocer los productos financieros y los proveedores de los mismos, y analizar los métodos de cálculo financieros para supervisar la gestión de tesorería, la captación de recursos financieros y el estudio de viabilidad de proyectos de inversión.

1. Gestión de tesorería

Hasta ahora hemos estudiado las alternativas para la gestión de cobros y pagos que tienen las empresas, así como los documentos y justificantes que se utilizan para formalizar estas operaciones.

No obstante, para el buen funcionamiento de una empresa es necesario que la **gestión de cobros y pagos** esté controlada y, para ello, se debe **registrar** debidamente cada operación que irá asociada a un documento de cobro o pago que la justifique, y se hará en el mismo momento en que se formalice.

Con el **registro adecuado** de las operaciones, la empresa dispondrá de información inmediata sobre el estado de la tesorería y la capacidad que tiene para hacer frente a las obligaciones con los acreedores (proveedores, Administración Pública, entidades financieras, etc.) en los plazos acordados para que, en caso contrario, pueda tomar las medidas y soluciones oportunas y así evitar una posible situación de insolvencia.

Para llevar adecuadamente ese control las empresas utilizan los **Libros Registro** de tesorería, que son voluntarios pero son muy usados por la mayoría de las empresas, ya que son útiles para controlar el **flujo de efectivo** y para prever los cobros y pagos con vencimiento futuro. Los Libros de Registro de tesorería más usados por las empresas son los que se exponen a continuación.

> **¿SABÍAS QUE...?**
>
> Hoy en día los Libros de Registro tradicionales prácticamente no se usan, pues existen aplicaciones informáticas de gestión de tesorería y hojas de cálculo que los sustituyen. Lo importante es conocer la mecánica y saber qué y cómo se registra, independientemente del soporte que use cada empresa.

1.1. Libro Registro de Caja

> El Libro Registro de Caja se utiliza para registrar y controlar el flujo de cobros y pagos **en efectivo** realizados por la empresa.

El formato base del Libro Registro de Caja consta de cinco columnas: fecha, concepto, cobros, pagos y saldo (Fig. 9.1). La columna de **saldo** recoge el dinero efectivo que ha de haber en la caja después de cada operación.

Fig. 9.1. Modelo de Libro Registro de Caja.

CASO PRÁCTICO 1. Libro Registro de Caja

Registra en el Llibro de Caja de la empresa Islas Canarias S.L. las siguientes operaciones:

Día 1 de febrero:

- Saldo anterior, 1.200 €.
- Venta en efectivo Fra. n.º 334/15 por importe de 350 €.
- Pago en efectivo a un proveedor Fra. n.º 212/24 por importe de 450 €.

Día 2 de febrero:

- Ingreso en la c/c que tiene la empresa con el Banco Corralejo de 600 €.
- Cobro en efectivo la Fra. aplazada n.º 329/15, por importe de 750 €.
- Pago suministro de agua para los trabajadores a la empresa La Fuente, Fra. n.º 23, por importe de 35 €.

Solución:

Libro de Caja				
Fecha	Concepto	Cobros	Pagos	Saldo
01/02	Saldo anterior			1.200,00
01/02	Venta en efectivo Fra. n.º 334/15	350,00		1.550,00
01/02	Pago proveedor Fra. n.º 212/24		450,00	1.100,00
02/02	Ingreso en c/c Banco Corralejo		600,00	500,00
02/02	Cobro Fra. n.º 329/15	750,00		1.250,00
02/02	Pago Fra. n.º 23 a La Fuente		35,00	1.215,00

RECUERDA

Como vimos en la Unidad 7, se entiende por **efectivo** las monedas y los billetes, los cheques bancarios al portador y el pago electrónico.

1.2. Recuento y arqueo de caja

La persona responsable de la caja debe realizar la operación de cierre, con el fin de comprobar que el efectivo que contiene dicha caja coincide con el saldo que refleja el Libro de Caja. Es aconsejable realizar dicha operación de manera frecuente, y normalmente se realiza al final del día. El cierre de caja consta de dos operaciones (Tabla 9.1):

Recuento de caja	• Inventario de las monedas y billetes, calculando la suma total. • Verificar los documentos justificativos de los distintos movimientos que se han producido en caja, cheques, comprobante de pagos con tarjeta, etc.
Arqueo de caja	• Comprobar si el dinero calculado en el recuento coincide con el saldo que figura en el Libro Registro de Caja. • Si ambos importes no coinciden, hay que buscar la diferencia. Entre las causas que pueden ocasionar esa desviación se encuentran: errores al cobrar o pagar, en la elaboración del recuento, en los justificantes, en el extravío de algún documento, no registrar algún apunte, etc. • Si no se encuentra la causa del descuadre de caja, se debe anotar en el Libro Registro de Caja el concepto que refleje esa diferencia.

Tabla 9.1. Operaciones de cierre de caja.

ACTIVIDADES

1. El cajero responsable de la empresa Todo Bicicletas, con fecha de 15 de octubre de 201_, realiza el recuento de caja. La caja registradora tiene las siguiente monedas: 8 de 2 €, 17 de 1 €, 9 de 50 céntimos, 22 de 20 céntimos, 12 de 10 céntimos y 8 de 5 céntimos; y los siguiente billetes: 2 de 200 €, 2 de 100 €, 12 de 50 €, 15 de 20 €, 7 de 10 € y 4 de 5 €. También hay un cheque de Alejandro Caballero por importe de 750 € y cuatro recibos con tarjeta de crédito por importe de 150 € cada uno. Para realizar el arqueo de caja posterior tenemos la información del Libro de Caja que arroja un saldo de 2.833,50 €.

Realiza el recuento de caja. En caso de que no coincida con el saldo arrojado por el Libro Registro de Caja, determina cuál puede ser el motivo de la diferencia.

CASO PRÁCTICO 2. Recuento y arqueo de caja

El responsable de caja de la empresa Dieta Mediterránea S.L. lleva a cabo el cierre de caja partiendo de los siguientes datos: recuento de caja: 2 billetes de 100 €, 15 billetes de 50 €, 7 de 20 €, 10 de 10 € y 4 de 5 €, siendo las monedas 4 de 2 €, 8 de 1 €, 5 de 50 cts., 4 de 20 cts. y 6 de 10 cts.

Se comprueba que el saldo final del Libro Registro de Caja asciende a 1.229,90 €. Realiza el recuento y el arqueo de caja.

Solución:

Para el recuento de caja usaremos el siguiente formato, se procederá a rellenar con los datos facilitados:

N.º billetes	Valor	Total	N.º monedas	Valor	Total
0	500 €	– €	4	2,00 €	8,00 €
0	200 €	– €	8	1,00 €	8,00 €
2	100 €	200,00 €	5	0,50 €	2,50 €
15	50 €	750,00 €	4	0,20 €	0,80 €
7	20 €	140,00 €	6	0,10 €	0,60 €
10	10 €	100,00 €		0,05 €	– €
4	5 €	20,00 €		0,02 €	– €
				0,01 €	– €
Total billetes		**1.210,00 €**	**Total monedas**		**19,90 €**
			Total billetes y monedas		**1.229,90 €**

1.3. Libro Registro de Bancos

Este libro se utiliza para registrar y poder controlar todos los cobros y pagos realizados en las distintas cuentas bancarias, ya sean cuentas corrientes, cuentas de ahorro o cuentas de crédito que la empresa puede tener abiertas en una o varias entidades financieras.

Las operaciones más habituales que se registran son (Tabla 9.2):

Depósitos bancarios	Son ingresos que se realizan en la cuenta bancaria. Estos ingresos pueden ser en efectivo o mediante cheques.
Cheques girados	Cheques emitidos por la empresa para el pago de facturas o recibos.
Transferencias	• Emitidas: órdenes de pagos a terceros. Suponen un cargo en cuenta. • Recibidas: cobros a deudores. Suponen un abono en cuenta.
Domiciliaciones	• De cargo: pago de facturas y recibos con carácter periódico. • De abono: ingresos autorizados por la empresa para abonar en cuenta.
Registros con vencimientos conocidos	• Cargo de efectos comerciales a pagar. • Abono de efectos comerciales a cobrar. • Cuotas de préstamos, *leasing*, *renting*.

Tabla 9.2. Operaciones habituales del Libro Registro de Bancos.

El Libro de Bancos de una cuenta corriente o de ahorros contiene como mínimo cinco columnas: fecha, concepto, cobros, pagos y saldo. La columna de saldo recoge el dinero que hay en la cuenta corriente/ahorro de la empresa después de cada operación. Un modelo del Libro Registro de Bancos podría ser el de la Figura 9.2.

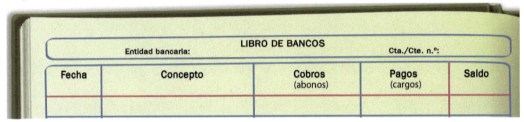

Fig. 9.2. Modelo de Libro Registro de Bancos.

CASO PRÁCTICO 3. Libro Registro de Bancos

La empresa CAMPA S.L. tiene abierta la cuenta corriente n.º 1234567890 en el Banco de Fuerteventura. Durante el mes de marzo ha realizado las operaciones que se detallan a continuación vinculadas a dicha cuenta. A partir de esa información, registra las operaciones realizadas en e Libro de Bancos de la empresa.

- Día 1: saldo del mes anterior: 20.000 €.
- Día 3: transferencia a n/f cobro Fra. n.º 432, 1.300 €.
- Día 7: cargo por luz y agua domiciliada, 100 €.
- Día 10: cargo cheque en concepto de pago Fra. n.º 654, 12.000 €.
- Día 20: pago a Hacienda del IVA, 1.100 €.
- Día 28: abono de nóminas a empleados, 6.500 €.

Solución:

LIBRO DE BANCOS

Entidad bancaria: Banco de Fuerteventura
Cta./Cte. n.º: 1234567890

Fecha	Concepto	Cobros	Pagos	Saldo
01/03	Saldo anterior			20.000,00
03/03	Cobro Fra. n.º 432	1.300,00		21.300,00
07/03	Pago luz y agua		100,00	21.200,00
10/03	Pago cheque Fra. n.º 654		12.000,00	9.200,00
20/03	Pago Hacienda IVA		1.100,00	8.100,00
28/03	Pago de nóminas marzo		6.500,00	1.600,00

1.4. Conciliación bancaria

> **IMPORTANTE**
>
> La información de los movimientos de la cuenta corriente también se puede obtener en la banca electrónica de la entidad *(Consultar movimientos)*.

> La **conciliación bancaria** consiste en comparar los movimientos habidos en la cuenta corriente bancaria con los registros realizados en el Libro Registro de Bancos en un periodo de tiempo determinado: semanalmente, mensualmente, etc.

Lo que se pretende con la conciliación bancaria es **contrastar la veracidad** de las operaciones registradas por el banco y a la vez controlar el **saldo real** de las cuentas.

Es habitual que, al final de cada periodo que se pretende conciliar, el saldo que arroja el extracto bancario no coincida con el saldo del Libro Registro de Bancos. Las causas de esta diferencia en los saldos pueden ser, entre otras (Tabla 9.3):

Operaciones contabilizadas por el banco pero no por la empresa	• Cheques devueltos de clientes o deudores. • Efectos comerciales a cobrar llevados al descuento o efectos en gestión de cobro que, al vencimiento, son impagados. • Cargos y abonos que efectúa el banco originados por intereses, comisiones, etc. • Cargos de recibos domiciliados.
Operaciones contabilizadas por la empresa pero no por el banco	• Cheques emitidos por la empresa que no han sido cobrados. • Ingresos de cheques o efectivo realizados por la empresa. • Pagos con tarjeta de crédito.
Otras causas	• Errores u omisiones en las anotaciones del Libro Registro de Bancos de la empresa. • Errores u omisiones en las anotaciones efectuadas por la entidad financiera.

Tabla 9.3. Causas de las diferencias de saldos en la conciliación bancaria.

Para realizar la **conciliación bancaria** hay que seguir el siguiente procedimiento (Tabla 9.4):

1	Puntear las cantidades que coincidan en el extracto bancario y el Libro de Bancos.
2	Al saldo del extracto bancario se le suman o restan las anotaciones realizas por la empresa pero no por la entidad, según sean de cargo o de abono.
3	Al saldo del Libro de Bancos se le suman y restan las anotaciones realizas por la entidad pero no por empresa, según sean de cargo o de abono.
4	A partir de esas operaciones, los saldos tienen que coincidir. En caso de que no coincidan, se comprobarán los posibles errores en las anotaciones realizadas en el Libro Registro de Bancos de la empresa y por último en el extracto bancario.

Tabla 9.4. Pasos para realizar la conciliación bancaria.

ACTIVIDADES

2. Realiza la conciliación bancaria de la empresa CAMPA S.L. con la siguiente información:

Extracto bancario Banco de Fuerteventura
IBAN ES12 1234 5678 90 1234567890
Fecha 31/01/20__

Fecha	Concepto	Importe	Saldo
02/01	Saldo mes anterior		12.371,15
03/01	Recibo proveedor n.º A23	−1.520,05	10.851,10
13/01	Recibo proveedor n.º B45	−746,92	10.104,18
15/01	S/pagaré n.º 456.78	−288,65	9.815,53
18/01	Ingreso transferencia otra entidad	608,89	10.424,42

LIBRO DE BANCOS
Entidad bancaria: Banco de Fuerteventura
IBAN ES 12 1234 5678 90 1234567890

Fecha	Concepto	Cobros	Pagos	Saldo
01/01	Saldo anterior			12.371,15
03/01	Pago Factura n.º A23		1.520,05	10.851,10
13/01	Pago factura B45		746,92	10.104,18
20/01	Traspaso a Caja		300,00	9.804,18
27/01	Cheque n.º 23		457,44	9.346,74

CASO PRÁCTICO 4. Conciliación bancaria

Realiza la conciliación bancaria de la empresa CAMPA S.L. que el 31 de octubre recibe el siguiente extracto de la cuenta corriente que tiene abierta en el Banco de Fuerteventura.

EXTRACTO BANCARIO

Banco de Fuerteventura			c/c: 2056 2345 12 1234567890	
Fecha	Concepto	Debe	Haber	Saldo
01/10	Saldo anterior			10.000,00
05/10	Ingreso cheque		1.500,00	11.500,00
10/10	Pago cheque n.º 4567	1.400,00		10.100,00
15/10	Pago tarjeta de crédito	500,00		9.600,00
20/10	Abono por transferencia		2.000,00	11.600,00
29/10	Cobro efecto gestión de cobro vto. 29/10		350,00	11.950,00
31/10	Pago nóminas	5.000,00		6.950,00

Por su parte, la empresa tiene registradas en su Libro de Bancos las siguientes anotaciones correspondientes al mismo periodo:

LIBRO DE BANCOS

Entidad bancaria: Banco de Fuerteventura			c/c: 2056 2345 12 1234567890	
Fecha	Concepto	Cobros	Pagos	Saldo
01/10	Saldo anterior			10.000,00
05/10	Ingreso cheque	1.500,00		11.500,00
10/10	Pago cheque n.º 4567		1.400,00	10.100,00
15/10	Pago tarjeta de crédito	500,00		10.600,00
20/10	Abono por transferencia	2.000,00		12.600,00
31/10	Pago nóminas		5.000,00	7.600,00

Solución:

Como se observa los saldos no coinciden, por lo que debemos proceder a buscar el motivo del desfase. En primer lugar se procederá a puntear las cantidades que coinciden en el extracto bancario y el Libro Registro de Bancos. Una vez hecho el punteo se observa lo siguiente:

- En el Libro Registro de Bancos, el día 15/10 la empresa registró mal la operación, ya que era un pago y lo anotó como un cobro.
- En el extracto bancario aparece un movimiento el 29/10 de un efecto en gestión de cobro que ha sido cobrado por el banco y abonado en cuenta.

Una vez detectados los desfases se realizan las correcciones y anotaciones oportunas en el Libro Registro de Bancos, que queda como sigue:

LIBRO DE BANCOS

Entidad bancaria: Banco de Fuerteventura			c/c: 2056 2345 12 1234567890	
Fecha	Concepto	Cobros	Pagos	Saldo
01/10	Saldo anterior			10.000,00
05/10	Ingreso cheque	1.500,00		11.500,00
10/10	Pago cheque n.º 4567		1.400,00	10.100,00
15/10	Pago tarjeta de crédito		500,00	9.600,00
20/10	Abono por transferencia	2.000,00		11.600,00
29/10	Cobro efecto vto. 29/10	350,00		11.950,00
31/10	Pago nóminas		5.000,00	6.950,00

Los saldos coinciden. El saldo final será el saldo inicial del siguiente periodo.

> **! IMPORTANTE**
>
> **Estructura de la conciliación bancaria**
>
> 1. Tomando como punto de partida el **saldo del extracto bancario,** la estructura de la conciliación bancaria sería:
>
> **Saldo del extracto bancario**
>
> (−) Cheques emitidos no cobrados
>
> (+) Ingresos en tránsito
>
> (−) Pagos con tarjetas de crédito
>
> (+−) Errores u omisiones
>
> **Coincidencia con Libro de Bancos de la empresa**
>
> 2. Tomando como punto de partida el **saldo del Libro registro de Bancos** de la empresa, la estructura de la conciliación bancaria sería:
>
> **Saldo del Libro de Bancos**
>
> (−) Cheques devueltos
>
> (−) Efectos impagados
>
> (+/−) Intereses y comisiones
>
> (−) Cargos de recibos domiciliados
>
> (+−) Errores u omisiones
>
> **Coincidencia con el extracto bancario**

> **IMPORTANTE**
>
> Para llevar una gestión de tesorería eficaz en la empresa es necesario controlar no solo los cobros y pagos que se realizan al contado, sino también los cobros y pagos aplazados con clientes y proveedores ocasionados por la propia actividad de la empresa.

> **ACTIVIDADES**
>
> 3. La empresa Canarias Moda Cálida S.L. realiza operaciones comerciales con su proveedor Entretelas S.L. y con el cliente Modas de España S.L., en estas relaciones se utiliza como medio de pago y cobro los efectos comerciales. Transcribe las siguientes operaciones a los Libros Registro de Efectos Comerciales a Cobrar y Pagar, según corresponda.
>
>   a) Letra 123 girada y aceptada por Modas Albaicín S.L. el 15 de enero, por un nominal de 1.000 € y vencimiento a 30 días fecha, domiciliada en el Banco Santander.
>
>   b) Letra 450 emitida y aceptada por Alsur Style S.L. el día 23 de enero, a 60 días fecha, por 2.500 €, domiciliada en el BBVA.
>
>   c) Letra 124 girada a Modas Albaicín S.L. el 30 de enero, por un nominal de 3.120 € y vencimiento el 10 de marzo. La letra no está domiciliada, se aceptó el 5 de febrero.
>
>   d) Letra 727 emitida por Alsur Style S.L. el día 4 de febrero, a pagar el 19 de abril por importe de 3.000 €, domiciliada en el BBVA, aceptamos la letra el día 8 de febrero.

2. Otros Libros Registro de gestión de tesorería

El uso de estos Libros Registro es importante, ya que informan de los vencimientos de los cobros y pagos aplazados para así prever las necesidades de tesorería en cada momento. Vamos a ver a continuación cuatro modelos de Libros Registro de Cobros y Pagos Aplazados.

A. Control de Cobros a Crédito

Es el registro de facturas emitidas a clientes con cobro aplazado (Fig. 9.3).

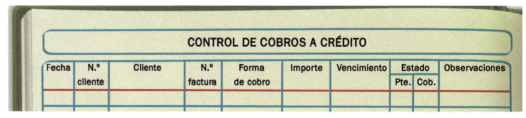

Fig. 9.3. Modelo de Libro Registro de Control de Cobros.

B. Control de Pagos a Crédito

Es el registro de facturas recibidas de proveedores con pago aplazado (Fig. 9.4).

Fig. 9.4. Modelo de Libro Registro de Control de Pagos.

C. Efectos Comerciales a Cobrar

Es el registro de los efectos comerciales a cobrar girados por la empresa para cobrar a clientes y deudores, y también los efectos con derecho al cobro trasmitidos por endoso. Deberá prestarse especial atención a los vencimientos de los efectos para su presentación al cobro en tiempo y forma, y habrá que indicar los efectos llevados al descuento o a gestión de cobro (Fig. 9.5).

Fig. 9.5. Modelo de Libro Registro de Efectos a Cobrar.

D. Efectos Comerciales a Pagar

Es el registro de efectos comerciales a pagar por la empresa como pago a los proveedores o acreedores por una deuda contraída. Este Libro Registro dará información sobre los vencimientos y cantidades a pagar y así prever las necesidades de tesorería (Fig. 9.6)

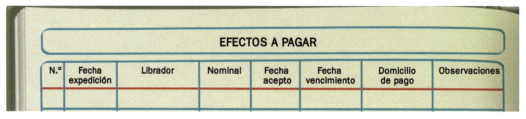

Fig. 9.6. Modelo de Libro Registro de Efectos a Pagar.

CASO PRÁCTICO 5. Control de cobros y pagos a crédito

La empresa Audiocenter S.L. tiene las siguientes condiciones de cobro y pago: con sus clientes, 75 % al contado mediante cheque, 25 % a crédito a un mes; con sus proveedores, 50 % al contado mediante transferencia bancaria, 50 % a crédito dos meses. La empresa desea saber los compromisos de cobros y de pagos pendientes para los próximos meses, sabiendo que las operaciones realizadas en el mes de enero fueron las siguientes:

- Día 5: compra de mercaderías al proveedor Marshall S.A. por importe de 2.000 €, Fra. n.º 523.
- Día 10: venta de mercaderías al cliente Música Arte S.L. por importe de 4.000 €, Fra. n.º 53.
- Día 15: compra de mercaderías al proveedor Fender S.A. por importe de 6.000 €, Fra. n.º 622.
- Día 25: venta mercaderías, cliente Sound Galery S.L. por importe de 8.000 €, Fra. n.º 54.

Solución:

CONTROL DE COBROS A CRÉDITO									
Fecha	N.º cliente	Cliente	N.º factura	Forma de cobro	Importe	Vencimiento	Estado		Observaciones
							Pte.	Cob.	
10/01	1	Música Arte S.L.	53	Crédito	1.000,00	10/02	X		
15/01	2	Sound Galery S.L.	54	Crédito	2.000,00	25/02	X		

CONTROL DE PAGOS A CRÉDITO									
Fecha	N.º proveedor	Proveedor	N.º factura	Forma de pago	Importe	Vencimiento	Estado		Observaciones
							Pte.	Pag.	
05/01	1	Marshall S.A.	523	Crédito	1.000,00	05/02	X		
25/01	2	Fender S.A.	622	Crédito	3.000,00	05/03	X		

CASO PRÁCTICO 6. Efectos comerciales a cobrar y a pagar

Realiza los apuntes de los siguientes efectos comerciales en el Libro de Registro correspondiente.

A cobrar:

- Letra girada a Granja Marina S.L., el 13 de enero, por un nominal de 1.250 € y vencimiento a 30 días fecha. La letra está domiciliada en el Banco Santander, se aceptó el 15 de enero.
- Letra de cambio girada a Canaragua S.A., el 30 de enero, por un nominal de 6.500 € y vencimiento el 10 de marzo. La letra no está domiciliada, se aceptó el 5 de febrero.
- Letra girada a Canatel S.L., el 20 de febrero, por un nominal de 1.600 € y vencimiento a 45 días fecha. La letra está domiciliada en el BBVA y se aceptó el 25 de febrero, el mismo día fue llevada al banco para su descuento.

A pagar (todas las letras están domiciliadas en una c/c del BBVA):

- Letra 450 emitida y aceptada por Sur S.A., el día 3 de agosto, a 30 días fecha, por 5.000 €.
- Letra 727 emitida y aceptada por Norte S.A., el día 4 de agosto, para pagar el 19 de septiembre 6.000 €.
- Letra 667 emitida por Oeste S.L., el día 14 de agosto, por un importe de 10.000 €, a 60 días fecha (sin aceptar).

Solución:

EFECTOS A COBRAR							
N.º	Fecha expedición	Librado	Nominal	Fecha acepto	Fecha vencimiento	Domicilio de cobro	Observaciones
1	13/01	Granja Marina S.L.	1.250,00	15/01	12/02	B. Santander	
2	30/01	Canaragua S.A.	6.500,00	05/02	10/03		Sin domiciliar
3	20/02	Canatel S.L.	1.600,00	25/02	06/04	BBVA	Descuento 25/2

EFECTOS A PAGAR							
N.º	Fecha expedición	Librador	Nominal	Fecha acepto	Fecha vencimiento	Domicilio de pago	Observaciones
450	03/08	Sur S.A.	5.000,00	03/08	02/09	Banco BBVA	
727	04/08	Norte S.A.	6.000,00	04/08	19/09	Banco BBVA	
667	14/08	Oeste S.L.	10.000,00	–	13/10	Banco BBVA	Sin aceptar

3. Gestión de cuentas bancarias

Otra de las funciones de la gestión de tesorería es el **control de las cuentas bancarias** que pueda tener la empresa con su entidad. Aquí veremos el funcionamiento y las características de las cuentas bancarias más habituales, como son la cuenta **corriente** y la cuenta **de crédito**.

3.1. Cuentas corrientes bancarias

> La cuenta corriente bancaria es un **contrato** firmado entre una **persona física o jurídica** y una **entidad financiera**. La **finalidad** de una cuenta corriente es tener un soporte bancario para realizar operaciones de cobro y pago como consecuencia de la actividad de las empresas.

La cuenta corriente es un **servicio de caja** que nos ofrece el banco. A pesar de la seguridad que puede proporcionar a los clientes, siempre es necesario contrastar la información que viene detallada en los extractos bancarios con el Libro de Bancos de la empresa (conciliación bancaria) y solucionar los posibles desfases que pudiera haber. Las operaciones más frecuentes que se realizan son las siguientes (Tabla 9.5):

Adeudos (cargos en cuenta)	Abonos (abonos en cuenta)
• Retirada de efectivo.	• Ingresos en efectivo.
• Cheques a su cargo.	• Ingresos mediante cheques.
• Domiciliaciones de cargo.	• Transferencias recibidas.
• Órdenes de transferencia.	• Liquidación descuento de efectos.
• Efectos a pagar domiciliados.	• Abono de intereses y dividendos.
• Efectos impagados.	• Abonos de tarjetas de crédito.
• Cuotas periódicas de préstamos, *leasing*, etc.	• Venta de valores.
• Cargos de tarjetas de crédito.	
• Compra de valores y divisas.	

Tabla 9.5. Operaciones más frecuentes de una cuenta corriente bancaria.

3.2. Liquidación de la cuenta corriente bancaria

Es la operación que realiza la entidad financiera periódicamente para calcular los intereses deudores y acreedores producidos en ese intervalo (normalmente tres meses).

En la liquidación de las cuentas corrientes bancarias los intereses no son recíprocos, es decir, el tanto de interés aplicado a los capitales deudores no es el mismo que el tanto de interés aplicado a los capitales acreedores. Los intereses se calculan aplicando la **capitalización simple**.

Conocidos los **capitales** y el tanto de **interés**, que se establece de antemano, solo nos queda calcular el **tiempo** durante el cual cada capital produce intereses. Para ello vamos a seguir el **método hamburgués**, que consiste en calcular los números comerciales a partir de los saldos que van apareciendo en la cuenta. Los **pasos** que se deben seguir para liquidar la cuenta por el método hamburgués son:

1. Se ordenan las operaciones por **fecha valor**.
2. Se calcula la columna de **saldos**, como diferencia entre el Debe y el Haber de capitales. Cada vez que hagamos una operación, cambiará el saldo de la cuenta.
3. Se obtienen los **días** a partir de la fecha valor, que se cuentan de vencimiento a vencimiento y del último vencimiento a la fecha de cierre.
4. Se calculan los **números comerciales** multiplicando los saldos por los días y se colocan en el Debe, si el saldo es deudor, o en el Haber, si el saldo es acreedor.

A partir de aquí terminaremos la liquidación del modo en que se indica a continuación.

ABC VOCABULARIO

Fecha valor. Es la fecha a partir de la cual los saldos de la cuenta producen intereses. Como regla general, para los cálculos utilizaremos como fecha valor:

- **Operaciones de adeudo.** Pago de cheques, órdenes de transferencia, recibos periódicos, reintegros, etc., el mismo día que se perciben.

- **Operaciones de abono.** Ingresos en efectivo, ingreso de cheques y transferencias de la misma entidad, etc., el mismo día que se perciben. Cheques y transferencias a cargo de otras entidades, etc., el segundo día hábil siguiente al adeudo al ordenante (para las transferencias) y también el segundo día hábil siguiente a la entrega (para los cheques).

1. Cálculo del interés

a) Intereses deudores. Suma de números comerciales deudores dividido por el divisor fijo.

$$I_D = \frac{\text{Suma de números deudores}}{\text{Divisor fijo } (D_f)} \qquad D_f = \frac{365}{i \text{ (deudor)}}$$

b) Intereses acreedores. Suma de números comerciales acreedores dividido por el divisor fijo.

$$I_H = \frac{\text{Suma de números acreedores}}{\text{Divisor fijo } (D_f)} \qquad D_f = \frac{365}{i \text{ (acreedor)}}$$

2. Cálculo del impuesto de rentas del capital (IRC). Se calcula sobre los intereses acreedores.

3. Cálculo del saldo a cuenta nueva. El saldo resultante será el saldo inicial del siguiente periodo de liquidación.

En la Figura 9.7 puede verse un modelo de cuenta corriente:

F. O.	Concepto	Capitales		Saldo	I	F. V.	Días	Números comerciales	
		Debe	Haber					Deudores	Acreedores

Banco de Fuerteventura

Fig. 9.7. Modelo de liquidación de cuenta corriente.

En donde:

- **F. O.:** fecha de la operación.
- **Concepto:** operación que se realiza.
- **Capitales:** importe de la operación. Los adeudos en el Debe y abonos en el Haber.
- **Saldo:** saldo de la cuenta. Cambia en cada operación.
- **I:** inicial del saldo, D (deudor) o H (acreedor).
- **F. V.:** fecha valor.
- **Días:** son los días que van de vencimiento a vencimiento. Para el cálculo de los días se tiene en cuenta la fecha valor y no se cuenta el primer día, pero sí el último.
- **Números comerciales:** se calculan y, dependiendo del saldo, serán deudores o acreedores.

Una vez realizadas todas las anotaciones, calculados los intereses que han generado tanto los deudores como los acreedores y calculadas las retenciones, el resultado final de la liquidación, que nos dará el saldo a cuenta nueva (SCN), se calcula de la siguiente manera:

SCN = Saldo − Intereses deudores + Intereses acreedores − Retenciones

 ### CASO PRÁCTICO 7. Liquidación de una cuenta corriente

Liquida, por el método hamburgués, la cuenta corriente que la empresa CAMPA S.L. abrió en el Banco de Fuerteventura con las siguientes condiciones:

- Fecha de liquidación: 30 de junio.
- Intereses deudores: 15 % simple anual.
- Intereses acreedores: 2 % simple anual.
- IRC: 19 %.
- Los movimientos que ha realizado son los siguientes:
  - 03/05, ingreso apertura, 1.300 €.
  - 15/05, recibo domiciliado, 550 €.
  - 22/05, transferencia recibida de otra entidad, 2.300 €.
  - 02/06, cheques a su cargo, 3.200 €.

(continúa)

CASO PRÁCTICO 7. Liquidación de una cuenta corriente *(continuación)*

Solución:

F. O.	Concepto	Capitales		Saldo	I	F. V.	Días	Números comerciales	
		Debe	Haber					Deudores	Acreedores
03/05	Ingreso apertura		1.300,00	1.300,00	H	03/05	12		15.600
15/05	Recibo domiciliado	550,00		750,00	H	15/05	9		6.750
22/05	Transferencia recibida de otra entidad		2.300,00	3.050,00	H	24/05	9		27.450
02/06	Cheques a S/cargo	3.200,00		150,00	D	02/06	28	4.200	
30/06	Intereses deudores	1,73		151,73	D				
30/06	Intereses acreedores		2,73	149,00	D				
30/06	IRC	0,52		149,52	D				
30/06	**Saldo cuenta nueva**			**149,52**	**D**				
	Suma de capitales	3.752,3	3.602,73			Suma de números		4.200	49.800

$$I_D = \frac{\text{Suma de números deudores}}{\text{Divisor fijo } (D_f)} = \frac{4.200}{365/0,15} = 1,73 \text{ €}$$

$$I_H = \frac{\text{Suma de números acreedores}}{\text{Divisor fijo } (D_f)} = \frac{49.800}{365/0,02} = 2,73 \text{ €} \qquad IRC = \frac{19 \cdot 2,73}{100} = 0,52 \text{ €}$$

ACTIVIDADES

4. Liquida la siguiente cuenta corriente por el método hamburgués, con fecha de cierre 31 de diciembre y con las siguientes condiciones: intereses deudores 12 %, intereses acreedores 1 %, IRC 19 %, año civil. Las operaciones realizadas el último trimestre fueron:

Fecha	Concepto	Importe
02/10	Saldo mes anterior	12.371,15
13/10	Recibo de un proveedor n.º A23	1.520,05
05/11	Ingreso remesa de recibos	3.172,28
15/11	Comisión descuento de remesa	36,32
17/11	Recibo librería n.º 245	35,26
23/11	Recibo proveedor n.º B45	746,92
25/11	S/pagaré n.º 456.78	288,65
08/12	Ingreso transferencia otra entidad	608,89
20/12	Reintegro cajero	300,00
24/12	Recibo teléfono	219,16
27/12	Recibo compañía eléctrica	467,44
29/12	Ingreso efectivo	1.200,00
30/12	Transferencia nómina	2.300,00
30/12	Seguridad Social	832,68
31/12	Correo bancario	0,64

5. Realiza la liquidación a 31/12/201_ de una cuenta de crédito con la siguiente información:

Datos:

– Saldo a 31/12 .... 1.200 €

– ∑ Números deudores .... 2.368.800 €

– ∑ Números excedidos .... 72.800 €

– Importe máximo excedido .... 2.800 €

Condiciones de la póliza de crédito:

– Límite del crédito .... 40.000 €

– Interés deudor .... 10 %

– Interés excedido .... 22 %

– Interés acreedor .... 1 %

– Comisión de disponibilidad .... 5 ‰ trimestral

– Comisión por máximo excedido .... 1 ‰ trimestral

– IRC .... 19 %

3.3. Liquidación de la cuenta de crédito

La cuenta de crédito es un instrumento de financiación a corto plazo para las empresas. Constituye la vía a través de la cual articulan una gran parte de los cobros y pagos de su actividad ordinaria. Las **características** más importantes de la cuenta de crédito son:

- Es un **crédito bancario a corto plazo** que los bancos conceden a las empresas y se formaliza mediante una póliza de crédito.
- Las condiciones que se establecen en la **póliza de crédito** son: el **límite** de crédito, los tipos de **interés**, las **comisiones** y la frecuencia de liquidación.
- La **disposición del capital** prestado puede ser **gradual** y por el tiempo que se desee o **total**, en función de las necesidades de la empresa.
- En la cuenta de crédito se pagan **intereses solo** por la **cantidad dispuesta** y en función del tiempo de que se dispone.

El procedimiento para la liquidación y el soporte donde se realiza la cuenta de crédito es **similar** al de la **cuenta corriente bancaria**, añadiendo en la columna de «Números comerciales» una columna más para los **«Números de saldos excedidos»** (Fig. 9.8).

F. O.	Concepto	Capitales		Saldo	I	F. V.	Días	Números comerciales		
		Debe	Haber					Deudores	Excedidos	Acreedores

Fig. 9.8. Modelo de liquidación de cuenta de crédito.

Los costes derivados del contrato de una cuenta de crédito son los siguientes (Tabla 9.6):

Intereses deudores (normales)	Se calcula sobre la parte del crédito que se haya dispuesto, siempre que no se haya superado el límite contratado. $$I_D = \frac{\text{Suma de números deudores}}{\text{Divisor fijo } (D_f)}$$
Intereses excedidos	Se calcula sobre la parte dispuesta por encima del límite del crédito contratado. $$I_E = \frac{\text{Suma de números excedidos}}{\text{Divisor fijo } (D_f)}$$
Comisión de apertura	Se calcula sobre el importe total del crédito concedido, se paga una sola vez, al principio.
Comisión de disponibilidad	Se calcula en función del saldo medio no dispuesto; es lo que hay que pagar por el saldo medio no utilizado. $$\text{Saldo medio no dispuesto} = \text{Límite de crédito} - \text{Saldo medio dispuesto}$$ $$\text{Saldo medio dispuesto} = \frac{\text{Suma de números deudores}}{\text{Días que dura el crédito}}$$
Comisión sobre mayor saldo excedido	Se calcula sobre el saldo mayor excedido del límite de crédito.

Tabla 9.6. Costes de una cuenta de crédito.

CASO PRÁCTICO 8. Liquidación de una cuenta de crédito

Liquida la siguiente cuenta de crédito con fecha de cierre 31 de diciembre. La póliza tiene las siguientes condiciones:

- Límite de crédito: 75.000 €.
- Intereses deudores: 9,5 %.
- Intereses acreedores: 0,5 %.
- Intereses sobre excedidos: 21 %.
- Comisión de disponibilidad: 0,25 %.
- Comisión sobre saldo mayor excedido: 1 %.

Las operaciones realizadas fueron las de la derecha:

Solución:

Fecha	Concepto	Importe
02/10	Comisión apertura 0,5% s/límite	
11/10	Su orden de transferencia	45.000,00
21/10	Cargo cheque	1.500,00
28/10	Pago impuestos	25.631,52
03/11	Cargo cheque	15.000,00
10/11	Ingreso cheque	20.000,00
19/11	Su orden de pago	1.250,00
24/11	Su orden de transferencia	2.563,45
04/12	Ingreso de cheques	20.000,00
15/12	Recibo domiciliado (otra entidad)	634,00

F. O.	Concepto	Capitales		Saldo	I	F. V.	Días	Números comerciales		
		Debe	Haber					Deudores	Excedidos	Acreed.
02/10	Comisión apertura	375,00		375,00	D	02/10	9	3.375,00		
11/10	s/orden de transferencia	45.000,00		45.375,00	D	11/10	10	453.750,00		
21/10	Cheque a s/cargo	1.500,00		46.875,00	D	21/10	7	328.125,00		
28/10	Pago impuestos	25.631,52		72.506,52	D	28/10	6	435.039,12		
03/11	Cheque a s/cargo	15.000,00		87.506,52	D+E	03/11	9	675.000,00	112.558,68	
10/11	Ingreso cheque otra entidad		20.000,00	67.506,52	D	12/11	7	472.545,64		
19/11	s/orden de pago	1.250,00		68.756,52	D	19/11	5	343.782,60		
24/11	s/orden de transferencia	2.563,45		71.319,97	D	24/11	12	855.839,64		
04/12	Ingreso cheque otra entidad		20.000,00	51.319,97	D	06/12	9	461.879,73		
15/12	Recibo domiciliado	634,00		51.953,97	D	15/12	16	831.263,52		
31/12	Comisión disponibilidad	52,48		52.006,45	D					
31/12	Com. saldo mayor excedido	125,07		52.131,52	D					
31/12	Intereses deudores	1.282,66		53.414.18	D					
31/12	Intereses excedidos	65,66		53.479,84	D					
31/12	Saldo nueva liquidación			53.479,84	D					
		93.479,84	40.000,00			∑ Números comerciales		4.860.600,25	112.558,68	

Cálculos de la liquidación

- **Comisión de apertura:** 0,5 % s/límite de crédito: Comisión A = 0,5 × 75.000/100 = **375 €**

- **Comisión de disponibilidad:** Saldo medio no dispuesto = = Límite de crédito − Saldo medio dispuesto

$$\text{Saldo medio dispuesto} = \frac{\text{Suma de números deudores}}{\text{Días que dura el crédito}} =$$

$$= \frac{4.860.600,25}{90 \text{ días}} = 54.006,67 \text{ €}$$

- **Saldo medio no dispuesto** = 75.000 − 54.006,67 = = **20.993,33 €**

- **Comisión disponibilidad:** 0,25 % s/20.993,33 = 0,25 · · 20.993,33/100 = **52,48 €**

- **Saldo mayor excedido** = 87.506,52 − 75.000 = 12.506,52

- **Comisión saldo mayor excedido:** 1 % s/12.506,52 = 1 · · 12.506,52/100 = **125,07 €**

- **Cálculo de intereses**

  − Intereses deudores: $I_D = \dfrac{4.860.600,25}{360/0,095} = 1.282,66 \text{ €}$

  − Intereses excedidos: $I_E = \dfrac{112.558,68}{360/0,21} = 65,66 \text{ €}$

4. Previsión de tesorería

> Las previsiones de tesorería son los **movimientos** futuros, reales o previstos, que conformarán el flujo de entradas y salidas de dinero que experimentará la caja o cuenta bancaria y que, sumadas al saldo inicial o de partida, nos arrojará un saldo final en una fecha futura, obteniendo una posición de tesorería a una fecha dada.

Realizar una previsión de tesorería conlleva conocer de primera mano la situación económica de la empresa y para ello debe nutrirse de todas las áreas o departamentos que la componen: políticas de inversión o desinversión, ventas, compras, precios, recursos humanos, producción, financiación, etc., y con la suma de todas ellas obtendremos la previsión.

De la calidad de las previsiones realizadas dependerá que esta resulte más acertada y, por tanto, más útil para la empresa.

4.1. Planificación de la tesorería

La previsión de la tesorería es una de las funciones del departamento de administración y su objetivo es anticiparse a las necesidades que se puedan presentar. Para ello, una planificación de la tesorería debe contener (Tabla 9.7):

Objetivos	• Prever cómo evolucionará la liquidez de la empresa, tratando de identificar con la máxima antelación posible los déficits y excedentes a corto plazo. • Minimizar las necesidades de financiación con los bancos y los proveedores, evitando así los costes financieros. • Reducir al máximo los fondos retenidos buscando alternativas para rentabilizarlos.
Ámbito temporal	• Es a corto plazo, pues se actúa sobre datos y posiciones para establecer la liquidez esperada y proyectada en un horizonte temporal de hasta 12 meses. Es importante efectuar revisiones de manera semestral o trimestral. • Realización de un calendario de vencimientos de cobros y pagos.
Elementos a tener en cuenta	• Deben considerarse los medios disponibles o a obtener. • Los objetivos establecidos deben ser coherentes y realistas. • Toda la organización debe estar involucrada. Es importante la implicación y compromiso de todos los departamentos de la empresa. • La previsión de tesorería permite planificar, gestionar y controlar.

Tabla 9.7. Elementos de la planificación de tesorería.

4.2. Presupuesto de tesorería

El **presupuesto de tesorería** es el instrumento que permite hacer las previsiones de tesorería **a corto plazo**, detallando las entradas (cobros) y las salidas (pagos) de efectivo en una empresa durante un periodo de tiempo determinado, generalmente un año. El objetivo que se pretende alcanzar es el **equilibrio presupuestario** y evitar las siguientes situaciones:

- **Déficit.** No hay suficiente liquidez para atender las obligaciones de pago que tiene la empresa. En este caso hay que recurrir a formas de financiación externa, con sus consiguientes costes financieros.
- **Superávit.** Excedentes de recursos que podrían estar invertidos para obtener más rentabilidad.

El presupuesto de tesorería se elabora con la **información** y las **previsiones** realizadas por los distintos departamentos que conforman la empresa. Dicha información se resume en un documento denominado **presupuesto de tesorería**, el cual arrojará la información prevista de los derechos de cobro y las obligaciones de pago futuras de la empresa.

! IMPORTANTE

Para realizar una buena **planificación de tesorería** es necesario tener en cuenta, entre otras referencias:

a) **La información que nos aportan las herramientas de control de la empresa** como:
   - Libro Registro de Caja.
   - Libro Registro de Bancos.
   - Libro Registro de Control de Cobros a Crédito.
   - Libro Registro de Control de Pagos a Créditos.
   - Libro Registro de Efectos Comerciales a Cobrar.
   - Libro Registro de Efectos Comerciales a Pagar.

b) **La información bancaria detallada sobre:**
   - Cuotas de préstamos.
   - Cuentas de crédito.
   - Cuotas de *leasing*.

c) **Los plazos establecidos por la Administración (véase Unidad 2) para:**
   - Pago de impuestos.
   - Pago de las cotizaciones a la Seguridad Social.
   - Pago de contribuciones.

¿SABÍAS QUE ...?

En la elaboración del presupuesto de tesorería se pueden prever necesidades de liquidez a corto plazo que tendrán que financiarse con pasivo corriente, como cuentas de crédito y descuento de efectos, entre otros.

A. La presentación del presupuesto tesorería

La confección del presupuesto de tesorería responde a un esquema simple, que se presenta en forma de tabla, donde se refleja el **momento donde se realizan** todos los cobros y pagos previstos:

- Sea cual fuere su origen: propios de la actividad de la empresa o no, inversiones en equipos, operaciones financieras, etc.
- Sea cual fuere el periodo al que se refieren las operaciones de las que proceden: ejercicio en curso, ejercicios anteriores o futuros.

Las **entradas** y **salidas ordinarias** serán aquellas que resultan como consecuencia de la explotación propia de la empresa, mientras que las **extraordinarias** proceden de operaciones ajenas a la explotación.

En la Figura 9.9 se presenta un esquema de los pasos para elaborar el presupuesto de tesorería.

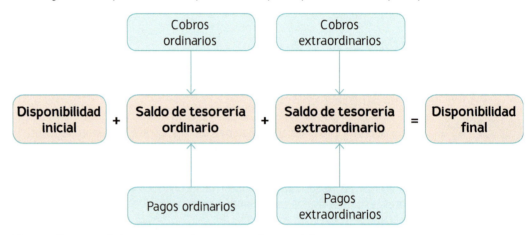

Fig. 9.9. Esquema de los pasos que hay que seguir para elaborar un presupuesto.

B. Contenido del presupuesto de tesorería

Para poder elaborar el presupuesto es necesario conocer los valores de los cobros y pagos de forma diferenciada así como sus vencimientos, tanto los **valores conocidos** como los que proyectamos a través de la formulación de las **previsiones.**

Los elementos o anotaciones que se reflejan en el presupuesto varían en función de la organización de la empresa, del sector en el que opera y de otras circunstancias. Las partidas más importantes que se recogen en la mayoría de los presupuestos son las siguientes:

- **Los cobros.** Constituye cobro **cualquier ingreso líquido o entrada de dinero** obtenida por la empresa. Por un lado, están los cobros correspondientes a su **actividad habitual,** es decir, los ingresos obtenidos por la venta de sus productos, donde los conceptos más comunes son las ventas en efectivo, los cobros a clientes, los efectos a cobrar, etc., y por otro lado, puede haber **otros ingresos** ajenos a esta actividad habitual, como son los intereses de cuentas bancarias, los alquileres de locales propios, etc.

- **Los pagos.** Constituye pago cualquier **desembolso o salida de dinero** que realiza la empresa. Por un lado, están los **pagos ordinarios** necesarios para el normal funcionamiento de la actividad, siendo los más comunes la compra de mercaderías en efectivo, los pagos a proveedores, los efectos a pagar, las nóminas, los impuestos, el alquiler del local, los suministros (Fig. 9.10), etc., y por otro lado, están los **pagos extraordinarios,** como pueden ser la compra de bienes de inmovilizado, la compra de valores de renta fija o variable, etc.

Mucha de la información necesaria para la realización del presupuesto de tesorería se puede obtener de los **Libros Registro** estudiados en esta unidad.

> Es importante resaltar que los datos que figuran en el presupuesto de tesorería son las anotaciones resultantes de los cobros y los pagos **en el momento en que se hacen efectivas,** independientemente de cuándo se origina el derecho a cobro o la obligación de pago correspondiente.

Fig. 9.10. El pago de los suministros es uno de los pagos ordinarios más frecuentes.

C. Elaboración del presupuesto de tesorería

En la Figura 9.11 se presenta un esquema simplificado de la tabla donde se elabora el presupuesto de tesorería.

Presupuesto de tesorería				
Conceptos	Enero	Febrero	....	Diciembre
Saldo inicial				
COBROS				
Total cobros				
PAGOS				
Total pagos				
Saldo final				

Fig. 9.11. Esquema de presupuesto de tesorería.

> **! IMPORTANTE**
>
> Aspectos a tener en cuenta en caso de superávit en el presupuesto de tesorería:
>
> 1. Identificación de las causas que lo han generado.
> 2. Planificación de los superávit en inversiones seguras.
> 3. Adoptar decisiones para superávit de larga duración.

A partir del esquema anterior y tomando como referencia la primera columna, la cumplimentación del presupuesto se realizará de la siguiente manera:

- El **saldo inicial** estará formado por el disponible líquido, es decir, la suma del saldo de caja y bancos.
- En **total cobros** se recoge la suma de todos los conceptos que supongan un cobro o entrada de dinero.
- En **total pagos** se recoge la suma de todos los conceptos referidos a pagos o salidas de dinero.
- El **saldo final** del periodo se obtendrá a partir de la siguiente ecuación:

> **Saldo final = Saldo inicial + Total cobros − Total pagos**

Por último, el saldo final de un periodo será el saldo inicial del siguiente, prosiguiendo de forma idéntica con los periodos sucesivos.

CASO PRÁCTICO 9. Elaboración del presupuesto de tesorería

La empresa ACUARIOS S.A., dedicada a la venta de productos para mantenimiento y limpieza de piscinas, tiene la siguiente previsión de cobros y pagos correspondiente a los tres primeros meses del año:

- El saldo disponible al principio del primer mes es de 75.000 €.
- Las ventas realizadas y con vencimiento en los próximos meses son de 250.000 €, 242.000 € y 252.000 €, respectivamente.
- Otros ingresos accesorios a la actividad se supone que serán de 2.300 € cada mes.
- Las deudas con los proveedores supondrán 117.000 €, 115.000 € y 115.000 €.
- En el tercer mes vence un pago del préstamo, con una cuantía de 400.000 €.
- Las nóminas de nuestros empleados ascienden a 35.000 € mensuales.
- Otros pagos suponen 7.500 € mensuales.

a) Realiza un presupuesto de tesorería para estos tres meses.

b) Comenta los resultados de los saldos finales, indicando las necesidades o disponibilidades mensuales.

(continúa)

CASO PRÁCTICO 9. Elaboración del presupuesto de tesorería *(continuación)*

Solución:

a) Relacionamos los conceptos con sus cuentas contables:

Presupuesto de tesorería			
Conceptos	Enero	Febrero	Marzo
Saldo inicial	75.000	167.800	254.600
COBROS			
Clientes	250.000	242.000	252.000
Otros ingresos	2.300	2.300	2.300
Total cobros	252.300	244.300	254.300
PAGOS			
Proveedores	117.000	115.000	115.000
Nóminas	35.000	35.000	35.000
Cuotas préstamo			400.000
Otros gastos	7.500	7.500	7.500
Total pagos	159.500	157.500	557.500
Saldo final	167.800	254.600	–48.600

b) En los dos primeros meses los saldos finales son positivos, por lo que la empresa dispone de liquidez suficiente para hacer frente a los pagos previstos. En el tercer mes el saldo es negativo, la empresa tendrá dificultades para hacer frente a las obligaciones de pago que tiene contraídas.

ACTIVIDADES

6. El día 1 de enero un grupo de socios constituyen la sociedad CAMPA Canarias S.L. Una vez realizadas las oportunas inversiones en el inmovilizado, deciden dejar 15.000 € en la cuenta abierta en el Banco de Fuerteventura para poder hacer frente a los pagos en efectivo necesarios para comenzar la actividad.

La empresa desea saber si debería disponer de más recursos económicos para evitar un desfase entre los cobros y los pagos previstos. Para ello facilita al administrador la siguiente información:

- El cobro por las ventas previstas asciende a 50.000 €, en el primer mes, y a 140.000 € a partir del segundo.
- A los proveedores se les comprará por valor de 35.500 € el primer mes, 45.000 € el segundo y 80.000 € los siguientes. Los pagos se harán a 30 días.
- El segundo mes se comenzará a pagar en plazos mensuales, 12.500 € por una nueva máquina, adquirida a un proveedor de inmovilizado.
- Los sueldos y salarios brutos que deben pagar cada mes suman 19.500 €.
- El importe del IVA será el 21 % de las ventas realizadas los tres primeros meses, y se pagará en el mes correspondiente.
- El pago de la cotización a la Seguridad Social asciende al 10 % del importe de los sueldos brutos, que se ingresará en los meses correspondientes.
- Los suministros se pagarán a razón de 2.500 € cada dos meses.
- Otros pagos previstos ascienden a 50.000 € mensuales.
- Los gastos de la asesoría ascienden a 200 € mensuales.
- En el mes de abril se prevé comprar un vehículo de reparto que se financiará con un *leasing* financiero. El estudio realizado por el banco estima unas cuotas de 700 € mensuales, siendo el primer vencimiento el 1 de abril.

Se pide:

a) Realiza un presupuesto de tesorería para los próximos seis meses.

b) ¿Puede la empresa endeudarse en abril con el nuevo vehículo?

c) Comenta los resultados de los saldos finales, indicando las necesidades o disponibilidades mensuales.

4.3. Soluciones a los problemas de tesorería

Un **presupuesto equilibrado** dispone de recursos suficientes para atender los pagos de la empresa pero no desaprovecha los fondos en excesos de liquidez. Dos formas básicas de equilibrar un presupuesto son (Tabla 9.8):

	En caso de déficit	En caso de superávit
Modificando, añadiendo o eliminando partidas	Vender inmovilizados, disminuir las existencias o eliminar algunos gastos, etc.	Disminuir la financiación externa, aumentar las inversiones, etc.
Modificando plazos de cobro y pagos	Acortar plazos de cobro, incrementar plazos de pago, obtener anticipos, renovar créditos bancarios.	No descontar efectos, obtener descuentos por pronto pago de proveedores o aumentar el plazo de cobro a clientes (quitando descuentos u obteniendo intereses). En general, reducir costes de financiación.

Tabla 9.8. Formas de equilibrar un presupuesto.

A. Operaciones para la obtención de liquidez

Estas operaciones **suponen** siempre un **coste** para la empresa de **intereses** y **comisiones** que hay que valorar y asumir. Las más habituales son (Tabla 9.9):

Financiación del déficit	Descripción de la operación
Descuento de efectos	El descuento de efectos comerciales a cobrar es una de las formas más básicas y usuales para la obtención de liquidez a corto plazo. La empresa lleva los efectos al banco para su descuento, adelantando el cobro de los mismos antes del vencimiento.
Operaciones de crédito comercial	Mediante una buena política comercial se pueden ajustar los vencimientos tanto de los pagos a realizar como de los cobros, de tal forma que los saldos de tesorería al final de cada periodo sean positivos.
Adelantamiento de cobros y aplazamiento de pagos	Los compromisos de pago pendientes pueden ser susceptibles de modificación, ya sea en vencimientos de facturas como en efectos comerciales. Esto se realiza sustituyendo los vencimientos originales por otros. De forma similar, se podrá gestionar el adelanto de los vencimientos de los derechos de cobros a los clientes.
Créditos y préstamos bancarios a corto plazo	La financiación bancaria es una herramienta imprescindible para hacer frente a faltas puntuales de liquidez.
Factoring y *confirming*	Son servicios que prestan las entidades financieras a las empresas para gestionar los cobros y los pagos. Con estos servicios las empresas obtienen financiación a corto plazo.

Tabla 9.9. Operaciones para la obtención de liquidez en situaciones de déficit.

B. Instrumentos de inversión en situaciones de superávit

Existe **excedente de tesorería** o **superávit** en un periodo de tiempo cuando el **saldo** final de uno o varios periodos mensuales es **positivo**, es decir, en un periodo temporal en el cual los cobros superan a los pagos.

Los **excedentes de tesorería** no se deben guardar en la cuenta corriente bancaria o en la caja de la empresa sin que produzcan beneficios. Lo interesante es buscar **instrumentos para rentabilizarlos** (Tabla 9.10), siempre teniendo en cuenta que el dinero disponible en la tesorería de la empresa sea suficiente para atender sus necesidades.

> **! IMPORTANTE**
>
> Cuando la empresa decide realizar una inversión, necesita conocer las disponibilidades de tesorería para hacer frente a la misma, sin perjuicio de los pagos corrientes que tiene que asumir.

Destino del superávit	Descripción de la operación
Descuentos por pronto pago	En el caso de **pagar antes del vencimiento**, la empresa puede beneficiarse de los descuentos por pronto pago que ofrecen los proveedores.
Productos bancarios	Los más indicados son las inversiones a **corto plazo** como letras del Tesoro o las imposiciones a plazo fijo.
Cancelación anticipada de cuentas de crédito	De forma total o parcial, se conseguirá eliminar o **disminuir los intereses y comisiones** a pagar en dichas cuentas de crédito.
Bienes de equipo	La empresa podrá asumir la inversión en inmovilizado para **incrementar la producción o la comercialización** de sus productos.

Tabla 9.10. Instrumentos para rentabilizar el superávit.

CASO PRÁCTICO 10. Presupuesto de tesorería. Solución de problemas

En el mes de enero, la empresa TUACTUALIDAD S.L., dedicada a la distribución de revistas de moda y que acaba de iniciar su actividad, desea elaborar un presupuesto de tesorería. La información aportada es la siguiente:

- Se estiman unas ventas, a lo largo del primer semestre, por las siguientes cuantías: 94.000 €, 115.000 €, 115.000 €, 120.000 €, 125.000 € y 145.000 €, respectivamente, para cada uno de los seis primeros meses.

- Los pagos a proveedores se prevé que sean los siguientes: 79.000 €, 75.000 €, 60.000 €, 96.000 €, 65.000 € y 60.000 €, respectivamente, para cada uno de los seis primeros meses.

- Los gastos de personal ascienden a 18.000 € los cuatro primeros meses y a 24.000 € los dos últimos.

- Se paga por el alquiler del local una renta mensual de 7.500 €.

- El saldo de caja inicial en enero es de 20.000 €.

- Los efectos a cobrar se calcula que serán: 5.000 €, con vencimiento el 10 de febrero; 7.000 €, que vence el 15 de marzo; 9.000 €, el 20 de abril; 10.000 €, con vencimiento el 30 de mayo; y 8.000 €, el 10 de junio.

- Los efectos a pagar previstos son: 3.000 €, con vencimiento el 5 de febrero; 4.000 €, que vence el 10 de abril; 5.000 €, el 15 de mayo; y 6.000 €, con vencimiento el 20 de junio.

- Los suministros supondrán un importe de 1.500 €, cada dos meses, efectuándose el primer pago en enero.

- Otros gastos suponen 10.000 € mensuales.

- Se adquiere una maquinaria que se pagará en los tres últimos meses a razón de 25.000 € mensuales.

a) Elabora un presupuesto de tesorería con los datos facilitados y analiza las posibles dificultades con las que puede encontrarse la empresa a lo largo del primer semestre del año.

b) Estudia las acciones posibles ante situaciones de déficit que muestre la presentación de este presupuesto y realiza los cálculos necesarios para llevar a cabo dichos cambios.

c) Elabora un nuevo presupuesto después de llevar a cabo las decisiones correspondientes al apartado anterior.

Solución:

a) Elaboración y análisis del presupuesto (en euros):

Presupuesto de tesorería

Conceptos	Enero	Febrero	Marzo	Abril	Mayo	Junio
Saldo inicial	20.000	−2.000	4.500	29.500	−2.000	−5.000
COBROS						
Clientes	94.000	115.000	115.000	120.000	125.000	145.000
Efectos a cobrar		5.000	7.000	9.000	10.000	8.000
Total cobros	94.000	120.000	122.000	129.000	135.000	153.000
PAGOS						
Proveedores	79.000	75.000	60.000	96.000	65.000	60.000
Efectos a pagar		3.000		4.000	5.000	6.000
Nóminas	18.000	18.000	18.000	18.000	24.000	24.000
Suministros	1.500		1.500		1.500	
Alquiler local	7.500	7.500	7.500	7.500	7.500	7.500
Otros gastos	10.000	10.000	10.000	10.000	10.000	10.000
Adquisición de maquinaria				25.000	25.000	25.000
Total pagos	116.000	113.500	97.000	160.500	138.000	132.500
Saldo final	−2.000	4.500	29.500	−2.000	−5.000	15.500

La empresa se encuentra con problemas de liquidez a muy corto plazo, en los meses de enero, abril y mayo. Las cantidades, aunque no son muy elevadas, supondrán un desfase que hay que solucionar.

(continúa)

CASO PRÁCTICO 10. Presupuesto de tesorería. Solución de problemas *(continuación)*

b) Posibles acciones para afrontar las situaciones de déficit.

Para solucionar los problemas de déficit de estos meses optaremos por dos acciones: una para el mes de enero y otra para los meses de abril y mayo.

Enero	Procederemos a descontar, el 31 de diciembre, la letra de 5.000 €, con vencimiento de 10 de febrero. El líquido obtenido tras el descuento pasará a formar parte del saldo inicial de enero y dejará de aparecer en ese mes, al estar negociada en el banco. La entidad bancaria nos aplica las siguientes condiciones para la negociación de efectos: un tipo de descuento del 10 % anual, una comisión del 4 ‰ y unos gastos fijos de 20 €. Los cálculos serán: Vencimiento: del 31 de diciembre al 10 de febrero: 41 días (31 + 10). Descuento: D = 5.000 · 41/360 · 0,10 = 57 € (se redondea el resultado). **Valor líquido = N − D − c − Gf = 5.000 − 57 − 20 − 20 = 4.903 € se añadirán al saldo inicial de enero.**
Abril y mayo	Mediante el descuento de varios capitales y su equivalencia propondremos a nuestro proveedor el cambio de la letra de 4.000 €, que vence el 10 abril, y de la letra de 5.000 €, que vence el 15 de mayo, por una nueva letra con vencimiento a 10 de junio. Suponiendo que negociamos con nuestro proveedor el 31 de diciembre, fecha a partir de la cual calcularemos los días de vencimiento de cada capital, y que el tipo de interés aplicado es del 8 % para no lesionar intereses, los cálculos serán los siguientes: Vencimientos: • Letra de 4.000 €, del 31 de diciembre al 10 de abril, 100 días (31 + 28 + 31 + 10). • Letra de 5.000 €, del 31 de diciembre al 15 de mayo, 135 días (31 + 28 + 31 + 30 + 15). • Para la nueva letra, que sustituye a las anteriores, del 31 de diciembre al 10 de junio, 161 días (31 + 28 + 31 + 30 + 31 + 10). $$D = \frac{4.000 \cdot 100 + 5.000 \cdot 135}{360/0,08} = \frac{1.075.000}{4.500} = \mathbf{239\ €} \text{ (se redondea el resultado)}$$ E = Total nominales − total descuento = 9.000 − 239 = 8.761 €, efectivo de la opción original. $$D = \frac{N \cdot 161}{360/0,08} = 0,03577777 \cdot N$$ E = N − 0,03577777 · N = **0,96422222 · N,** efectivo nueva letra Igualando ambos efectivos obtenemos el nominal de la nueva letra que sustituye a las dos anteriores: $$8.761 = 0,96422222 \cdot N;\ N = \frac{8.761}{0,96422222} = \mathbf{9.086\ €} \text{ (se redondea el resultado)}$$ **Esta cantidad (9.086 €) se añadirá a los efectos a pagar del mes de junio.**

(continúa)

CASO PRÁCTICO 10. Presupuesto de tesorería. Solución de problemas *(continuación)*

c) Elaboración del nuevo presupuesto tras las medidas adoptadas (en euros):

Presupuesto de tesorería						
Conceptos	Enero	Febrero	Marzo	Abril	Mayo	Junio
Saldo inicial	24.903	2.903	4.403	29.403	1.903	3.903
COBROS						
Clientes	94.000	115.000	115.000	120.000	125.000	145.000
Efectos a cobrar			7.000	9.000	10.000	8.000
Total cobros	94.000	115.000	122.000	129.000	135.000	153.000
PAGOS						
Proveedores	79.000	75.000	60.000	96.000	65.000	60.000
Efectos a pagar		3.000		–	–	15.086
Nóminas	18.000	18.000	18.000	18.000	24.000	24.000
Suministros	1.500		1.500		1.500	
Alquiler local	7.500	7.500	7.500	7.500	7.500	7.500
Otros gastos	10.000	10.000	10.000	10.000	10.000	10.000
Adquisición de maquinaria				25.000	25.000	25.000
Total pagos	116.000	113.500	97.000	156.500	133.000	141.586
Saldo final	2.903	4.403	29.403	1.903	3.903	15.317

Se puede comprobar que, tras los cambios realizados por las decisiones tomadas para corregir el déficit, los saldos finales de cada periodo son positivos, es decir, la empresa puede hacer frente a sus obligaciones de pago.

ACTIVIDADES

7. La empresa GIGABYTE, dedicada a la venta de componentes para ordenadores, elabora para el primer semestre el presupuesto de tesorería, que se presenta a continuación (en euros):

Presupuesto de tesorería						
Conceptos	Enero	Febrero	Marzo	Abril	Mayo	Junio
Saldo inicial	147.000	134.400	29.400	−5.100	−10.100	15.300
COBROS						
Clientes	51.500	36.000	29.000	55.500	108.500	169.000
Total cobros	51.500	36.000	29.000	55.500	108.500	169.000
PAGOS						
Proveedores	12.100	8.500	11.000	30.000	52.600	56.000
Nóminas	52.000	30.500	52.500	30.500	30.500	52.500
Adquisición de maquinaria		102.000				
Total pagos	64.100	141.000	63.500	60.500	83.100	108.500
Saldo final	134.400	29.400	−5.100	−10.100	15.300	75.800

a) Analiza y estudia las posibles acciones ante la presentación de este presupuesto y realiza los cálculos necesarios para llevar a cabo dichos cambios.

b) Elabora un nuevo presupuesto aplicando los cambios de las decisiones tomadas para corregir el déficit y comprueba si los desequilibrios presupuestarios se mantienen.

4.4. Herramientas informáticas para el presupuesto de tesorería: la hoja de cálculo

Las empresas cuentan con aplicaciones informáticas para elaborar este tipo de documentos, las cuales están basadas en las hojas de cálculo. Aquí veremos el presupuesto de tesorería usando como herramienta la aplicación **Excel**.

Para elaborar este documento con la aplicación informática Excel y tomando como referencia la primera fila y columna donde se comienzan a anotar las cantidades, procederíamos introduciendo las fórmulas de la siguiente manera (Fig. 9.12):

	A	B	C	D	E	F
1	Presupuesto de tesorería					
2	Conceptos	Enero	Febrero	Marzo	...	Diciembre
3	Saldo inicial		=+B22			
4						
5	Cobros:					
6	Clientes					
7	Efectos a cobrar					
8	Deudores					
9	...					
10	Total cobros	=SUMA(B6:B9)	=SUMA(C6:C9)			
11						
12						
13	Pagos:					
14	Proveedores					
15	Efectos a pagar					
16	Acreedores					
17	Suministros					
18	Sueldos y salarios					
19	...					
20	Total pagos	=SUMA(B14:B19)	=SUMA(C14:C19)			
21						
22	Saldo final	=+B3+B10-B20	=+C3+C10-C20			

Fig. 9.12. Presupuesto de tesorería mediante la aplicación informática Excel.

Una vez introducidas las fórmulas en la primera columna, solo hay que arrastrar la fórmula por toda la fila y se convierte automáticamente la fórmula en el resto de las celdas de dicha fila.

El uso de una hoja de cálculo es muy útil para este tipo de documentos, ya que se evitan errores de cálculo y, por otro lado, cuando se modifica cualquier cantidad aparece el nuevo resultado de forma inmediata.

¿SABÍAS QUE...?

Cualquier hoja de cálculo es útil para elaborar un presupuesto de tesorería, ya que permite ver los efectos globales de los cambios que se realicen en determinadas variables.

ACTIVIDADES

8. Elabora mediante la aplicación informática Excel el siguiente presupuesto:

El día 1 de enero un grupo de socios constituyen la sociedad Calzados Castellón S.L. Una vez realizadas las oportunas inversiones en el inmovilizado, deciden dejar 15.000 € en la cuenta abierta en el Banco de Fuerteventura para poder hacer frente a los pagos en efectivo del comienzo de la actividad.

La empresa desea saber si debería disponer de más recursos económicos para evitar un desfase entre los cobros y los pagos previstos. Para ello facilita la siguiente información:

- Las ventas previstas ascienden a 50.000 € en el primer mes y a 140.000 € a partir del segundo.
- A los proveedores se les comprará mercancías por valor de 35.500 € el primer mes, 45.000 € el segundo y 80.000 € los siguientes. Los pagos se harán a 30 días.
- El segundo mes se comenzará a pagar, de forma aplazada mensualmente, 12.500 € por una nueva máquina, adquirida a un proveedor de inmovilizado.
- Los sueldos y salarios que deben pagar cada mes suman 19.500 €.
- Los suministros se pagarán a razón de 2.500 € cada dos meses.
- Otros pagos previstos ascienden a 50.000 € mensuales.

a) Realiza un presupuesto de tesorería para los próximos seis meses.

b) Comenta los resultados de los saldos finales, indicando las necesidades o disponibilidades mensuales.

SÍNTESIS

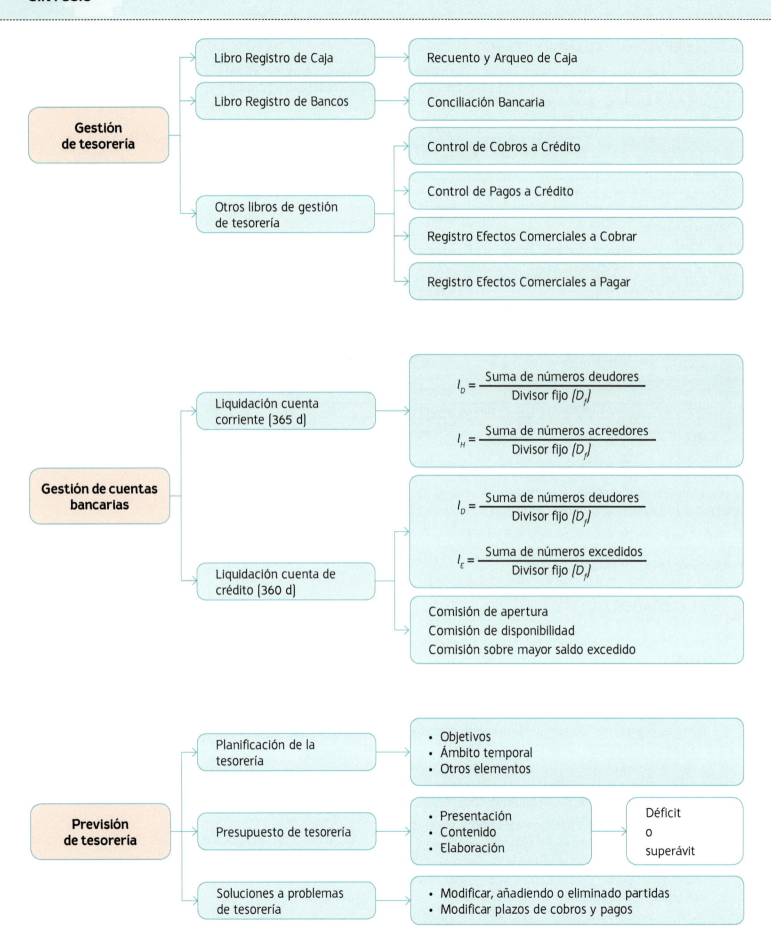

TEST DE REPASO

1. **La gestión de la tesorería en las empresas tiene como finalidad:**
   a) Disponer de información inmediata del estado de la tesorería en la empresa.
   b) Conocer la capacidad de la empresa para hacer frente a sus obligaciones.
   c) Controlar la gestión de cobros y pagos que realiza la empresa.
   d) Los tres anteriores son ciertos.

2. **Los Libros de Registro de la empresa:**
   a) Son obligatorios el de caja y bancos.
   b) Son todos obligatorios.
   c) No son obligatorios.
   d) Son obligatorios para las pequeñas empresas.

3. **El recuento de caja consiste en:**
   a) Comprobar que el dinero de caja coincide con el saldo del Libro Registro de Caja.
   b) Verificar los documentos justificativos de los distintos movimientos que se han producido en caja.
   c) Buscar el motivo de la diferencia, si la hubiere, entre el recuento y el saldo de caja.
   d) Anotar en el Libro Registro de Caja el concepto que refleje la diferencia, en caso de no encontrar la causa.

4. **Se anotarán como cobros en el Libro Registro de Bancos las siguientes operaciones:**
   a) Ingresos en efectivo o mediante cheques.
   b) Cheques emitidos por la empresa.
   c) Transferencias emitidas por la empresa.
   d) Domiciliaciones de cargo.

5. **La conciliación bancaria consiste en:**
   a) Anotar los cobros y pagos que realiza la empresa en el Libro de Bancos.
   b) Revisar el extracto bancario que nos envía el banco y anotar el saldo en el Libro de Bancos.
   c) Comparar los movimientos habidos en la cuenta corriente bancaria con los registros realizados en el Libro Registro de Bancos.
   d) Copiar en el Libro de Bancos la información del extracto bancario.

6. **En la conciliación bancaria una operación contabilizada por el banco pero no por la empresa es:**
   a) Cheques emitidos por la empresa que no han sido cobrados.
   b) Cargos de recibos domiciliados.
   c) Ingresos de cheques o efectivo.
   d) Pagos con tarjeta de crédito.

7. **Para realizar una conciliación bancaria hay que realizar los siguientes pasos:**
   a) Puntear las cantidades que coinciden.
   b) Al saldo del extracto bancario se le suman o restan las anotaciones realizas por la empresa pero no por el banco.
   c) Al saldo del Libro de Bancos se le suman y restan las anotaciones realizadas por el banco pero no por la empresa.
   d) Las tres operaciones anteriores son necesarias.

8. **Los efectos comerciales en cartera estarán registrados en:**
   a) Libro Registro de Bancos.
   b) Libro Registro de Caja.
   c) Libro Registro de Efectos a Cobrar.
   d) Ninguno de los anteriores.

9. **En la liquidación de una cuenta corriente bancaria para el cálculo de los días se tiene en cuenta:**
   a) La fecha de la operación.
   b) La fecha de cierre.
   c) La fecha valor.
   d) Ninguna de las anteriores.

10. **En la cuenta de crédito se pagan intereses por:**
    a) El límite del crédito.
    b) El crédito dispuesto.
    c) El crédito no dispuesto.
    d) Todas son ciertas.

11. **La comisión de disponibilidad se calcula sobre:**
    a) Saldo medio no dispuesto.
    b) Saldo medio dispuesto.
    c) Límite de crédito.
    d) Intereses excedidos.

12. **El objetivo de la planificación de la tesorería es:**
    a) Realizar un calendario de cobros y pagos.
    b) Considerar los medios disponibles o a obtener.
    c) Tratar de identificar con antelación los déficit y excedentes a corto plazo.
    d) Implicación y compromiso de toda la organización.

13. **En el presupuesto de tesorería, cuando se tiene déficit de manera puntual significa que:**
    a) La empresa está en suspensión de pagos.
    b) La empresa tiene excedente de tesorería y debe invertirlo.
    c) La empresa debe cerrar, está en quiebra.
    d) La empresa no tiene liquidez para atender las obligaciones de pago en un momento determinado.

COMPRUEBA TU APRENDIZAJE

Establecer la función y los métodos de control de la tesorería en la empresa.

Cumplimentar los distintos libros y registros de tesorería.

1. La empresa Formato S.L., que se dedica a la compraventa de material para ordenadores, tiene domicilio en la C/ Gara, 32 (35002, Las Palmas) y con NIF B-3500223, da comienzo el ejercicio con los siguientes elementos según la información contable a 1 de enero:

Caja	5.000 €	Proveedores	7.250 €
c/c bancaria	12.000 €	Vehículos	10.000 €
Mercaderías	15.000 €	Efectos a pagar	4.000 €
Clientes	8.000 €	Efectos a cobrar	7.000 €
Mobiliario	1.000 €	H. P. acreedora	5.000 €

   - La cuenta de clientes refleja la deuda del cliente Informática Cero S. L., de la C/ Tomás Morales, 9 (35003, Las Palmas), con NIF B-35023678, de una factura pendiente (Fra. n.º 50), con vencimiento a 20 de febrero. Las condiciones de cobro son las siguientes: 50 % mediante cheque nominativo, 20 % mediante letra a 60 días, resto a crédito a un mes.
   - La cuenta de proveedores recoge la deuda con Ordenator S.A. de Madrid, C/ Gran Vía, 4, C. P. 28080, con NIF A-28006032, Fra. n.º 153, con vencimiento a 25 de febrero. Las condiciones de pago son las siguientes: 60 % mediante cheque nominativo, 30 % mediante letra a 90 días, resto a crédito a dos meses.
   - La cuenta de efectos a pagar recoge una letra de cambio, emitida el 15 de diciembre, que hemos aceptado el 20 de diciembre a nuestro proveedor anterior, con vencimiento a 21 de febrero y domiciliada en nuestro banco.
   - La cuenta de efectos a cobrar recoge una letra de cambio, emitida el 20 de diciembre a nuestro cliente Informática Cero S.L., aceptada el 23 de diciembre, con vencimiento el 18 de febrero y domiciliada en el BBVA.

   La empresa realiza las siguientes operaciones durante el mes de enero:

   10 de enero:

   Compramos a la empresa Ordenator S.A., Fra. n.º 180, que se recibe el 15 de enero, los siguientes productos:
   - 60 discos duros de 500 GB al precio de 60,00 € c/u.
   - 30 teclados inalámbricos al precio de 30,00 € c/u.

   Forma de pago: 60 % cheque nominativo, 30 % letra a 90 días y el resto a crédito 2 meses.

   20 de enero:

   La empresa Ordenator S.A., nos comunica que nos carga en cuenta el transporte de la venta anterior por importe de 150,00 €. Nos manda fotocopia del documento correspondiente, nota de gasto n.º 13. El día 21 de enero realizamos el pago a través de caja.

   25 de enero:

   Nuestro cliente, Informática Cero S.L. efectúa una compra directamente en nuestro establecimiento, Fra. n.º 51, por los siguientes conceptos y precios:
   - 30 discos duros, a un precio de 85,00 € cada uno.
   - 15 teclados, a un precio de 50,00 € cada uno.

   Forma de cobro: 50 % cheque nominativo, 20 % letra a 60 días y el resto a crédito 1 mes.

   27 de enero:

   Se paga por caja Fra. n.º 1234, correspondiente al suministro de luz por 700 €. El mismo día nos cargan por banco Fra. n.º 445, por 250 €, concepto de agua.

   Se pide registrar todos los movimientos de tesorería, en los libros registros correspondientes.

Ejecutar operaciones del proceso de arqueo de caja y detectar desviaciones.

Cotejar la información de los extractos bancarios con el Libro de Registro del Banco.

2. El responsable de caja de la empresa CAMPA S.L. va a realizar el cierre de la caja del día 25 de enero, por lo que necesita hacer el recuento y el arqueo de caja.

   El registro Libro de Caja arroja un saldo al final del día de 1.938,65 €.

   En la caja registradora tiene las siguientes monedas: 5 de 2 €, 8 de 1 €, 7 de 50 cts., 14 de 20 cts., 5 de 10 cts. y 13 de 5 cts. Y los siguientes billetes: 4 de 100 €, 9 de 50 €, 23 de 20 €, 12 de 10 € y 4 de 5 €. También hay un cheque de la empresa Formato S.L. por importe de 235 € y otro de la empresa Canarias Jeans S.L. por importe de 463,20 €.

   Realiza el recuento y el arqueo de caja; en caso de que no coincida, averigua cuál puede ser el fallo.

3. El movimiento del Libro Registro de Banco de la empresa CAMPA S.L. en el mes de octubre fue:

	LIBRO DE BANCOS			
Fecha	Concepto	Cobros	Pagos	Saldo
13/10	Saldo anterior			10.908,35
17/10	Cheque 7481		882,67	10.025,68
17/10	Cheque 7482		1.003,29	9.022,39
17/10	Cheque 7483		1.470,83	7.551,56
17/10	Cheque 7484		1.174,08	6.377,48
18/10	Cheque 7485		1.633,85	4.743,63
20/10	Cheque 7486		931,59	3.812,04
24/10	Fra. 13487		2.067,78	1.744,26
25/10	Ingreso de cheques	1.502,53		3.246,79
27/10	Ingreso de cheques	933,76		4.180,55
27/10	Gastos bancarios		7,51	4.173,04
29/10	Ingreso en efectivo	2.313,90		6.486,94
30/10	Cheque 7487		72,12	6.414,82

COMPRUEBA TU APRENDIZAJE

Los movimientos durante el mismo periodo reflejados en el extracto bancario que la empresa CAMPA S.L. fueron:

EXTRACTO BANCARIO				
Fecha	Concepto	Debe	Haber	Saldo
03/10	Saldo anterior			10.908,35
20/10	Cheque 7486	931,59		9.976,76
24/10	Fra. 13487	2.067,78		7.908,98
25/10	Recibo teléfono	577,09		7.331,89
25/10	Recibo electricidad	96,46		7.235,43
25/10	Ingreso de cheques		1.502,53	8.737,86
27/10	Gastos bancarios	7,51		8.730,45
29/10	Ingreso en efectivo		2.313,90	11.044,35
29/10	Pago efecto	4.568,93		6.475,42
30/10	Fra. 222555	754,48		5.720,94

Realiza la conciliación bancaria y anota en el Libro de Bancos los registros correspondientes.

Describir las utilidades del calendario de vencimientos en términos de previsión financiera.

Relacionar el servicio de tesorería y el resto de departamentos con empresas y entidades externas.

Efectuar procedimientos de acuerdo con los principios de responsabilidad y confidencialidad de la información.

Utilizar las hojas de cálculo y otras herramientas informáticas para la gestión de la tesorería.

4. La empresa DOREMI S.L., dedicada a la venta de instrumentos musicales, inicia el ejercicio económico con el siguiente presupuesto elaborado por el departamento de tesorería para el primer trimestre del año (en euros):

Presupuesto de tesorería			
Conceptos	Enero	Febrero	Marzo
Saldo inicial	10.000	−7.400	4.700
COBROS			
Clientes	38.000	39.200	45.000
Efectos a cobrar		6.400	10.000
Total cobros	38.000	45.600	55.000
PAGOS			
Proveedores	14.000	4.600	30.400
Efectos a pagar		2.500	
Nóminas	8.000	8.000	8.000
Seguridad S.	2.400	2.400	2.400
Suministros		2.000	
Hacienda P.	9.000		
Otros gastos	22.000	14.000	21.000
Total pagos	55.400	33.500	61.800
Saldo final	−7.400	4.700	−2.100

Estudia las posibles acciones que se pueden llevar a cabo ante la presentación de este presupuesto y realiza los cálculos necesarios para aplicar dichos cambios.

5. Con el fin de realizar el presupuesto de tesorería de una empresa para el primer semestre del año, se nos proporciona la siguiente información:

- El día 1 de enero el saldo de caja es de 1.500 € y el dinero disponible en la cuenta bancaria asciende a 4.500 €.

- En nuestra cartera de efectos tenemos los siguientes:

  – Efectos a pagar: letra por importe de 3.750 €, con vencimiento a 10 febrero; efecto de 9.840 €, que vence el día 4 de abril; letra de nominal 5.280 €, con vencimiento el 22 de mayo; y efecto de 8.100 €, con vencimiento el día 21 de junio.

  – Efectos a cobrar: letra de 10.000 €, con vencimiento el día 21 de marzo; efecto de 17.340 €, que vence el 5 de abril; letra de 8.100 €, con vencimiento a 1 de mayo; y efecto de 13.680 €, con vencimiento el día 30 de junio.

- Está previsto que paguemos a nuestros proveedores las siguientes cantidades: 21.000 €, 6.900 € y 30.000 € los tres primeros meses, respectivamente, y 24.000 € cada uno de los tres siguientes.

- Los sueldos y salarios ascienden a 12.000 € mensuales, la Seguridad Social se liquida mensualmente por una cantidad fija de 3.600 €.

- Por suministros se abonan 3.000 € cada dos meses; el primer pago se hace en febrero.

- Por liquidación con Hacienda hay que pagar 12.000 € en enero y en abril.

- Otros gastos mensuales suponen 66.000 €, 57.000 € y 63.000 € los tres primeros meses, respectivamente, pasando a ser de 60.000 € cada uno de los tres últimos meses.

- Está previsto que en el mes de abril nos ingresen en cuenta la subvención de la comunidad autónoma por un importe de 12.000 €.

- En el mes de marzo hay que reponer una máquina, por lo que se compra por un importe de 75.000 €. Los pagos a realizar serán de 25.000 € a partir del siguiente mes.

- Se financia mediante un préstamo un vehículo en el mes de enero, el importe a pagar mensualmente es de 2.400 €, realizando el primer pago en el mes de febrero.

- Los cobros de factura a nuestros clientes se prevé que sean de 100.000 € los cuatro primeros meses, de 125.000 € en mayo y de 200.000 € en el mes de junio.

- Otros ingresos suponen 15.000 € por la venta de un pequeño local en febrero.

a) Realiza mediante documento de Excel un presupuesto para los próximos seis meses.

b) Estudia las posibles acciones en caso de déficit o superávit y elabora un nuevo presupuesto con las decisiones tomadas.

10 UNIDAD

El método contable

En esta unidad

APRENDERÁS A

- Definir los conceptos de patrimonio, elemento patrimonial y masa patrimonial.
- Identificar las masas patrimoniales que integran el Activo, el Pasivo exigible y el Patrimonio neto, y clasificar un conjunto de elementos en masas patrimoniales.
- Relacionar el patrimonio económico de la empresa con el patrimonio financiero, y ambos con las fases del ciclo económico de la actividad empresarial.
- Definir el concepto de cuenta como instrumento para representar los distintos elementos patrimoniales y los hechos económicos de la empresa.
- Determinar las características más importantes del método de contabilización por partida doble.
- Reconocer los criterios de cargo y abono como método de registro de las modificaciones del valor de los elementos patrimoniales.

ESTUDIARÁS

- La contabilidad.
- El inventario.
- Los hechos contables.

Y SERÁS CAPAZ DE

- Interpretar la normativa y la metodología aplicable para realizar la gestión contable y fiscal.

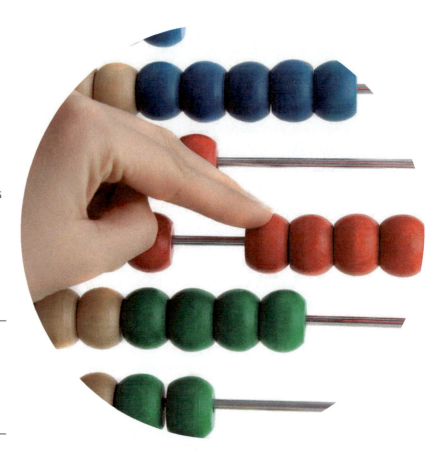

1. La contabilidad

> La contabilidad es la técnica que **interpreta, mide y describe** los hechos económicos de la actividad empresarial.

Dicho de otro modo, la contabilidad es la disciplina que sirve para proporcionar información útil para la toma de decisiones económicas. Su **objeto** es el estudio y la representación del patrimonio empresarial, tanto desde un punto de vista **estático** (referido a un momento determinado) como **dinámico** (la forma en que ha ido evolucionando la empresa).

La principal **ventaja** de la contabilidad es la valiosa información que aporta para la toma de decisiones en todas las áreas de la empresa.

1.1. Finalidad, características y tipos

Por su parte, la **finalidad** de la contabilidad es la **preparación de los estados contables** para que reflejen, de forma fiel, los verdaderos resultados de las actividades empresariales de un periodo de tiempo definido, así como la auténtica situación económica y financiera de la empresa.

> El Art. 25 del Código de Comercio señala:
>
> 1. Todo empresario deberá llevar una contabilidad ordenada, adecuada a la actividad de su empresa, que permita un seguimiento cronológico de todas sus operaciones, así como la elaboración periódica de balances e inventarios.
>
> 2. La contabilidad será llevada directamente por los empresarios o por otras personas debidamente autorizadas, sin perjuicio de la responsabilidad de aquellos. Se presumirá concedida la autorización salvo prueba en contrario.

La información contenida en los **estados contables** tiene que tener como característica fundamental **la utilidad**. Debe además perseguir otros objetivos, como son:

- **Fiabilidad.** Esta característica implica que la información está libre de errores materiales y es conforme con los hechos sucedidos. Es decir, debe reflejar en su contenido las transacciones y aquellos otros eventos realmente acontecidos, y debe poder comprobarse y validarse.
- **Relevancia.** La información financiera debe influir en la toma de decisiones económicas de quienes la utilizan.
- **Comprensibilidad.** Ha de facilitar su entendimiento a los usuarios.
- **Comparabilidad.** Debe permitir identificar y analizar las diferencias y similitudes con la información de la misma entidad y con la de otras entidades a lo largo del tiempo.

A su vez, según los **tipos de usuarios** de la misma, la contabilidad se clasifica en:

- **Contabilidad financiera (externa).** Facilita información esencial sobre el funcionamiento y el estado financiero de la empresa a todos los agentes económicos interesados externos a la empresa (proveedores, accionistas y empleados).
- **Contabilidad de costes (interna).** Calcula los costes (Fig. 10.1). Sirve para tomar decisiones en cuanto a producción, organización interna, etc.

¿SABÍAS QUE...?

Destinatarios de la información contable

Según a quién se dirija la información contable, es posible distinguir dos tipos de usuarios:

- **Usuarios internos.** Pertenecen a la empresa: directivos, mandos intermedios, trabajadores y propietarios o accionistas.
- **Usuarios externos.** Son prestamistas, clientes, proveedores, la Administración pública y la competencia.

Fig. 10.1. La contabilidad interna calcula los distintos costes a los que tiene que hacer frente una empresa.

ACTIVIDADES

1. En este módulo vas a aprender la técnica contable, pero, ¿sabes qué persigue la contabilidad o cuál es su objeto?

| ? | **¿SABÍAS QUE...?** |

El estado de la situación patrimonial se calcula:

Activo = Patrimonio neto + Pasivo

1.2. El patrimonio de la empresa

A la hora de llevar a cabo su actividad, la empresa necesita comprar o alquilar distintos **bienes**, como la maquinaria, el mobiliario, los vehículos de transporte, las mercancías, los programas informáticos con los que gestionar la información, etc.

A su vez, la empresa pagará las compras o los gastos necesarios para su funcionamiento, bien en el mismo momento de su adquisición o aplazando el pago, en cuyo caso surge una **obligación de pago**. Además, será muy probable que tenga que recurrir a las entidades bancarias para conseguir financiación, con las que también surgen obligaciones.

Del mismo modo, realizará ventas o prestará servicios que unas veces cobrará en el momento pero en otras ocasiones aplazará el cobro, surgiendo entonces los **derechos de cobro**.

> Así, se puede definir el **patrimonio empresarial** como el conjunto de bienes, derechos y obligaciones que una empresa tiene en un momento determinado.

Los bienes y derechos reflejan lo que la empresa posee, mientras las obligaciones nos indican lo que la empresa debe (Fig. 10.2).

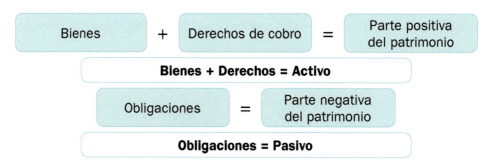

Fig. 10.2. Los bienes y derechos se consideran la parte positiva del patrimonio de la empresa y las obligaciones, la negativa.

Desde el punto de vista contable, tenemos la siguiente ecuación básica:

Bienes + Derechos − Obligaciones = Patrimonio neto

El **Patrimonio neto** refleja por tanto el valor real de la empresa en un momento determinado. Indica lo que los propietarios obtendrían si vendiesen todo el Activo y pagasen todas sus deudas.

ABC VOCABULARIO

Activo. Conjunto de bienes y derechos de una empresa.

Pasivo. Conjunto de obligaciones de pago de una empresa.

Patrimonio neto. Recursos aportados por los socios y beneficios no distribuidos por la empresa.

 CASO PRÁCTICO 1. El patrimonio

Si una empresa tiene bienes por valor de 7.500 €, derechos de cobro por un importe de 1.600 € y unas obligaciones por importe de 5.700 €, ¿a cuánto asciende su patrimonio?

Solución:

Patrimonio neto = Bienes + Derechos − Obligaciones.

Patrimonio neto = 7.500 + 1.600 − 5.700 = 3.400 €.

 ACTIVIDADES

2. Indica si los siguientes elementos son bienes, derechos u obligaciones de la empresa:

  a) Dinero en la caja de la empresa.
  b) Local para la venta de sus productos.
  c) Mobiliario (estanterías y mostradores).
  d) Deuda con el proveedor del mobiliario.
  e) Mercaderías.
  f) Facturas pendientes de cobrar a sus clientes.

A. Elementos patrimoniales

Cada uno de los bienes, de los derechos de cobro y de las obligaciones que posee la empresa y que forman parte de su patrimonio son **elementos patrimoniales.** De este modo, se puede establecer la siguiente definición:

> Un **elemento patrimonial** es un bien, un derecho o una obligación que posee una empresa en un momento determinado.

Para identificar los diferentes elementos patrimoniales utilizaremos una nomenclatura general que presenta el *Plan General Contable* (PGC). No es obligatoria, aunque todas las empresas la emplean con el fin de que la información sea comprendida por todos aquellos que la utilizan para tomar decisiones (de inversión para potenciales accionistas, de concesión de un préstamo para los bancos, etc.).

Algunos **ejemplos** muy comunes son las denominaciones que se recogen en la Tabla 10.1.

Concepto	Definición
Mercaderías	Valor de los productos en almacén, que se destinan a su venta sin transformación.
Maquinaria	Conjunto de bienes de producción de la empresa.
Construcciones	Conjunto de edificios y construcciones que posee la empresa.
Elementos de transporte	Vehículos y otros sistemas de transporte.
Mobiliario	Conjunto de muebles de la empresa.
Caja	Dinero efectivo en billetes y monedas.
Bancos c/c	Depósitos en dinero en entidades bancarias.
Equipos para procesos de información	Ordenadores, impresoras, etc.
Aplicaciones informáticas	Programas informáticos.
Clientes	Derechos de cobro sobre otras empresas o personas que han comprado nuestros productos o servicios.
Acreedores por prestaciones de servicios	Las deudas que nacen cuando alguna empresa nos presta un servicio y aplazamos el pago.
Proveedores	Las deudas por compras de productos, materias primas, con suministradores de servicios utilizados en el proceso productivo, etc.
Proveedores de efectos comerciales a pagar	Deuda con un proveedor que aparece reflejada en un instrumento denominado letra de cambio.
Deudas con entidades de crédito	Deudas con entidades bancarias, normalmente por préstamos recibidos.

Tabla 10.1. Elementos patrimoniales más frecuentes en contabilidad.

¿SABÍAS QUE...?

Un ejemplo característico de elemento patrimonial es la **letra de cambio,** documento mercantil por el que una persona (**librador**) ordena a otra (**librado**) el pago de una determinada cantidad de dinero, en una fecha determinada o de **vencimiento.**

El Banco de España alude a ella como un **mandato de pago** que debe reunir las características que señala la Ley 19/1985, de 16 de julio, Cambiaria y del Cheque.

ACTIVIDADES

3. Clasifica los siguientes elementos de la empresa GHT S.A. en bienes, derechos y obligaciones.

   a) Dinero en metálico depositado en una cuenta corriente, 8.200 €.

   b) Maquinaria para la fabricación de los productos, valorada en 48.000 €.

   c) Materias primas por valor de 980 €.

   d) Una deuda con un proveedor de las materias primas por un importe de 730 €.

   e) Mesas y sillas para la oficina por valor de 800 €.

   f) Un derecho sobre un cliente por una venta que no cobraron por importe de 1.300 €.

   g) El local donde tienen el negocio que les costó 230.000 €.

   h) Productos terminados por valor de 4.100 €.

   i) Un ordenador valorado en 1.050 € y una impresora valorada en 150 €.

   j) Una deuda con el proveedor de la maquinaria por importe de 21.000 € que pagarán dentro de 6 meses.

   k) Una deuda con la compañía eléctrica por importe de 220 €.

B. Masas patrimoniales

> Las **masas patrimoniales** son agrupaciones de los distintos elementos que posee la empresa, según la función que desempeñan en ella, teniendo en cuenta su funcionalidad económica o financiera.

¿SABÍAS QUE...?

Los elementos patrimoniales son los **bienes, derechos** y **obligaciones** que tiene una empresa **en un momento determinado**.

Algunos de estos elementos solo permanecen en la empresa durante el ciclo económico, generalmente menos de un año, como por ejemplo las mercaderías y los derechos de cobro sobre los clientes. Otros, en cambio, cumplen una función más permanente, durante varios años, como por ejemplo diversa maquinaria, o las deudas a largo plazo (l/p) con los bancos (entidades de crédito).

Así, se distinguen **tres** grandes masas patrimoniales:

- **Activo.** En ella se recogen todos los **bienes** y **derechos** de la empresa.
- **Pasivo.** Aquí se concentran todas las **obligaciones** de la empresa.
- **Patrimonio neto.** Está formado por las **aportaciones** de los **socios** y por los **beneficios** que la empresa ha obtenido y no ha repartido.

De este modo, en toda empresa se debe cumplir que:

$$\text{Activo} = \text{Pasivo} + \text{Patrimonio neto}$$

O, lo que es lo mismo:

$$\text{Bienes} + \text{Derechos} = \text{Obligaciones} + \text{Patrimonio neto}$$

Activo

> El **activo** es el conjunto de todos los bienes y derechos que tiene una empresa, tanto los que van a permanecer menos de un año como los que van a mantenerse durante un tiempo indeterminado.

A su vez, dentro del **Activo** se puede diferenciar entre:

- **Activo no corriente.** En esta masa patrimonial se recogen los elementos que van a permanecer en la empresa varios ejercicios económicos, durante más de un año, tiempo mínimo que transcurrirá hasta que dichos activos se conviertan en dinero (Fig. 10.3).

  Además, dentro de esta masa patrimonial los elementos patrimoniales se clasifican, atendiendo a su naturaleza, en:

Inmovilizado intangible	Inmovilizado material	Inmovilizado financiero
Elementos que no son tangibles (no se pueden tocar), pero que tienen valoración económica (un programa informático, una patente, etc.)	Elementos tangibles (maquinaria, mobiliario, elementos de transporte, etc.)	Inversiones financieras (acciones, depósitos a plazo fijo, etc.)

Fig. 10.3. Tipos de inmovilizado.

- **Activo corriente.** En él se agrupan los elementos que no se espera vayan a permanecer en la empresa más de un año. Tardarán menos de un año en convertirse en dinero (Fig. 10.4).

Existencias	Realizable	Disponible
Mercaderías, materias primas, productos terminados, otros aprovisionamientos. Se convertirán en dinero con su venta	Derechos de cobro de la empresa a c/p. Solamente es necesario cobrarlos para convertirlos en dinero	Elementos que ya son dinero. Caja, Bancos c/c

Fig. 10.4. Elementos integrantes del Activo corriente.

¡ IMPORTANTE

A la hora de contabilizar los diferentes elementos patrimoniales de Activo no corriente, hay que tener clara la diferencia entre los inmovilizados intangibles y los tangibles.

Pasivo

> El **Pasivo** es el conjunto de obligaciones que tiene una empresa, tanto las que pagará antes de un año (corto plazo) como las que pagará a largo plazo.

Dentro del Pasivo, están:

- **Pasivo no corriente.** En él se agrupan las **obligaciones** que tiene la empresa a largo plazo (l/p), es decir, cuyo vencimiento es **superior al año**. Por ejemplo: deudas a l/p con entidades de crédito, proveedores de inmovilizado a l/p, etc.
- **Pasivo corriente.** Aquí se agrupan las **obligaciones** exigibles a corto plazo, es decir, cuyo vencimiento es **inferior a un año**. Entre ellas se encuentran, por ejemplo, las deudas con las distintas Administraciones Públicas y con los proveedores, los acreedores por prestaciones de servicios, las deudas a corto plazo (c/p) con entidades de crédito, etc.

! IMPORTANTE

El **ejercicio económico** es cada uno de los periodos de igual duración en que se fracciona a efectos contables el desarrollo de la actividad de una empresa.

Normalmente dura 12 meses y coincide con el año natural (365 días).

Patrimonio neto

> El **Patrimonio neto** es el conjunto de elementos patrimoniales constituido por las aportaciones del empresario o de los socios a la empresa y por los beneficios no distribuidos. Es lo que nadie ajeno a la empresa puede exigir.

Los elementos patrimoniales más destacables del Patrimonio neto son la cuenta de capital (aportaciones de los socios), así como el **resultado del ejercicio.** Los resultados que no se reparten constituyen las cuentas de **reservas**.

Patrimonio neto = Capital + Resultado del ejercicio + Reservas

ACTIVIDADES

4. Clasifica los elementos de la empresa GHT S.A. indicados en la Actividad 3 en la masa patrimonial que corresponda.

CASO PRÁCTICO 2. Masas patrimoniales

Con los datos que tienes a continuación de la empresa FGR S.A. calcula su Patrimonio neto:

- *a)* Inmovilizado material: 49.900 €.
- *b)* Pasivo no corriente: 7.000 €.
- *c)* Realizable: 2.000 €.
- *d)* Inmovilizado intangible: 10.800 €.
- *e)* Existencias: 3.900 €.
- *f)* Inmovilizado financiero: 700 €.
- *g)* Pasivo corriente: 2.400 €.
- *h)* Disponible: 2.850 €.

Solución:

- Activo = 49.900 + 2.000 + 10.800 + 3.900 + 700 + 2.850 = = 70.150 €.
- Pasivo = 7.000 + 2.400 = 9.400 €.
- Patrimonio neto = 70.150 − 9.400 = 60.750 €.

ACTIVIDADES

5. Calcula el Patrimonio neto de la empresa ABC S.A. que se dedica a la compraventa de electrodomésticos, si posee los siguientes elementos:

- Frigoríficos por valor de 15.000 €.
- 25.000 € que tiene depositados en una cuenta corriente.
- Estanterías y expositores por valor de 4.500 €.
- Debe 23.000 € a una entidad financiera por un préstamo de 30.000 € que pidió hace 2 años.
- Debe 1.700 € a un proveedor.
- Lavadoras por valor de 9.000 €.
- Facturas pendientes de pagar por importe de 1.500 €.
- Ordenadores y programas informáticos por valor de 6.700 €.
- Dinero en efectivo, un total de 1.200 €.
- Facturas pendientes de cobrar por importe de 2.100 €.
- Tiene pendiente de pago la factura de la luz y del teléfono que ascienden a 170 € y 90 € respectivamente.
- Hornos por importe de 5.100 €.
- Vitrocerámicas por valor de 4.300 €.
- El local comercial donde realiza su actividad comercial con un valor de 170.000 €.

Fig. 10.5. El equilibrio patrimonial se sustenta en que exista una relación proporcionada entre las estructuras económica y financiera de la empresa.

C. El equilibrio patrimonial

El **equilibrio patrimonial** (Fig. 10.5) surge al comparar, por un lado, las masas patrimoniales que forman la estructura económica (Activo) y, por otro, la estructura financiera (Pasivo y Patrimonio neto).

Así, la **ecuación fundamental** del **patrimonio** se expresa del siguiente modo:

> **Bienes + Derechos = Obligaciones + Patrimonio neto**
>
> **Activo = Pasivo + Patrimonio neto**

En este caso, el Activo muestra en qué elementos patrimoniales se ha invertido el dinero y dónde se encuentran las **inversiones** (por ello también se le denomina **estructura económica**). De este modo, es posible afirmar que el Activo indica **lo que se tiene** en un determinado momento.

Por otra parte, el Pasivo y el Patrimonio neto muestran de dónde se ha obtenido el dinero **(las fuentes de financiación)** para poder desarrollar la actividad que se ha propuesto desarrollar la empresa (a esto también se le denomina **estructura financiera**). Es decir, el Pasivo indica lo que se debe y el Patrimonio neto señala cuál es el verdadero patrimonio de la empresa.

> **Activo = Pasivo + Patrimonio neto**
>
> **Estructura económica = Estructura financiera**
>
> **Inversiones = Fuentes de financiación**

$$\text{Activo} = \frac{\text{Patrimonio neto}}{\text{Pasivo}}$$

Sobre la base de lo expuesto, las posibles **situaciones** de equilibrio patrimonial en las que se puede encontrar la empresa son las siguientes:

1. **Activo = Patrimonio neto,** mientras que el **Pasivo** es 0. Todas las inversiones están financiadas con Patrimonio neto, es decir, la empresa no tiene deudas y, por tanto, se considera de **estabilidad máxima.**

2. **Activo = Pasivo + Patrimonio neto.** Es la situación de **equilibrio,** de manera que una parte de las inversiones se financian con pasivos y otra parte con recursos de la propia empresa.

3. **Activo = Pasivo.** El **Patrimonio neto** es 0. Todas las inversiones de la empresa se financian con obligaciones, deudas. Se trata por tanto de una situación de **desequilibrio.**

4. **Activo + Patrimonio neto = Pasivo.** En esta posible situación, la empresa debe más de lo que tiene. Es decir, incluso si vendiera todos sus activos, no podría hacer frente al pago de todas sus deudas. La situación es de **inestabilidad máxima (quiebra).**

CASO PRÁCTICO 3. Estado patrimonial de la empresa

Determina en qué situación se encuentra la siguiente empresa, si sabes que:

- Activo = 140.000 €.
- Pasivo = 140.000 €.
- Patrimonio neto = 0 €.

Solución:

Activo (140.000 €) = Pasivo (140.000 €).

Es decir, el Patrimonio neto es 0, con lo que la empresa se encuentra en una situación de desequilibrio.

ABC VOCABULARIO

Deuda. Obligación que tiene una persona o una empresa de pagar o devolver un objeto (generalmente dinero).

Suspensión de pagos (o cesación de pagos). Situación concursal en la que se encuentra un empresario o una sociedad mercantil cuando no puede pagar la totalidad de las deudas que tiene con sus acreedores, por falta de liquidez o de dinero en efectivo.

Quiebra. Juicio por el que se incapacita a alguien patrimonialmente por su situación de insolvencia y se procede a ejecutar todos sus bienes en favor de la totalidad de sus acreedores.

2. El inventario

> El **inventario** es el documento en el que la empresa refleja de forma detallada y valorados en euros (€) todos y cada uno de los elementos patrimoniales que tiene en un momento determinado.

Es decir, nos informa acerca de la **situación** de la empresa en un preciso momento, pero **no** sobre los **movimientos** que ha realizado la compañía para llegar a dicha situación.

Para poder realizar el inventario, se necesita: determinar los elementos patrimoniales que tiene la empresa, conocer el valor de cada uno de ellos y reconocer a qué masa patrimonial pertenecen.

A su vez, el inventario consta de tres **partes** principales:

1. **Encabezamiento.** En este apartado se ha de indicar el número de inventario, el nombre de la empresa y el domicilio de esta.
2. **Cuerpo.** En él se reflejarán todos los elementos patrimoniales de la empresa, los activos y los pasivos valorados en ese momento.
3. **Pie o certificación del capital.** Certificación del capital, firmada por el empresario o la persona autorizada, en el que aparecerá la fecha de realización del inventario.

Los inventarios pueden clasificarse en función de diferentes criterios, como su extensión o el momento en el que se llevan a cabo. Así, atendiendo a su **extensión**, se clasifican en:

- **Generales.** Cuando los inventarios incluyen **todos** los elementos del patrimonio (bienes, derechos y obligaciones).
- **Parciales.** En este caso, en los inventarios solo se incluye **una parte** de los elementos del patrimonio (pueden, por ejemplo, contemplar detalladamente las existencias [mercaderías, materias primas, productos terminados], los elementos del inmovilizado material, las deudas a c/p de la empresa, etc.).

Si el criterio escogido es el **momento en el que se realizan**, entonces los inventarios pueden ser:

- **Iniciales.** Cuando el inventario se elabora al constituirse la empresa, en el momento en el que nace.
- **De gestión.** Se clasifica así al inventario que se prepara al final de todos los ejercicios económicos.
- **De liquidación.** En este caso, el inventario se elabora cuando se va a liquidar la empresa.
- **De intervención.** Se catalogan de esta manera los inventarios que se elaboran en el caso de que la empresa haya llegado a una situación de suspensión de pagos o quiebra.

> **! IMPORTANTE**
>
> El **inventario** debe formularse al **cierre** del ejercicio y antes de iniciar cualquier actividad, además de siempre que se desee conocer la composición y cuantía del patrimonio y el capital efectivo de la empresa.

ACTIVIDADES

6. Clasifica en bienes, derechos y obligaciones los elementos siguientes de la empresa Muñoz López S.A. dedicada a la venta de videoconsolas, atendiendo a la masa a la que pertenecen. Confecciona asimismo su inventario.

- Un local valorado en 205.000 €.
- Para la compra del local pidieron un préstamo al banco de 170.000 €, que devolverán dentro de 10 años.
- Distintos elementos del mobiliario: dos mostradores valorados cada uno en 260 €, cuatro expositores valorados cada uno en 390 € y tres mesas valoradas cada una en 70 €.
- Videoconsolas:
  - 100 consolas Nintendo 3DS XL valoradas cada una en 240 €.
  - 150 consolas Xbox One valoradas cada una en 475 €.
  - 20 PlayStation 4 valoradas cada una en 390 €.
  - 30 consolas Nintendo Wii U valoradas cada una en 285 €.
- Una caja registradora electrónica valorada en 1.850 €.
- Dinero en la cuenta corriente: 28.000 €.
- Dinero en metálico en caja: 800 €.
- Deben a un proveedor 34.000 €.
- Tienen pendientes de pago la factura de la luz y la del teléfono, por importe de 190 € y 60 € respectivamente.

LEGISLACIÓN

El artículo 28 del Código de Comercio dice: «el libro de Inventarios y Cuentas anuales se abrirá con el balance inicial detallado de la empresa. Al menos trimestralmente, se transcribirán con sumas y saldos los balances de comprobación. Se transcribirán también el inventario de cierre de ejercicio y las cuentas anuales».

CASO PRÁCTICO 4. Realización de un inventario

Realiza el inventario de la empresa ZAS S.A. que cuenta con los siguientes elementos:

- Dinero en el banco: 30.000 €.
- Un local valorado en 100.000 €.
- Mobiliario:
  - 3 mesas de 200 € cada una: 600 €.
  - 3 sillas de 50 € cada una: 150 €.
  - 5 estanterías, valoradas cada una en 120 €, es decir: 600 €.
- Un ordenador valorado en 4.000 €.
- Un programa informático valorado en 3.800 €.
- Mercaderías:
  - 5 unidades del *Producto A*: 300 €/unidad: 1.500 €.
  - 7 unidades del *Producto B*: 430 €/unidad: 3.010 €.
  - 10 unidades del *Producto C*: 380 €/unidad: 3.800 €.
- Una deuda con el proveedor de inmovilizado: 750 €.
- Una deuda a corto plazo con el banco por importe de 20.000 €.
- Una deuda por el recibo de la luz de 190 €.
- Un derecho de cobro sobre un cliente que le debe 500 €.
- Otro derecho de cobro sobre otro cliente por 700 €.

Solución:

Empresa: Domicilio: Inventario n.º: Unidades	Elementos	Precios/unidad (€)	Importe parcial (€)	Importe total (€)
	Activo			
	Bancos			30.000
	Clientes			1.200
	Cliente 1		500	
	Cliente 2		700	
	Mercaderías			8.310
5	Producto A	300	1.500	
7	Producto B	430	3.010	
10	Producto C	380	3.800	
	Mobiliario			1.350
3	Mesas	200	600	
3	Sillas	50	150	
5	Estanterías	120	600	
	Equipos para procesos de información (ordenador)			4.000
	Construcciones			100.000
	Aplicaciones informáticas			3.800
	Total Activo			**148.660**
	Pasivo			
	Proveed. de inmovilizado			750
	Acreedores por prestaciones de servicios			190
	Deudas a c/p con entidades de crédito			20.000
	Total Pasivo			**20.940**
	Resumen			
	Activo 148.660			
	Pasivo 20.940			
	Capital líquido 127.720			

Certifico: el capital líquido de la empresa asciende a CIENTO VEINTISIETE MIL SETECIENTOS VEINTE EUROS

.... de .... de ....

Firma

3. Los hechos contables

La situación patrimonial que posee la empresa no es estática, es decir, varía a lo largo de su trayectoria. De hecho, en el momento en el que se constituye la empresa, o con fecha 1 de enero (si se trata de una empresa que ya está en funcionamiento), tiene una determinada situación patrimonial, la cual se altera a lo largo del ejercicio económico como consecuencia de las **operaciones** que realiza (compra, vende, alquila, etc.). Reflejar en cualquier momento dicha situación patrimonial y sus resultados constituye el objetivo de la **contabilidad**.

> En concreto, la contabilidad refleja los actos y las transacciones que afectan al patrimonio de la empresa, denominados **hechos contables**. Así, son hechos contables, por ejemplo, la compra de mobiliario, el cobro a un cliente, el pago de una factura, etc.

A su vez, los hechos contables pueden referirse a cualquiera de los tres términos de la ecuación fundamental del patrimonio, alterando o no el Patrimonio neto:

Activo = Pasivo + Patrimonio neto

ABC VOCABULARIO

Financiar una empresa. Es dotarla de dinero y de crédito, es decir, conseguir recursos y medios de pago para destinarlos a la adquisición de bienes y servicios, necesarios para el desarrollo de las funciones de la empresa.

3.1. Las cuentas: clasificación y funcionamiento. Convenio de cargo y abono

Cualquier empresa desea poder conocer, en todo momento, cuál es la situación de cada uno de sus elementos patrimoniales.

Para ello emplea un instrumento de representación y medida individualizado que se conoce con el nombre de **cuenta** (Fig. 10.6), a través de la cual la empresa puede conocer cuál era la situación inicial de un elemento patrimonial, las variaciones que ha sufrido y su situación final.

Para representar **gráficamente** una cuenta vamos a utilizar la llamada **cuenta de T** que, tal como su nombre indica, representa una cruceta con forma de T mayúscula.

A la hora de elaborarla, trazaremos una línea horizontal, sobre la que aparecerá el **nombre o título** de la cuenta, y dividiremos el espacio inferior en dos mitades trazando una línea vertical. El lado izquierdo de la T se llama **Debe** y a la parte derecha se la denomina **Haber,** tal como se aprecia en la Figura 10.7.

En cada una de las cuentas se anotarán los importes o cantidades de las operaciones que realiza la empresa en un periodo de tiempo determinado. Las anotaciones se harán en el Debe o en el Haber dependiendo de la cuenta que se trate y de la operación que se quiera registrar. En la Figura 10.8 se ve como ejemplo la representación de las cuentas de bancos c/c y capital.

Fig. 10.6. En el lado izquierdo de la Cuenta se apunta el Debe y en el lado derecho, el Haber.

Debe	Título de la cuenta	Haber

Debe	Bancos c/c	Haber

Debe	Capital	Haber

Fig. 10.7. Cruceta para generar una cuenta.   *Fig. 10.8. Cuentas de Bancos y de Capital.*

CASO PRÁCTICO 5. Los hechos contables

La empresa Paco Pil S.L. ha comprado mercaderías por un importe total de 2.800 € y paga dicha cantidad mediante transferencia bancaria. ¿Qué hecho contable debe reflejar Paco Pil?

Solución:

El hecho contable que debe reflejar es un aumento de las mercaderías (Activo) a favor de la empresa por importe de 2.800 € y una disminución de la cuenta bancos c/c (Activo), también por importe de 2.800 €.

Es decir, lo que ha sucedido es que tanto las mercaderías como la cuenta bancos c/c han sufrido una **alteración,** que en el primer elemento ha sido positiva (ya que ha aumentado), mientras que en la cuenta bancos c/c la alteración que se ha producido es negativa (ha disminuido).

En la cuenta 400
El **4** nos indica que pertenece al grupo Acreedores y deudores por operaciones comerciales.
El **40**, que pertenece al subgrupo Proveedores.
El **400**, que se trata de la cuenta Proveedores.
Si tuviera un **cuarto dígito** se trataría de una subcuenta, y determina el nombre del proveedor concreto.

En la cuenta 4750
El **4** nos indica que pertenece al grupo Acreedores y deudores por operaciones comerciales.
El **47**, que pertenece al subgrupo Administraciones Públicas.
El **475**, que se trata de la cuenta Hacienda Pública, acreedora por conceptos fiscales.
El **4750**, que se trata de la subcuenta Hacienda Pública, acreedora por IVA.

Tabla 10.2. Ejemplos de cuentas y subcuentas.

Es posible clasificar las cuentas en **dos grandes grupos:**

1. **Cuentas patrimoniales o de balance.** Se utilizan con elementos que para la empresa representan bienes, derechos u obligaciones. Dichos elementos patrimoniales son los que se deben reflejar en el balance (de ahí el nombre de este tipo de cuentas). A su vez, se clasifican en cuentas de Activo, de Pasivo y de Patrimonio neto.

    Las cuentas patrimoniales se dividen en cinco grupos (Fig. 10.9):

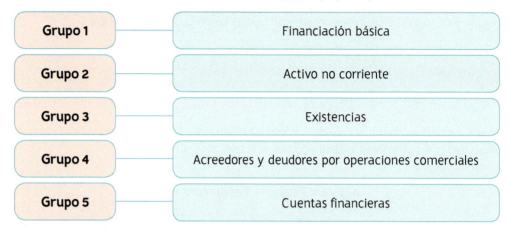

Fig. 10.9. Grupos de las cuentas patrimoniales o de balance.

    Asimismo, cada uno de estos grupos se subdivide en **subgrupos**, los subgrupos en **cuentas** y las cuentas en **subcuentas**, tal como se puede ver en los ejemplos de la Tabla 10.2.

2. **Cuentas de gestión.** Son cuentas que reflejan los ingresos y gastos que tiene la empresa en un periodo de tiempo determinado (normalmente, un ejercicio económico). Estas cuentas nacen al comienzo de cada ejercicio económico y se cierran al finalizar este. Estas cuentas no aparecen en el balance, ya que no forman parte del patrimonio de la empresa. Al final del ejercicio, mediante la regularización de los ingresos y los gastos el saldo debe trasladarse a la cuenta de resultados (cuenta de Patrimonio neto), la cual sí aparece en el balance.

Con las cuentas de gestión la empresa, al final del ejercicio económico, elabora la **cuenta de pérdidas y ganancias,** que muestra, por la diferencia entre los ingresos y los gastos, el resultado positivo o negativo obtenido.

Las cuentas de **gestión** en el PGC de las pymes, se dividen en los dos grupos que se reflejan en la Figura 10.10.

Fig. 10.10. Grupos en que se dividen las cuentas de gestión.

Sin embargo, tal como nos muestra la Figura 10.11, en el PGC las cuentas de gestión se dividen en cuatro grupos. **Cada grupo,** a su vez, se subdivide en **subgrupos,** estos en **cuentas,** y estas en **subcuentas.**

Fig. 10.11. Los grupos 6, 7, 8 y 9 pertenecen a pérdidas y ganancias.

Convenio de cargo y abono

Para comprender en qué consiste el convenio de cargo y abono, antes hay que distinguir entre los diferentes tipos de cuentas que hay: de Activo, de Pasivo y Patrimonio neto, de ingresos y gastos.

El convenio del cargo y del abono de las cuentas nos explica el **funcionamiento** y la **mecánica** de las mismas. Dependiendo del tipo de cuenta de que se trate, habrá que realizar las anotaciones en el Debe o en el Haber, tal como se refleja en la Tabla 10.3.

Cuentas de Activo	Valor inicial y aumentos de valor	Debe
	Disminuciones de valor	Haber
Cuentas de Pasivo y de Patrimonio neto	Valor inicial y aumentos de valor	Haber
	Disminuciones de valor	Debe
Cuentas de gastos	Nacen y aumentan	Debe
	Disminuyen	Haber
Cuentas de ingresos	Nacen y aumentan	Haber
	Disminuyen	Debe

Tabla 10.3. Anotaciones en función del tipo de cuenta.

Así, las **cuentas de Activo** se crean y aumentan en el Debe (por ejemplo, la empresa compra un coche, que es un bien, luego es un activo). Como antes no lo tenía, es una cuenta que se crea, por tanto se anota en el Debe y disminuye en el Haber. Sin embargo, las **cuentas de Pasivo y de Patrimonio neto** disminuyen en el Debe y se crean y aumentan en el Haber.

Por otro lado, las **cuentas de gasto** nacen y aumentan en el Debe y las cuentas de ingreso nacen y aumentan por el Haber.

La contabilidad tiene un **vocabulario específico** relativo a las cuentas. Por ello, es necesario tener bien claro el significado de todos y cada uno de los términos.

- **Abrir** una cuenta es anotar en ella su nombre o título y efectuar el primer apunte. En este caso nosotros indicaremos también su dígito.
- **Cargar, adeudar o debitar** una cuenta significa que se ha de realizar una anotación en el Debe.
- **Abonar, acreditar o descargar** una cuenta implica realizar una anotación en el Haber.
- El **saldo** de una cuenta es el resultado de la diferencia entre lo que suman las cantidades anotadas en el Debe y las que se hallan en el Haber.
- **Liquidar** una cuenta significa que hay que realizar las operaciones necesarias para calcular su saldo.
- **Saldar una cuenta** consiste en colocar el saldo en la parte que sume menos para igualar la suma del Debe y del Haber.

ACTIVIDADES

7. Realiza los apuntes necesarios en la cuenta de clientes con los siguientes datos:

    a) Vendemos mercaderías por valor de 3.200 € que nos dejan a deber.

    b) El cliente anterior nos paga la mitad de la deuda.

    c) Volvemos a vender mercaderías al mismo cliente por importe de 1.400 €, que también nos deja a deber.

    d) El cliente anterior nos paga un tercio de la deuda que quedaba pendiente.

IMPORTANTE

- Si la suma del Debe es mayor que la suma del Haber, la cuenta tiene un saldo deudor (Sd).
- Si la suma del Haber es mayor que la suma del Debe, la cuenta tiene un Saldo acreedor (Sa).
- Si el Debe y el Haber suman lo mismo, el saldo es cero o nulo.

¿SABÍAS QUE...?

Si al realizar una compra aplazamos su pago, la operación se ha realizado a crédito.

Del mismo modo, si al vender aplazamos el cobro la operación también se considera realizada a crédito.

3.2. Método de la partida doble

Este método hace referencia al efecto que tienen las transacciones comerciales sobre los términos de la ecuación patrimonial que hemos visto, sin **alterar la igualdad**:

$$\text{Activo} = \text{Pasivo} + \text{Patrimonio neto}$$

Toda transacción afecta al Activo, al Pasivo o al Patrimonio neto, o a varios de los términos a la vez. En todo hecho contable siempre hay un deudor por el importe de la operación y un acreedor por la misma cantidad; es decir, la operación se ha de registrar, por lo menos, en **dos cuentas**. Dicho de otra manera: no **hay deudor sin acreedor**.

Así, por ejemplo, cuando la empresa compra mercaderías a crédito, las cuentas que intervienen en esta transacción son la cuenta mercaderías y la cuenta proveedores. En ambas cuentas se produce un aumento patrimonial, pero una es de Activo (anotación en el Debe) y la otra es de Pasivo (anotación en el Haber).

Se emplea principalmente para el registro de las operaciones que lleva a cabo una empresa y, por tanto, es el que nosotros utilizaremos.

Los hechos contables se anotan, y la técnica contable que se usa para registrarlos se denomina **partida doble**. Se llama así porque siempre se debe cumplir una **regla de oro** en contabilidad:

> La **suma** de las cantidades anotadas en el **Debe** de una transacción será igual a la suma de las cantidades anotadas en el **Haber**.

Por tanto, en cada hecho contable habrá al menos dos cuentas, tal como se puede comprobar en los **ejemplos** siguientes:

1. Una empresa ingresa en el banco 200 € de la caja. En este caso participan dos cuentas de Activo: bancos c/c (aumenta) y caja (disminuye); bancos c/c al Debe (cuenta deudora) y caja, al Haber (cuenta acreedora).

2. Otra empresa compra mobiliario por importe de 1.000 €, paga la mitad con cheque y la otra mitad la pagará en dos meses. En este caso, participan dos cuentas de Activo:

   - Mobiliario, que como se compra, aumenta (cuenta deudora por importe de 1.000 €).
   - Bancos c/c, que al pagar, disminuye (cuenta acreedora por importe de 500 €).
   - Y una cuenta de Pasivo, que nace o aumenta (cuenta acreedora por importe de 500 €).

3. Una tercera empresa compra mercaderías por valor de 3.600 €, paga 2.000 € en efectivo y 1.600 € los abonará en tres meses. Las cuentas que participan en la operación son: mercaderías, caja y proveedores.

3.3. Análisis y representación de los hechos contables

A la hora de registrar correctamente un hecho contable en la contabilidad de la empresa (Fig. 10.12), debemos analizar la operación haciéndonos una serie de preguntas como estas:

- ¿Qué elementos participan en la operación? ¿Se trata de bienes, derechos, obligaciones, partidas de neto, gastos o ingresos?
- En el caso de los bienes, derechos y obligaciones, debemos clasificarlos en activos o en pasivos y las partidas de neto en Patrimonio neto. ¿Han aumentado o han disminuido?
- ¿Debemos realizar la anotación en el Debe o en el Haber? ¿Por qué importe?

Podríamos representar también dicho análisis con un **cuadro síntesis** o **resumen** como este:

Fig. 10.12. Los hechos contables deben ser registrados de manera fidedigna.

N.º de operación	Elementos que participan	Bien, derecho, obligación, partidas de neto, gasto o ingreso	Activo Pasivo Patrimonio neto	Aumenta (+) o disminuye (−)	Debe o Haber	Importe de la valoración

CASO PRÁCTICO 6. Registro de un hecho contable

Hemos decidido crear una empresa que realiza los siguientes movimientos:

a) Constituimos la compañía con 60.000 €, los cuales ingresamos en el banco.

b) Compramos mercaderías por valor de 1.350 €, que pagaremos en dos meses.

c) Además, compramos mobiliario por valor de 2.400 €, que pagamos con cheque.

d) Pagamos por banco al proveedor del apartado b).

e) Retiramos del banco 500 € para dejarlos en la caja de la empresa.

¿Cómo se verán reflejadas estas operaciones si queremos introducirlas en un cuadro síntesis de los hechos contables?

Solución:

N.º de operación	Elementos que participan	Bien, derecho, obligación, partida de neto, gasto o ingreso	Activo Pasivo Patrimonio neto	Aumenta (+) o Disminuye (−)	Debe o Haber	Importe de la variación (€)
a)	Bancos c/c	Bien	Activo	+	D	60.000
	Capital	Neto	Neto	+	H	60.000
b)	Mercaderías	Bien	Activo	+	D	1.350
	Proveedores	Obligación	Pasivo	+	H	1.350
c)	Mobiliario	Bien	Activo	+	D	2.400
	Bancos c/c	Bien	Activo	−	H	2.400
d)	Proveedores	Obligación	Pasivo	−	D	1.350
	Bancos c/c	Bien	Activo	−	H	1.350
e)	Bancos c/c	Bien	Activo	−	H	500
	Caja	Bien	Activo	+	D	500

ACTIVIDADES

8. Realiza el cuadro análisis de las siguientes operaciones:

a) Constituimos una sociedad anónima ingresando 75.000 € en la cuenta corriente.

b) Compramos mercaderías por valor de 2.400 €, pagamos la mitad por banco y dejamos el resto a deber a 60 días.

c) Compramos mobiliario por valor de 7.800 € que pagaremos a partes iguales en 6 años.

d) Pedimos un préstamo al banco de 30.000 € a devolver en tres años, en tres pagos de 10.000 € anuales, importe que la entidad bancaria nos ingresa en la cuenta corriente.

e) Vendemos mercaderías por valor de 1.200 €, cobramos un tercio en efectivo y el resto dentro de 30 días.

f) Ingresamos 400 € en el banco procedentes de la caja de la empresa.

g) Pagamos al proveedor los 1.200 € que le debemos, con un cheque.

9. Comprueba cuánto suma el total de anotaciones en el Debe y el Haber de la actividad anterior, y si coinciden.

SÍNTESIS

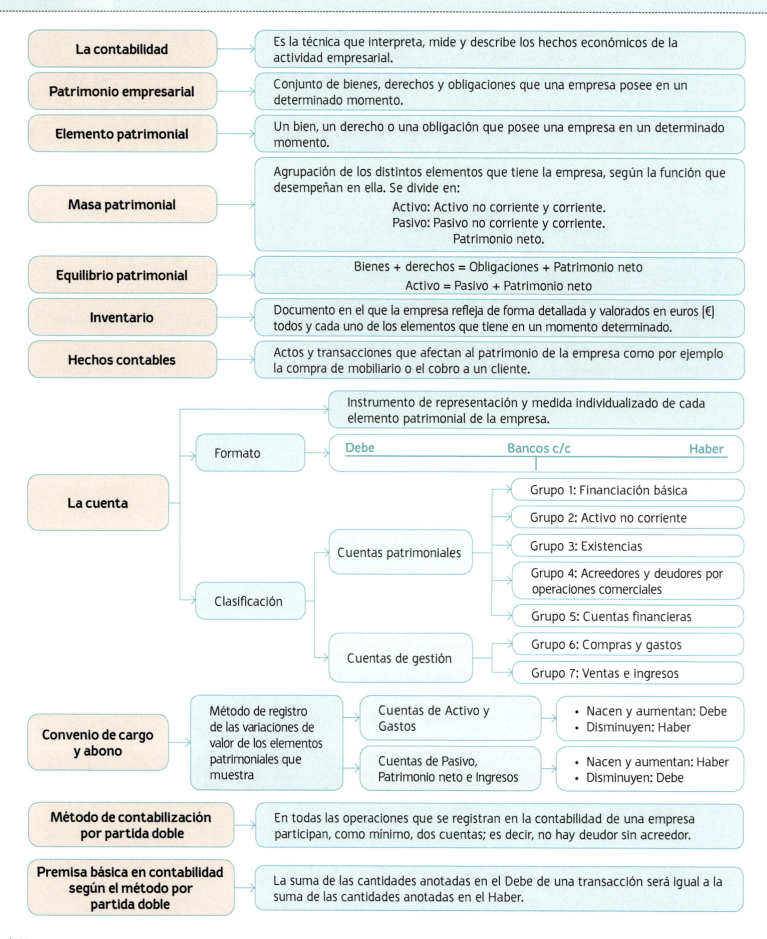

TEST DE REPASO

1. Algunos de los destinatarios de la información contable son:
   a) Los socios de la empresa.
   b) Los directivos.
   c) Los trabajadores.
   d) Todas las anteriores.

2. El Patrimonio de la empresa está formado por:
   a) Bienes.
   b) Derechos.
   c) Obligaciones.
   d) Todas las anteriores.

3. El Patrimonio neto de la empresa se calcula:
   a) Bienes + derechos + obligaciones.
   b) Bienes − derechos + obligaciones.
   c) Derechos − bienes − obligaciones.
   d) Bienes + derechos − obligaciones.

4. Una empresa tiene los siguientes elementos: un ordenador valorado en 2.100 €, un local valorado en 70.000 €, mercaderías valoradas en 2.600 €, una deuda con un proveedor por 2.400 €, un derecho de cobro sobre un cliente por 600 € y un préstamo de 40.000 €. ¿A cuánto asciende su Patrimonio neto?
   a) 32.900 €.
   b) 31.700 €.
   c) 117.700 €.
   d) Ninguna de las anteriores.

5. Una empresa tiene los siguientes elementos: 2.400 € en una cuenta corriente, maquinaria por valor de 32.000 €, le debe al proveedor de la maquinaria 26.000 €, mercaderías por valor de 6.800 €. Además, le debe al proveedor de las mercaderías 4.000 € y un cliente le debe 1.500 €. ¿A cuánto asciende su Patrimonio neto?
   a) 72.700 €.
   b) 12.700 €.
   c) 9.700 €.
   d) Ninguna de las anteriores.

6. Si el Patrimonio neto de una empresa es negativo:
   a) La empresa está en equilibrio.
   b) Tiene una situación de estabilidad máxima.
   c) Si vendiera todos sus activos, no podría pagar todos sus pasivos.
   d) La empresa está en una situación de desequilibrio.

7. El inmovilizado material, intangible y el financiero, pertenecen al:
   a) Pasivo corriente.
   b) Pasivo no corriente.
   c) Activo no corriente.
   d) Activo corriente.

8. El Pasivo de la empresa refleja:
   a) Su estructura financiera.
   b) Sus fuentes de financiación.
   c) Sus inversiones.
   d) Las opciones a) y b) son correctas.

9. El inventario consta de:
   a) Encabezamiento.
   b) Cuerpo.
   c) Pie.
   d) Todas las anteriores.

10. ¿Cuál de los siguientes elementos pertenece al disponible?
    a) Bancos c/c.
    b) Mercaderías.
    c) Clientes.
    d) Proveedores.

11. La cuenta Mercaderías muestra este detalle:

Debe	Mercaderías	Haber
5.000	2.000	
3.000	1.000	
	500	

    Por tanto:
    a) Tiene un abono de 5.000 €.
    b) Posee un cargo de 2.000 €.
    c) Tiene un abono de 3.000 €.
    d) Ninguna de las anteriores.

12. Indica cuál es la respuesta correcta:
    a) Si vendemos mercaderías por importe de 400 €, anotaremos el importe en el Debe de la cuenta.
    b) Si cobramos a un cliente 600 € que nos debe, registraremos el importe en el Debe de la cuenta.
    c) Si compramos mercaderías por importe de 700 €, anotaremos el importe en el Haber de la cuenta.
    d) Si pagamos a un proveedor 500 € que le debemos, anotaremos el importe en el Debe de la cuenta.

COMPRUEBA TU APRENDIZAJE

Definir los conceptos de patrimonio, elemento patrimonial y masa patrimonial.

1. Define los siguientes términos:

   a) Patrimonio empresarial.

   b) Elemento patrimonial.

   c) Masa patrimonial.

   d) Patrimonio neto.

   e) Hechos contables.

Identificar las masas patrimoniales que integran el Activo, el Pasivo exigible y el Patrimonio neto y clasificar un conjunto de elementos en masas patrimoniales.

Relacionar el patrimonio económico de la empresa con el patrimonio financiero, y ambos con las fases del ciclo económico de la actividad empresarial.

2. Clasifica los siguientes elementos en bienes, derechos, obligaciones o elementos del Patrimonio neto, y después en masas patrimoniales:

   - Materias primas.
   - Mobiliario.
   - Proveedores.
   - Bancos c/c.
   - Clientes.
   - Deudas a c/p con entidades de crédito.
   - Caja.
   - Proveedores de inmovilizado a l/p.
   - Capital.
   - Acreedores por prestaciones de servicios.
   - Aplicaciones informáticas.
   - Productos terminados.
   - Construcciones.
   - Elementos de transporte.
   - Reservas.

3. La empresa Calcesa S.A. tiene los siguientes elementos:

   - Dinero en efectivo: 3.100 €.
   - Derecho de cobro de un cliente: 1.150 €.
   - Deudas con los proveedores: 800 €.
   - Muebles de oficina: 12.000 €.
   - Deudas a c/p con entidades de crédito: 7.000 €.
   - Programas informáticos: 1.500 €.
   - Deudas con los acreedores por prestaciones de servicios: 190 €.
   - Materias primas por valor de 1.700 €.
   - Dos ordenadores por valor de 2.400 €.
   - Un local comercial por valor de 140.000 €.
   - Deuda a l/p con una entidad de crédito por un préstamo de 45.000 € que le concedió.
   - Productos terminados por importe de 7.500 €.

   a) Clasifica los elementos en bienes, derechos y obligaciones.

   b) Determina el Patrimonio neto de la empresa.

   c) Clasifica los elementos en masas patrimoniales.

4. La empresa Carmen Muñoz López S.A. tiene los siguientes elementos:

   - Mercaderías en el almacén valoradas en 800 €.
   - Deudas con hacienda por importe de 2.370 €.
   - Dinero en efectivo: 2.750 €.
   - Maquinaria valorada en 55.000 €.
   - Furgoneta de reparto valorada en 35.000 €.
   - Un programa informático valorado en 630 €.
   - Facturas pendientes de cobro: 3.600 €.
   - Un local de su propiedad valorado en 90.000 €.
   - Deudas por compras por importe de 2.100 €.
   - Dinero en la cuenta corriente: 3.800 €.
   - Préstamo que pagará dentro de un año: 9.000 €.
   - Mobiliario por importe de 1.080 €.
   - Un ordenador valorado en 1.200 €.

   a) Clasifica los elementos en bienes, derechos y obligaciones.

   b) Determina el Patrimonio neto de la empresa.

   c) Clasifica los elementos en masas patrimoniales.

5. Calcula el Patrimonio neto de la empresa Cocesa S.A. y clasifícalo en masas patrimoniales:

   a) Dinero en la cuenta corriente: 4.200 €.

   b) Programa informático de gestión: 760 €.

   c) Reservas: 40.000 €.

   d) Facturas pendientes de cobro: 3.600 €.

   e) Acciones a l/p del BBVA: 3.100 €.

   f) Ordenador: 1.500 €.

   g) Facturas pendientes de pago: 2.300 €.

COMPRUEBA TU APRENDIZAJE

   h) Furgoneta de reparto: 45.000 €.

   i) Capital: .... €.

   j) Deuda a l/p con un banco por importe de 50.000 €.

   k) Maquinaria: 90.000 €.

   l) Impresora: 300 €.

   m) Mercancías en el almacén: 1.480 €.

   n) Dinero en la caja de la empresa 690 €.

6. El Activo de una empresa suma 67.000 € y el Pasivo 67.000 €. ¿En qué situación se encuentra la empresa?

7. El realizable de una empresa suma 5.000 €, el disponible 2.200 €, las existencias 1.800 €, el inmovilizado material 69.000 €, el inmovilizado intangible 2.700 € y el Patrimonio neto 68.500 €. ¿A cuánto asciende el total del Activo? ¿Y el Pasivo? Determina, finalmente, en qué situación se encuentra la empresa.

8. Confecciona el inventario n.º 1 de la empresa Salpica S.A., con domicilio en la calle Ríos Rosas 23, con fecha 31 de diciembre de 201_, dedicada a la venta de ropa, que tiene los siguientes elementos patrimoniales:

- Dos cuentas bancarias, una en el Banco BSA, con un saldo de 10.700 €, y otra en Banca Castel, con un saldo de 3.400 €.
- Mercaderías:
  - 80 trajes de caballero a 240 € la unidad.
  - 100 trajes de señora a 190 € la unidad.
  - 70 camisas de caballero a 30 € la unidad.
  - 90 camisas de mujer a 28 € la unidad.
- Una deuda de 41.000 € con el banco que pagará dentro de cuatro años.
- Además, tiene facturas de pago pendientes con los siguientes proveedores:
  - Lidia López: 13.500 €.
  - Juan Muñoz: 14.040 €.
- Mobiliario por valor de 1.600 €.
- Dinero en la caja registradora: 700 €
- Un local comercial valorado en 220.000 €.
- Un programa informático para el control de productos: 870 €.
- Una caja registradora electrónica por valor de 2.300 €.
- Deuda a c/p con el proveedor del mobiliario por importe de 600 €.
- Dos derechos de cobro de dos clientes:
  - Ana Monteagudo: 420 €
  - Daniela Pérez: 330 €.

Definir el concepto de cuenta como instrumento para representar los distintos elementos patrimoniales y los hechos económicos de la empresa.

9. Indica a qué grupo, subgrupo, cuenta y subcuenta pertenecen los siguientes elementos:

   a) 5.208   *f)* 640

   b) 400   *g)* 300

   c) 623   *h)* 4.751

   d) 754   *i)* 100

   e) 216   *j)* 572

Determinar las características más importantes del método de contabilización por partida doble.

Reconocer los criterios de cargo y abono como método de registro de las modificaciones del valor de los elementos patrimoniales.

10. Calcula el saldo de la cuenta Bancos c/c a partir de la siguiente información:

   a) Ingresamos 28.000 € en la cuenta bancaria.

   b) Pagamos con cheque a un proveedor 2.300 €.

   c) Pagamos el seguro anual del local que asciende a 750 €.

   d) Un cliente que nos debe 1.040 € nos envía una transferencia bancaria.

   e) El banco nos cobra 15 € por el mantenimiento de la cuenta corriente.

   f) Pagamos la nómina a los trabajadores mediante transferencia bancaria por importe de 2.300 €.

11. Efectúa el análisis de las siguientes operaciones contables a través de un cuadro-resumen. Una vez realizado el análisis, refleja cada operación en sus cuentas correspondientes. Por último, calcula el saldo de cada una de las cuentas.

   a) Constituimos una sociedad anónima de tres socios y cada uno aporta 30.000 € que se ingresan en el banco.

   b) Adquirimos a crédito mercaderías por importe de 6.300 €.

   c) Compramos un elemento de transporte por 21.000 €, pagando la mitad por banco y la mitad se pagará en dos años.

   d) Retiramos 2.000 € del banco.

   e) Vendemos mercaderías por importe de 3.000 €, cobramos un tercio en efectivo y el resto dentro de 30 días.

   f) Adquirimos mobiliario por 7.200 € que pagaremos dentro de seis meses.

   g) Pagamos la deuda que tenemos con el proveedor del apartado *b)* mediante transferencia bancaria.

   h) Adquirimos mercaderías por valor de 2.800 € que pagamos con cheque.

UNIDAD 11

El Plan General de Contabilidad

En esta unidad

APRENDERÁS A

- Reconocer el PGC como instrumento de armonización contable.
- Relacionar las distintas partes del PGC, diferenciando las obligatorias de las no obligatorias.
- Codificar un conjunto de elementos patrimoniales de acuerdo con los criterios del PGC, identificando su función en la asociación y el desglose de la información contable.
- Identificar las cuentas anuales que establece el PGC, determinando la función que cumplen.
- Identificar y codificar las cuentas que intervienen en las operaciones relacionadas con la actividad comercial conforme al PGC.
- Aplicar criterios de cargo y abono según el PGC.
- Definir el concepto de resultado contable, diferenciando las cuentas de ingresos y gastos.

ESTUDIARÁS

- La estructura del PGC y del PGC para pymes.
- El marco conceptual de la contabilidad.
- El cuadro de cuentas.
- Tipos de libros contables.

Y SERÁS CAPAZ DE

- Interpretar la normativa y la metodología aplicable para realizar la gestión contable y fiscal.

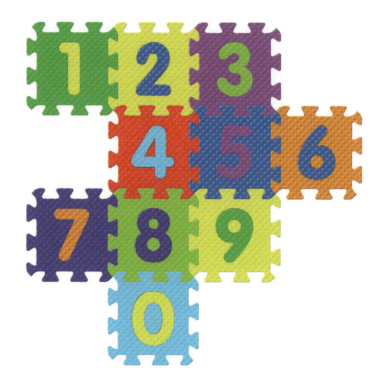

1. Estructura del PGC y del PGC para pymes

> El **Plan General de Contabilidad** (PGC) es el texto legal que, dividido en cinco partes, regula la contabilidad de todas las empresas en España.

Es de **aplicación obligatoria** para todas la empresas, cualquiera que sea su forma jurídica, individual o societaria, sin perjuicio de aquellas empresas que puedan aplicar el Plan General para Pequeñas y Medianas Empresas (en adelante PGC de pymes).

El PGC y el PGC de pymes se dividen en:

- 1.ª parte: marco conceptual de la contabilidad.
- 2.ª parte: normas de registro y valoración.
- 3.ª parte: cuentas anuales: normas de elaboración y modelos de cuentas anuales.
- 4.ª parte: cuadro de cuentas.
- 5.ª parte: definiciones y relaciones contables.

Las partes 1.ª, 2.ª y 3.ª son de obligada aplicación para las empresas, mientras que la 4.ª y la 5.ª son de cumplimiento opcional. Dada la importancia que tiene el PGC para este módulo, se va a estudiar a continuación con detalle.

2. Marco conceptual de la contabilidad

> Es el conjunto de fundamentos, principios y conceptos básicos cuyo cumplimiento conduce al **reconocimiento** y a la **valoración** de las cuentas anuales. Tiene como **objetivo** garantizar el rigor y la coherencia del posterior proceso de elaboración de las normas de registro.

Constituye la primera parte de las cinco que comprende el PGC, y en ella se incluyen los requisitos de la información contable, los principios contables y los elementos de las cuentas anuales con sus criterios de registro y valoración.

2.1. Cuentas anuales. Imagen fiel

Las cuentas anuales comprenden: el **balance**, la cuenta de **pérdidas y ganancias**, el estado de cambios en el **Patrimonio neto**, el estado de **flujos de efectivo** y la **memoria**.

Las **cuentas anuales** son aquellos documentos que van a mostrar los datos finales del proceso contable de cada ejercicio económico, y la información que contiene estará al alcance del usuario que tenga interés en ella. Estos documentos forman una unidad y son de cumplimiento obligatorio para las empresas; no obstante, el estado de flujos de efectivo no será obligatorio para aquellas empresas que puedan formular abreviados el balance, el estado de cambios en el patrimonio neto y la memoria.

Por último, cabe destacar que las cuentas anuales deben redactarse con claridad, de forma que la información suministrada sea **comprensible** y **útil** para los usuarios a la hora de tomar sus decisiones económicas. Asimismo, tienen que mostrar la imagen fiel del patrimonio, de la situación financiera y de los resultados de la empresa, de conformidad con las disposiciones legales.

2.2. Requisitos de la información a incluir en las cuentas anuales

La información incluida en las cuentas anuales debe ser **relevante** y **fiable**:

- La información es **relevante** cuando es útil para la toma de decisiones económicas. Para cumplir con este requisito de relevancia, las cuentas anuales deben asimismo mostrar, de manera adecuada, los riesgos a los que se enfrenta la empresa.

- Por otra parte, se dice que la información es fiable cuando esta se encuentra libre de errores materiales y es neutral, es decir, los usuarios pueden confiar en que es la imagen fiel de lo que pretende representar.

¿SABÍAS QUE...?

La normalización contable pretende la adopción de métodos y prácticas contables homogéneos por parte de las empresas, tanto a nivel nacional como internacional. Este proceso permite que todos los usuarios puedan comparar y comprender la información contable en cualquier ámbito geográfico.

En España hemos ido adaptando nuestras normas reguladoras de la contabilidad a los cambios que se iban produciendo en Europa, y fue la incorporación a la Unión Europea (UE) la que nos obligó a adaptar nuestra normativa al Derecho comunitario en materia contable.

Así, la última adaptación que efectuamos fue la aprobación del Plan General de Contabilidad de 2007 (PGC 2007), de aplicación general para todas las empresas, y el PGC de las pequeñas y medianas empresas (PGC pymes), que es una simplificación del otro PGC y que se aprobó el mismo año.

Ambas normas entraron en vigor el 1 de enero de 2008, para ser aplicadas en los ejercicios anuales que se iniciaron a partir de esa fecha.

ACTIVIDADES

1. Busca en internet el PGC y el PGC de las pymes y descárgalos.

2.3. Principios contables

Los principios contables o conjunto de normas básicas se deben aplicar, y de forma obligatoria, en el desarrollo de la contabilidad de la empresa y, especialmente, en el registro y la valoración de los elementos de las cuentas anuales. Los principios contables se recogen en la Tabla 11.1.

Principio	Definición	Ejemplo
Empresa en funcionamiento	Se considerará, salvo prueba en contrario, que la gestión de la empresa continuará en un futuro previsible, de manera que la aplicación de los principios y criterios contables no tiene el propósito de determinar el valor del Patrimonio neto a efectos de su transmisión global o parcial, ni el importe resultante en caso de liquidación.	La sociedad FTR S.A. va a ser liquidada; el valor contable de los activos de la sociedad asciende a 175.000 €, mientras que la valoración estimada tras diversas tasaciones realizadas asciende a 190.000 €. En esta situación, FTR S.A. deja de valorar los activos aplicando el principio de empresa en funcionamiento, ya que debe adoptar criterios de valoración en consonancia con el objetivo de liquidar sus activos y pagar sus deudas.
Devengo	Los efectos de las transacciones o hechos económicos se registrarán cuando ocurran, de forma que se imputarán al ejercicio al que las cuentas anuales se refieran, los gastos e ingresos que afecten al mismo, con independencia de la fecha de su pago o de su cobro.	La sociedad ABC S.A. paga el 1 de julio de 20X0 el seguro anual de sus elementos de transporte, cuyo importe asciende a 1.200 € y que abarca de 1 de julio de 20X0 a 1 de julio de 20X1. La empresa ABC, aunque abona el importe total del seguro en 20X0, deberá contabilizar como gasto únicamente 600 €, que es lo que corresponde a los meses de julio a diciembre, mientras que el resto se contabilizará como gasto el año 20X1.
Uniformidad	Al adoptarse un criterio dentro de las alternativas que, en su caso, se permitan, este deberá mantenerse en el tiempo y aplicarse de manera uniforme en transacciones, otros eventos y condiciones similares en tanto no se alteren los supuestos que motivaron la elección de este criterio. Sin embargo, de alterarse estos supuestos, podrá modificarse el criterio adoptado en su día, en cuyo caso habrá que registrar estas circunstancias en la memoria.	La empresa ABC S.A, dentro de los criterios de valoración de las existencias, ha optado por utilizar como recomienda el PGC el criterio del precio medio ponderado (PMP). Una vez elegido un criterio deberá mantenerlo a lo largo de los años, no pudiendo utilizar cada año un criterio diferente.
Prudencia	Hay que ser prudentes en las estimaciones y valoraciones a realizar en condiciones de incertidumbre. La prudencia no justifica que la valoración de los elementos patrimoniales no responda a la imagen fiel que deben reflejar las cuentas anuales. Únicamente se contabilizan los beneficios obtenidos hasta la fecha de cierre del ejercicio. Por el contrario, se deberán tener en cuenta todas las posibles (potenciales) pérdidas, con origen en el ejercicio, tan pronto sean conocidas.	La empresa ABC S.A. ha despedido a un trabajador con el objetivo de abaratar costes. El trabajador despedido ha denunciado a la empresa ante el juzgado pertinente por despido improcedente. La empresa consulta a diversos abogados cuál podría ser el importe a desembolsar por el despido. Le comunican que la posible indemnización ascenderá a 25.000 €. ABC S.A. deberá reconocer en su contabilidad un gasto de 25.000 €.
No compensación	Salvo que una norma disponga de forma expresa lo contrario, no podrán compensarse las partidas del activo y del pasivo ni las de gastos e ingresos, y se valorarán separadamente los elementos integrantes de las cuentas anuales.	La empresa ABC S.A., que se dedica a realizar pequeños trabajos de albañilería, compra a crédito a la empresa FGT S.A. materiales por importe de 15.000 €. A su vez ABC S.A realiza a crédito reparaciones en las oficinas de FGT S.A. por importe de 5.000 €. ABC S.A. registrará un gasto y una obligación de pago por importe de 15.000 €, y un ingreso y un derecho de cobro por importe de 5.000 €.
Importancia relativa	Se aceptará que no se apliquen de manera estricta algunos de los principios y criterios contables cuando la importancia relativa en términos cuantitativos o cualitativos de la variación que tal hecho produzca sea escasamente significativa y, por tanto, no altere la expresión de la imagen fiel.	La empresa ABC S.A. necesita, para realizar su actividad, herramientas como paletas y palas, que de forma separada tienen un escaso valor económico. Como son bienes de consumo duradero su vida es superior a un año, en principio deben figurar en el balance y la empresa debe controlar su existencia y calcular la depreciación que han sufrido en cada ejercicio. Este principio permite que estos bienes figuren en el activo del balance como una partida por un importe fijo.

Tabla 11.1. Principios contables.

2.4. Elementos de las cuentas anuales

El Plan General de Contabilidad define cada uno de los elementos que formarán parte de las cuentas anuales. Los elementos que se registran en el balance, una vez cumplidos los criterios de reconocimiento que se establecen posteriormente, son los siguientes:

a) **Activos.** Son los bienes, derechos y otros recursos controlados económicamente por la empresa.

b) **Pasivos.** Corresponden a las obligaciones actuales que han surgido como consecuencia de sucesos pasados, para cuya extinción la empresa espera desprenderse de recursos que puedan producir beneficios o rendimientos económicos en el futuro.

c) **Patrimonio neto.** Constituye la parte residual de los Activos de la empresa, una vez deducidos todos sus Pasivos. El Patrimonio neto incluye las aportaciones realizadas, ya sea en el momento de su constitución o en otros posteriores, por sus socios o propietarios, así como los resultados acumulados.

Fig. 11.1. Plan General de Contabilidad: gastos e ingresos.

Los elementos que se registran en la cuenta de **pérdidas y ganancias** o, en su caso, directamente en el estado de cambios en el Patrimonio neto, son (Fig. 11.1):

d) **Ingresos.** Son los incrementos en el Patrimonio neto de la empresa durante el ejercicio, ya sea en forma de entradas o aumentos en el valor de los Activos o de disminución de los Pasivos, siempre que no tengan su origen en aportaciones, monetarias o no, de los socios o propietarios.

e) **Gastos.** Corresponde a los decrementos en el Patrimonio neto de la empresa durante el ejercicio, ya sea en forma de salidas o disminuciones en el valor de los Activos, o de reconocimiento o aumento del valor de los Pasivos, siempre que no tengan su origen en distribuciones, monetarias o no, a los socios o propietarios.

2.5. Criterios de registro o reconocimiento de las cuentas anuales

El **registro** o **reconocimiento contable** es el proceso por el que se incorporan los diferentes elementos de las cuentas anuales al balance, a la cuenta de pérdidas y ganancias o al estado de cambios en el Patrimonio neto. Los criterios de registro son los siguientes:

1. Los **activos** deben reconocerse en el balance cuando sea probable la obtención, a partir de los mismos, de beneficios o rendimientos económicos para la empresa en el futuro, y siempre que se puedan valorar con fiabilidad.

2. Los **pasivos** deben reconocerse en el balance cuando sea probable que, a su vencimiento y para liquidar la obligación, deban entregarse o cederse recursos que incorporen beneficios o rendimientos económicos futuros, y siempre que se puedan valorar con fiabilidad.

3. El reconocimiento de un **ingreso** tiene lugar como consecuencia de un incremento de los recursos de la empresa, y siempre que su cuantía pueda determinarse con fiabilidad.

4. El reconocimiento de un **gasto** tiene lugar como consecuencia de una disminución de los recursos de la empresa y, al igual que con los ingresos, siempre que su cuantía pueda valorarse o estimarse con fiabilidad.

2.6. Criterios de valoración: normas de registro y valoración

Las normas de registro y valoración desarrollan los principios contables y otras disposiciones relativas al Marco Conceptual de la Contabilidad. Incluyen, además, criterios y reglas aplicables a distintas transacciones o hechos económicos, así como también a diversos elementos patrimoniales que se irán viendo según se vayan desarrollando cada uno de los elementos.

ACTIVIDADES

2. La empresa Julián Lasa S.A. ha facturado una venta de mercaderías el 20 de diciembre de 20X0 que cobrará el 20 de febrero de 20X1. ¿En qué fecha deberá contabilizarse el ingreso? ¿En función de qué principio?

3. La empresa ABC S.A. debe a la empresa GTR S.A. 2.000 €, y la empresa GTR S.A. debe 3.000 € a la empresa ABC S.A. ¿Cómo aparecerán reflejados estos hechos en la contabilidad de cada empresa?

CASO PRÁCTICO 1. Principios contables

a) La empresa ABC S.A. tiene una construcción contabilizada por 400.000 €, y si la vendiera ahora obtendría 450.000 €. Según el principio de prudencia, ¿cómo debería actuar la empresa?

b) La misma empresa vende mercaderías el 10 de octubre de 20X0, las cuales cobrará el 10 de enero de 20X1. Según el principio de devengo, ¿cuándo debe contabilizar la operación?

Solución:

a) La empresa no hace ningún apunte.

b) El 10 de octubre de 20X0.

3. Cuadro de cuentas. Definiciones y relaciones contables

ACTIVIDADES

4. Indica a qué grupo, subgrupo, cuenta y subcuenta pertenecen los siguientes elementos: *a)* 1.141; *b)* 2.811; *c)* 328; *d)* 4.304; *e)* 5.201; *f)* 6.090; *g)* 7.060; *h)* 820; *i)* 940.

> El cuadro de cuentas es la parte del PGC de pymes que corresponde al listado de las distintas partidas codificadas, las cuales están ordenadas en grupos, subgrupos, cuentas y subcuentas, explicadas con detalle en el grupo 5 «definiciones y relaciones contables».

No es obligatoria la denominación y numeración de las cuentas, aunque sea una guía; existen unos vacíos creados a propósito para que las empresas puedan cubrirlos definiendo nuevas cuentas si fuera necesario. La organización del cuadro de cuentas del PGC se recoge en la Tabla 11.2.

Grupo 1. Financiación básica	Comprende el Patrimonio neto y la financiación ajena a largo plazo de la empresa destinados, en general, a financiar el activo no corriente y a cubrir un margen razonable del corriente.
Grupo 2. Activo no corriente	Comprende los activos destinados a servir de forma duradera en las actividades de la empresa.
Grupo 3. Existencias	Son activos poseídos para ser vendidos en el curso normal de la explotación, en proceso de producción o en forma de materiales o suministros para ser consumidos en el proceso de producción o en la prestación de servicios.
Grupo 4. Acreedores y deudores por operaciones comerciales	Instrumentos financieros y cuentas que tengan su origen en el tráfico de la empresa, así como las cuentas con las Administraciones Públicas, incluso las que correspondan a saldos con vencimiento superior a un año.
Grupo 5. Cuentas financieras	Instrumentos financieros por operaciones no comerciales, es decir, por operaciones ajenas al tráfico cuyo vencimiento, enajenación o realización se espera habrá de producirse en un plazo no superior a un año y medios líquidos disponibles.
Grupo 6. Compras y gastos	Aprovisionamientos de mercaderías y demás bienes adquiridos por la empresa para revenderlos, bien sea sin alterar su forma y sustancia, o previo sometimiento a procesos industriales de adaptación, transformación o construcción. Comprende también todos los gastos del ejercicio.
Grupo 7. Ventas e ingresos	Enajenación de bienes y prestación de servicios que son objeto del tráfico de la empresa; comprende también otros ingresos, variación de existencias y beneficios del ejercicio.
Grupo 8. Gastos imputados al Patrimonio neto	Incluye los gastos y pérdidas que se imputan directamente al patrimonio neto. Su movimiento es similar al de las cuentas del grupo 6, ya que durante el ejercicio se van registrando los gastos y al final del ejercicio se traspasan a las cuentas correspondientes del Patrimonio neto.
Grupo 9. Ingresos imputados al Patrimonio neto	Incluye los ingresos y ganancias que se imputan directamente al Patrimonio neto. Su movimiento es similar al de las cuentas del grupo 7, ya que durante el ejercicio se van registrando los ingresos y al final del ejercicio se traspasan a las cuentas correspondientes del Patrimonio neto.

Tabla 11.2. Cuentas de gastos e ingresos más habituales en la empresa.

El cuadro de cuentas se estructura en **nueve grupos** siguiendo una codificación decimal. A cada grupo le corresponde un dígito. A su vez, los grupos se dividen en **subgrupos,** codificados con dos dígitos (el primero corresponde al del grupo y el segundo es el propio del subgrupo). Cada subgrupo tiene su propia identidad, pero se relaciona con los demás subgrupos del grupo. Dentro de los subgrupos están las **cuentas,** codificadas con tres dígitos, y estas a su vez contienen **subcuentas** de cuatro dígitos o más. Véanse los ejemplos siguientes:

En la subcuenta 6080	En la subcuenta 4700
• El 6 nos indica que pertenece al grupo compras y gastos. • El 60, que pertenece al subgrupo compras. • El 608, que se trata de la cuenta devoluciones de compras y operaciones similares. • El 6080, que se trata de la subcuenta devoluciones de compras de mercaderías.	• El 4 nos indica que pertenece al grupo acreedores y deudores por operaciones comerciales. • El 47, que pertenece al subgrupo Administraciones Públicas. • El 470, que se trata de la cuenta Hacienda Pública deudora por diversos conceptos. • El 4700, que se trata de la subcuenta Hacienda Pública, deudora por IVA.

4. Tipos de libros contables

El **Código de Comercio**, es decir, el texto legal que regula el tráfico empresarial, obliga a los empresarios a llevar una contabilidad ordenada, adecuada a la actividad de su empresa, que permita un seguimiento cronológico de sus operaciones, así como la elaboración periódica de balances e inventarios. En concreto, deben llevar:

- Un Libro de Inventarios y Cuentas Anuales.
- Un Libro Diario.

Además, las sociedades mercantiles llevarán un Libro o Libros de Actas y, en cumplimiento de la Ley del Impuesto sobre el Valor Añadido (IVA), un Libro Registro de las **Facturas Emitidas** y un Libro Registro de las **Facturas Recibidas**.

> **IMPORTANTE**
>
> Las cuentas de **Activo** y los **gastos** nacen y aumentan por el Debe y disminuyen por el **Haber**.
>
> Las cuentas de **Pasivo**, de **Patrimonio neto** y los **ingresos** nacen y aumentan por el Haber y disminuyen por el **Debe**.

De este modo, los libros que llevan los empresarios (Fig. 11.2) se pueden clasificar en:

Fig. 11.2. Clasificación de los libros de contabilidad.

4.1. El Libro Diario

> El **Libro Diario** es un libro principal y obligatorio en el que se registran todos los hechos y las operaciones contables. Cada anotación registrada en una cuenta en el diario se denomina apunte, y al conjunto de estos apuntes que realizamos para reflejar un hecho contable se le denomina **asiento**. Los asientos se ordenan cronológicamente o por **fechas**.

El primer asiento que se realiza en el Libro Diario se denomina **asiento de apertura** de la contabilidad y recoge el valor del patrimonio de la empresa al comienzo del ejercicio contable. Durante el ejercicio se anotarán en él todas las operaciones que la empresa realice.

La representación del Libro Diario más habitual es:

Supongamos que nuestra empresa adquiere el 15 de mayo de 20XX un vehículo que paga con un cheque de 24.000 €. Antes de continuar con la operación, debemos asegurarnos de que poseemos toda la documentación que sustenta la transacción, esto es: la factura, el contrato de compraventa del vehículo, el cheque, etc. A continuación debemos hacer el siguiente análisis en función del principio de partida doble que vimos en la unidad anterior:

- Primer elemento: el vehículo, que es un bien, un activo que aumenta. Realizaremos entonces la anotación en el Debe de la cuenta.

- Segundo elemento: bancos c/c, que es un bien, un activo que disminuye. Registraremos entonces la anotación en el Haber de la cuenta.

Vemos lo expuesto hasta ahora a través de un ejemplo:

(1) Un número de identificación: 1.

(2) La fecha: 15/5/20XX.

(3) La cuenta que se debita: elementos de transporte y por qué importe.

(4) La cuenta que se acredita: bancos c/c y por qué importe.

```
1. ─────────────────── 15/05/20XX ───────────────────
   24.000  (218) Elementos de transporte
                        a (572) Bancos c/c                24.000
   ────────────────────────────────────────────────────
```

A. Tipos de asientos

Atendiendo al número de cuentas que intervienen en los asientos en el debe y en el haber, estos se clasifican en:

a) **Asiento simple.** Se denomina así a los asientos en los que ha intervenido una sola cuenta deudora y una sola cuenta acreedora, como en el supuesto que acabamos de resolver.

b) **Asiento compuesto.** En estos asientos intervienen dos o más cuentas deudoras y dos o más cuentas acreedoras.

Supongamos que nuestra empresa compra el 22 de junio de 20XX un ordenador por importe de 1.550 € y un programa informático por importe de 1.100 € al mismo proveedor. Paga la mitad con una transferencia bancaria y el resto a crédito de dos meses.

Realizamos el análisis de la operación y la registramos en el Libro Diario:

(1) Los equipos para procesos de la información y las aplicaciones informáticas son (bienes) activos que aumentan, al Debe.

(2) Bancos c/c es un (bien) activo que disminuye, al Haber.

(3) El proveedor de inmovilizado a c/p es una obligación de pago, es decir, es un pasivo que nace o aumenta, al Haber.

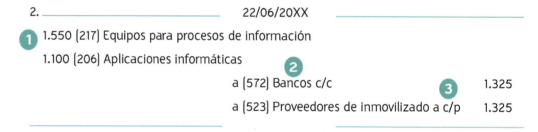

```
2. ─────────────────── 22/06/20XX ───────────────────
   1.550  (217) Equipos para procesos de información
   1.100  (206) Aplicaciones informáticas
                        a (572) Bancos c/c                         1.325
                        a (523) Proveedores de inmovilizado a c/p  1.325
```

c) **Asiento mixto.** Es aquel en el que intervienen una cuenta deudora y dos o más cuentas acreedoras o, en caso contrario, varias cuentas deudoras y una cuenta acreedora.

Supongamos ahora que nuestra empresa compra el 4 de agosto de 20XX mercaderías por importe de 2.130 € y materias primas por un importe de 1.350 €, y la operación se realiza a crédito.

Realizamos el análisis de la operación y la registramos en el Libro Diario:

(1) Las mercaderías y las materias primas son (bienes), activos que aumentan, por lo que se reflejan en el Debe.

(2) El proveedor es una obligación de pago, luego un pasivo que nace o aumenta, y va al Haber.

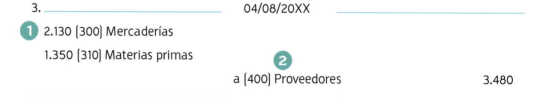

```
3. ─────────────────── 04/08/20XX ───────────────────
   2.130  (300) Mercaderías
   1.350  (310) Materias primas
                        a (400) Proveedores               3.480
```

> Todos los hechos contables registrados (asientos) tienen una partida y una contrapartida, es decir, anotaciones en el Debe y anotaciones en el Haber del Libro Diario. Una vez finalizado el asiento, se comprueba que la suma de las cantidades anotadas en el Debe es igual a la suma de las cantidades anotadas en el Haber, asegurando que el asiento esté cuadrado en tanto que mantiene igualdad de valores tanto en el Debe como en el Haber.

4.2. El Libro Mayor

El Libro Mayor es un libro **principal** pero no **obligatorio**, a pesar de que en la práctica resulta imprescindible llevarlo (Fig. 11.3).

En él se recogen de forma individual las distintas **cuentas** y los movimientos que se hayan realizado en ellas. Es decir, la empresa, mediante la consulta de la correspondiente cuenta, observa los movimientos que ha tenido y puede obtener su saldo rápidamente.

De manera que, para reflejar los hechos contables, primero anotamos la operación en el Libro Diario y después trasladamos ese asiento a la ficha individual de **cada cuenta** que interviene en la operación.

Al igual que se ha hecho en el apartado anterior, en este caso también nos valdremos de otro ejemplo para analizar otra operación.

Fig. 11.3. El Libro Mayor es un libro principal y no obligatorio, aunque sumamente útil.

Supongamos que una empresa dedicada al transporte de mercancías compra el 7 de febrero de 20XX mobiliario para la oficina por importe de 2.700 €, que paga con un cheque.

Analizamos la operación y llevamos a cabo los siguientes pasos:

1. Elementos que intervienen: Mobiliario y Bancos c/c. El primer elemento es el Mobiliario, un bien que nace por el Debe, mientras el segundo elemento es Bancos c/c, activo que disminuye, al Haber.

2. A continuación efectuamos el asiento:

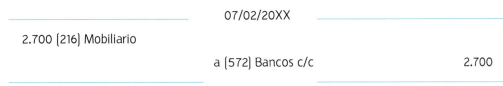

```
                    07/02/20XX
    2.700 (216) Mobiliario
                    a (572) Bancos c/c       2.700
```

3. Ahora trasladamos la información a la cuenta correspondiente:

Debe	Mobiliario	Haber	Debe	Bancos c/c	Haber
2.700				2.700	

CASO PRÁCTICO 2. Registro en el Libro Mayor

La empresa ABC S.A. presenta las siguientes anotaciones en la cuenta Bancos c/c:

Debe	Bancos c/c	Haber
3.500		1.200
		460
		125

¿Cuál es el saldo de la cuenta, el importe total de los cargos realizados en ella y el importe total de los abonos?

Solución:

Calculamos el saldo de la cuenta de la siguiente manera:

- El Debe de la cuenta suma 3.500 €.
- El Haber de la cuenta suma 1.200 € + 460 € + 125 € = 1.785 €.
- El saldo es 3.500 € − 1.785 € = 1.715 €.
- Como el Debe suma más que el Haber, tenemos como resultado un saldo deudor de 1.715 €.
- El importe total de los cargos realizados es lo mismo que decir el total de las anotaciones en el Debe de la cuenta, es decir, 3.500 €.
- El importe total de los abonos realizados es lo mismo que decir el total de las anotaciones en el Haber de la cuenta, es decir, 1.785 €.

ACTIVIDADES

5. Registra en el Libro Diario las siguientes operaciones y después traslada los registros al Libro Mayor:

    a) Solicitamos un préstamo a devolver en un año a una entidad financiera por importe de 8.000 € que son ingresados en nuestra cuenta corriente.

    b) Compramos mercaderías por importe de 10.000 €, la mitad se paga mediante transferencia bancaria y el resto a crédito de dos meses.

    c) Abonamos la primera cuota del préstamo de 750 €, 600 € corresponden a la devolución del préstamo y el resto a los intereses.

    d) Vendemos mercaderías por importe de 24.000 €, cobramos un tercio en efectivo, un tercio mediante transferencia bancaria y el resto a crédito.

    e) Ingresamos en el banco la mitad de lo cobrado en efectivo en la venta anterior.

    f) Compramos a crédito a l/p un local comercial por importe de 320.000 €, de los cuales 120.000 € corresponden al terreno.

IMPORTANTE

Los **gastos** e **ingresos** pertenecen a los grupos 6 y 7 y no aparecen en el balance, sino que con ellos elaboramos la cuenta de **pérdidas y ganancias**.

A. Gastos e ingresos

Una vez que los gastos e ingresos del periodo hayan sido registrados en sus cuentas específicas (grupos 6 y 7), se podrá obtener el resultado del periodo, que vendrá determinado por la diferencia entre la suma de los ingresos y los gastos:

$$\text{Resultado contable del periodo} = \Sigma \text{ Ingresos} - \Sigma \text{ Gastos}$$

Así, al final del ejercicio, la empresa traslada el saldo de las cuentas del grupo 6 y 7 a la cuenta 129, Resultado del ejercicio, que nos mostrará si esta ha ganado o ha perdido en su actividad, dependiendo del saldo que tenga.

Por tanto, toda empresa incurre en gastos e ingresos en el desarrollo de su actividad, y en la Tabla 11.3 se recogen los más comunes.

Cuentas de gastos	**(600) Compra de mercaderías.** Recoge las compras que realiza la empresa de elementos del subgrupo 30 (existencias comerciales).
	(621) Arrendamientos y cánones. Refleja lo que la empresa paga por el alquiler de los edificios que utiliza o de cualquier otro elemento (maquinaria, mobiliario, etc.).
	(622) Reparaciones y conservación. Señala los gastos que implican mantener en buen estado los inmovilizados que posee.
	(623) Servicios de profesionales independientes. Se refiere a los gastos por contratar los servicios de un profesional ajeno a la empresa, como abogados, consultores, arquitectos, etc.
	(624) Transportes. Recoge los gastos de transporte que lleva a cabo un tercero a cargo de la empresa, cuando no procede incluirlos como mayor precio de adquisición de una mercancía. En este caso se suma a la cuenta 600 € a favor de la empresa.
	(625) Primas de seguros. En esta cuenta, la empresa registra los distintos seguros que paga (por los vehículos que posee, por sus locales, responsabilidad civil, etc.), sin incluir los seguros que abona por el personal.
	(626) Servicios bancarios y similares. Refleja los gastos o las comisiones que cobra el banco por los servicios que presta a la empresa (transferencias, cuota de tarjetas o mantenimiento de cuentas corrientes).
	(627) Publicidad, propaganda y relaciones públicas. Registra los gastos en publicidad, propaganda y lo concerniente a las relaciones que la empresa mantiene con clientes, proveedores, etc.
	(628) Suministros. Cuenta en la que se indican los gastos de electricidad, gas y cualquier otro abastecimiento no almacenable.
	(629) Otros servicios. La empresa la emplea para recoger otro gasto no comprendido en las anteriores cuentas (el teléfono).
	(631) Otros tributos. Se utiliza en las empresas para reconocer gastos como el pago del impuesto sobre bienes inmuebles (IBI), el impuesto de circulación de vehículos, etc.
	(640) Sueldos y salarios. En ella se registran los gastos en remuneraciones que la empresa paga a su personal.
	(642) Seguridad Social a cargo de la empresa. Refleja la parte de la cotización a la Seguridad Social que la empresa paga por sus trabajadores.
	(662) Intereses de deudas. Señala los intereses que la empresa paga por solicitar préstamos.
Cuentas de ingresos	**(700) Venta de mercaderías.** Esta cuenta recoge la venta de productos de la empresa que esta no ha transformado (empresas comerciales).
	(701) Venta de productos terminados. Registra la venta de productos de la empresa que esta ha transformado (en este caso, empresas productoras).
	(705) Prestaciones de servicios. Recoge las operaciones habituales de las empresas de servicios (un informe que realiza un arquitecto, un abogado o un médico cuando te pasa consulta).
	(752) Ingresos por arrendamientos. Aquí se registran los ingresos que la empresa obtiene por alquilar elementos de su propiedad que tiene ociosos. Su actividad habitual no es el alquiler, y si así lo fuera, lo reconocería entonces en la cuenta de prestaciones de servicios.
	(754) Ingresos por comisiones. La empresa refleja aquí los ingresos que percibe por actuar como intermediario en alguna transacción comercial, no tratándose de su actividad habitual.
	(759) Ingresos por servicios diversos. Se registran aquí los ingresos que la empresa ha obtenido por la realización de actividades eventuales y que no se contabilicen en ninguna otra cuenta.
	(769) Otros ingresos financieros. Como su nombre indica, los ingresos que obtiene la empresa tienen naturaleza financiera y no se contabilizan en otra cuenta (por ejemplo, los intereses que el banco nos paga por la c/c).

Tabla 11.3. Cuentas de gastos e ingresos más habituales en la empresa.

CASO PRÁCTICO 3. Registro de los gastos e ingresos en los libros contables

Realiza el registro en el Libro Diario y en el Libro Mayor de las siguientes operaciones realizadas por la empresa ABC S.A.:

1. El 5 de febrero de 20X0 recibe la factura del local que tiene alquilado para oficinas por el que paga 1.100 € mediante transferencia bancaria.
2. Encarga reparaciones de su maquinaria, por lo que el 8 de febrero le facturan y abona en efectivo 350 €.
3. El 12 de febrero solicita los servicios de un abogado, que le factura 380 € en una operación que realiza a crédito.
4. Además, abona el 18 de febrero el seguro de los elementos de transporte (vehículos), que asciende a 900 €, a través del banco.
5. Recibe el 21 de febrero la factura de la luz, que asciende a 165 € y que paga por banco.
6. La empresa paga el 25 de febrero el recibo del teléfono a través del banco por un importe de 68 €.
7. Alquila el 27 de febrero un vehículo de su propiedad, por lo que factura 140 €, operación a crédito.
8. Participa el 28 de febrero en una operación como intermediaria, cobrando en efectivo 500 €.

Solución:

1. ─────────────── 05/02/20X0 ───────────────
   1.100 (621) Arrendamientos y cánones
                        a (572) Bancos   1.100

2. ─────────────── 08/02/20X0 ───────────────
   350 (622) Reparaciones y conservación
                        a (570) Caja   350

3. ─────────────── 12/02/20X0 ───────────────
   380 (623) Servicios de profesionales independientes
                        a (410) Acreedores por prestaciones
                        de servicios   380

4. ─────────────── 18/02/20X0 ───────────────
   900 (625) Primas de seguros
                        (572) Bancos c/c   900

5. ─────────────── 21/02/20X0 ───────────────
   165 (628) Suministros
                        (572) Bancos c/c   165

6. ─────────────── 25/02/20X0 ───────────────
   68 (629) Otros servicios
                        (572) Bancos c/c   68

7. ─────────────── 27/02/20X0 ───────────────
   140 (440) Deudores
                        a (752) Ingresos por arrendamientos   140

8. ─────────────── 28/02/20X0 ───────────────
   500 (570) Caja
                        a (754) Ingresos por comisiones   500

D	Bancos c/c	H
	1.100	
	900	
	165	
	68	

D	Arrend. y cánones	H
1.100		

D	Reparac. y conserv.	H
350		

D	Caja	H
500	350	

D	Serv. prof. independ.	H
380		

D	Acreed. prest. servic.	H
	380	

D	Primas de seguros	H
900		

D	Suministros	H
165		

D	Otros servicios	H
68		

D	Deudores	H
140		

D	Ingresos por arrend.	H
	140	

D	Ingresos por comis.	H
	500	

SÍNTESIS

Estructura del PGC y PGC de pymes
1. Marco conceptual. De obligado cumplimiento.
2. Normas de registro y valoración. De obligado cumplimiento.
3. Cuentas anuales. De obligado cumplimiento.
4. Cuadro de cuentas. De aplicación opcional.
5. Definiciones y relaciones contables. De aplicación opcional.

Las cuentas anuales
Balance.
Cuenta de pérdidas y ganancias.
Estado de cambios en el Patrimonio neto.
Estado de flujos de efectivo.
Memoria.

Requisitos de la información contable
La información incluida en las cuentas anuales debe ser relevante y fiable.

Los principios contables
Son de obligado cumplimiento y conducen a que las cuentas anuales expresen la imagen fiel del patrimonio, de la situación financiera, así como también de los resultados de la empresa.

Los principios contables son:
- Empresa en funcionamiento.
- Devengo.
- Uniformidad.
- Prudencia.
- No compensación.
- Importancia relativa.

Los libros contables
Obligatorios: Libro de Inventarios y Cuentas Anuales, el Libro Diario, el Libro de Actas, el Libro Registro de Facturas Emitidas y el Libro Registro de Facturas Recibidas.

Voluntarios: todos los demás que el empresario quiera llevar (Libro Mayor).

Libro Diario
Es un libro principal y obligatorio, en el que se registran todos los hechos y las operaciones contables.

Libro Mayor
Es un libro principal pero no obligatorio, a pesar de que en la práctica resulta imprescindible llevarlo. En él se recogen las distintas cuentas y los movimientos que se hayan realizado en ellas.

TEST DE REPASO

1. **Indica cuál es la afirmación falsa:**
   a) Con los ingresos y los gastos se elabora la cuenta de pérdidas y ganancias.
   b) Con los elementos patrimoniales se elabora el balance.
   c) Con los ingresos y los gastos se elabora el balance.
   d) Ninguna de las anteriores.

2. **No integra las cuentas anuales:**
   a) El Libro Mayor.
   b) El balance.
   c) La cuenta de pérdidas y ganancias.
   d) El estado de cambios en el Patrimonio neto.

3. **Señala la afirmación correcta:**
   a) El principio de prudencia dice que los efectos de las transacciones o hechos económicos se registrarán cuando ocurran, de forma que se imputarán al ejercicio al que las cuentas anuales se refieran, los gastos e ingresos que afecten al mismo, con independencia de la fecha de su pago o de su cobro.
   b) El principio de uniformidad dice que al adoptarse un criterio dentro de las posibles alternativas que se permitan, este deberá mantenerse en el tiempo y aplicarse de manera uniforme en transacciones, otros eventos y condiciones similares, en tanto no se alteren los supuestos que motivaron la elección de este criterio.
   c) El principio de devengo dice que debemos ser prudentes en las estimaciones y valoraciones a realizar en condiciones de incertidumbre. La prudencia no justifica que la valoración de los elementos patrimoniales no responda a la imagen fiel que deben reflejar las cuentas anuales. Únicamente se contabilizan los beneficios obtenidos hasta la fecha de cierre del ejercicio.
   d) Todas las anteriores son correctas.

4. **Indica la afirmación verdadera:**
   a) El Libro Mayor es un libro obligatorio.
   b) El balance de comprobación se prepara con el objetivo de comparar o verificar si todos los cargos y abonos de los asientos del diario han sido registrados en las cuentas del Libro Mayor respetando la partida doble.
   c) En el balance figurarán de forma conjunta el Activo, el Pasivo y el Patrimonio neto.
   d) Ninguna de las anteriores.

5. **Señala qué afirmación es verdadera:**
   a) El Plan General de Contabilidad se compone de cuatro partes, todas ellas de obligado cumplimiento.
   b) El Plan General de Contabilidad se compone de cinco partes, pero no todas ellas de obligado cumplimiento.
   c) El Plan General de Contabilidad se compone de cinco partes, todas ellas de obligado cumplimiento.
   d) El Plan General de Contabilidad se compone de cuatro partes, pero no todas ellas de obligado cumplimiento.

6. **¿Cuál de las siguientes opciones es un principio contable?**
   a) La integridad.
   b) La relevancia.
   c) La comparabilidad.
   d) Empresa en funcionamiento.

7. **El cuadro de cuentas del PGC de pymes está formado por:**
   a) Ocho grupos.
   b) Siete grupos.
   c) Dos grupos de cuentas patrimoniales.
   d) Cinco grupos de cuentas de gestión.

8. **El grupo 1 del cuadro de cuentas se denomina:**
   a) Cuentas financieras.
   b) Existencias.
   c) Acreedores y deudores por operaciones comerciales.
   d) Financiación básica.

9. **Si en un asiento reflejamos dos cuentas en el Debe y una en el Haber, este se denomina:**
   a) Mixto.
   b) Simple.
   c) Compuesto.
   d) Ninguna de las anteriores.

10. **Si en un asiento reflejamos dos cuentas en el Debe y dos cuentas en el Haber, este se denomina:**
    a) Mixto.
    b) Simple.
    c) Compuesto.
    d) Ninguna de las anteriores.

11. **Señala qué afirmación es verdadera:**
    a) En el Libro Mayor se introducen inicialmente las operaciones contables.
    b) Cada anotación registrada en una cuenta en el diario se denomina apunte.
    c) En el Libro Mayor solo aparecen las cuentas patrimoniales.
    d) Ninguna de las anteriores.

12. **Señala qué afirmación es verdadera en relación con el balance de comprobación:**
    a) Solo se detallan los elementos del balance.
    b) La columna de sumas y la de saldos deben sumar lo mismo.
    c) Permite verificar si se ha traspasado bien la información del Libro Diario al Libro Mayor.
    d) Todas las anteriores.

COMPRUEBA TU APRENDIZAJE

Reconocer el PGC como instrumento de armonización contable.

1. Transcribe del Real Decreto 1514/2007, de 16 de noviembre, por el que se aprueba el Plan General de Contabilidad el punto primero de la introducción que hace referencia a la armonización contable.

Relacionar las distintas partes del PGC, diferenciando las obligatorias de las no obligatorias.

2. Busca en la primera parte del PGC, marco conceptual de la contabilidad, los criterios de valoración de los distintos elementos integrantes de las cuentas anuales y define los conceptos de:

   a) Coste histórico o coste.

   b) Valor razonable.

   c) Valor neto realizable.

   d) Valor actual.

   e) Valor contable o en libros.

   f) Valor residual.

3. La empresa Saneamientos Gutiérrez S.A. ha realizado una compra de materias primas el 18 de noviembre de 20X0 que pagará el 2 de enero de 20X1.

   a) ¿En qué fecha deberá contabilizarse la compra?

   b) ¿En función de qué principio?

Codificar un conjunto de elementos patrimoniales de acuerdo con los criterios del PGC, identificando su función en la asociación y desglose de la información contable.

4. ¿A qué grupo pertenecen los siguientes elementos?

   a) Resultado del ejercicio.

   b) Proveedores.

   c) Seguridad social a cargo de la empresa.

   d) Capital.

   e) Deudores.

   f) Envases.

   g) Prestaciones de servicios.

5. Busca el código en el cuadro de cuentas que corresponde a los siguientes elementos:

   a) Maquinaria.

   b) Caja, euros (€).

   c) Compras de mercaderías.

   d) Sueldos y salarios.

   e) Otros tributos.

   f) Mobiliario.

   g) Reserva legal.

   h) Deudas a c/p con entidades de crédito.

   i) Proveedores de inmovilizado a l/p.

   j) Bancos e instituciones de crédito c/c vista, euros (€).

   k) Transportes.

   l) Ingresos por arrendamientos.

   m) Suministros.

   n) Compra de materias primas.

Identificar las cuentas anuales que establece el PGC, determinando la función que cumplen.

6. Localiza en el PGC, en su tercera parte, Cuentas anuales, el apartado correspondiente a la formulación de las cuentas anuales y transcribe su contenido.

7. Los activos deben reconocerse en el balance cuando:

   a) Sea probable que, a su vencimiento y para liquidar la obligación, deban entregarse o cederse recursos que incorporen beneficios o rendimientos económicos futuros, y siempre que se puedan valorar con fiabilidad.

   b) Sean consecuencia de un incremento de los recursos de la empresa, y siempre que su cuantía pueda determinarse con fiabilidad.

   c) Sea probable la obtención a partir de los mismos de beneficios o rendimientos económicos para la empresa en el futuro.

   d) Ninguna de las anteriores.

8. Localiza en el PGC, en su tercera parte, Cuentas anuales, el apartado correspondiente a la Memoria y transcribe el contenido de sus tres primeros apartados.

Identificar y codificar las cuentas que intervienen en las operaciones relacionadas con la actividad comercial conforme al PGC.

Aplicar criterios de cargo y abono según el PGC.

Definir el concepto de resultado contable, diferenciando las cuentas de ingresos y gastos.

9. Realiza las anotaciones contables en el Libro Diario de la empresa Calcisa S.A., traspasa las anotaciones al Libro Mayor y realiza el balance de comprobación, relativas a las siguientes operaciones realizadas en el año 20XX:

   a) Se constituye el 5 de enero la sociedad aportando los socios 72.000 €, ingresan 62.000 € en la cuenta corriente bancaria y el resto lo dejan en la caja.

   b) El 8 de enero compran un ordenador para la oficina por 1.500 € que pagan con cheque.

   c) Compran el 21 de enero a crédito mercaderías por importe de 9.000 €.

   d) Reciben el 25 de enero la factura por importe de 1.150 € del alquiler del local, que pagarán el 2 de febrero por banco.

COMPRUEBA TU APRENDIZAJE

e) Venden el 27 de enero mercaderías por importe de 17.000 € a crédito.

f) Abonan por banco el 3 de febrero por la prima anual del seguro del local 890 €.

g) Compran el 14 de febrero una furgoneta para el transporte de las mercancías por importe de 27.000 €, pagan un tercio en efectivo, un tercio mediante trasferencia bancaria y el resto a pagar dentro de 15 meses.

h) Invitan el 24 de febrero a comer a un cliente abonando en efectivo 170 €.

i) Reciben el 1 de marzo la factura de la luz que asciende a 120 €, recibo cuyo pago tienen domiciliado y que pagarán el día 4 de marzo.

j) Venden el 8 de marzo mercaderías por importe de 6.500 €, la mitad al contado (bancos) y el resto a crédito.

k) Pagan el 10 de marzo al proveedor del apartado c) mediante transferencia bancaria. El banco les cobra 2,5 € por realizar la transferencia.

l) Cobran el 15 de marzo por banco la mitad de la venta del apartado e).

10. Rosana Gómez emprende el día 1 de abril de 20XX un negocio dedicado a la compraventa de mobiliario de oficina, realizando las siguientes operaciones:

a) El 4 de abril aporta 65.500 € para la creación de la S.A. 53.700 € los ingresa en el banco, dejando el resto en la caja de la empresa.

b) El 4 de abril compra mesas de estudio por 22.000 €. Paga 10.000 € con un cheque, 1.200 € en efectivo y el resto a crédito de dos meses.

c) El 11 de abril adquiere un ordenador, una impresora y un escáner por importe de 3.800 €. Entrega 2.000 € en un cheque y el resto del pago se aplaza 14 meses.

d) El 16 de abril retira del banco 1.000 € que ingresa en la caja de la empresa.

e) El 29 de abril compra sillas por importe de 1.300 €, estanterías por importe de 2.400 € y armarios archivadores por importe de 1.500 €. La operación se realiza a crédito de 6 meses documentada en una letra de cambio.

f) El 3 de mayo paga en efectivo 850 € por la inserción de un anuncio en un periódico.

g) El 10 de mayo vende mercaderías por un importe de 19.000 €, cobra la mitad mediante transferencia bancaria y el resto a crédito.

h) El 14 de mayo recibe una factura por la reparación de la impresora por importe de 60 €, paga la mitad en efectivo y el resto lo pagará en dos meses.

i) El 26 de mayo recibe la factura del teléfono cuyo importe asciende a 90 €, recibo cuyo pago tiene domiciliado y que pagará el día 31 de mayo.

j) El 7 de junio paga mediante transferencia bancaria la cantidad que le debe al proveedor del apartado b).

k) El 18 de junio paga en efectivo la nómina a un trabajador por un total de 1.560 €.

l) El 21 de junio el banco le cobra 25 € de cuota de la tarjeta de crédito que ha solicitado.

Elabora:

a) El Libro Diario.

b) El Libro Mayor.

11. Se constituye el 02/07/20XX la sociedad anónima Simancas y Asociados S.A. con un capital social de 61.000 €. La empresa tiene como objeto social la compraventa de artículos de papelería. A lo largo del mes de julio se han realizado las siguientes operaciones:

a) El 2 de julio los socios aportan un local valorado en 125.000 € de los cuales deben a una entidad financiera 100.000 € que pagarán en 10 años, un elemento de transporte valorado en 18.000 €, ingresan en el banco 15.000 € y el resto lo dejan en la caja de la empresa.

b) El 8 de julio compran mercaderías por importe de 11.400 €, que pagan mitad con cheque y mitad a crédito.

c) El 12 de julio compran un ordenador valorado en 1.400 € y un *software* de gestión valorado en 900 €, operación a crédito a c/p.

d) El 13 de julio contratan a un profesional independiente para que les elabore la contabilidad, por lo que les factura 220 €, que pagan mediante transferencia bancaria.

e) El 14 de julio venden mercaderías por importe de 17.000 € en una operación a crédito a c/p.

f) El 16 de julio venden mercaderías a otro cliente por 12.000 €, cobrando 2.000 € en efectivo, 5.000 € mediante ingreso en cuenta corriente y el resto a crédito.

g) El 17 de julio ingresan 1.500 € en la cuenta corriente.

h) El 22 de julio prestan un servicio eventual de transporte por el que facturan a crédito 90 €.

Elabora:

a) El Libro Diario.

b) El Libro Mayor.

12. Calcula el resultado obtenido por las empresas de las actividades 9, 10 y 11.

Las existencias

En esta unidad

APRENDERÁS A

- Identificar y cumplimentar los documentos relativos a la compraventa en la empresa, precisando los requisitos formales que deben reunir.
- Reconocer los procesos de expedición y entrega de mercancías, así como la documentación administrativa asociada.
- Identificar los parámetros y la información que deben ser registrados en las operaciones de compraventa.

ESTUDIARÁS

- Las existencias.
- La valoración de las existencias.
- Los cálculos de la actividad comercial.

Y SERÁS CAPAZ DE

- Analizar los documentos o comunicaciones que se utilizan en la empresa reconociendo su estructura, sus elementos y sus características para elaborarlos.
- Analizar la información disponible para detectar necesidades relacionadas con la gestión empresarial.

1. Las existencias

En esta unidad vamos a estudiar la problemática de las existencias. La mayoría de las empresas necesitan aprovisionarse de distintos materiales para emplearlos en su actividad, y estos bienes se guardan en sus almacenes a la espera de ser utilizados, vendidos o consumidos. En este apartado desarrollaremos los pormenores de la gestión y el control de las existencias.

1.1. Concepto y tipos

> Las **existencias** son **activos** para ser vendidos en el curso normal de la explotación, en proceso de producción o en forma de materiales o suministros para ser consumidos en el proceso de **producción** o en la **prestación de servicios**.

El PGC recoge estos bienes en el Activo corriente dentro del grupo 3, «Existencias». Distingue entre:

- **Existencias comerciales, mercaderías.** Son bienes adquiridos por la empresa y destinados a la venta sin transformación.

- **Materias primas.** Son aquellas que, mediante elaboración o transformación, se destinan a formar parte de los productos fabricados.

- **Otros aprovisionamientos.** Se incluyen los siguientes:

  - **Elementos y conjuntos incorporables.** Son los que se fabrican normalmente fuera de la empresa y son adquiridos por esta para incorporarlos a su producción sin someterlos a transformación.

  - **Combustibles.** Materias energéticas susceptibles de almacenamiento.

  - **Repuestos.** Piezas destinadas a ser montadas en instalaciones, equipos o máquinas en sustitución de otras semejantes. Se incluirán en esta cuenta las que tengan un ciclo de almacenamiento inferior a un año.

  - **Materiales diversos.** Otras materias de consumo que no han de incorporarse al producto fabricado.

  - **Embalajes.** Cubiertas o envolturas, generalmente irrecuperables, destinadas a resguardar productos o mercaderías que han de transportarse.

  - **Envases.** Recipientes o vasijas, normalmente destinados a la venta conjuntamente con el producto que contienen.

  - **Material de oficina.** Es el destinado a la finalidad que indica su denominación, salvo que la empresa opte por considerar que el material de oficina adquirido durante el ejercicio es objeto de consumo en el mismo.

- **Productos en curso.** Bienes o servicios que se encuentran en fase de formación o transformación en un centro de actividad al cierre del ejercicio.

- **Productos semiterminados.** Los fabricados por la empresa y no destinados normalmente a su venta hasta que sean objeto de elaboración, incorporación o transformación posterior.

- **Productos terminados.** Los fabricados por la empresa y destinados al consumo final o a su utilización por otras empresas.

- **Subproductos, residuos y materiales recuperados.** Desglosados, son:

  - **Subproductos.** Los de carácter secundario o accesorio de la fabricación principal.

  - **Residuos.** Los obtenidos inevitablemente y al mismo tiempo que los productos o subproductos, siempre que tengan valor intrínseco y puedan ser utilizados o vendidos.

  - **Materiales recuperados.** Aquellos que, por tener valor intrínseco, entran nuevamente en almacén después de haber sido utilizados en el proceso productivo.

ACTIVIDADES

1. Determina, para cada una de las siguientes empresas, qué tipo de existencias representan los siguientes bienes:

   a) Para una librería, los libros que compra a las editoriales y que posteriormente vende a sus clientes.

   b) Para una imprenta, el papel, la tinta, el cartón, la encuadernación, etc., con los que elabora los libros.

   c) Para un fabricante de electrodomésticos, los motores eléctricos que adquiere e incorpora a sus lavadoras.

   d) Para una gestoría, el papel, los bolígrafos, las grapadoras, el tóner de impresora, etc., que compra para utilizar en sus oficinas.

   e) Para una fábrica de coches, los vehículos que envía a sus concesionarios.

   f) Para una bodega, además del vino, el vinagre que elabora como producto secundario.

   g) Para una fábrica de muebles, el serrín que se produce en su serrería y que puede vender.

> **¿SABÍAS QUE...?**
>
> El objetivo de la gestión de existencias para un artículo individual debe dar respuestas a las siguientes preguntas básicas:
>
> 1. ¿Cuándo debe lanzarse una orden de pedido de dicho artículo?
> 2. ¿Qué cantidad del artículo debe pedirse en cada una de estas órdenes de pedido?

1.2. Control de las existencias

Todas las empresas necesitan disponer de productos almacenados, ya sea para satisfacer las necesidades de sus **clientes** (garantizando la llegada de los productos en el tiempo, la forma y la cantidad esperados) o para incorporarlos al **proceso productivo** en el momento justo y oportuno. La gestión de existencias ha de garantizar, por un lado, que siempre que un cliente solicite un producto este sea proporcionado y, por otro, que se disponga de las materias primas necesarias para la producción.

El **objetivo** del control de las existencias es pedir y mantener la cantidad precisa de cada artículo o producto para evitar quedarse sin existencias, al mismo tiempo que intenta reducir la inversión o el dinero inmovilizado en inventario. Se ha de intentar por tanto que el nivel de existencias sea mínimo, sin que se produzcan **rupturas** en la salida.

Para poder saber qué cantidad pedir en cada momento es necesario llevar un **inventario** individualizado de cada producto, en el que se reflejarán las entradas y salidas de los artículos o productos y que nos mostrará las unidades que permanecen en el almacén.

La empresa dedica una parte de sus recursos a mantener un nivel óptimo de existencias, ya que la gestión de las mismas genera una serie de **costes** relevantes económicamente. Los costes más significativos que se tienen en cuenta en la gestión de existencias son:

- **Coste de aprovisionamiento.** Es el coste total que tiene lugar cada vez que se hace un pedido de un artículo. Este coste se divide en dos:
  - **Coste del pedido.** Es el resultado de multiplicar el valor unitario del artículo por el número de artículos de que consta el pedido. Este coste es variable, pues depende de la cantidad del artículo pedido.
  - **Coste de emisión del pedido.** Este coste es fijo y será diferente dependiendo de si se trata de artículos comprados a un proveedor externo o si son pedidos de artículos manufacturados en la misma empresa.

- **Coste de almacenaje.** Son todos aquellos costes que tiene la empresa como consecuencia de conservar una determinada cantidad de existencias. Los factores que influyen en el coste de almacenaje pueden ser:
  - **Obsolescencia.** Es la determinación o programación del fin de la vida útil de un producto.
  - **Robos y desperfectos.** Como consecuencia de condiciones ambientales inapropiadas.
  - **Seguros.** Garantizan o indemnizan todo o parte del perjuicio causado por situaciones accidentales.
  - **Almacén.** Para mantener las existencias es necesario disponer de almacenes, así como del personal y equipos adecuados para el manejo de los materiales (Fig. 12.1).
  - **Capital.** El coste de oportunidad del capital es el coste en el que se incurre al tener inmovilizado en existencias (en vez de invertido) el capital correspondiente.

1.3. Gestión de *stocks*

> Se entiende por **gestión del *stock*** la organización, la planificación y el control del conjunto de existencias pertenecientes a una empresa.

La gestión de *stocks* regula el flujo entre las entradas de existencias y las salidas. La empresa necesita disponer de recursos almacenados para:

a) Evitar ruptura de *stocks* para no perjudicar el proceso productivo por falta de existencias.

b) Obtener importantes descuentos del proveedor, por la compra de materiales en gran cantidad.

c) Evitar imprevistos como incumplimiento de plazos de entrega, subida de precios, incremento inesperado de la demanda, etc.

El éxito en la gestión del *stock* viene de la combinación de comprar la cantidad de productos que se necesitan y saber el momento más adecuado para hacerlo, para así obtener un mayor beneficio y una reducción de los costes.

Fig. 12.1. En los gastos de almacén hay que contemplar también los gastos de personal y de equipamiento.

1.4. Niveles mínimos de existencias. *Stock* de seguridad

En el almacén siempre debe quedar una cantidad de mercancía que amortigüe los posibles efectos que tengan sobre el *stock* circunstancias no previstas como puede ser un aumento repentino de la demanda o un retraso en la recepción de los productos, que podría deberse a diferentes causas imposibles de conocer con antelación.

> La **ruptura del *stock*** tiene lugar cuando se produce una demanda por encima de lo previsto, circunstancia que pone a prueba la gestión del *stock* y determina la importancia de un cálculo correcto del *stock* de seguridad.

- ***Stock* mínimo o de seguridad.** Es la menor cantidad de existencias de un material que se puede mantener en el almacén bajo la cual el riesgo de ruptura del *stock* es muy alto. Para calcular el *stock* de seguridad (SS), la fórmula que se aplica es:

$$SS = (PME - PE) \cdot DM, \text{ donde:}$$

  – **PME** es el plazo máximo de entrega en el que el proveedor hace llegar el producto suponiendo que hubiera un retraso.

  – **PE** es el plazo de entrega normal en el que el proveedor envía la mercancía en circunstancias normales.

  – **DM** es la demanda media que se ha calculado para ese producto determinado en una situación de normalidad.

- **Punto de pedido.** Es el nivel de existencias en torno al cual se ha de realizar el pedido para reaprovisionar el almacén. Cuando se realiza el pedido se ha de tener en cuenta el tiempo que el proveedor tarda en servirlo para no quedar por debajo del *stock* de seguridad.

  Para calcular el **punto de pedido (PP)** se aplica la siguiente fórmula:

$$PP = SS + (PE \cdot DM), \text{ donde:}$$

  – **SS** es el *stock* de seguridad.

  – **PE** es el plazo de entrega del proveedor.

  – **DM** es la media de las ventas previstas (esto es, la demanda media).

1.5. Aprovisionamiento e inventario de las existencias

La **función de aprovisionamiento** se compone de tres aspectos fundamentales:

- **Gestión de compras.** Se trata de adquirir los productos que el departamento de producción o el departamento comercial necesitan para llevar a cabo su actividad. Al hacerlo, habrán de tenerse en cuenta aspectos importantes como el precio, la calidad, el plazo de entrega, las condiciones de pago, el servicio posventa, etc.

- **Almacenamiento.** Implica disponer de almacenes para guardar las mercaderías compradas o los productos terminados para incorporarlas posteriormente al proceso productivo en el caso de las materias primas, o bien para proceder a su venta en el caso de productos terminados.

- **Gestión de inventarios.** Consiste en determinar la cantidad de existencias que se han de mantener y el ritmo de pedidos para cubrir las necesidades de la empresa para la producción y la comercialización.

Las tres funciones deben llevarse a cabo intentando conciliar dos **objetivos** que son **contradictorios**: que la empresa disponga de los elementos que necesita para producir o vender y que lo haga al mínimo coste posible.

IMPORTANTE

Es necesario un *stock* controlado de productos que servirán para que no se interrumpa el suministro cuando se presenten problemas que están fuera del alcance de la organización, con objeto de poder seguir abasteciendo a los clientes sin que estos tengan que sufrir las consecuencias de estas circunstancias inesperadas.

ACTIVIDADES

2. Calcula el *stock* de seguridad y el punto de pedido de un fabricante de zapatos si disponemos de los siguientes datos: ventas diarias: 800 unidades; plazo de entrega del proveedor: 8 días; plazo de entrega con retraso: 10 días.

CASO PRÁCTICO 1. *Stock* de seguridad

Calcula el *stock* de seguridad para un fabricante de muebles con los siguientes datos: ventas diarias: 1.000 unidades; plazo de entrega del proveedor: 14 días; plazo de entrega con retraso: 18 días.

Solución:

$$SS = (PME - PE) \cdot DM = (18 - 14) \cdot 1.000 = 4.000 \text{ unidades.}$$

2. Valoración de las existencias

Una vez analizada la problemática de la gestión y el control de las existencias, vamos a estudiar a continuación los métodos de valoración de las mismas recogidos en el PGC y que son de aplicación obligatoria para las empresas.

2.1. Concepto

> La valoración de existencias de mercaderías consiste en **valorar cuantitativamente** las existencias de productos que la empresa tiene almacenados teniendo en cuenta los criterios establecidos en el PGC.

> **! IMPORTANTE**
>
> Importe de la factura
> − Descuentos
> + Gastos
> + Impuestos indirectos no recuperables
> _____
> **Precio de adquisición**

El PGC determina en su segunda parte, «Normas de registro y valoración», concretamente en la norma de valoración **«10.ª, Existencias»,** la cuantificación inicial que debe darse a las existencias.

A. Valoración inicial

Los bienes y servicios comprendidos en las existencias se valorarán por su coste, ya sea el **precio de adquisición** o el **coste de producción.** Los **impuestos indirectos** que gravan las existencias solo se incluirán en el precio de adquisición o el coste de producción cuando **no sean recuperables** directamente de la Hacienda Pública. En las existencias que necesiten un periodo de tiempo **superior a un año** para estar en condiciones de ser vendidas, se incluirán en el precio de adquisición o coste de producción los gastos financieros en los términos previstos en la norma sobre el inmovilizado material.

B. Precio de adquisición

El precio de adquisición incluye el **importe facturado por el vendedor** después de **deducir cualquier descuento,** rebaja en el precio u otras partidas similares, así como los intereses incorporados al nominal de los débitos, y se **añadirán todos los gastos** adicionales que se produzcan hasta que los bienes se hallen ubicados para su venta, tales como transportes, aranceles de aduanas, seguros y otros directamente atribuibles a la adquisición de las existencias. A pesar de lo anterior, podrán incluirse los intereses incorporados a los débitos con vencimiento no superior a un año que no tengan un tipo de interés contractual, cuando el efecto de no actualizar los flujos de efectivo no sea significativo.

C. Coste de producción

El coste de producción se determinará añadiendo al **precio de adquisición** de las materias primas y otras materias consumibles los **costes directamente imputables** al producto. También deberá añadirse la **parte** que razonablemente corresponda **de los costes indirectamente** imputables a los productos de que se trate, en la medida en que tales costes correspondan al periodo de fabricación, elaboración o construcción, en los que se haya incurrido al ubicarlos para su venta y se basen en el nivel de utilización de la capacidad normal de trabajo de los medios de producción.

Precio de la adquisición de materias primas y otras materias consumibles
+ Costes directamente imputables al producto
+ Costes indirectamente imputables al producto
_____
Coste de producción

CASO PRÁCTICO 2. Valoración inicial de las existencias

Un empresa adquiere 300 unidades del Artículo A, a 150 € la unidad, en la factura aparece un descuento comercial de 5 € por unidad, en la factura también aparecen reflejados unos gastos de transporte por importe de 450 € y unos gastos de seguros por importe de 120 €.

Calcula el precio de adquisición de cada una de las unidades.

Solución:

Totla factura = 300 · (150 − 5) + 450 + 120 = 44.070 €.

Coste de c/unidad = 44.070/300 = 146,9 € la unidad.

2.2. Métodos de valoración: PMP y FIFO

En determinadas ocasiones no es fácil identificar el precio de adquisición o el coste de producción de forma individualizada para cada tipo de existencia. Para resolver este problema el PGC proporciona una serie de métodos de valoración.

La misma norma de valoración que determina el valor inicial establece que, cuando se trate de asignar valor a bienes concretos que forman parte de un inventario de bienes intercambiables entre sí, se adoptará con **carácter general el método del precio (o coste) medio ponderado (PMP)**. El **método FIFO es aceptable** y puede adoptarse si la empresa lo considerase más conveniente para su gestión.

Se utilizará un único método de asignación de valor para todas las existencias que tengan una naturaleza y uso similares. Cuando se trate de bienes no intercambiables entre sí o bienes producidos y segregados para un proyecto específico, el valor se asignará identificando el precio o los costes específicamente imputables a cada bien individualmente considerado.

- **PMP (precio medio ponderado).** El valor de coste de la venta es la media ponderada de los distintos precios de entrada en función del volumen de unidades adquiridas a cada uno de los precios. La fórmula para calcularlo es:

$$\frac{(\text{Existencias iniciales} \cdot \text{Valor unitario}) + (\text{Unidades compradas} \cdot \text{Valor unitario})}{\text{Existencias iniciales} + \text{Unidades compradas o producidas}}$$

- **FIFO (first in, first out).** Considera que la primera existencia que entra es la primera que sale. El coste de la venta será por tanto el más antiguo de los precios de adquisición existentes. Este método de primera entrada, primera salida, supone que las existencias inventariadas coinciden con las últimas entradas.

2.3. Control de las devoluciones y bajas

El control de las bajas de las existencias se lleva de la siguiente manera:

- Las **devoluciones** son operaciones derivadas de una compra o una venta anterior y, cuando se registren, hay que hacerlo al mismo precio de adquisición o coste que se reflejaron en su origen.

- En el caso de **rotura o deterioro** de los productos almacenados, se procederá a la baja de los mismos reflejando como precio de salida del inventario el coste de adquisición de dicho producto.

- En las bajas por **mermas, robos o extravíos,** al desconocer a qué partida corresponde el producto, para determinar el valor de los mismos como salida del inventario se tendrá en cuenta el criterio de valoración que utilice la empresa. Estas mermas o bajas se imputan bien cuando se conozcan o bien al final del periodo económico.

2.4. Correcciones valorativas por deterioro de existencias

Continuando con el análisis de la norma de valoración, vamos a estudiar la **valoración posterior** (a 31 de diciembre o fecha de fin del ejercicio económico) que las empresas deben realizar de las existencias.

Cuando el **valor neto realizable** de las existencias sea **inferior** a su **precio de adquisición o a su coste de producción,** se efectuarán las oportunas correcciones valorativas reconociéndolas como un gasto en la cuenta de pérdidas y ganancias.

En el caso de las **materias primas** y otras materias **consumibles** en el proceso de producción, no se realizará corrección valorativa siempre que se espere que los productos terminados a los que se incorporen sean vendidos por encima del coste. Cuando proceda realizar corrección valorativa, el precio de reposición de las materias primas y otras materias consumibles puede ser la mejor medida disponible de su valor neto realizable. Adicionalmente, los **bienes o servicios** que hubiesen sido objeto de un contrato de venta o de prestación de servicios en firme cuyo cumplimiento deba tener lugar posteriormente no serán objeto de la corrección valorativa, a condición de que el precio de venta estipulado en dicho contrato cubra, como mínimo, el coste de tales bienes o servicios, más todos los costes pendientes de realizar que sean necesarios para la ejecución del contrato.

CASO PRÁCTICO 3. PMP

Calcula el PMP de las siguientes compras del Artículo B que la empresa ABC, S.L. ha realizado a lo largo de un ejercicio económico: 3.000 unidades a 10,10 €/unidad; 2.500 unidades a 11 €/unidad; 5.000 unidades a 12 €/unidad.

Solución:

$$PMP = \frac{(3.000 \cdot 10,1 + 2.500 \cdot 11 + 5.000 \times 12)}{(3.000 + 2.500 + 5.000)} =$$

$$= 11,22 \text{ € la unidad}$$

CASO PRÁCTICO 4. Corrección valorativa

La empresa ABC S.L. tiene a 31 de diciembre de 201_ existencias de mercaderías por importe de 4.800 €, cuyo valor neto realizable es de 4.600 €. ¿Debe realizar corrección valorativa? En caso afirmativo, ¿por qué importe?

Solución:

Sí debe realizar corrección valorativa, por un importe de 4.800 − 4.600 = 200 €.

CASO PRÁCTICO 5. Métodos de valoración de existencias

Calcula el valor de las existencias finales de mercaderías por los métodos PMP y FIFO si las existencias iniciales fueron de 2.000 € (100 productos de 20 €/unidad).

- El 1 de febrero se compran 40 productos a 10 €/unidad.
- El 15 de marzo se venden 30 productos a 30 €/unidad PVP.
- El 20 de mayo se venden 10 productos a 25 €/unidad PVP.
- El 23 de julio se compran 50 productos a 35 €/unidad.
- El 18 de octubre se venden 90 productos a 33 €/unidad PVP.

Solución:

Artículo: Mercadería Clase: Código: 3041							Método de valoración: PMP		
Fecha	Procedencia	Entradas			Salidas			Existencias		
		Cantidad	Precio	Valor	Cantidad	Precio	Valor	Cantidad	Precio	Valor
01/01	Existencias iniciales							100	20,00	2.000,00
01/02	Compra 1	40	10,00	400,00				140	17,14	2.400,00
15/03	Venta 1				30	17,14	514,20	110	17,14	1.885,80
20/05	Venta 2				10	17,14	171,40	100	17,14	1.714,40
23/07	Compra 2	50	35,00	1.750,00				150	23,10	3.464,40
8/10	Venta 3				90	23,10	2.079,00	60	23,10	1.386,00
	Existencias finales							60	23,10	1.386,00

Artículo: Mercaderías Clase: Código:							Método de valoración: FIFO		
Fecha	Procedencia	Entradas			Salidas			Existencias		
		Cantidad	Precio	Valor	Cantidad	Precio	Valor	Cantidad	Precio	Valor
01/01	Existencias iniciales							100	20	2.000
01/02	Compra 1	40	10	400				100	20	2.000
								40	10	400
15/03	Venta 1				30	20	600	70	20	1.400
								40	10	400
20/05	Venta 2				10	20	200	60	20	1.200
								40	10	400
23/07	Compra 2	50	35	1.750				60	20	1.200
								40	10	400
								50	35	1.750
18/10	Venta 3				60	20	1.200	10	10	100
					30	10	300	50	35	1.750
	Existencias finales							60		1.850

3. Cálculos de la actividad comercial

En este apartado vamos a estudiar los cálculos necesarios para obtener el importe neto o la base imponible de una operación y los métodos de cálculo de los márgenes comerciales. Partiremos del importe bruto de la compra y tras la suma de los gastos accesorios y la minoración (resta) de los diferentes descuentos obtendremos el importe neto o la base imponible (Fig. 12.2).

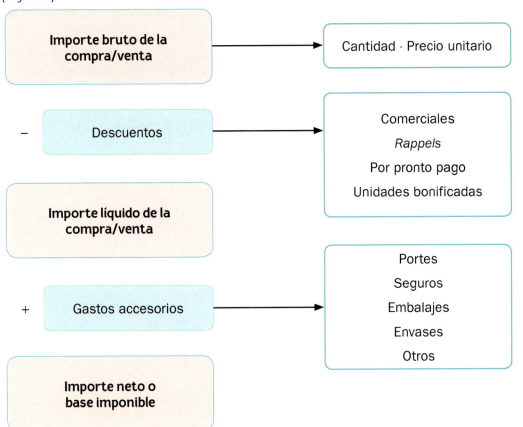

> **! IMPORTANTE**
>
> La **base imponible** es un elemento tributario que se define como la magnitud que representa la medida o valoración numérica del hecho imponible, obtenida según las normas, medios y métodos que la ley propia de cada tributo establece para su determinación. La base imponible puede expresarse fundamentalmente en dos tipos de unidades:
>
> - Unidades **monetarias**, en cuyo caso se habla de base imponible dineraria.
> - Unidades **físicas**, en cuyo caso se habla de base imponible no dineraria.

Fig. 12.2. Cálculos de la actividad comercial.

Como se puede observar en la Figura, el **importe bruto** de una operación se obtiene **multiplicando** el número de **unidades compradas** por el **precio unitario** de adquisición.

 ACTIVIDADES

3. Realiza, por el método del PMP y por el método FIFO, el control del Artículo A si las compras y ventas del ejercicio 201_ fueron:

    - 1 de enero. Existencias iniciales: 2.000 unidades valoradas a 3 €/unidad.
    - 1 de marzo. Compra de 2.000 unidades a 3,30 €/unidad.
    - 15 de abril. Venta de 1.500 unidades a Alfa S.A. a 7,20 €/unidad.
    - 20 de abril. Venta a Beta S.A. de 500 unidades a 7 €/unidad.
    - 5 de mayo. Compra de 5.000 unidades a 2,80 €/unidad.
    - 20 de julio. Compra de 1.000 unidades a 3,30 €/unidad.
    - 30 de agosto. Venta a Alfa S.A. de 4.000 unidades a 7,25 €/unidad.
    - 29 de noviembre. Venta de 1.500 unidades al señor Pérez.
    - 2 de diciembre. Devolución de 500 unidades por el señor Pérez.

4. La empresa ABC S.A. compra a una empresa brasileña 1.000 unidades de mercaderías a 65 € la unidad. Determina el precio de adquisición de las citadas mercaderías teniendo en cuenta que:

    - Aparecen reflejados en la factura un descuento por volumen de compras de 3.250 €, un descuento por pronto pago de 1.625 € y un descuento por promoción comercial de 812,50 €.
    - Además, en la factura se detallan gastos por transporte de 800 €, un seguro por importe de 250 € y derechos arancelarios por importe de 2.500 €.

3.1. Costes

Es muy común que en las operaciones de compraventa se incluyan gastos que, en numerosas ocasiones, corren a cargo del comprador. Los gastos en factura incrementan el importe total. Los gastos más comunes aparecen en la Tabla 12.1:

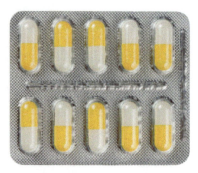

Portes	Es el gasto originado por el traslado de los productos hasta el lugar designado por el comprador. Cuando los portes son por cuenta del comprador, pueden realizarse por vehículo propio de la empresa vendedora o bien por agencia de transportes.
Seguros	Suelen estar ligados a los portes, pues su función es cubrir posibles riesgos que puedan sufrir las mercancías durante la realización del porte.
Envases y embalajes	El **envase** es la envoltura que protege, sostiene y conserva la mercancía. Está en contacto directo con el producto y puede ser rígido (cajas, botellas, frascos, *blisters*, etc.) o flexible (bolsas, *sachets*, *pouches* y sobres; Fig. 12.3).
	El **embalaje** es un recipiente o una envoltura que contiene, de manera temporal, varias unidades de un producto pensando en su manipulación, transporte y almacenaje.
Aranceles	Son derechos de importación para mercancías compradas en el exterior, fuera de la Unión Europea.

Tabla 12.1. Gastos más comunes en las operaciones de compraventa.

3.2. Descuentos

El concepto de descuento hace referencia a la **rebaja o bonificación** en el precio de un bien o un servicio. Si al importe bruto de una operación le restamos el total de descuentos aplicados a la misma, obtendremos el importe líquido. En la Tabla 12.2 aparecen los diferentes tipos de descuentos.

Fig. 12.3. Blister, sachet y pouche son extranjerismos que aluden a diferentes tipologías de envase. Los blisters (arriba) son característicos de los medicamentos, mientras que sachets y pouches (abajo) se traducen como 'bolsitas' o 'saquitos'.

Descuento comercial	Consiste en una reducción del precio por promociones, rebajas, ventas especiales, etc. Este descuento se calcula sobre el importe bruto de los productos.
Descuento por volumen o *rappel*	Es un tipo de descuento que se concede por haber alcanzado un determinado volumen de compras, ya sea en unidades o en importe. Existen dos tipos de *rappels*:
	• Acumulativos. Se aplican cuando, en un determinado periodo de tiempo (por ejemplo un año), se ha superado un determinado volumen de compras. Suelen ser posteriores a la recepción de las facturas.
	• No acumulativos. Se aplican a una compra específica en un solo pedido. Suelen ir en la factura.
	Dado que se aplica por haber alcanzado un determinado volumen, parece lógico aplicarlo sobre la cantidad resultante de haber aplicado el descuento comercial.
Descuento por pronto pago	Es un descuento concedido por pagar al contado o antes del plazo pactado. Si lo que se paga antes es el total de la factura, incluidos los descuentos anteriores, parece lógico que se aplique sobre este neto.

Tabla 12.2. Descuentos más habituales.

A pesar de que en la tabla anterior se marcan unos criterios para aplicar los descuentos, se puede pactar con los clientes aplicar cada descuento de diferente forma; por ejemplo, que todos los descuentos se apliquen sobre el precio bruto de la mercancía, o bien que cada descuento se aplique sobre el resultado obtenido de aplicar otros descuentos.

3.3. Márgenes

En este apartado vamos a aprender a calcular el **margen bruto** de las empresas distribuidoras (aquellas que adquieren los productos terminados y los revenden sin realizar ninguna transformación). Para ello vamos a comenzar por definir qué se entiende por margen y los diferentes tipos de márgenes que existen.

> El **margen** es la **diferencia** entre el **precio de venta** y el **coste** del producto o servicio. Es una medida del beneficio obtenido con la venta del producto.

Existen diferentes márgenes:

- El **margen bruto**, que es la diferencia entre el precio de venta y el coste de producción o adquisición del producto. Se considera solo el coste de adquisición del producto o de los costes de producción.
- El **margen neto**, que es el margen bruto menos el resto de costes de la empresa. Se consideran aquí todos los costes de la misma.

Debemos distinguir entre el margen bruto de una empresa distribuidora y el margen bruto de una empresa **manufacturera**.

$$\text{Margen bruto absoluto} = \text{Precio de venta} - \text{Coste de adquisición}$$

Por ejemplo, si compramos un producto por 75 € y lo revendemos por 110 €, el margen bruto absoluto de dicha venta es de 35 €:

$$\text{Margen bruto absoluto} = 110 - 75 = 35 \text{ €}$$

$$\text{Margen bruto porcentual} = \frac{\text{Precio de venta} - \text{Coste de adquisición}}{\text{Coste de adquisición}} \cdot 100$$

En nuestro ejemplo, **margen bruto porcentual** = $\frac{110 - 75}{75} \cdot 100 = 46{,}66\ \%$.

Ahora vamos a analizar cómo calcular el precio de venta de un producto dado el coste y el margen deseado. El primer impulso a la hora de calcular el precio de venta es plantear la operación de esta forma:

$$\text{Precio} = \text{Coste} + (\text{Coste} \cdot \%\ \text{margen})$$

De forma que, si un producto nos cuesta 100 unidades y queremos venderlo con un 20 % de margen, el cálculo sería: Precio = 100 + 100 · 0,20 = 100 + 20 = 120 €.

La manera **correcta** de calcular el precio de venta es:

$$\text{Precio} = \text{Coste} + \frac{\text{Coste} \cdot \%\ \text{margen}}{100}$$

Con los datos anteriores, la operación sería: Precio = 100 + (100 · 20/100) = 100 + 20 = 120 €.

ACTIVIDADES

5. La empresa distribuciones Muñoz López S.A. ha realizado una venta con el siguiente detalle:

- 100 unidades del *Artículo A* a 5 €/unidad.
- 200 unidades del *Artículo B* a 8 €/unidad.
- 150 unidades del *Artículo C* a 9 €/unidad.
- 50 unidades del *Artículo D* a 12 €/unidad.

Las condiciones de la venta han sido:

- Descuento comercial del 6 %.
- *Rappels* del 3 %.
- Descuento por pronto pago del 1 %.
- Portes por valor de 125 € y el seguro por importe de 100 €.

Calcula el importe bruto, líquido y neto de la operación.

6. Una tienda de ropa vende un traje por 180 €, siendo su coste de adquisición 70 €. Calcula su margen bruto absoluto y el margen bruto porcentual.

CASO PRÁCTICO 6. Cálculo del importe neto

La empresa ABC S.A. compra 500 unidades del Artículo A a 40 € la unidad. En la factura aparece un descuento comercial del 5 % y un descuento por pronto pago del 2 %. Aparecen además reflejados unos gastos de transporte por importe de 170 € y el seguro por importe de 90 €.

¿Cuál es el importe neto de la operación?

Solución:

Importe bruto =	500 · 40 =	20.000
	− (20.000 · 0,05)	− 1.000
	− (19.000 · 0,02)	− 380
Importe líquido =		18.620
	Transporte	+ 170
	Seguro	+ 90
Importe neto =		18.880

SÍNTESIS

Las existencias	Son **activos** poseídos para ser vendidos en el curso normal de la explotación, en proceso de producción o en forma de materiales o suministros para ser consumidos en el proceso de producción o en la prestación de servicios.
Tipos de existencias	Existencias comerciales, mercaderías; materias primas; otros aprovisionamientos: elementos y conjuntos incorporables, combustibles, repuestos, materiales diversos, embalajes, envases, material de oficina; productos en curso; productos semiterminados; productos terminados; subproductos, residuos y materiales recuperados.
El control de las existencias	El objetivo del control de las existencias es pedir y mantener la cantidad precisa de cada artículo o producto para evitar quedarse sin existencias, al mismo tiempo que intentar reducir la inversión o el dinero inmovilizado en inventario.
Gestión de *stocks*	El éxito en la gestión del *stock* es encontrar la cantidad de productos que se necesitan y el momento más adecuado para hacerlo $$PP = SS + (PE \cdot DM)$$
***Stocks* de seguridad**	La cantidad menor de existencias de un material que se puede mantener en el almacén bajo la cual el riesgo de ruptura de *stocks* es muy alto. $$SS = (PME - PE) \cdot DM$$
Aprovisionamiento e inventario de las existencias	La función de **aprovisionamiento** se compone de tres aspectos fundamentales: la gestión de compras, el almacenamiento y la gestión de inventarios.
Valoración de las existencias	**Valoración inicial.** Los bienes y servicios comprendidos en las existencias se valorarán por su coste, ya sea el **precio de adquisición** o el **coste de producción**.
Métodos de valoración: PMP y FIFO	• **PMP.** El valor de coste de la venta es la media ponderada de los distintos precios de entrada en función del volumen de unidades adquiridas a cada uno de los precios. • **FIFO.** Considera que la primera existencia que entra es la primera que sale.
Correcciones valorativas por deterioro de existencias	Cuando el **valor neto realizable** de las existencias sea **inferior** a su **precio de adquisición** o a **su coste de producción**, se efectuarán las oportunas correcciones valorativas. **Corrección valorativa = Precio de adquisición − Valor neto realizable**
Cálculos de la actividad comercial	**Importe bruto de la compra/venta =** Cantidad · Precio unitario = Importe bruto de la compra/venta − Descuentos **= Importe líquido de la compra/venta** + Gastos accesorios **= Importe neto o base imponible**
Márgenes	**Diferencia** entre el **precio de venta** y el **coste** del producto o servicio. **Margen bruto absoluto = Precio de venta − Coste de adquisición** $$\text{Margen bruto porcentual} = \frac{\text{Precio de venta} - \text{Coste de adquisición}}{\text{Coste de adquisición}} \cdot 100$$

TEST DE REPASO

1. **Indica cuál es la afirmación verdadera:**
   a) Las existencias comerciales o mercaderías son las que, mediante elaboración o transformación, se destinan a formar parte de los productos fabricados.
   b) Los embalajes son recipientes o vasijas normalmente destinadas a la venta juntamente con el producto que contienen.
   c) Los envases son cubiertas o envolturas, generalmente irrecuperables, destinadas a resguardar productos o mercaderías que han de transportarse.
   d) Los repuestos son piezas destinadas a ser montadas en instalaciones, equipos o máquinas en sustitución de otras semejantes. Se incluirán en esta cuenta las que tengan un ciclo de almacenamiento inferior a un año.

2. **El coste de emisión del pedido es:**
   a) El coste total que tiene lugar cada vez que se hace un pedido de un artículo.
   b) Fijo, y será diferente dependiendo de si se trata de artículos comprados a un proveedor externo o si son pedidos de artículos manufacturados en la misma empresa.
   c) El resultado de multiplicar el valor unitario del artículo por el número de artículos de que consta el pedido. Este coste es variable, pues depende de la cantidad del artículo pedido.
   d) Ninguna de las anteriores.

3. **El punto de pedido se calcula según la siguiente fórmula:**
   a) $PP = SS + (PE - DM)$
   b) $PP = SS + (PE + DM)$
   c) $PP = SS + (PE \cdot DM)$
   d) $PP = SS - (PE \cdot DM)$

4. **Indica la afirmación verdadera:**
   a) El *stock* de seguridad se calcula $(SS) = (PME - PE) \cdot DM$.
   b) El punto de pedido es la cantidad menor de existencias de un material que se puede mantener en el almacén bajo la cual el riesgo de ruptura del *stock* es muy alto.
   c) El *stock* de seguridad se calcula $(SS) = (PME + PE) \cdot DM$.
   d) El *stock* mínimo o de seguridad es el nivel de existencias en el cual se ha de realizar el pedido para reaprovisionar el almacén.

5. **Los objetivos del aprovisionamiento e inventario de las existencias son:**
   a) Que la empresa disponga de los elementos que necesita para producir o vender, y ha de tener en cuenta aspectos importantes tales como: el precio, la calidad, el plazo de entrega, las condiciones de pago, el servicio posventa, etc.
   b) Que la empresa disponga de los elementos que necesita para producir o vender, y ha de hacerlo al máximo coste posible.
   c) Que la empresa disponga de los elementos que necesita para producir o vender y ha de hacerlo al mínimo coste posible.
   d) Ninguna de las anteriores.

6. **Los bienes y servicios comprendidos en las existencias se valorarán inicialmente por:**
   a) Su coste.
   b) El precio de adquisición.
   c) El coste de producción.
   d) Todas las anteriores.

7. **El precio de adquisición incluye:**
   a) El importe facturado por el vendedor después de deducir cualquier descuento, rebaja en el precio u otras partidas similares, así como los intereses incorporados al nominal de los débitos, y se añadirán todos los gastos adicionales que se produzcan hasta que los bienes se hallen ubicados para su venta.
   b) El importe facturado por el vendedor después de sumar cualquier descuento, rebaja en el precio u otras partidas similares así como los intereses incorporados al nominal de los débitos, y se añadirán todos los gastos adicionales que se produzcan hasta que los bienes se hallen ubicados para su venta.
   c) El importe facturado por el vendedor después de deducir cualquier descuento, rebaja en el precio u otras partidas similares así como los intereses incorporados al nominal de los débitos, y se restarán todos los gastos adicionales que se produzcan hasta que los bienes se hallen ubicados para su venta.
   d) Ninguna de las anteriores.

8. **Una empresa compra 100 unidades de mercaderías a 10,5 € la unidad, 125 unidades a 11 € la unidad y 300 unidades a 14 € la unidad. El PMP es:**
   a) 12,62 €.
   b) 13,40 €.
   c) 10,75 €.
   d) 13,10 €.

9. **Si la empresa de la actividad anterior vende 150 unidades, el valor de las existencias finales asciende a:**
   a) 6.625,5 €.
   b) 4.732,5 €.
   c) 1.893 €.
   d) Ninguna de las anteriores.

10. **La venta realizada por la empresa de las actividades 8 y 9 tras realizar las tres compras se valorará en:**
    a) 1.650 €.
    b) 1.575 €.
    c) 2.100 €.
    d) 1.893 €.

COMPRUEBA TU APRENDIZAJE

Identificar y cumplimentar los documentos relativos a la compraventa en la empresa, precisando los requisitos formales que deben reunir.

Reconocer los procesos de expedición y entrega de mercancías, así como la documentación administrativa asociada.

Identificar los parámetros y la información que deben ser registrado en las operaciones de compraventa.

1. Calcula el punto de pedido de un producto que tiene una demanda media estimada de 50.000 unidades, su *stock* de seguridad es de 10.000 unidades y el plazo de aprovisionamiento es de 8 días.

2. Si dos empresas mantienen el mismo *stock* de seguridad y una tiene un plazo de aprovisionamiento de 12 días y la otra de 9 días, ¿cuál de las dos presenta un punto de pedido más alto? ¿Por qué?

3. Calcula el *stock* de seguridad y el punto de pedido en los siguientes supuestos:

	Ventas diarias	Plazo de entrega del proveedor	Plazo de entrega con retraso
a)	1.000	5	8
b)	2.000	10	14
c)	3.000	15	18

4. Describe los tres aspectos fundamentales de los que se compone la función de aprovisionamiento.

5. Determina el precio de adquisición de las mercaderías en los siguientes supuestos de compras que realiza la empresa Paula Illescas y Asociados S.A.:

   - Compra el 22 de febrero a una empresa argentina de 300 unidades de mercaderías a 40 € la unidad. Aparecen reflejados en la factura un descuento por volumen de compras de 110 €, un descuento por pronto pago de 50 € y un descuento por promoción comercial de 80 €. Además en la factura se detallan gastos de transporte por importe de 300€, un seguro por importe de 150 € y derechos arancelarios por importe de 1.200 €.

   - Compra el 4 de marzo de 500 unidades de mercaderías a 40 € la unidad. En la factura aparece reflejado un descuento comercial del 3 % y un descuento por volumen de operaciones del 2 %. En la factura también aparecen reflejados gastos de transporte de las mercancías con un coste de 0,20 € por unidad. El IVA de la operación asciende a 4.013,52 € y no es deducible para la empresa.

   - Compra el 10 de junio mercaderías a crédito por importe de 2.000 €. En la facturan aparecen gastos de transporte por importe de 70 € y gastos por seguros por importe de 60 €. Por aplazar el pago tres meses el proveedor le carga en la factura 30 €.

   a) La empresa incorpora los intereses al precio de adquisición.

   b) La empresa considera los intereses como gasto financiero.

6. La sociedad ABC S.A. se dedica a la fabricación de piezas de repuesto presentando la siguiente información:
   - Consumo de materias primas: 50.000 €.
   - Mano de obra directa: 30.000 €.
   - Costes indirectos de fabricación: 20.000 €.
   - Costes comerciales: 6.000 €.
   - Unidades producidas: 4.000 unidades.

   Calcula el coste de producción total y unitario.

7. La empresa ABC S.A. tiene a finales de 201_ existencias con un valor de 13.200 €, y se estima que el valor neto realizable de las mismas es de 12.900 €. ¿Debe la empresa proceder a corregir el valor de las existencias? En caso afirmativo, ¿por qué importe?

8. La empresa ABC S.A. tiene a finales de 20X1 existencias con un valor de 8.300 €, y se estima que el valor neto realizable de las mismas es de 7.400 €. Las existencias han sido objeto de un contrato de venta en firme que se efectuará el 3 de enero de 20X2 por importe de 16.300 €. ¿Debe la empresa proceder a corregir el valor de las existencias? En caso afirmativo, ¿por qué importe?

9. Determina el precio de adquisición total y unitario de las mercaderías en los siguientes supuestos de compras que realiza la empresa Marta Cela y Asociados S.A.:

   a) Adquiere el 8 de abril 700 unidades de mercaderías con las siguientes condiciones:
   - Importe unitario: 15 €.
   - Descuentos consignados en factura:
     – Por pronto pago: 230 €.
     – Por volumen: 90 €.
   - Gastos de transporte: 110 €.

   b) Adquiere el 13 de abril 900 unidades de la mercadería con las siguientes condiciones:
   - Importe unitario: 15,5 €.
   - Gastos de transporte: 500 €.
   - Descuentos posteriores:
     – Por defecto de calidad: 1.000 €.
     – Por pronto pago: 500 €.

   c) Adquiere el 19 de abril 600 unidades de la mercadería a 16 €/unidad. En la factura le conceden un descuento comercial del 4 % y un descuento por pronto pago del 1 %.

COMPRUEBA TU APRENDIZAJE

La operación devenga IVA por importe de 1.916,01 € que no es deducible para la empresa.

d) Adquiere el 23 de abril 500 unidades de mercaderías con el siguiente detalle:

- Importe unitario: 16 €.
- Gastos de transporte: 0,02 € por unidad.
- Seguro: 80 €.
- Descuentos incluidos en factura:
  - Por retraso en el plazo de entrega: 3 %.
  - Por volumen de operaciones: 1,5 %.
- Por aplazar el pago seis meses el proveedor le carga 70 € de intereses que la empresa considera:
  - Mayor valor de las mercaderías.
  - Intereses financieros.

10. La empresa ABC S.A., dedicada la venta de zapatos, ha realizado durante el año 20X0 las siguientes operaciones relacionadas con sus existencias:

- 1 de enero: existencias iniciales de 80 pares a 24 € la unidad.
- 4 de enero: compra 100 pares a 24,9 € la unidad.
- 13 de febrero compra 120 pares a 25 € la unidad.
- 18 de marzo: vende 150 pares a 52 € la unidad.
- 20 de marzo: devuelve 20 pares de la compra del 4 de enero.
- 21 de abril: compra 300 pares a 26 € la unidad.
- 25 de mayo: vende 220 pares a 53 € la unidad.
- 27 de junio: compra 250 pares a 27 € la unidad.
- 30 de junio: el cliente de la venta del 25 de mayo devuelve 10 pares.
- 2 de julio: vende 280 pares a 53 € la unidad.
- 5 de agosto: compra 100 pares a 27 € la unidad.
- 13 de octubre: compra 250 pares a 29 € la unidad.

a) Calcula el valor de las existencias finales con el criterio del PMP y rellena la ficha de almacén correspondiente.

b) Calcula el valor de las existencias finales aplicando el criterio FIFO y rellena la ficha de almacén correspondiente.

11. La empresa GTR S.A. ha realizado durante el mes de enero de 20X1 las siguientes operaciones relacionadas con sus existencias:

- 1 de enero: existencias iniciales de 110 unidades a 69 € la unidad.
- 3 de enero: compra 400 unidades a 70 € la unidad, con un descuento comercial del 3 %.
- 9 de enero: compra 250 unidades a 71 € la unidad, incluyendo en factura unos gastos de transporte de 100 €.
- 11 de enero: vende 200 unidades a 142 € la unidad.
- 15 de enero: compra 300 unidades a 72 € la unidad, con un descuento comercial del 5 % y uno por volumen de operaciones del 3 %.
- 19 de enero: vende 280 unidades a 142 € la unidad.
- 22 de enero: compra 170 unidades a 72 € la unidad, con unos gastos de transporte de 85 €.
- 24 de enero: vende 500 unidades a 143 € la unidad.

a) En los supuestos de compras, calcula el precio de adquisición.

b) Calcula el valor de las existencias finales a 31 de enero con los criterios PMP y FIFO y rellena las fichas de almacén correspondientes.

12. La empresa GTR S.A. ha realizado durante el mes de febrero del año 20X1 las siguientes operaciones relacionadas con sus existencias:

- 1 de febrero: las existencias iniciales son las finales de la actividad anterior para cada criterio.
- 2 de febrero: compra 150 unidades a 71 € la unidad, con un descuento comercial del 5 %, uno por pronto pago del 3 % y unos gastos de transporte de 50 €.
- 8 de febrero: vende 330 unidades a 143 € la unidad.
- 12 de febrero: compra 140 unidades a 72 € la unidad, con un descuento comercial del 7 % y unos gastos de seguro de 42 €.
- 14 de febrero: devuelve 15 unidades de la primera compra.
- 16 de febrero: compra 100 unidades a 72 € la unidad, con un descuento por pronto pago del 4 %.
- 18 de febrero: vende 260 unidades a 144 € la unidad.
- 20 de febrero: compra 140 unidades a 73 € la unidad.
- 23 de febrero: vende 110 unidades a 144 € la unidad.
- 26 de febrero: un cliente devuelve 30 unidades que no se pueden asociar a ninguna venta.

Calcula el valor de las existencias finales a 28 de febrero con los criterios PMP y FIFO y rellena las fichas de almacén correspondientes. No olvides calcular el precio de adquisición.

13. Una empresa compra un producto por 2.100 € y lo vende por 4.200 €. Calcula el margen bruto absoluto y el margen bruto porcentual.

13 UNIDAD

Contabilización de operaciones de compra

En esta unidad

APRENDERÁS A

- Identificar y codificar las cuentas que intervienen en las operaciones relacionadas con la actividad comercial conforme al PGC.
- Aplicar criterios de cargo y abono según el PGC.
- Efectuar los asientos correspondientes a los hechos contables más habituales del proceso comercial.
- Registrar los hechos contables previos al cierre del ejercicio económico.
- Gestionar la documentación, manifestando rigor y precisión.

ESTUDIARÁS

- Las normas de valoración aplicables a las compras.
- La contabilización de las compras.
- Las operaciones relacionadas con las compras.
- Las importaciones y las compras en moneda extranjera.
- El pago en las operaciones de compra.
- Los ajustes del cierre del ejercicio.

Y SERÁS CAPAZ DE

- Interpretar la normativa y la metodología aplicable para realizar la gestión contable y fiscal.

1. Normas de valoración aplicables a las compras

En la unidad anterior estudiamos la **noma de valoración «10ª Existencias»**, que determina la valoración inicial que debe darse a las existencias. Vamos a hacer un breve recordatorio aquí.

- **Valoración inicial.** Los bienes y servicios comprendidos en las existencias se valorarán por su coste, ya sea el **precio de adquisición** o el **coste de producción**.

    Los **impuestos indirectos** que gravan las existencias solo se incluirán en el precio de adquisición o coste de producción cuando **no sean recuperables** directamente de la Hacienda Pública. En las existencias que necesiten un periodo de tiempo **superior a un año** para estar en condiciones de ser vendidas, se incluirán en el precio de adquisición o coste de producción los gastos financieros, en los términos previstos en la norma sobre el inmovilizado material.

- **Precio de adquisición.** El precio de adquisición incluye el **importe facturado** por el vendedor después de **deducir cualquier descuento,** rebaja en el precio u otras partidas similares, así como los **intereses** incorporados al nominal de los débitos, y **se añadirán todos los gastos** adicionales que se produzcan hasta que los bienes se hallen ubicados para su venta, tales como transportes, aranceles de aduanas, seguros y otros directamente atribuibles a la adquisición de las existencias.

A pesar de lo anterior, podrán incluirse los intereses incorporados a los débitos con vencimiento no superior a un año que no tengan un tipo de interés contractual cuando el efecto de no actualizar los flujos de efectivo no sea significativo.

> **RECUERDA**
>
> Importe facturado
> − Descuentos
> + Gastos
> + Impuestos indirectos no recuperables
> ___
> **Precio de adquisición**

CASO PRÁCTICO 1. Valoración inicial de las existencias

La empresa Distribuciones Diego Illescas S.L. compra 300 unidades del Producto A a 10 € la unidad y 250 unidades del Producto B a 12 € la unidad. En la factura aparece reflejado un descuento comercial del 5 %. Aparecen además reflejados unos gastos de transporte de 0,20 €/unidad. La empresa desea conocer el precio de adquisición total y el precio unitario de cada producto.

Solución:

Producto A

Precio de adquisición = 300 · 10 = 3.000
3.000 · 0,05 = 150
Importe líquido = 2.850
+ Gastos (300 · 0,2) = 60
Importe neto/base imponible = 2.910
Precio de adquisición total = 2.910 €
Precio unitario = 2.910/300 = 9,70 €

Producto B

Precio de adquisición = 250 · 12 = 3.000
3.000 · 0,05 = 150
Importe líquido = 2.850
+ Gastos (250 · 0,2) = 50
Importe neto/base imponible = 2.900
Precio de adquisición total = 2.900 €
Precio unitario = 2.900/250 = 11,60 €

ACTIVIDADES

1. La empresa ABC S.A. compra 2.000 unidades del Producto A. El precio de compra es de 25 €/unidad. Actualmente el producto se encuentra en promoción y la empresa vendedora ofrece un descuento del 4 %. Adicionalmente, ABC S.A. negocia un descuento por volumen de compra de un 3 % sobre el precio de catálogo del producto, así como un descuento por pronto pago del 1 %. Los gastos de transporte a cargo del comprador ascienden a 125 €.

    Calcula el precio de adquisición total y unitario del Producto A.

2. Contabilización de las compras

> **IMPORTANTE**
>
> Los gastos nacen por el Debe.

Como hemos visto en unidades anteriores, el Plan General de Contabilidad recoge las cuentas de mercaderías, materias primas y otros aprovisionamientos en el **«Grupo 3. Existencias»**.

Hasta el momento hemos contabilizado tanto las **compras** como las **ventas** de mercaderías en la cuenta **(300)**, que es una cuenta de Activo. Las compras las hemos contabilizado a (nuestro) precio de compra y las ventas, al precio de venta al público (PVP) que hemos establecido. Estos precios no coinciden porque, como es lógico, la empresa obtiene como beneficio la diferencia entre el precio de venta y el precio de compra. Así, el saldo de la cuenta (300) al final del ejercicio nos indica el valor de las existencias que la empresa tiene en el almacén. Por otra parte, nos interesa saber lo que la empresa ha ganado con las diferentes ventas realizadas durante el ejercicio económico. Para entender mejor este análisis recurriremos al siguiente **ejemplo**.

La empresa ABC S.A. compra 50 unidades de mercaderías a 20 € la unidad, y posteriormente vende 20 unidades de mercaderías a 60 € la unidad. La compra la refleja en el Debe de la cuenta Mercaderías por importe de 1.000 € y la venta en el Haber por importe de 1.200 €. La T de Mercaderías quedaría así:

Debe	Mercaderías	Haber
1.000		1.200

Como podemos observar, el saldo de la cuenta es de 200 € acreedor; y si la empresa trasladara ese dato al balance, significaría que tiene existencias de mercaderías negativas, lo cual no es posible. Esto se ha producido por introducir las compras a precio de compra y las ventas a precio de venta.

Es decir, la empresa ha comprado 50 unidades a 20 € cada una; y como ha vendido 20 unidades, las existencias que les quedan en el almacén son 30 unidades a 20 €; 600 € es lo que debería reflejar la T de Mercaderías, por tanto la empresa tendrá que realizar ajustes en la cuenta para reflejar el verdadero valor de las existencias en el almacén.

Si la empresa quiere saber cuánto ha ganado, realizará la siguiente operación: ha vendido 20 unidades y lo que gana con cada una es la diferencia entre el precio de compra y el de venta, en nuestro caso (60 − 20) = 40 €, por lo tanto ha ganado 40 · 20 = 800 €.

Para solventar este problema y que la cuenta Mercaderías refleje el saldo de la cuenta a 31 de diciembre, el método de funcionamiento de la cuenta de Mercaderías que utiliza el PGC se denomina **desglose de la cuenta de mercaderías**, el cual implica que las operaciones con las existencias (mercaderías, materias primas, otros aprovisionamientos) utilizan un desglose de **tres cuentas**:

- Para registrar las compras, la empresa emplea la cuenta **(600) Compras de mercaderías**.
- Para reflejar las ventas, utiliza la cuenta **(700) Ventas de mercaderías**.
- La **cuenta (300)** solamente la utiliza para reflejar las existencias iniciales (a 1 de enero, las que aparecen en el asiento de apertura) y las existencias finales (a 31 de diciembre), es decir, que durante el resto del ejercicio no la utilizará.

El asiento que realizará para registrar una compra de mercaderías será:

XX/XX/201_

(600) Compras de mercaderías

    a (570) Caja
    a (572) Bancos c/c
    a (400) Proveedores

> **RECUERDA**
>
> Como ya hemos visto, para recoger contablemente las **compras** de los elementos del **Grupo 3. Existencias,** el PGC pymes desarrolla las cuentas del **Subgrupo 60. Compras.** Atendiendo a los bienes concretos a los que se refiera, tenemos que:
>
> Si compramos existencias comerciales, mercaderías **(300)** .... **(600)**
>
> Si compramos materias primas **(310)** .... **(601)**
>
> Si compramos otros aprovisionamientos **(32)** .... **(602)**:
>
> - (320) Elementos y conjuntos incorporables.
> - (321) Combustibles.
> - (322) Repuestos.
> - (325) Materiales diversos.
> - (326) Embalajes.
> - (327) Envases.
> - (328) Material de oficina.

2.1. Compras con pago al contado

> En las compras de existencias al contado, la empresa compradora realiza el **pago** de la operación en el **momento de la entrega de la mercancía.**

El pago al contado se puede realizar mediante dinero en efectivo (billetes y monedas metálicas), cheque, transferencia bancaria, recibo, tarjeta comercial y tarjeta de débito.

A la hora de contabilizar la operación, si esta devenga IVA, debemos añadir al importe de la compra el porcentaje de IVA que corresponda en cada caso dependiendo del tipo de mercancía que estemos adquiriendo (21 %, 10 % o 4 %). Si el IVA es deducible se registrará en la cuenta **(472) HP IVA Soportado.** Si el IVA no es deducible formará parte del precio de adquisición de las existencias y se registrará en la cuenta (600). Vamos a analizar lo expuesto mediante un ejemplo.

La empresa ABC S.A. adquiere, el 10 de enero de 20X0, 300 unidades de mercaderías a 24 € la unidad, la operación devenga IVA del 21 % y se paga la mitad en efectivo y la mitad con transferencia bancaria.

```
―――――――――――――――――――――  10/01/20X0  ―――――――――――――――――――――
7.200  (600) Compras de mercaderías
1.512  (472) HP IVA soportado
                    a (570) Caja                          4.356
                    a (572) Bancos c/c                    4.356
```

LEGISLACIÓN

La Ley 7/2012, de 29 de octubre, sobre prevención del fraude fiscal, ha establecido en su artículo siete limitaciones a los pagos en efectivo. Dispone que:

No podrán pagarse en efectivo las operaciones en las que alguna de las partes intervinientes actúe en calidad de empresario o profesional, con un importe igual o superior a 2.500 euros o su contravalor en moneda extranjera.

Se entenderá por efectivo los medios de pago definidos en el artículo 34.2 de la Ley 10/2010, de 28 de abril, de prevención del blanqueo de capitales y de la financiación del terrorismo. En particular, se incluyen:

- El papel moneda y la moneda metálica, nacional o extranjera.
- Los cheques bancarios al portador denominados en cualquier moneda.
- Cualquier otro medio físico, incluidos los electrónicos, concebido para ser utilizado como medio de pago al portador.

2.2. Compras con pago aplazado

> Se denomina **compraventa a plazos** a la operación en la cual el pago del precio no se hace en el momento de la adquisición del bien, sino que se difiere en el tiempo.

Puede realizarse en un solo pago o a través de una serie de pagos, denominados **plazos** o **cuotas.** Es lo que se denomina una **operación a crédito,** a la que por lo general se adicionan intereses, y que es opuesta a la compraventa al contado. La empresa recoge la obligación de pago en la cuenta **(400) Proveedores.** Veamos cómo se contabilizan estas operaciones a través de un ejemplo.

La empresa ABC S.A. realiza una nueva compra de mercaderías el 21 de enero de 20X0 de 500 unidades de mercaderías a 24,5 € la unidad. En la factura aparece un descuento comercial de 120 €, además de unos gastos de transporte por importe de 70 €. La operación devenga IVA del 21 % que no es deducible para la empresa. La operación se realiza a crédito de 40 días.

```
―――――――――――――――――――――  21/01/20X0  ―――――――――――――――――――――
14.762  (600) Compras de mercaderías
   ①   (500 · 24,5 − 120 + 70 + 2.562)
                    a (400) Proveedores                  14.762
```

① Base imponible = 500 · 24,5 − − 120 + 70 = 12.200

IVA = 12.200 · 0,21 = 2.562

ACTIVIDADES

2. La empresa GTR S.A. compra el 2 de abril de 20X0 450 unidades de materias primas a 18 € la unidad. El proveedor le concede en factura un descuento comercial del 4 % y un descuento por pronto pago del 2 %, IVA de la operación 21 %, operación abonada mediante transferencia bancaria.

La misma empresa compra, el 10 de abril de 20X0, 30 unidades de mercaderías a 46 € la unidad. Los gastos de transporte incluidos en factura ascienden a 90 € y el seguro, también incluido en la factura, a 160 €, IVA de la operación 21 %, la mitad se paga en efectivo y la mitad a crédito de 1 mes.

Realiza los asientos contables que realizará GTR S.A.

2.3. Compras con pago anticipado. Anticipos a proveedores

> Las compras con pago anticipado son aquellas en las que se paga por adelantado todo o parte del importe de las mismas.

Fig. 13.1. En contabilidad, el término proveedor designa a la persona física o jurídica que surte a otras empresas con existencias necesarias para el desarrollo de la actividad.

La cantidad pagada por anticipado se contabilizará en la cuenta **(407) Anticipos a proveedores** hasta que se lleva a cabo la compra. Los anticipos a proveedores (Fig. 13.1) están gravados con el IVA si la operación de compra lo está.

Cuando la empresa entrega efectivo al proveedor en concepto de «a cuenta» de suministros futuros, lo contabilizará en la cuenta **(407) Anticipos a proveedores**. Esta cuenta se coloca dentro del activo corriente del balance, en el epígrafe **Existencias**. Los anticipos a proveedores devengan IVA. Veámoslo con un **ejemplo**.

Distribuciones Monteagudo S.A. realiza el 10 de junio un pedido a su proveedor enviándole además un anticipo de 2.000 €, más el 21 % de IVA, mediante una transferencia bancaria.

```
──────────────────────── 10/06/201_ ────────────────────────
2.000  (407) Anticipo a proveedores
  420  (472) HP IVA soportado
                                  a (572) Bancos c/c    2.420
────────────────────────────────────────────────────────────
```

 ACTIVIDADES

3. La empresa Suministros Diego Illescas S.A. realiza el 16 de julio un pedido a su proveedor de 5.000 unidades del Producto A, enviándole un cheque de 3.000 € más el 21 % de IVA.

Realiza la compra el 18 de julio a un precio unitario de 10 €, y en la factura aparece reflejado un descuento comercial del 4 % y un gasto por transporte de 480 €. La operación devenga IVA al 21 % y se paga la mitad al contado con un cheque y la mitad a crédito, a dos meses.

4. La empresa KRY S.A. compra el 7 de julio de 20X0 200 unidades del Producto A a 21 € la unidad y 150 unidades del Producto B a 34 € la unidad. En la factura aparecen un descuento comercial del 3 % y un descuento por volumen de operaciones del 1,5 %, IVA de la operación del 21 %, que no es deducible. Se paga un tercio en efectivo, un tercio con cheque y el resto a crédito de 45 días. Registra la operación en la contabilidad de KRY S.A.

CASO PRÁCTICO 2. Compra de mercaderías con pago anticipado

La empresa HTQ S.A. realiza un pedido de mercaderías el 5 de febrero por importe de 2.000 € a su proveedor habitual, enviándole un cheque por importe de 847 €. El 12 de febrero recibe el pedido, con la factura correspondiente. La operación se realiza a crédito, con IVA del 21 %. Debemos elaborar los correspondientes asientos contables.

Solución:

```
──────────────────────── 05/02/201_ ────────────────────────
700  (407) Anticipo a proveedores
     (847/1,21)
147  (472) HP IVA soportado
                                  a (572) Bancos c/c      847
────────────────────────────────────────────────────────────

──────────────────────── 12/02/201_ ────────────────────────
2.000  (600) Compras de mercaderías
  273  (472) HP IVA soportado
       (2.000 − 700) · 0,21   a (407) Anticipo a proveedores   700
                              a (400) Proveedores            1.573
────────────────────────────────────────────────────────────
```

En el asiento con fecha de 5 de febrero, el importe del cheque es el importe que aparece en la cuenta Bancos c/c. Sabemos que, en los anticipos enviados a proveedores en operaciones que devengan IVA, el devengo del impuesto se produce con el abono del anticipo. Para calcular el anticipo debemos dividir 847 por 1,21, porque el cheque lleva el IVA incluido.

En el asiento con fecha de 12 de febrero, al enviar el anticipo al proveedor de 700 €, ya se devengó el IVA correspondiente. Para calcular la base imponible de la compra, a los 2.000 € le restamos los 700 € del anticipo.

3. Operaciones relacionadas con las compras

En ese epígrafe vamos a estudiar la casuística de gastos asociados a las compras, de devoluciones y descuentos en las mismas, y el tratamiento de los envases y embalajes a devolver.

3.1. Gastos de compra

La **norma de valoración 10.ª Existencias** señala que «los gastos adicionales a cargo de la empresa que se produzcan hasta que los bienes se hallen ubicados para su venta, tales como transportes, aranceles de aduanas, seguros y otros directamente atribuibles a la adquisición de las existencias incrementarán el precio de adquisición del elemento, cargándose en las cuentas (600), (601) o (602) según corresponda». Veamos a continuación cómo se refleja esto en la práctica a través de un **ejemplo.**

La empresa Distribuciones Zuluaga S.A. compra, el 13 de mayo, 500 unidades de mercaderías a 60 € la unidad. En la factura le incluyen unos gastos de transporte por importe de 180 € y figura también un descuento comercial de 170 €, con IVA de la operación del 21 %. Es una operación a crédito de 30 días.

```
─────────────────────── 13/05/201_ ───────────────────────
30.010  (600) Compras de mercaderías
        (500 · 60 + 180 − 170)
 6.302,10 (472) HP IVA soportado        ①
                    a (400) Proveedores                 36.312,10
──────────────────────────────────────────────────────────
```

> **RECUERDA**
>
> Con el fin de facilitar la contratación en el comercio tanto **nacional** como **internacional** se han establecido diversas cláusulas normalizadas conocidas como **incoterms.**

① IVA = 30.010 · 0,21 = 6.302,10

3.2. Devoluciones y descuentos en las compras

En el caso de los descuentos, el PGC recoge, en la quinta parte «Definiciones y relaciones contables», tres cuentas para contabilizar los **descuentos** que obtiene la empresa en las compras cuando son **posteriores** a la **factura.** Así:

- **(606) Descuentos sobre compras por pronto pago.** En ella se recogen los descuentos y asimilados que le concedan a la empresa sus proveedores, por pronto pago, **no incluidos en factura.**

- **(608) Devoluciones de compras y operaciones similares.** En ella se incluyen las remesas devueltas a proveedores, normalmente por incumplimiento de las condiciones del pedido. Además, en esta cuenta se contabilizarán también los descuentos y similares originados por la misma causa, que sean **posteriores a la recepción de la factura.**

- **(609) *Rappels* por compras.** En esta cuenta se incluyen los descuentos y similares que se basen en haber alcanzado un determinado volumen de pedidos. De nuevo **no incluidos en factura.**

Veamos cómo se refleja esto en la práctica continuando con nuestro ejemplo.

El 25 de mayo, por incumplimiento de los plazos de entrega el proveedor les concede un descuento de 2.000 €.

```
─────────────────────── 25/05/201_ ───────────────────────
2.420 (400) Proveedores
            a (608) Devoluciones de compras
                    y operaciones similares             2.000
            a (472) HP IVA soportado        ②           420
──────────────────────────────────────────────────────────
```

② IVA = 2.000 · 0,21 = 420

Posteriormente, el 10 de junio el proveedor concede a Distribuciones Zuluaga S.A. un descuento por volumen de compras de 1.100 €.

```
─────────────────────── 10/06/201_ ───────────────────────
1.331 (400) Proveedores
            a (609) Rappels por compras                 1.100
            a (472) HP IVA soportado        ③           231
──────────────────────────────────────────────────────────
```

③ IVA = 1.100 · 0,21 = 231

Fig. 13.2. Los envases y embalajes se contabilizan diferente en función de si son retornables o no.

3.3. Tratamiento de los envases y embalajes a devolver

En determinadas ocasiones, junto con las compras de existencias, la empresa utiliza envases y embalajes que implican un tratamiento contable específico (Fig. 13.2). Así:

- Si los envases y embalajes cargados en factura por los proveedores son con **facultad de devolución,** se contabilizarán en la cuenta **(406) Envases y embalajes a devolver a proveedores.**
- Esta cuenta figurará en el **Pasivo corriente** del balance, minorando la cuenta **(400).**
- Por otra parte, si los envases y embalajes cargados en factura por los proveedores son **sin facultad de devolución** a estos, entonces se contabilizarán en la cuenta **(602) Compras de otros aprovisionamientos.**

Veámoslo mediante el caso de nuestro **ejemplo.** La empresa Distribuciones Zuluaga S.A. compra el 3 de mayo materias primas por un importe de 4.600 €. Los gastos de transporte ascienden a 150 € y la prima de seguros a 80 €, todo ello reflejado en la factura. Además, factura envases con facultad de devolución por 460 € (operación a crédito). Se refleja así:

```
─────────────────────────── 03/05/201_ ───────────────────────────
4.830  (601) Compras de materias primas
              (4.600 + 150 + 80)
  460  (406) Env. y emb. a devolver a proveedores
1.110,9 (472) HP IVA soportado
              (4.830 + 460) · 0,21
                          a (400) Proveedores              6.400,9
──────────────────────────────────────────────────────────────────
```

La empresa puede tomar diferentes decisiones en relación con los envases anteriores:

- Si decide **comprarlos todos,** su contabilización será la siguiente: en el asiento de compra de las materias primas se devengó el IVA de los envases, al comprarlos no hay que volver a contabilizarlo.

```
─────────────────────────── 03/05/201_ ───────────────────────────
460 (602)  Compras de otros aprovisionamientos
                a (406) Env. y emb. a devolver a proveedores   460
──────────────────────────────────────────────────────────────────
```

- Si opta por **devolver todos los envases,** al devolver los envases, el proveedor debe devolverle el IVA de los envases.

```
─────────────────────────── 03/05/201_ ───────────────────────────
556,6 (400) Proveedores
                a (406) Env. y emb. a devolver a proveedores   460
                a (472) HP IVA soportado                       96,6
                        (460 · 0,21)
──────────────────────────────────────────────────────────────────
```

- Si decide comprar una parte y devolver otra, la empresa resuelve comprar envases por importe de 200 €, la cuenta (602) recoge los envases adquiridos, tal como podemos ver a continuación:

```
─────────────────────────── 03/05/201_ ───────────────────────────
200 (602)  Compras de otros aprovisionamientos
                a (406) Env. y emb. a devolver a proveedores   200
──────────────────────────────────────────────────────────────────

─────────────────────────── 03/05/201_ ───────────────────────────
314,6 (400) Proveedores
                a (406) Env. y emb. a devolver a proveedores   260
                a (472) HP IVA soportado
                        (260 · 0,21)                           54,6
──────────────────────────────────────────────────────────────────
```

 ACTIVIDADES

5. Contabiliza las siguientes operaciones realizadas por la empresa Distribuciones Zuluaga S.A.:

   a) Compra el 23 de junio mercaderías por un importe de 3.700 €. En factura, el proveedor le concede un descuento comercial del 3 % y refleja envases sin facultad de devolución por un importe de 430 €, IVA de la operación 21 %, operación a crédito.

   b) Compra el 17 de julio mercaderías por un importe de 2.500 €. En factura aparecen reflejados envases con facultad de devolución por un importe de 500 €, IVA de la operación del 21 %, operación a crédito (bancos).

   c) El 29 de julio comunica al proveedor que se queda la mitad de los envases y le devuelve la otra mitad.

4. Las importaciones. Compras en moneda extranjera

> Una **transacción en moneda extranjera** es aquella cuyo importe se determina o exige su liquidación en una moneda distinta de la funcional. El propio PGC define la **moneda funcional** como la moneda del entorno económico principal en el que opera la empresa, presumiéndose que la moneda funcional de las empresas domiciliadas en España es por tanto el **euro (€)**.

Cabe citar como ejemplos las operaciones típicas de compras de existencias que se liquidarán en moneda distinta del euro y la obtención o concesión de un crédito a pagar o cobrar en moneda distinta del euro.

El tratamiento de las operaciones realizadas en moneda extranjera viene recogido en la norma 11.ª del PGC. Esta norma resulta de aplicación a:

- La contabilización de transacciones y saldos en moneda extranjera.
- La conversión de las cuentas anuales a la moneda de presentación, cuando la moneda funcional sea distinta del euro.

A efectos de tratamiento de estas transacciones, la norma 11.ª divide los distintos elementos patrimoniales que las componen en:

- **Partidas monetarias.** Son el efectivo, así como los activos y los pasivos que se vayan a recibir o a pagar con una cantidad determinada o determinable de unidades monetarias. Se incluyen, entre otros, los clientes y los proveedores.
- **Partidas no monetarias.** Son los activos y pasivos que no se consideran partidas monetarias, es decir, que se vayan a recibir o pagar con una cantidad no determinada ni determinable de unidades monetarias. Se incluyen, entre otros, las existencias.

A. Valoración inicial

Toda transacción en moneda extranjera, ya sea una partida monetaria o una partida no monetaria, se convertirá, para su reflejo contable, en moneda funcional (euro), aplicando al importe en moneda extranjera el tipo de cambio de contado, es decir, el **tipo de cambio en la fecha de realización de la transacción.**

B. Valoración posterior

Al realizar una valoración posterior de los saldos de las operaciones realizadas en moneda extranjera, el PGC nos obliga a distinguir entre partidas monetarias y partidas no monetarias.

- **Partidas monetarias.** Al cierre del ejercicio las partidas monetarias en moneda extranjera se valorarán aplicando **el tipo de cambio vigente en dicha fecha.** Veamos un ejemplo práctico de aplicación.

   La sociedad ABC S.A. adquiere el 2 de febrero de 20X0 mercaderías a crédito de dos meses por 4.000 $ siendo el tipo de cambio de contado 1 $ = 0,97 €. En el momento del pago el tipo de cambio es de 1 $ = 0,99 €.

   – Por la compra a crédito:

   02/02/20X0

   3.880 (600) Compras de mercaderías
   (4.000 · 0,97)
   a (4004) Proveedores moneda extranjera 3.880

   – Por el devengo y pago por banco del IVA en la aduana:

   02/02/20X0

   814,8 (472) HP IVA soportado
   a (572) Bancos c/c 814,8 ①

> **IMPORTANTE**
>
> Para reflejar las diferencias que se produzcan como consecuencia de las modificaciones en el tipo de cambio, el PGC ha incluido en el cuadro de cuentas las siguientes cuentas:
>
> - **668. Diferencias negativas de cambio.** Pérdidas producidas por modificaciones del tipo de cambio en partidas monetarias denominadas en moneda distinta de la funcional.
> - **768. Diferencias positivas de cambio.** Beneficios producidos por modificaciones del tipo de cambio en partidas monetarias denominadas en moneda distinta de la funcional.
> - **135. Diferencias de conversión.** Diferencia que surge al convertir a la moneda de presentación las partidas del balance y de la cuenta de pérdidas y ganancias en el caso de que la moneda funcional sea distinta de la moneda de presentación.

① IVA = 3.880 · 0,21 = 814,8

– En el momento del pago:

02/04/20X0

3.880 (4004) Proveedores moneda extranjera
80 (668) Diferencias negativas de cambio
         a (572) Bancos c/c   3.960
         (4.000 · 0,99)

- **Partidas no monetarias.** Las existencias son partidas no monetarias valoradas a coste histórico. La norma de valoración 11.ª del PGC determina que al cierre del ejercicio las partidas no monetarias valoradas a coste histórico se convertirán a moneda funcional aplicando al valor de las existencias el tipo de cambio de cierre, es decir, de **la fecha a la que se refieren las cuentas anuales.** Estas partidas no originarán, en ningún caso, diferencias de cambio, sino que se registrará, si fuera necesario, una corrección valorativa por deterioro. Veamos, como siempre, la aplicación práctica a través de un ejemplo.

La sociedad ABC S.A. adquiere, al contado, el 6 de diciembre de 20X0, 3.000 unidades de mercaderías a 9 $/unidad, siendo el tipo de cambio de 1 $ = 1,45 €. Al cierre del ejercicio quedan en el almacén 1.600 unidades, siendo el valor neto realizable de 8,5 $/unidad y el tipo de cambio, 1 $ = 1,50 €.

La **compra (600)** se valora por = (3.000 · 9 · 1,45) = 39.150 €.

El **valor de las existencias finales** a 31 de diciembre = (1.600 · 9 · 1,45) = 20.880 €.

Para comprobar si ha existido **deterioro,** haremos:

Valor de adquisición: (1.600 · 9 · 1,45) = 20.880 €.

Valor neto realizable: (1.600 · 8,5 · 1,50) = 20.400 €.

Deterioro (posible pérdida):   = 480 €.

ACTIVIDADES

6. Realiza los asientos contables de las siguientes sociedades:

a) La sociedad ABC S.A. adquiere el 4 de diciembre de 20X0 mercaderías a crédito de dos meses por 4.500 $, siendo el tipo de cambio de contado 1 $ = 0,89 €, IVA 21 %. Al cierre del ejercicio, el tipo de cambio es de 1 $ = 0,92 €. En el momento del pago, el tipo de cambio es de 1 $ = 0,95 €.

b) La sociedad GTR S.A. adquiere el 15 de diciembre de 20X0 mercaderías a crédito de dos meses por 2.600 $, siendo el tipo de cambio de contado 1 $ = 0,95 €, IVA 21 %. Al cierre del ejercicio, el tipo de cambio es de 1 $ = 0,91 €. En el momento del pago, el tipo de cambio es de 1 $ = 0,92 €.

CASO PRÁCTICO 3. Valoración de compras en moneda extranjera

La sociedad ABC S.A adquiere el 22 de noviembre de 20X0 mercaderías a crédito de dos meses por 8.000 $, siendo el tipo de cambio de contado 1 $ = 0,93 €, IVA 21 %. Al cierre del ejercicio, el tipo de cambio es de 1 $ = 0,90 €. En el momento del pago el tipo de cambio es de 1 $ = 0,93 €. Realiza el asiento contable.

Solución:

22/11/20X0

7.440 (600) Compra de mercaderías
   (8.000 · 0,93)
       a (4004) Proveedores moneda
         extranjera   7.440

1.562,4 (472) HP IVA soportado
       a (572) Bancos c/c   1.562,4

31/12/20X0
---

240 (4004) Proveedores moneda extranjera
   8.000 · (0,93 – 0,90)
       a (768) Diferencias positivas de cambio   240

20/01/20X1

7.200 (4004) Proveedores moneda extranjera
240 (668) Diferencias negativas de cambio
       a (572) Bancos c/c   7.440

---

5. El pago en las operaciones de compra

Bajo este epígrafe vamos a estudiar los descuentos por pronto pago, la aceptación de efectos en pago y los intereses más comunes por el aplazamiento del pago.

5.1. Descuentos por pronto pago

La norma de valoración **10.ª Existencias** establece que el **precio de adquisición** de las **existencias** incluye el importe facturado por el vendedor después de **deducir cualquier descuento**, rebaja en el precio u otras partidas similares, **incluido el descuento por pronto pago** (Fig. 13.3). Vamos a analizar lo expuesto a través de un **ejemplo**.

La sociedad ABC S.A. adquiere al contado (Bancos), el 3 de enero de 20X0, 500 unidades de mercaderías a 23 € la unidad. En la factura aparecen consignados un descuento por pronto pago de 345 € y un descuento por volumen de operaciones de 200 €, junto a unos gastos de transporte por importe de 90 €. El IVA de la operación es el 21 %.

———————— 03/01/20X0 ————————

11.045 (600) Compras de mercaderías
(500 · 23 − 345 − 200 + 90)

2.319,45 (472) HP IVA soportado
(11.045 · 0,21)

                a (572)   Bancos c/c   13.364,45

Fig. 13.3. Los descuentos por pronto pago tienen un tratamiento contable diferente en función de si se aplican antes o después de la emisión de la factura.

Los **descuentos por pronto pago** que se conceden **con posterioridad** a la emisión de **la factura** (no se encuentran por tanto incluidos en la misma) se registrarán en la cuenta **(606) Descuentos sobre compras por pronto pago.** Tal como su nombre indica, en ella se recogen los descuentos y asimilados que le concedan a la empresa sus proveedores, por pronto pago, **no incluidos en factura.** Recurriremos a otro **ejemplo** para analizar lo expuesto.

La sociedad ABC S.A. adquiere a crédito de 60 días, el 30 de marzo de 20X0, 1.000 unidades de mercaderías a 24 € la unidad. En la factura aparecen consignados un descuento comercial del 3 % y unos gastos de transporte por importe de 100 € (IVA de la operación 21 %). El 15 de abril, antes de lo acordado, realiza por banco el pago, por lo que el proveedor le concede un descuento por pronto pago de 250 €.

———————— 30/03/20X0 ————————

23.380 (600) Compras de mercaderías
(1.000 · 24 · 0,97 + 100)

4.909,8 (472) HP IVA soportado
(23.380 · 0,21)

                a (400)   Proveedores   28.289,8

———————— 15/4/20X0 ————————

28.289,8 (400) Proveedores

                a (606)   Descuentos sobre compras
                        por pronto pago   250

                a (472)   HP IVA soportado
                        (250 · 0,21)   52,5

                a (572)   Bancos c/c   27.987,3

Pagamos al proveedor el importe de nuestra deuda (28.289,8 €), pero como nos «perdona» 250 €, debemos rectificar el IVA de la bonificación. De nuestro banco sale el importe de la deuda menos el descuento y su IVA.

5.2. Aceptación de efectos

En determinadas operaciones de compraventa, la obligación de pago con el proveedor de las mercaderías se instrumentaliza en un efecto de giro (letra de cambio, pagaré) aceptado. En estos casos la obligación de pago se registrará en la cuenta **(401) Proveedores, efectos comerciales a pagar.** Esta cuenta refleja las deudas que existen con los proveedores formalizadas en efectos de giro aceptados. Al igual que la cuenta 400, figurará en el Pasivo corriente del balance.

Supongamos por **ejemplo** que realizamos una compra el 6 de junio de 20X0, por 10.000 € en mercaderías, sujeta al 21 % de IVA, girándonos el proveedor una letra de cambio para su aceptación y posterior pago. También contabilizaríamos de esta manera el caso en el que remitiéramos al proveedor un pagaré con vencimiento futuro.

	06/06/20X0	
10.000	(600) Compras de mercaderías	
2.100	(472) HP IVA soportado	
	a (400) Proveedores	12.100

12.100	(400) Proveedores	
	a (401) Proveedores, efectos comerciales a pagar	12.100

IMPORTANTE

De acuerdo con la norma 9.ª (apartado 3.1), las deudas comerciales se valorarán:

- Con vencimiento superior a un año: inicialmente por su valor razonable y posteriormente por su coste amortizado.

- Con vencimiento no superior a un año: podrán valorarse, tanto inicialmente como posteriormente, por su valor nominal, siempre que se cumplan las dos condiciones anteriores.

5.3. Intereses por aplazamiento del pago. Normas de valoración

Por lo que se refiere a los **intereses** incorporados al nominal, la norma de valoración 10.ª del PGC establece como **regla general** su **no inclusión en el precio de adquisición**, si bien indica la **posibilidad** de **incorporarlos** cuando se trate de deudas con **vencimiento no superior a un año,** siempre que se cumplan las siguientes condiciones: que la deuda no tenga un tipo de interés contractual y que el efecto de no actualizar los flujos de efectivo no sea significativo.

Lo dispuesto en la norma de valoración 10.ª hay que ponerlo en relación con el tratamiento que para las deudas comerciales (partidas a pagar) hace la norma de valoración **9.ª, Instrumentos financieros,** a la que se remite expresamente en la norma 10.ª.

CASO PRÁCTICO 4. Compras de mercaderías con intereses por aplazamiento del pago

Realiza los asientos contables de la sociedad ABC S.A., que el 12 de febrero de 20X0 adquiere 500 unidades de mercaderías a 15 € la unidad con un IVA del 21 %. El pago se aplaza 18 meses, los intereses por aplazamiento ascienden a 300 €, siendo el importe total consignado en la factura de 9.375 €.

Solución:

1.
	12/02/20X0	
7.500	(600) Compras de mercaderías (500 · 15)	
1.575	(472) HP IVA soportado	
	a (400) Proveedores	9.075

La deuda tiene un vencimiento superior a un año, por tanto no pueden incorporarse los intereses como mayor precio de adquisición.

Al cierre del ejercicio se hará:

2.
	31/12/20X0	
176,92	(662) Intereses de deuda a c/p	
	a (400) Proveedores	172,92

Por los intereses correspondientes al ejercicio 20X0.

3.
	12/08/20X1	
123,08	(662) Intereses de deuda a c/p	
	a (400) Proveedores	123,08

Por los intereses correspondientes al ejercicio 20X1.

4.
	12/08/20X1	
9.375	(400) Proveedores	
	a (572) Bancos c/c a la vista	9.375

Contabilización del pago total de la deuda.

6. Ajustes del cierre del ejercicio

Como hemos estudiado en unidades anteriores, en la práctica empresarial es muy habitual extender un documento llamado albarán cada vez que se entregan bienes o servicios a un cliente en una operación de compraventa. En cada albarán constan los bienes o servicios entregados y el precio de estos.

Posteriormente la empresa, con una periodicidad determinada, extenderá las facturas oportunas. Cada factura debe contener las referencias de todos los albaranes entregados a ese cliente.

Normalmente, las empresas no contabilizan las compras ni las ventas mientras no se hayan formalizado las correspondientes facturas. Sin embargo, en determinadas fechas, como puede ser al cierre del ejercicio, es conveniente registrar todas las ventas y compras aunque aún no haya mediado factura y solo estén justificadas en albaranes o documentos semejantes.

6.1. Facturas pendientes de formalizar

El principio de devengo señala que los ingresos y los gastos deben declararse en el ejercicio en el que se producen (Fig. 13.4), por lo que si la empresa conoce la cuantía y sabe que la fecha de emisión corresponde al ejercicio que finaliza, debe contabilizar la factura en la cuenta **(4009) Proveedores, facturas pendientes de recibir o formalizar** por el importe de la base imponible. Al recibir la factura en el ejercicio siguiente, se abonará la cuenta 4009 contra la 400 de proveedores.

En lo que respecta al IVA, habrá que esperar a recibir la factura para ejercitar el derecho a deducir el IVA soportado. Vamos a analizar lo expuesto a través de un ejemplo:

El 20 de diciembre de 20X0 la empresa ABC S.A. recibe un albarán de compra por importe de 2.000 € más 21 % de IVA, que pagará 10 días después de recibir la correspondiente factura. Llegado el 31 de diciembre, la empresa no ha recibido la factura. El 3 de enero del año 20X1 recibe la factura y la empresa realiza su pago el 13 de enero mediante transferencia bancaria. Por tanto la empresa registrará:

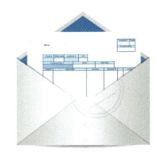

Fig. 13.4. Las facturas deben formalizarse, en la medida de lo posible, dentro del ejercicio en que se producen.

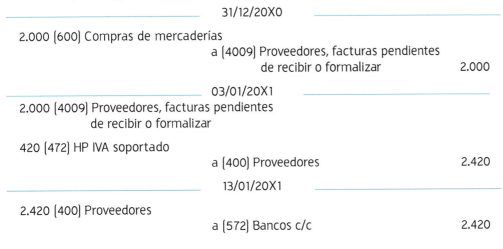

	31/12/20X0	
2.000	(600) Compras de mercaderías	
	a (4009) Proveedores, facturas pendientes de recibir o formalizar	2.000
	03/01/20X1	
2.000	(4009) Proveedores, facturas pendientes de recibir o formalizar	
420	(472) HP IVA soportado	
	a (400) Proveedores	2.420
	13/01/20X1	
2.420	(400) Proveedores	
	a (572) Bancos c/c	2.420

✏️ ACTIVIDADES

7. El 13 de diciembre de 20X0 la empresa GTR S.A. recibe un albarán de compra por importe de 1.300 € más 21 % de IVA, y el 21 de diciembre recibe un segundo albarán por importe de 1.800 € más 21 % de IVA. Cuando la empresa reciba la factura recapitulativa, la pagará en un plazo de tres días. Llegado el 31 de diciembre, la empresa no ha recibido la factura. El 10 de enero del año 20X1 recibe la factura.

Registra las anotaciones contables que la empresa realizará respecto a las operaciones anteriores.

SÍNTESIS

Noma de valoración 10.ª Existencias. Valoración inicial: los bienes y servicios comprendidos en las existencias se valorarán por su coste, ya sea el **precio de adquisición** o el **coste de producción**

- El **precio de adquisición** incluye:
- El importe facturado por el vendedor (precio × número de unidades).
- – Cualquier descuento o rebaja en el precio.
- – Intereses incorporados al nominal de los débitos, si bien se podrán incluir cuando la deuda tenga un vencimiento no superior a un año.
- + Impuestos indirectos no recuperables de la Hacienda Pública.
- + Gastos adicionales hasta que se hallen ubicados para su venta.

Contabilización de las compras

- Compras: (600) Compras de mercaderías.
- Ventas: (700) Ventas de mercaderías.
- Existencias iniciales y finales: (300).

Pago de las compras

- Compras con pago al contado: en el momento de la entrega.
- Compras a plazos: operación a crédito.
- Compras con pago anticipado: entrega a cuenta.

Operaciones relacionadas con las compras

- Los **gastos adicionales** a cargo de la empresa incrementarán el precio de adquisición.
- **Descuentos** que obtiene la empresa en las compras cuando son **posteriores** a la **factura**: (606) Descuentos sobre compras por pronto pago; (608) Devoluciones de compras y operaciones similares; (609) *Rappels* por compras.
- Si los envases y embalajes son **con facultad de devolución**, (406) **Envases y embalajes a devolver a proveedores**.
- Si los envases y embalajes son **sin facultad de devolución** a estos, **(602) Compras de otros aprovisionamientos**.

Las compras en moneda extranjera

- Las compras en moneda extranjera se registrarán al **tipo de cambio en la fecha** de realización de la transacción.
- Las existencias al cierre del ejercicio se convertirán a moneda funcional aplicando el **tipo de cambio de la fecha de la transacción**.
- Las **obligaciones de pago** con los proveedores al **cierre del ejercicio** se valorarán aplicando el **tipo de cambio vigente en dicha fecha**.

El pago en las operaciones de compra

- **Descuento** sobre compras **por pronto pago** aplicado con posterioridad: (606) **Descuentos sobre compras por pronto pago**.
- Obligación de pago con efecto de giro aceptado: **(401). Proveedores, efectos comerciales a pagar**.
- Los **intereses** incorporados al nominal, como regla general no se incluyen en el precio de adquisición.

Ajustes de cierre del ejercicio

Si la empresa conoce la **cuantía de la factura no emitida** y sabe que la fecha de emisión corresponde al ejercicio que finaliza, debe contabilizar la factura en la cuenta **(4009) Proveedores, facturas pendientes de recibir o formalizar,** por el importe de la base imponible.

TEST DE REPASO

1. El precio de una determinada mercancía es de 3.000 €. Sabiendo que el proveedor ha concedido los siguientes descuentos en la factura: un *rappel* sobre compras por valor de 70 €, un descuento sobre compras por pronto pago de 50 € y que ha reflejado en la factura 60 € en concepto de gastos de transporte, ¿cuál es la respuesta correcta respecto al registro de la operación?

   a) La cuenta «Compras de mercaderías» debe reflejar 3.130 € y en la cuenta «Descuentos sobre compras por pronto pago» deberá reflejarse 50 €.

   b) La cuenta «Compras de mercaderías» debe reflejar 3.000 €.

   c) La cuenta «Compras de mercaderías» debe reflejar 3.060 €, la cuenta «Descuentos por pronto pago» recogerá 50 € y la cuenta «*Rappels* sobre compras», 70 €.

   d) La cuenta «Compra de mercaderías» debe reflejar 2.940 €.

2. La empresa ABC S.A. compra mercaderías por un importe de 2.300 €. En factura, el proveedor le concede un descuento comercial del 7 % y un descuento por pronto pago del 3 %, y aparecen también reflejados envases sin facultad de devolución por un importe de 230 €, IVA de la operación 21 %, operación a crédito. ¿Cuál es la respuesta correcta respecto al registro de la operación?

   a) La cuenta «Compras de mercaderías» debe reflejar 2.304,83 €.

   b) La cuenta «Compras de mercaderías» debe reflejar 2.074,83 € y la cuenta «(406) Envases y embalajes a devolver a proveedores», 230 €.

   c) La cuenta «Compras de mercaderías» debe reflejar 2.139 €, la cuenta «Descuentos por pronto pago» recogerá 64,17 € y la cuenta «(406) Envases y embalajes a devolver a proveedores», 230 €.

   d) La cuenta «Compras de mercaderías» debe reflejar 2.070 € y la cuenta «(406) Envases y embalajes a devolver a proveedores», 230 €.

3. La empresa ABC S.A compra mercaderías por un importe de 1.500 €. En factura, el proveedor le concede un descuento comercial del 5 %. Paga un tercio en efectivo, un tercio al contado por banco y el resto a pagar a 60 días. ¿Cuál es la respuesta correcta respecto al registro de la operación?

   a) La cuenta «Compras de mercaderías» debe reflejar 1.500 €; la cuenta «(608) Devoluciones de compras y operaciones similares» 75 €; la cuenta «(570) Caja», 475 €; la cuenta «(572)», 475 €; y la cuenta «(400) Proveedores», 475 €.

   b) La cuenta «Compras de mercaderías» debe reflejar 1.425 €; la cuenta «(570) Caja», 475 €; la cuenta «(572)», 475 €; y la cuenta «(401) Proveedores efectos comerciales a pagar», 475 €.

   c) La cuenta «Compras de mercaderías» debe reflejar 1.425 €; la cuenta «(570) Caja», 475 €; la cuenta «(572)», 475 €; y la cuenta «(400)», 475 €.

   d) Ninguna de las anteriores.

4. La empresa ABC S.A. realiza un pedido de mercaderías por importe de 4.200 € y le envía a su proveedor un anticipo de 1.200 € más el 21 % de IVA. Recibe el pedido y en la factura, el proveedor le concede un descuento comercial del 4 %, IVA de la operación 21 %, operación a crédito. La cuenta «Proveedores» debe reflejar tras la compra:

   a) 3.426,72 €.
   b) 5.082 €.
   c) 3.630 €.
   d) 3.678,72 €.

5. La empresa ABC S.A. adquiere mercaderías a crédito de 1 mes por 1.400 $, siendo el tipo de cambio de contado 1 $ = 0,92 €. Al cierre del ejercicio, el tipo de cambio es de 1 $ = 0,93 € y las existencias finales ascienden a 600 unidades. ¿Cuál es la respuesta correcta respecto al registro de la operación?

   a) A 31 de diciembre las existencias finales se valorarán por el tipo de cambio vigente en esa fecha.

   b) A 31 de diciembre las existencias finales se valorarán por el tipo de cambio vigente en la fecha de la transacción.

   c) Las existencias no originarán, en ningún caso, diferencias de cambio, sino que, si fuera necesario, se registrará una corrección valorativa por deterioro.

   d) Las opciones *b)* y *c)* son correctas.

6. La empresa ABC S.A. compra 700 unidades de mercaderías a 23 € la unidad, con un IVA del 21 % no deducible. El pago se aplaza seis meses, ascendiendo los intereses 390 €, y el total consignado en la factura es de 19.871 €. ¿Cuál es la respuesta correcta respecto al registro de la operación?

   a) La empresa registrará en la cuenta «Compras de mercaderías» 16.100 €, en la cuenta «(472) HP IVA soportado», 3.381 € y en la cuenta «(662) Intereses de deudas», 390 €.

   b) La empresa registrará en la cuenta «Compras de mercaderías» 19.871 €.

   c) La empresa registrará en la cuenta «Compras de mercaderías» 16.490 € y en la cuenta «(472) HP IVA soportado», 3.381 €.

   d) Ninguna de las anteriores.

7. Las facturas pendientes de recibir o formalizar se contabilizan en la cuenta:

   a) (400) Proveedores.
   b) (401) Proveedores, efectos comerciales a pagar.
   c) (4009) Proveedores facturas pendientes de recibir o formalizar.
   d) (4004) Proveedores (moneda extranjera).

COMPRUEBA TU APRENDIZAJE

Identificar y codificar las cuentas que intervienen en las operaciones relacionadas con la actividad comercial conforme al PGC.

Aplicar criterios de cargo y abono según el PGC.

Efectuar los asientos correspondientes a los hechos contables más habituales del proceso comercial.

Registrar los hechos contables previos al cierre del ejercicio económico.

Gestionar la documentación, manifestando rigor y precisión.

1. Elabora los asientos correspondientes de la empresa Marta Cela S.L., que efectúa las siguientes operaciones durante el año 20X0:

   a) El 03/11 compra 3.000 unidades de mercaderías por un importe unitario de 50 €. En factura aparece un descuento comercial de 450 €. Los gastos de transporte, incluidos en factura, ascienden a 190 €. Además, le facturan envases con facultad de devolución por un importe de 2.700 €. Operación a crédito de un mes, IVA de la operación 21 %.

   b) El 14/11 el proveedor le concede un descuento por haber incumplido el plazo de entrega pactado de 800 €.

   c) El 20/11 comunica al proveedor que compra envases por un importe de 600 € y devuelve el resto.

   d) El 25/11 paga por banco al proveedor del apartado a) antes de lo acordado, por lo que le concede un descuento por pronto pago de 40 €.

   e) El 27/11 recibe la factura de la luz por importe de 150 €, más el 21 % de IVA, cuyo pago tiene domiciliado en el banco y que le pasarán al cobro el día 30.

   f) El 30/11 realiza un nuevo pedido enviando al proveedor un anticipo de 3.000 € más el 21 % de IVA mediante la entrega de un cheque.

   g) El 30/11 paga el recibo de la luz.

   h) El 10/12 recibe el pedido anterior por importe de 6.000 €, y en factura aparece un descuento comercial del 5 %. Además figuran gastos de transporte por importe de 70 €, IVA de la operación 21 %, operación a crédito de dos meses.

   i) El 15/12 el proveedor del apartado anterior, por defectos de calidad, le concede un descuento adicional del 2 %.

   j) El 19/12 el proveedor del apartado h) le concede un descuento por volumen de operaciones de 150 €.

   k) El 20/12 realiza una nueva compra de mercaderías por importe de 4.200 €, y en factura aparecen reflejados un descuento comercial del 4 % y un descuento por pronto pago del 2 %, IVA de la operación 21 %. Paga 1.000 € en efectivo, 1.500 € mediante transferencia bancaria y el resto a crédito de 60 días.

   l) El 23/12 devuelve al proveedor del apartado anterior un tercio de las mercaderías por encontrarse en mal estado.

   m) El 26/12 el proveedor del apartado k) le envía una letra de cambio por el importe de la deuda, que Marta Cela acepta.

   n) El 30/12 paga al proveedor del apartado k) antes de lo acordado, por lo que le concede un descuento por pronto pago de 30 €.

2. Contabiliza en el Libro Diario las siguientes operaciones que ha realizado la empresa Suministros Irune García S.A. durante el año 20X0 y traslada los registros a las T correspondientes, hallando el saldo de cada una de las cuentas:

   a) El 01/04 se constituye la sociedad, aportando los socios un local comercial valorado en 100.000 €, de los cuales el 30 % corresponden al terreno, ordenadores por valor de 5.000 €, ingresan en la cuenta corriente 80.000 € y dejan en la caja 1.500 €.

   b) El 05/04 compra a crédito, dos meses, mercaderías por valor de 4.600 €, y en factura aparece un descuento comercial de 200 € y un gasto por transporte de 170 €. El IVA de la operación es del 21 %.

   c) El 10/04 abona por banco el seguro anual del local, cuyo importe asciende a 230 €.

   d) El 17/04 devuelve al proveedor del apartado b) mercaderías por valor de 950 €.

   e) El 19/04, por incumplimiento de los plazos de entrega, solicita al proveedor un descuento de 80 € que este le concede.

   f) El 19/04 recibe una factura por la reparación de los ordenadores por importe de 190 € más el 21 % de IVA, que paga en efectivo.

   g) El 20/04 paga por banco al proveedor el apartado b) antes de lo acordado, por lo que este concede un descuento por pronto pago de 75 €.

   h) El 03/05 realiza un pedido de materias primas a un proveedor por importe de 3.000 €, y le envía un cheque de 605 €. La compra devenga IVA del 21 %.

   i) El 12/05 recibe el pedido anterior, y en factura aparece un descuento comercial de 50 € y un descuento por pronto pago de 30 €. En la misma factura figuran envases sin facultad de devolución por importe de 300 € y un gasto por transporte de 90 €. El IVA de la operación es del 21 % y se abona con cheque.

   j) El 14/05 recibe la factura del teléfono por importe de 85 €, más el 21 % de IVA, en una operación a crédito.

   k) El 17/05 devuelve todos los envases de la compra del apartado i) y cobra por cheque en el banco.

   l) El 19/05 compra 4.000 unidades de mercaderías a 20 € la unidad, y aparece reflejado en la factura un descuento comercial del 5 % y un descuento por volumen de operaciones del 3 %, además de unos gastos de transporte por importe de 400 € y de seguro por importe de 200 €. Aparecen además envases con facultad de devolución por

COMPRUEBA TU APRENDIZAJE

importe de 800 €, IVA de la operación del 21 %. Paga la mitad al contado mediante transferencia bancaria y el resto a crédito de 60 días.

m) El 21/05 devuelve al proveedor del apartado l) 400 unidades de mercaderías.

n) El 22/05 comunica al proveedor del apartado l) que se queda con todos los envases.

ñ) El 24/05 el proveedor del apartado l) le envía una letra de cambio por el importe de la deuda que la empresa acepta.

o) El 26/05 compra 1.000 unidades de mercaderías a 20 € la unidad, en la factura aparece reflejado un descuento comercial del 3 %, IVA de la operación 21 %, se paga la mitad por banco y por el resto se entrega un pagaré a cobrar el 31 de mayo.

p) El 31/05 la empresa hace efectivo el pagaré.

q) El 31/05 la empresa solicita al proveedor del apartado o) un descuento del 2 % por haberse retrasado en la entrega, que este le concede y se considera un anticipo de futuras compras.

3. Registra en el Libro Diario y traslada las anotaciones al Libro Mayor, las operaciones que realiza la sociedad ABC S.A. durante el ejercicio 20X0:

a) El 04/07 adquiere mercaderías a crédito de dos meses por 800 $, siendo el tipo de cambio de contado 1 $ = 0,89 €, IVA 21 %.

b) El 15/08 adquiere mercaderías a crédito de un mes por 1.300 $, siendo el tipo de cambio de contado 1 $ = 0,90 €, IVA 21 %.

c) El 04/09 paga al proveedor del apartado a), siendo el tipo de cambio 1 $ = 0,91 €.

d) El 15/09 paga al proveedor del apartado b), siendo el tipo de cambio 1 $ = 0,88 €.

e) El 03/10 adquiere mercaderías a crédito de dos meses por 2.000 $, siendo el tipo de cambio de contado 1 $ = 0,92 €, IVA 21 %.

f) El 18/11 adquiere, a crédito de dos meses, 1.500 unidades de mercaderías a 2 $ la unidad, siendo el tipo de cambio de contado 1 $ = 0,93 €, IVA 21 %.

g) El 03/12 paga al proveedor del apartado e), siendo el tipo de cambio 1 $ = 0,93 €.

h) Al cierre del ejercicio, el tipo de cambio es de 1 $ = 0,88 €.

i) La empresa utiliza el criterio FIFO para determinar el valor de sus existencias finales. Al cierre del ejercicio quedan en el almacén 500 unidades de mercaderías, siendo el valor neto realizable de 1,8 $. Determina el valor de las existencias finales de mercaderías y si la empresa debe registrar una corrección valorativa por deterioro.

4. Se constituye el 05/08/20X0 la sociedad anónima Suministros Zuluaga S.A., aportando los socios: 75.000 € que ingresan en el banco, 1.000 € que dejan en la caja, mobiliario por valor de 3.000 € y maquinaria por importe de 27.000 €. Sus operaciones son:

a) El 07/08 solicita un crédito al banco por importe 169.400 € para la compra de un local comercial, que devolverán en 10 años, pagando 16.940 € al año más intereses.

b) El 10/08 adquiere el local por 140.000 € más el 21 % de IVA, que pagan mediante transferencia bancaria, el banco les cobra 70 € por realizar la transferencia. Del importe total, el 40 % corresponde al valor del terreno.

c) El 12/08 adquiere un ordenador valorado en 1.500 € y varios programas informáticos por valor de 1.400 €, más 21 % de IVA, operación a crédito a c/p de dos meses.

d) El 15/08 compra, a crédito de dos meses, mercaderías por valor de 1.900 €, apareciendo en factura un descuento comercial de 190 €, unos gastos de transporte por importe de 95 € y otros de seguro por importe de 48 €. El IVA de la operación es del 21 %.

e) El 10/09 compra, pagando la mitad al contado (bancos) y la mitad a crédito de un mes, mercaderías por valor de 500 €, en factura aparece un descuento comercial del 4 % y uno por volumen de operaciones del 1 %. El IVA de la operación es del 21 %.

f) El 12/09, por incumplimiento de los plazos de entrega, solicita al proveedor del apartado e) un descuento adicional del 2 %, que el proveedor le concede.

g) El 21/09 compra un vehículo de transporte por importe de 20.000 €, más el 21 % de IVA, en una operación a crédito a l/p.

h) El 10/10 compra mercaderías, pagando la mitad al contado (bancos) y la mitad a crédito de un mes, por valor de 1.200 €, apareciendo en factura detallados envases y embalajes con facultad de devolución al proveedor por importe de 120 €, el IVA de la operación es del 21 %.

i) El 10/10 paga por banco al proveedor del apartado e).

j) El 12/10 paga por banco al proveedor del apartado c).

k) El 15/10 paga por banco al proveedor del apartado d).

l) El 18/10 comunica al proveedor del apartado h) que le devuelve todos los envases.

m) El 20/10 el proveedor del apartado h) le envía una letra de cambio por el importe de su deuda que la empresa acepta.

n) El 22/10 paga por banco el impuesto de circulación del vehículo comprado el 21/09, cuyo importe asciende a 110 €.

ñ) El 05/11 realiza a un proveedor un pedido de mercaderías, enviándole un cheque de 1.210 €. La compra devenga IVA del 21 %.

o) El 10/11 paga al proveedor del apartado h), cobrándole el banco 5 € por realizar la transferencia bancaria.

p) El 20/11 comunica al proveedor del apartado o) que se queda con 800 unidades de envases y devuelve las demás.

Registra las operaciones en el Libro Diario y traslada la información al Libro Mayor, calculando el saldo de las diferentes cuentas.

14 UNIDAD

Contabilización de operaciones de venta

En esta unidad

APRENDERÁS A

- Identificar y codificar las cuentas que intervienen en las operaciones relacionadas con la actividad comercial conforme al PGC.
- Aplicar los criterios de cargo y abono según el PGC.
- Efectuar los asientos correspondientes a los hechos contables más habituales del proceso comercial.
- Contabilizar las operaciones relativas a la liquidación de IVA.
- Registrar los hechos contables previos al cierre del ejercicio económico.
- Gestionar la documentación, manifestando rigor y precisión.

ESTUDIARÁS

- Las normas de valoración aplicables a las ventas.
- La contabilización de las ventas.
- Las operaciones relacionadas con las ventas.
- Las exportaciones y las ventas en moneda extranjera.
- El cobro en las operaciones de venta.
- La problemática contable de los derechos de cobro.
- Los ajustes del cierre del ejercicio.

Y SERÁS CAPAZ DE

- Interpretar la normativa y metodología aplicable para realizar la gestión contable y fiscal.

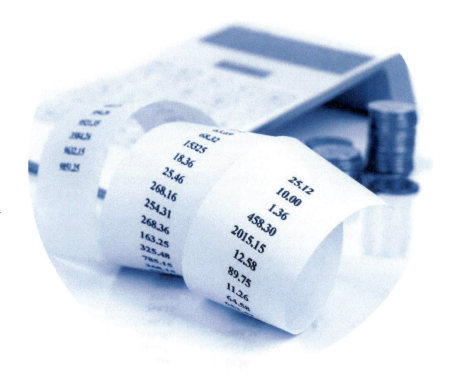

1. Normas de valoración aplicables a las ventas

En la unidad anterior hemos analizado las compras de existencias, y en esta haremos lo mismo con las ventas. En este caso, el PGC establece que se contabilizarán en el **grupo 7**, entre otros, la enajenación de bienes y las prestaciones de servicios que son objeto del tráfico de la empresa. Las **ventas** de los elementos del **grupo 3. Existencias** se registran en una cuenta del **subgrupo 70. Ventas de mercaderías, de producción propia, de servicios.** Así:

- Si vendemos mercaderías (300) .... Cuenta (700)
- Si vendemos productos terminados (350) .... Cuenta (701)
- Si vendemos envases (327) o embalajes (326) .... Cuenta (704)

En el caso de las ventas, la **norma de valoración 14.ª** del PGC es la que regula cómo debemos valorarlas:

> Los **ingresos** procedentes de la venta de bienes y de la prestación de servicios se valorarán por el valor razonable de la contrapartida, recibida o por recibir, derivada de los mismos que, salvo evidencia en contrario, será el **precio acordado** para dichos bienes o servicios una vez **deducido** el importe de **cualquier descuento, rebaja en el precio** u otras partidas similares que la empresa pueda conceder.
>
> Los **impuestos** que gravan las operaciones de **venta de bienes** y prestación de servicios que la empresa **debe repercutir a terceros,** como el Impuesto sobre el Valor Añadido (IVA) y los impuestos especiales, así como las cantidades recibidas por cuenta de terceros (suplidos), **no formarán parte de los ingresos.**

Si las operaciones de venta se realizan **a crédito** (es decir, no se cobran en el momento de realizarse la transacción, sino que se difiere o aplaza su cobro) se genera un **activo financiero.** El PGC determina que los créditos por operaciones comerciales son «aquellos activos financieros que se originan en la venta de bienes y la prestación de servicios por operaciones de tráfico de la empresa». Estos activos financieros se engloban **dentro de la categoría «Préstamos y partidas a cobrar».**

La cuenta que utiliza el plan para recoger estos derechos de cobro es la **(430) Clientes,** créditos con compradores de mercaderías y demás bienes definidos en el grupo 3, así como con los usuarios de los servicios prestados por la empresa, siempre que constituyan una actividad principal. Figurará en el Activo corriente del balance.

La **norma de valoración 9.ª Instrumentos financieros** señala que:

«Los activos financieros incluidos en la categoría «Préstamos y partidas a cobrar» **se valorarán inicialmente** por su **valor razonable** que, salvo evidencia en contrario, será el precio de la transacción, que equivaldrá al **valor razonable de la contraprestación entregada más los costes** de transacción que les sean directamente atribuibles. No obstante, los créditos por operaciones comerciales con vencimiento no superior a un año y que no tengan un tipo de interés contractual, **se podrán valorar** por su **valor nominal** cuando el efecto de no actualizar los flujos de efectivo no sea significativo.

Los activos financieros incluidos en esta categoría se **valorarán posteriormente** por su **coste amortizado.** Los **intereses** devengados se **contabilizarán** en la **cuenta de pérdidas y ganancias,** aplicando el método del tipo de interés efectivo. A pesar de lo anterior, los créditos con vencimiento no superior a un año que, de acuerdo con lo dispuesto en el apartado anterior, se valoren inicialmente por su valor nominal, continuarán valorándose por dicho importe, salvo que se hubieran deteriorado».

ACTIVIDADES

1. La empresa GTR S.A. vende el 18 de febrero de 20X0 500 unidades de mercaderías a 70 € la unidad. En la factura se concede al cliente un descuento comercial del 5 % y un descuento por volumen de operaciones del 3 %, IVA de la operación 21 %, la operación se realiza a crédito.

   a) ¿Por qué importe contabilizará la empresa la venta?

   b) ¿Cuál es el precio de venta unitario?

 CASO PRÁCTICO 1. Ventas

La empresa ABC S.A. vende el 3 de mayo de 20X0 400 unidades de mercaderías a 20 € la unidad, en la factura se concede al cliente un descuento comercial de 80 € y un descuento por pronto pago de 40 €, IVA de la operación 21 %, la operación se realiza a crédito. ¿Por qué importe contabilizará la empresa la venta? ¿Cuál es el precio de venta unitario?

Solución:

La empresa contabilizará la venta por un importe de = 400 · 20 − 80 − 40 = 7.880 €. El precio de venta unitario asciende a 7.880/400 = 19,70 €.

2. Contabilización de las ventas

Vamos a reflejar a continuación las operaciones de ventas en sus correspondientes asientos contables aplicando las normas de valoración expuestas.

2.1. Ventas con cobro al contado

En las ventas de existencias al contado, la empresa compradora realiza **el pago** de la operación en el **momento de la entrega de la mercancía**. El pago al contado se puede realizar mediante dinero en efectivo (billetes y monedas metálicas), cheque, transferencia bancaria, recibo, tarjeta comercial o tarjeta de crédito o de débito.

A la hora de contabilizar la operación, si esta devenga IVA, debemos añadir al importe de la venta el porcentaje de IVA que corresponda en cada caso, dependiendo del tipo de mercancía que estemos vendiendo (21 %, 10 % o 4 %). Si la operación devenga IVA se registrará en la cuenta **(477) HP IVA repercutido**.

Recurrimos de nuevo a **ejemplos** prácticos para ver la contabilización de las ventas de una empresa en diversos contextos.

La empresa VDR S.A. vende, el 4 de abril de 20X0, 400 unidades de mercaderías a 30 € la unidad. En factura aparece un descuento comercial de 25 € y otro por pronto pago de 50 €, IVA 21 %, la factura se abona al contado (banco). Lo contabilizamos así:

04/04/20X0

14.429,25 (572) Bancos c/c

    a (700) Ventas de mercaderías   11.925
    (400 · 30 − 25 − 50)

    a (477) HP IVA repercutido   2.504,25

2.2. Ventas con cobro aplazado

Como ya señalamos en unidades anteriores, se denomina **compraventa a plazos** a la operación en la cual el pago del precio no se hace en el momento de la adquisición del bien, sino que se difiere en el tiempo, bien en un solo pago o a través de una serie de pagos denominados plazos o cuotas. Es opuesta a la compraventa al contado, es lo que se denomina una **operación a crédito**, a la que en general se adicionan intereses. La empresa recoge el derecho de cobro en la cuenta **(430) Clientes**.

El derecho de cobro se puede instrumentalizar bien desde el momento inicial (venta) o bien posteriormente en un efecto de giro (letra de cambio aceptada, pagaré), en este caso el derecho se registrará en la cuenta **(431) Clientes efectos comerciales a cobrar**. La empresa puede mantener los efectos en su poder hasta el vencimiento o llevarlos al banco para que gestione su cobro o descontarlos. El plazo general de **cobro** se limita como **máximo a sesenta días** y no puede ser ampliado por acuerdo entre las partes.

Siguiendo con un **ejemplo**, por su parte, la empresa GHT S.A., dedicada a la compraventa de coches, vende el 10 de abril de 20X0 un coche con un precio de fábrica de 24.000 €. En factura, concede al cliente un descuento comercial de 1.200 € y en la factura también aparece reflejado el impuesto de matriculación, que asciende a 1.800 €. Esta operación devenga IVA del 21 % y se formaliza a crédito. Es decir:

10/04/20X0

29.388 (430) Clientes

    a (700) Ventas de mercaderías
    (24.000 − 1.200)   22.800

    ① (4753) HP acreedora por impuesto
    de matriculación   1.800

    a (477) HP IVA repercutido
    (22.800 · 0,21)   4.788

> **ABC VOCABULARIO**
>
> **Suplidos.** Son cantidades que se pagan por cuenta y cargo de un tercero, normalmente en ejecución de un mandato. Sus características son:
>
> - Ha de tratarse de sumas pagadas en nombre y por cuenta del cliente, lo que de ordinario exigirá que la factura correspondiente haya sido expedida a su nombre.
> - El pago debe realizarse en virtud de un mandato expreso, que puede ser verbal o escrito.
> - El pagador está obligado a justificar la cuantía del gasto, que debe coincidir con el importe que se recibe del cliente.

① El impuesto de matriculación no forma parte de la base imponible. (28.600 · 0,21)

2.3. Ventas con cobro anticipado. Anticipos de clientes

Las ventas con cobro anticipado son aquellas en las que se recibe por adelantado todo o parte del importe de las mismas. La cantidad cobrada por anticipado se contabilizará en la cuenta **(438) Anticipos de clientes,** hasta que se lleva a cabo la venta. Los anticipos de clientes están gravados con el IVA, si la operación de venta lo está.

Cuando el cliente nos realiza una entrega, normalmente en efectivo, en concepto de «a cuenta» de suministros futuros, lo contabilizaremos en la **cuenta (438) Anticipos de clientes,** que figurará en el **Pasivo corriente** del balance.

Así, si un cliente nos hace el 7 de junio de 20X0 un pedido y nos envía una transferencia de 2.420 €, suponiendo que la operación devenga IVA del 21 % y el día 13 de junio realizamos la venta de mercaderías a crédito por importe de 8.500 € más 21% de IVA, tendremos lo siguiente (debemos tener en cuenta que el pedido no origina un asiento contable, sino que realizamos el asiento por el dinero que recibimos por anticipado):

```
                         07/06/20X0
2.420 (572) Bancos c/c
                    a (438) Anticipo de clientes        2.000
                                    (2.420/1,21)
                    a (477) HP IVA repercutido            420
                         13/06/20X0
2.000 (438) Anticipos de clientes
7.865 (430) Clientes
                    a (700) Ventas de mercaderías       8.500
                    a (477) HP IVA repercutido          1.365
                              (8.500 − 2.000) · 0,21
```

2.4. Prestación de servicios

Las empresas de servicios, para reflejar sus operaciones habituales (es decir, las prestaciones de servicios que son su objeto de explotación) utilizan la cuenta **(705) Prestaciones de servicios.**

La **norma de valoración 14.ª** del Plan General de Contabilidad señala que «los **ingresos** resultado de la venta de bienes y de la **prestación de servicios** se valorarán por el valor razonable de la contrapartida, recibida o por recibir, derivada de los mismos que, salvo evidencia en contra, será el precio acordado para dichos bienes o servicios, **deducido** el importe de **cualquier descuento, rebaja en el precio** u otras partidas similares que la empresa pueda conceder.

Asimismo, los **impuestos** que gravan las operaciones de venta de bienes y **prestación de servicios** que la empresa **debe repercutir a terceros,** como el Impuesto sobre el Valor Añadido y los impuestos especiales, así como las cantidades recibidas por cuenta de terceros (suplidos), **no formarán parte de los ingresos».**

ACTIVIDADES

2. Realiza las anotaciones contables que llevarán a cabo GTR S.A. y ABC S.A. de las siguientes operaciones:

   a) La empresa GTR S.A. realiza el 11 de marzo de 20X0 un pedido a su proveedor ABC S.A. de 1.000 unidades de mercaderías, enviándole un anticipo de 500 € más 21 % de IVA, mediante transferencia bancaria.

   b) El 15 de marzo se realiza la venta a un precio unitario de 22 € con un descuento comercial en factura del 4 %, IVA del 21 %, en una operación a crédito de 30 días.

   c) Llegado el vencimiento, GTR S.A. paga su deuda mediante cheque.

CASO PRÁCTICO 2. Prestaciones de servicios con gastos suplidos

Diego Illescas Lasa S.A. se dedica a la asesoría fiscal. En la prestación del servicio a un cliente ha abonado en efectivo gastos de notaría por cuenta de su cliente de 90 € más 21 % de IVA. En la factura que él emite, aparecen reflejados 1.200 € más 21 % de IVA por sus servicios más los gastos suplidos. La operación es a crédito de 30 días. ¿Cómo reflejará Diego Illescas la operación?

Solución:

1. Por el pago al notario en nombre del cliente:

```
108,9 (5551) Provisión gastos suplidos
                    a (570) Caja                108,9
```

2. Por la contabilización de la factura emitida al cliente:

```
1.560,9 (430) Clientes
                    a (705) Prestaciones de servicios   1.200
                    a (5551) Provisión gastos suplidos  108,9
                    a (477) HP IVA repercutido            252
                                    (1.200 · 0,21)
```

Nota. La cuenta (5551) Provisión gastos suplidos no la recoge el PGC, se ha creado para registrar los gastos suplidos que paga la empresa en nombre de sus clientes.

3. Operaciones relacionadas con las ventas

Se van a estudiar los gastos que se originan por las ventas, las devoluciones y descuentos en las mismas y, finalmente, el tratamiento de los envases y embalajes a devolver.

3.1. Gastos de venta

Cuando una empresa vende mercaderías, esta venta puede incluir o no el transporte de las mismas. Si el vendedor contrata transporte y el transportista emite la factura a su nombre, primero contabilizará el gasto que para él supone y luego decidirá si se lo repercute o no al cliente (asumiéndolo él). Si la empresa vendedora se lo repercute al cliente, lo hará a través de la cuenta **(759) Ingresos por servicios diversos,** y si emite la factura a nombre de la empresa compradora y el vendedor realiza el pago, contabilizará el gasto como un **suplido** (cantidades recibidas por cuenta de terceros).

Veámoslo con un **ejemplo.** La empresa VDR S.A. vende a crédito mercaderías por un importe de 2.500 €. En factura concede un descuento al cliente de 130 €. Además, para trasladar la mercancía contrata un servicio de transporte que le factura 140 € y que paga en efectivo. El IVA de ambas operaciones es del 21 %.

140 (624) Transportes		
29,4 (472) HP IVA soportado		
	a (570) Caja	169,4

1. Repercute el gasto de transporte al cliente:

3.037,1 (430) Clientes		
	a (700) Venta de mercaderías	2.370
	(2.500 − 130)	
	a (759) Ingresos por servicios diversos	140
	a (477) HP IVA repercutido	527,1
	(2.370 + 140) · 0,21	

2. Asume él el gasto de transporte, por tanto:

2.867,7 (430) Clientes		
	a (700) Venta de mercaderías	2.370
	a (477) HP IVA repercutido	497,7

3.2. Devoluciones y descuentos en las ventas

El Plan General de Contabilidad recoge, en la 5.ª parte, **Definiciones y relaciones contables,** tres cuentas para contabilizar los **descuentos** que concede la empresa en las ventas cuando son **posteriores** a la **factura** y que son las que figuran al margen.

Continuando con nuestro **ejemplo,** por incumplimiento de los plazos de entrega, VDR S.A. concede al cliente un descuento de 500 €:

500 (708) Devoluciones de ventas y operaciones similares		
105 (477) HP IVA repercutido		
	a (430) Clientes	605

Además, por las compras realizadas durante todo el año, la empresa concede al cliente un descuento por volumen de compras de 300 €:

300 (709) Rappels sobre ventas		
63 (477) HP IVA repercutido		
	a (430) Clientes	363

> **IMPORTANTE**
>
> **(706) Descuentos sobre ventas por pronto pago.** Esta cuenta refleja los descuentos y asimilados que conceda la empresa a sus clientes por pronto pago **no incluidos en factura.**
>
> **(708) Devoluciones de ventas y operaciones similares.** En ella se incluyen las remesas devueltas por clientes, normalmente por incumplimiento de las condiciones del pedido. Además, en esta cuenta se contabilizarán los descuentos y similares originados por la misma causa, que sean **posteriores a la emisión de la factura.**
>
> **(709) Rappels sobre ventas.** En esta cuenta se contabilizarán los descuentos y similares basados en haber alcanzado un determinado volumen de pedidos **fuera de factura.**

CASO PRÁCTICO 3. Gastos de venta

La empresa VDR S.A. vende a crédito mercaderías por un importe de 1.900 € más 21 % de IVA. Para trasladar la mercancía contrata un servicio de transporte que factura a nombre de la empresa compradora 90 € más 21 % de IVA y que VDR S.A. paga con un cheque.

¿Qué anotaciones contables realizará VDR S.A.?

Solución:

Cargará 108,9 € en la cuenta (5551) Provisión gastos suplidos y abonará la cuenta (572) Bancos c/c por el mismo importe.

En la factura de venta abonará la cuenta (5551) por 108,9 €, que aumentarán la deuda del cliente (430).

3.3. Tratamiento de los envases y embalajes a devolver

En ocasiones, junto con la venta de existencias, la empresa vendedora factura envases y embalajes, lo cual, como ya hemos visto, genera una problemática contable dependiendo de si son con facultad de devolución o no. En el cuadro al margen se detallan las cuentas que se utilizan en cada situación.

Veamos su contabilización con un **ejemplo**. La empresa VDR S.A. vende mercaderías por un importe de 3.550 €. En la factura aparecen envases **sin facultad de devolución** por un importe de 420 €, IVA de la operación 21%, en una operación a crédito. Su contabilización será:

4.803,7 (430) Clientes		
	a (700) Venta de mercaderías	3.550
	a (704) Venta de envases y embalajes	420
	a (477) HP IVA repercutido	833,7

En otra ocasión, la empresa VDR S.A. vende productos terminados por un importe de 5.300 € y factura envases con facultad de devolución por un importe de 530 €, IVA de la operación 21%, en una operación a crédito. Por tanto:

7.054,3 (430) Clientes		
	a (701) Venta de productos terminados	5.300
	a (437) Envases y embalajes a devolver por clientes	530
	a (477) HP IVA repercutido	1.224,3

A su vez, el **cliente** puede tomar distintas decisiones en relación con los envases anteriores:

- Si decide **comprarlos** todos:

530 (437) Envases y embalajes a devolver por clientes		
	a (704) Venta de envases y embalajes	530

- Si opta por **devolver** todos los envases:

530 (437) Envases y embalajes a devolver por clientes		
111,3 (477) HP IVA repercutido		
	a (430) Clientes	641,3

- Por último, si el cliente decide comprar envases por valor de 300 € y devolver el resto, tendremos:

530 (437) Envases y embalajes a devolver por clientes		
48,3 (477) HP IVA repercutido		
(230 · 0,21)		
	a (704) Venta de envases y embalajes	300
	a (430) Clientes	278,3

14 UNIDAD

¿SABÍAS QUE...?

- Si los envases y embalajes cargados en factura a los clientes son con **facultad de devolución**, entonces se contabilizarán en la **cuenta (437) Envases y embalajes a devolver por clientes**, que figurará en el Activo corriente del balance, minorando la cuenta (430).

- Si los envases y embalajes cargados en factura a los clientes son **sin facultad de devolución**, entonces se contabilizarán en **la cuenta (704) Ventas de envases y embalajes.**

ACTIVIDADES

3. La empresa Paula Illescas S.A. realiza las siguientes operaciones:

   - Vende mercaderías por un importe de 2.000 €. En factura aparece un descuento comercial del 5 %. Además, factura envases con facultad de devolución por un importe de 210 €, IVA 21 %, la operación se ha realizado a crédito.

   - El cliente les devuelve el 20 % de las mercaderías del punto anterior.

   - El cliente le comunica que compra un tercio de los envases y le devuelve el resto.

   Realiza los respectivos asientos contables de las operaciones que se han descrito.

4. Las exportaciones. Ventas en moneda extranjera

Como ya vimos en la unidad anterior, una transacción en moneda extranjera es aquella cuyo importe se determina o exige su liquidación en una moneda distinta de la funcional (en el caso de España, el euro).

Como ya sabemos, el tratamiento de las operaciones realizadas en moneda extranjera viene recogido en la **norma 11.ª** del PGC. Esta norma resulta de aplicación a:

- La contabilización de transacciones y saldos en moneda extranjera.
- La conversión de las cuentas anuales a la moneda de presentación, cuando la moneda funcional sea distinta del euro.

Valoración inicial. Toda transacción en moneda extranjera, ya sea una partida monetaria o una partida no monetaria, se convertirá, para su reflejo contable, en moneda funcional (euro), aplicando al importe en moneda extranjera el **tipo de cambio** de contado, es decir, el tipo de cambio **en la fecha de realización de la transacción**.

Valoración posterior. Al realizar una valoración posterior de los saldos de las operaciones realizadas en moneda extranjera, el PGC nos obliga a distinguir entre:

- **Partidas monetarias.** Al **cierre del ejercicio**, las partidas monetarias en moneda extranjera se valorarán aplicando el **tipo de cambio vigente en dicha fecha**.
- **Partidas no monetarias.** Al **cierre del ejercicio**, las partidas no monetarias valoradas a coste histórico se convertirán a moneda funcional aplicando el **tipo de cambio de la fecha de la transacción**. Estas partidas no originarán, en ningún caso, diferencias de cambio, sino que, si fuera necesario, se registrará una corrección valorativa por deterioro.

Nosotros en este punto solo analizaremos **partidas monetarias**, en concreto los **clientes moneda extranjera (4304)**. Como siempre, vamos a analizarlo con un **ejemplo**.

La sociedad ABC S.A. vende el 14 de diciembre de 20X0 mercaderías a crédito de 30 días por 5.000 $, siendo el tipo de cambio de contado 1 $ = 0,92 €. Al cierre del ejercicio, el tipo de cambio es de 1 $ = 0,89 €. En el momento del cobro el tipo de cambio es de 1 $ = 0,94 €.

―――――――――― 14/12/20X0 ――――――――――

4.600 (4304) Clientes moneda extranjera

　　　　a (700) Ventas de mercaderías　　　　4.600
　　　　　　　(5.000 · 0,92)

―――――――――― 31/12/20X0 ――――――――――

150 (668) Diferencias negativas de cambio

　　　　a (4304) Clientes moneda extranjera　　　150
　　　　　　　5.000 · (0,92 − 0,89)

―――――――――― 13/01/20X1 ――――――――――

4.700 (572) Bancos c/c (5.000 · 0,94)

　　　　a (768) Diferencias positivas de cambio
　　　　　　　5.000 · (0,94 − 0,89)　　　　250
　　　　a (4304) Clientes moneda extranjera　　4.450
　　　　　　　(4.600 − 150)

 ACTIVIDADES

4. Registra la siguiente operación de venta realizada por la empresa GTR S.A. en moneda extranjera. Vende mercaderías por 10.000 $, siendo el tipo de cambio de 1 $ = 0,87 €.

- Al cierre del ejercicio, el tipo de cambio es de 1 $ = 0,90 €.
- Al vencimiento el tipo de cambio resulta ser de 1 $ = 0,89 €.

¿SABÍAS QUE…?

Transacciones en moneda extranjera

A efectos de tratamiento de estas transacciones, la norma 11.ª divide los distintos elementos patrimoniales que las componen en:

- **Partidas monetarias.** Son el efectivo, así como los activos y pasivos que se vayan a recibir o pagar con una cantidad determinada o determinable de unidades monetarias. Se incluyen entre otros los clientes y los proveedores.

- **Partidas no monetarias.** Son los activos y pasivos que no se consideran partidas monetarias, es decir, que se vayan a recibir o pagar con una cantidad no determinada ni determinable de unidades monetarias. Se incluyen, entre otros, las existencias.

5. El cobro en las operaciones de venta

Como vimos en el Epígrafe 2 de la unidad, las ventas de existencias se pueden cobrar al contado o a crédito, aplazando su cobro durante un tiempo. Estas operaciones lo habitual es que devenguen intereses por el aplazamiento. El plazo general de pago se limita como máximo a **sesenta días** y no puede ser ampliado por acuerdo entre las partes.

Suele ser una práctica comercial habitual conceder descuentos al cliente si el pago se realiza al contado o antes del aplazamiento acordado. También es común instrumentalizar el derecho de cobro en una letra de cambio o pagaré.

5.1. Descuentos por pronto pago

Los descuentos por pronto pago se pueden conceder dentro de la factura de venta o en un momento posterior. Los **descuentos** sobre ventas por **pronto pago**, cuando **figuren en factura**, se **deducirán** (restarán) del importe de los **ingresos** procedentes de la venta de bienes o servicios (70X). Cuando figuren **fuera de factura**, y solo en ese caso, se tratarán como descuentos comerciales, no financieros, recogiéndose en la **cuenta 706**.

Veamos cómo se contabilizarán ambas hipótesis con un **ejemplo.** Realizamos una venta de mercaderías al contado (bancos) por valor de 1.000 € más 21 % de IVA y concedemos al cliente en factura un descuento por pronto pago del 4 %.

1.161,6 (572) Bancos c/c		
	a (700) Ventas de mercaderías	960
	a (477) HP IVA repercutido	201,6

En otra ocasión vendemos a crédito de 60 días productos terminados por importe de 1.500 € más 21 % de IVA. El cliente paga antes de lo acordado, por lo que le concedemos un descuento por pronto pago del 5 %.

1.815 (430) Clientes		
	a (701) Ventas de productos terminados	1.500
	a (477) HP IVA repercutido	315

75 (706) Descuentos sobre ventas por pronto pago
(1.500 · 0,05)
15,75 (477) HP IVA repercutido
1.724,25 (572) Bancos c/c
  a (430) Clientes   1.815

5.2. Giro de efectos

El derecho de cobro sobre los clientes puede instrumentalizarse en una letra de cambio o en un pagaré bien desde el mismo momento que se realiza la operación (venta) o en un momento posterior. La cuenta que recoge estos derechos de cobro es la **(431) Clientes, efectos comerciales a cobrar.** Esta cuenta vamos a utilizarla con un mayor desglose; emplearemos cuatro dígitos con el fin de indicar las diferentes situaciones en las que se pueden encontrar las letras de cambio que giramos a nuestros clientes:

- **Mantenerlos en cartera (4310).** La empresa conserva los efectos en su poder hasta la fecha del vencimiento.

- **Llevarlos al banco a descontar (4311).** El descuento del efecto en el banco supone que la empresa obtiene el efectivo de la letra antes de su vencimiento, el banco se lo adelanta pero cobrándole unos intereses y una comisión por la operación.

- **Llevarlos al banco en gestión de cobro (4312).** Con esta operación el banco no adelanta el dinero, lo que hace es gestionar el cobro al vencimiento, cobrando una comisión por la gestión.

> **IMPORTANTE**
>
> **Descuentos y giro de efectos**
>
> - **(706) Descuentos sobre ventas por pronto pago.** Esta cuenta refleja los descuentos y asimilados que conceda la empresa a sus clientes por pronto pago no incluidos en factura.
>
> - **(431) Clientes, efectos comerciales a cobrar.** Esta cuenta recogerá los créditos con clientes, formalizados en efectos de giro aceptados. En ella incluiremos, además, los efectos en cartera, descontados los entregados en gestión de cobro y los impagados. Este último caso, los incluiremos en esta cuenta solo cuando no deban reflejarse en la cuenta (436). Figurará en el Activo corriente del balance.

5.3. Intereses por aplazamiento del cobro. Normas de valoración del PGC

En el caso de las **ventas**, la **norma de valoración 14.ª** del PGC es la que regula cómo debemos valorarlas. Los ingresos procedentes de la venta de bienes y de la prestación de servicios:

«**se valorarán por el valor razonable** de la contrapartida, recibida o por recibir, derivada de los mismos que, salvo evidencia en contrario, será el **precio acordado** para dichos bienes o servicios, **deducido: el importe de cualquier descuento**, rebaja en el precio u otras partidas similares que la empresa pueda conceder, así como los intereses incorporados al nominal de los créditos. No obstante, **podrán incluirse los intereses incorporados** a los créditos comerciales con **vencimiento no superior a un año** que **no tengan un tipo de interés contractual**, cuando el efecto de no actualizar los flujos de efectivo no sea significativo».

La **norma de valoración 9.ª Instrumentos financieros** determina que:

«los **créditos por operaciones comerciales** se valorarán **inicialmente** por su **valor razonable** que, salvo evidencia en contrario, será el precio de la transacción, que equivaldrá al valor razonable de la contraprestación entregada más los costes de transacción que les sean directamente atribuibles. No obstante, los **créditos por operaciones comerciales** con **vencimiento no superior a un año** y que no tengan un tipo de interés contractual se **podrán valorar por su valor nominal** cuando el efecto de no actualizar los flujos de efectivo no sea significativo. **Posteriormente** se valorarán por su **coste amortizado**. Los intereses devengados se contabilizarán en la cuenta de pérdidas y ganancias, aplicando el método del tipo de interés efectivo».

CASO PRÁCTICO 4. Venta de mercaderías con intereses por aplazamiento

La empresa ABC S.A. vende mercaderías el 3 de marzo de 20X0 a crédito de 60 días por importe de 3.000 € con unos intereses por aplazamiento del 6 % e IVA del 21 %.

Vende el 15 de mayo de 20X0 productos terminados a crédito de 45 días por importe de 2.000 € con unos intereses por aplazamiento desglosados en factura de 25 € e IVA del 21 %. En ambas operaciones el cliente paga a través del banco. Realiza los asientos contables correspondientes.

Solución:

Debe		03/03/20X0	Haber
3.630	(430) Clientes		
		a (700) Ventas de mercaderías	3.000
		a (477) HP IVA repercutido	630
		02/05/20X0	
30	(430) Clientes		
		a (762) Ingresos de créditos (3.000 · 0,06 · 60/360)	30
		02/05/20X0	
3.660	(572) Bancos c/c		
		a (430) Clientes	3.660
		15/05/20X0	
3.660	(430) Clientes		
		a (701) Ventas de productos terminados	2.025
		a (477) HP IVA repercutido	420
		29/06/20X0	
2.445	(572) Bancos c/c		
		a (430) Clientes	2.445

ACTIVIDADES

5. Realiza los asientos contables de la empresa ABC S.A. que:

- El 6 de junio de 20X0 vende 500 unidades de mercaderías a 10 € la unidad. En la factura concede al cliente un descuento comercial del 4 %, en una operación a crédito de 30 días con IVA del 21 %. El cliente paga en efectivo a los 10 días de la compra, por lo que ABC S.A. le concede un descuento por pronto pago del 2 %.

- El 1 de febrero de 20X1 vende mercaderías por importe de 9.000 €, en una operación a crédito de 9 meses, que devenga unos intereses desglosados en factura de 175 €, IVA de la operación 21 %. Llegado el vencimiento, el cliente paga con un cheque.

6. Problemática contable de los derechos de cobro

Como vimos en el epígrafe anterior, la empresa puede documentar sus derechos de cobros a clientes y deudores en letras de cambio, que puede mantener en su poder hasta el vencimiento, o llevarlas al banco bien para gestionar sus cobros o para descontarlas.

6.1. Efectos en gestión de cobro

Si la empresa decide llevarlos al banco en gestión de cobro. En el momento que la empresa entrega los efectos al banco, cambia el nombre a su derecho de cobro, traslada el saldo de la cuenta **(4310) Efectos comerciales en cartera** a la **(4312) Efectos comerciales en gestión de cobro**. El banco tiene las letras y las mantiene hasta el vencimiento, cobrándole a la empresa una comisión por la gestión. Esta operación **devenga IVA**.

Veámoslo con un **ejemplo**. Una empresa tiene un derecho de cobro sobre un cliente documentado en una letra de cambio aceptada por importe de 1.815 € con vencimiento el 10 de abril de 20X0. El 3 de marzo lleva la letra al banco para que gestione su cobro. Llegado el vencimiento el cliente paga, cobrándonos la entidad unos gastos de gestión de 20 € más el 21 % de IVA. Los asientos que realizará la empresa son:

```
_____ 03/03/20X0 _____
1.815  (4312) Efectos comerciales en gestión de cobro
             a (4310) Efectos comerciales en cartera    1.815
_____ 10/04/20X0 _____
20      (626) Servicios bancarios y similares
4,2     (472) HP IVA soportado
1.790,8 (572) Bancos c/c
             a (4312) Efectos comerciales
                      en gestión de cobro              1.815
```

> ! **IMPORTANTE**
>
> Si al **vencimiento** el cliente **no paga**, nosotros debemos trasladar el saldo de la cuenta (4312) Efectos comerciales en gestión de cobro a la cuenta **(4315) Efectos comerciales impagados** y pagar nosotros los gastos ocasionados por la devolución con su correspondiente IVA.
>
> Supongamos, en **nuestro ejemplo**, que llegado el vencimiento el cliente no paga, cobrándonos el banco 30 € más el 21 % de IVA de gastos de gestión. La empresa hará:
>
> ```
> 1.815 (4315)
>                  (4312) 1.815
>
> 30 (626)
> 6,3 (472)
>                  a (572) 36,3
> ```

6.2. Descuento de efectos a cobrar

El descuento del efecto en el banco supone que la empresa obtiene el efectivo de la letra antes de su vencimiento; es decir, el banco le adelanta a la empresa el dinero pero cobrándole unos intereses y una comisión por la operación. A partir de este momento, la empresa tiene un **derecho sobre el cliente** en la cuenta **(4311) Efectos comerciales descontados** y una **deuda con el banco** (por adelantarle el importe) en la cuenta **(5208) Deudas por efectos descontados**. Por tanto, cuando el cliente pague al banco, desaparece nuestro derecho sobre el cliente y también nuestra obligación con el banco. Pero si el cliente llegado el vencimiento no paga, tendremos un efecto impagado y seremos nosotros quienes pagaremos al banco el nominal que nos prestó y los gastos ocasionados por la devolución. Esta operación está **exenta de IVA**.

 CASO PRÁCTICO 5. Descuento de efectos a cobrar

Una empresa tiene un derecho de cobro sobre un cliente documentado en una letra de cambio aceptada por importe de 3.025 € con vencimiento el 14 de junio de 20X0. El 3 de mayo lleva la letra al banco a descontar, cobrándole este 70 € de intereses y 22 € de comisión de descuento. Llegado el vencimiento el cliente paga.

Solución:

```
_____ 03/05/20X0 _____
3.025 (4311) Efectos comerciales descontados
            a (4310) Efectos comerciales
                     en cartera                  3.025
_____ 03/05/20X0 _____
22    (669) Otros gastos financieros
2.933 (572) Bancos c/c
            a (5208) Deudas por efectos descontados  2.955
                                                  (3.025 − 70)
_____ 14/06/20X0 _____
70 (665) Intereses por descuento de efectos
          y operaciones de factoring
            a (5208) Deudas por efectos descontados    70
_____ 14/06/20X0 _____
3.025 (5208) Deudas por efectos descontados
            a (4311) Efectos comerciales descontados  3.025
```

7. Morosidad de los clientes

La **norma de valoración 8.ª Activos financieros** del PGC-pymes señala que «al menos al **cierre del ejercicio**, deberán efectuarse las **correcciones valorativas** necesarias siempre que exista evidencia objetiva de que el valor de un activo financiero o de un grupo de activos financieros con similares características de riesgo valorados colectivamente **se ha deteriorado** como resultado de uno o más eventos que hayan ocurrido después de su reconocimiento inicial y que **ocasionen** una **reducción o retraso** en los flujos de efectivo estimados futuros, que pueden venir motivados por la insolvencia del deudor. La **pérdida por deterioro** del valor de estos activos financieros será la **diferencia entre** su **valor en libros** y el **valor actual de los flujos de efectivo** futuros que se estima van a generar, descontados al tipo de interés efectivo calculado en el momento de su reconocimiento inicial. Las **correcciones valorativas por deterioro**, así como su reversión cuando el importe de dicha pérdida disminuyese por causas relacionadas con un evento posterior, **se reconocerán** como un **gasto o un ingreso**, respectivamente, **en la cuenta de pérdidas y ganancias**. La reversión del deterioro tendrá como límite el valor en libros del crédito que estaría reconocido en la fecha de reversión si no se hubiese registrado el deterioro del valor».

El PGC-pymes prevé que las empresas puedan contabilizar los deterioros de valor, como consecuencia de posibles insolvencias, de los créditos comerciales (clientes, deudores) empleando los siguientes métodos: estimación individualizada, estimación global y estimación mixta. En este epígrafe nos ocuparemos de la estimación individualizada (la estimación global la analizaremos en la siguiente unidad).

> **En la estimación individualizada,** la empresa realiza un seguimiento individualizado de los saldos de los clientes y deudores. Es el procedimiento más adecuado para reconocer el deterioro de valor de aquellos créditos comerciales que son de cuantía significativa.

Vamos a analizarlo a través de un **ejemplo.** La empresa Distribuciones Monteagudo S.A. tiene contabilizado un derecho de cobro sobre un cliente por importe de 2.500 €. El 15 de mayo de 20X0 el cliente es declarado en suspensión de pagos. Distribuciones Monteagudo procede a reconocer el deterioro por el importe total. Llegado el vencimiento del derecho el 1 de agosto, la empresa consigue cobrar el 50 % del derecho. La empresa utiliza el sistema individualizado para el seguimiento de las posibles insolvencias.

- Por la clasificación del cliente como moroso y la dotación de la pérdida por deterioro:

	15/05/20X0	
2.500	(436) Clientes de dudoso cobro	
	a (430) Clientes	2.500
	15/05/20X0	
2.500	(694) Pérdidas por deterioro de créditos por operaciones comerciales	
	a (490) Deterioro de valor de créditos por operaciones comerciales	2.500

- Por el cobro parcial del derecho y la reversión de la pérdida por deterioro dotada:

	01/08/20X0	
1.250	(650) Pérdidas de créditos comerciales incobrables	
1.250	(572) Bancos c/c	
	a (436) Clientes de dudoso cobro	2.500
2.500	(490) Deterioro de valor de créditos por operaciones comerciales	
	a (794) Reversión del deterioro de créditos por operaciones comerciales	2.500

ACTIVIDADES

6. La empresa Distribuciones Monteagudo S.A. realiza las siguientes operaciones en 20X0:

- El 23 de abril vende mercaderías por importe de 2.000 € más 21 % de IVA en una operación a crédito. El 15 de mayo el cliente es declarado en suspensión de pagos. Distribuciones Monteagudo procede a reconocer el deterioro por el importe total. Llegado el vencimiento del derecho el 18 de junio, la empresa consigue cobrar 250 € en efectivo, 900 € con un cheque y el resto lo considera definitivamente incobrable.

- El 5 de julio vende a crédito documentado en letra de cambio mercaderías por un importe de 2.500 €. Para trasladar la mercancía contrata un servicio de transporte que le factura 90 € y que paga en efectivo, repercute el gasto al cliente, siendo el IVA de ambas operaciones del 21 %. Llegado el vencimiento, el cliente paga por banco.

8. Ajustes del cierre del ejercicio

Nos centraremos en dos aspectos importantes a tener en cuenta al cierre del ejercicio: las facturas pendientes de formalizar y el registro contable de la liquidación del IVA.

8.1. Facturas pendientes de formalizar

Como vimos en la unidad anterior, normalmente las empresas no contabilizan las compras o ventas mientras no se han formalizado las correspondientes facturas. Sin embargo, en determinadas fechas, como puede ser al **cierre del ejercicio,** es conveniente registrar todas las ventas y compras aunque aún no haya mediado factura y solo estén justificadas en albaranes o documentos semejantes. Si la empresa conoce la cuantía y sabe que la fecha de emisión corresponde al ejercicio que finaliza, debe **contabilizar la factura en la cuenta (4309) Clientes, facturas pendientes de formalizar** por el importe de la **base imponible.** Al emitir la factura en el ejercicio siguiente, se abonará la cuenta (4309) contra la (430) Clientes.

Veamos su contabilización a través de un **ejemplo.** La empresa ABC S.A. vende el 15 de diciembre de 20X0 mercaderías a crédito de un mes, por importe de 2.000 € más 21% de IVA, a la empresa GTR S.A. enviando las mercancías junto con su albarán. El 2 de enero de emite la factura.

```
                       15/12/20X0
2.000  (4309) Clientes, facturas pendientes
              de formalizar
                       a (700) Ventas de mercaderías      2.000
                       02/01/20X1
2.420  (430) Clientes
                       a (4309) Clientes, facturas pendientes
                                de formalizar             2.000
                       a (477) HP IVA repercutido           420
```

8.2. Registro contable de la liquidación del IVA

Este impuesto debe autoliquidarse y, en su caso, **ingresarse mensual o trimestralmente** en Hacienda Pública (HP). El cálculo se realiza por la **diferencia entre** el **IVA devengado,** es decir, repercutido a clientes, y el **IVA soportado** deducible, es decir, el que soportamos de los proveedores.

Cuando la empresa liquide trimestralmente el IVA el último día de cada trimestre (31 de marzo, 30 de junio, 30 de septiembre y 31 de diciembre), puede suceder que:

- El **IVA repercutido es mayor que el IVA soportado** deducible: tendremos que reflejar la obligación de pago a Hacienda en la cuenta **(4750) HP acreedora por IVA.**

```
(477) HP IVA repercutido
                       a (472) HP IVA soportado
                       a (4750) HP acreedora por IVA
```

- El **IVA repercutido es menor que el IVA soportado deducible:** tendremos que reflejar el derecho de cobro con hacienda en la cuenta **(4700) HP deudora por IVA.**

```
(477) HP IVA repercutido
(4700) HP deudora por IVA
                       a (472) HP IVA soportado
```

Los tres primeros trimestres del año la empresa deberá esperar a compensar el IVA que le debe Hacienda con el siguiente trimestre, en el último podrá solicitar la devolución.

! **IMPORTANTE**

Cuentas que participan en la contabilización del IVA

- **(472) HP IVA soportado.** En esta cuenta reflejamos el **IVA deducible** que la empresa soporta en sus compras y gastos. Cuenta de Activo.

- **(477) HP IVA repercutido.** En esta cuenta registramos el IVA que la empresa repercute en sus ventas e ingresos. Cuenta de Pasivo.

- **(4700) HP deudora por IVA.** Refleja, tras la liquidación correspondiente, el exceso de IVA que hemos soportado sobre el repercutido.

- **(4750) HP acreedora por IVA.** Esta cuenta registra, tras la liquidación correspondiente, el exceso de IVA que hemos repercutido sobre el que hemos soportado.

CASO PRÁCTICO 6.
Liquidación del IVA

Los datos de la empresa FPY S.A. relativos al IVA del primer trimestre (31 de marzo) y segundo trimestre (30 de junio) del año son:

	IVA soportado	IVA repercutido
1.er trim	3.100 €	2.800 €
2.º trim	1.500 €	2.900 €

Solución:

- **1.er Trim.** El IVA repercutido es menor que el IVA soportado, le sale 2.800 − 3.100 = −300 € a deducir en liquidaciones posteriores.

- **2.º Trim.** El IVA repercutido es mayor que el IVA soportado, le sale 2.900 − 1.500 = 1.400 € a pagar; como Hacienda le debe 300 € del trimestre anterior, los compensa y refleja una deuda con Hacienda de 1.100 €.

CASO PRÁCTICO 7. Contabilización de las ventas

La empresa Paula Illescas Lasa S.L., dedicada a la compraventa de mercaderías, realiza durante el último trimestre del año 20X0 las siguientes operaciones relacionadas con su actividad:

a) El 2 de octubre compra 500 unidades de mercaderías a 15 € la unidad, en la factura aparecen unos gastos de transporte por importe de 50 € y un descuento comercial del 2 %, IVA del 21 %, en una operación a crédito.

b) El 8 de octubre vende a ABC S.A. 150 unidades de mercaderías a 45 € la unidad, en la factura aparece reflejado un descuento comercial del 3 %, IVA 21 %, la mitad se cobra con un cheque y el resto se documenta en una letra de cambio con vencimiento el 8 de diciembre.

c) El 9 de octubre lleva la letra aceptada al banco para que le gestione el cobro.

d) El 14 de octubre vende a KTG S.A., a crédito, 50 unidades de mercaderías a 45 € la unidad, para el traslado de la mercancía contrata una empresa de transportes que le factura 45 € más 21% de IVA y que paga en efectivo. Repercute el gasto de transporte al cliente en la factura, IVA 21%.

e) El 25 de octubre FRT S.A. le realiza el pedido de 100 unidades de mercaderías y le envía un anticipo de 1.000 € más 21 % de IVA mediante transferencia bancaria.

f) El 2 de noviembre vende a crédito al cliente del punto anterior las mercaderías a 45 € la unidad, para el traslado de la mercancía contrata una empresa de transporte que factura a nombre del comprador 55 € más 21 % de IVA; Paula Illescas realiza el pago en nombre del cliente, IVA de la operación 21 %.

g) El 7 de noviembre el cliente del apartado anterior devuelve 25 unidades de mercaderías por encontrarse en mal estado.

h) El 13 de noviembre vende a HMS S.A. a crédito 80 unidades de mercaderías a 47 € la unidad, en la factura aparecen reflejados envases con facultad de devolución por importe de 240 €, IVA de la operación 21 %.

i) El 21 de noviembre concede al cliente del punto anterior un *rappel* de 60 €.

j) El 1 de diciembre HMS S.A. le comunica que se queda con todos los envases.

k) El 6 de diciembre vende a crédito a un cliente canadiense 40 unidades de mercaderías a 50 $ la unidad, siendo el tipo de cambio de contado de 1 $ = 0,95 €.

l) El 8 de diciembre, llegado el vencimiento de la letra del apartado b), el cliente paga, cobrándole el banco unos gastos de 39,60 € más 21 % de IVA.

m) El 16 de diciembre HMS S.A. es declarado en suspensión de pagos; Paula Illescas procede a reconocer el deterioro por el importe total del derecho.

n) El 26 de diciembre vende, a crédito, 30 unidades de mercaderías a 48 € la unidad más 21 % de IVA; la empresa envía la mercancía con su albarán, quedando la factura pendiente de emitirse.

ñ) El 31 de diciembre el tipo de cambio es de 1 $ = 0,94 €.

o) El 31 de diciembre la empresa procede a liquidar el IVA.

¿Cómo reflejará Paula Illescas las operaciones?

Solución:

1. ──────── 02/10/20X0 ────────

7.400 (600) Compras de mercaderías
    (500 · 15 · 0,98) + 50
1.554 (472) HP IVA soportado
        a (400) Proveedores   8.954

2. ──────── 08/10/20X0 ────────

3.961,24 (572) Bancos c/c
3.961,24 (4310) Efectos comerciales en cartera
        a (700) Venta de mercaderías   6.547,5
          (150 · 45 · 0,97)
        a (477) HP IVA repercutido   1.374,98

3. ──────── 09/10/20X0 ────────

3.961,24 (4312) Efectos comerc. en gestión de cobro
        a (4310) Efectos comerciales
          en cartera   3.961,24

4. ──────── 14/10/20X0 ────────

45 (624) Transportes
9,45 (472) HP IVA soportado
        a (570) Caja   54,45

(continúa)

CASO PRÁCTICO 7. Contabilización de las ventas *(continuación)*

5. ———— 14/10/20X0 ————

2.776,95 (430) Clientes

    a (700) Venta de mercaderías   2.250
    a (759) Ingresos por servicios diversos   45
    a (477) HP IVA repercutido   481,95

6. ———— 25/10/20X0 ————

1.210 (572) Bancos c/c

    a (438) Anticipo de clientes   1.000
    a (477) HP IVA repercutido   210

7. ———— 02/11/20X0 ————

66,55 (5551) Provisión gastos suplidos

    a (570) Caja   66,55

8. ———— ————

1.000 (438) Anticipo de clientes
4.301,55 (430) Clientes

    a (700) Ventas de mercaderías   4.500
    a (5551) Provisión gastos suplidos   66,55
    a (477) HP IVA repercutido   735
    $(4.500 - 1.000) \cdot 0{,}21$

9. ———— 07/11/20X0 ————

1.125 (708) Devoluciones de ventas y operaciones similares
236,25 (477) HP IVA repercutido

    a (430) Clientes   1.361,25

10. ———— 13/11/20X0 ————

4.840 (430) Clientes

    a (700) Venta de mercaderías   3.760
    a (437) Envases y embalajes a devolver por clientes   240
    a (477) HP IVA repercutido   840

11. ———— 21/11/20X0 ————

60 (709) *Rappels* sobre ventas
12,6 (477) HP IVA repercutido

    a (430) Clientes   72,6

12. ———— 01/12/20X0 ————

240 (437) Envases y embalajes a devolver por clientes

    a (704) Venta de envases y embalajes   240

13. ———— 06/12/20X0 ————

1.900 (4304) Clientes moneda extranjera
$(40 \cdot 50 \cdot 0{,}95)$

    a (700) Ventas de mercaderías   1.900

14. ———— 08/12/20X0 ————

39,60 (626) Servicios bancarios y similares
8,32 (472) HP IVA soportado
3.913,32 (572) Bancos c/c

    a (4312) Efectos comerc. en gestión de cobro   3.961,24

15. ———— 16/12/20X0 ————

4.767,4 (436) Clientes de dudoso cobro

    a (430) Clientes   4.767,4

16. ———— ————

4.767,4 (694) Pérdidas por deterioro de créditos por operaciones comerciales

    a (490) Deterioro de valor de créditos por operaciones comerciales   4.767,4

17. ———— 26/12/20X0 ————

1.440 (4309) Clientes, facturas pendientes de formalizar

    a (700) Ventas de mercaderías   1.440

18. ———— 31/12/20X0 ————

20 (668) Diferencias negativas de cambio
$(40 \cdot 50 \cdot 0{,}95) - (40 \cdot 50 \cdot 0{,}94)$

    a (4304) Clientes moneda extranjera   20

19. ———— ————

3.393,08 (477) HP IVA repercutido

    a (472) HP IVA soportado   1.571,77
    a (4750) HP acreedora por IVA   1.821,31

Libro mayor de las cuentas 472 y 477

Debe	(472) H.P. IVA soportado	Haber
1	1.554,00	
4	9,45	
14	8,32	
	1.571,77	

Saldo = 1.571,77

Debe	(472) H.P. IVA repercutido		Haber
9	236,25	1.374,98	2
11	12,60	481,95	5
		210,00	6
		735,00	8
		840,00	10
	248,85	3.641,93	

Saldo = 3.393,08

SÍNTESIS

La **norma de valoración 14.ª** regula cómo debemos valorar: • Los **ingresos** procedentes de la **venta de bienes.** • Las **prestaciones de servicios.**	Se **valorarán** por el **valor razonable** de la contrapartida, recibida o por recibir, derivada de los mismos que, salvo evidencia en contrario, será el **precio acordado** para dichos bienes o servicios, una vez **deducido** el importe de **cualquier descuento, rebaja en el precio** u otras partidas similares que la empresa pueda conceder.
Contabilización de las ventas	• Al contado: pago a la entrega. • Aplazado (a crédito): pago diferido. Cuenta (430) Clientes. • Cobro anticipado: se adelanta parte del importe. Cuenta (438) Anticipos de clientes.
Operaciones relacionadas con las ventas	• **Gastos de las ventas.** Cuenta **(759)**; suplidos. • **Descuentos.** Cuentas **(708)** Devoluciones de ventas y operaciones similares y **(709)** *Rappels* sobre ventas. • **Tratamiento de los envases y embalajes a devolver.** Cuentas **(437)** Envases y embalajes a devolver por clientes (con devolución) y **(704)** Ventas de envases y embalajes (sin devolución).
Exportaciones y ventas en moneda extranjera	• **Valoración inicial.** Al tipo de cambio de contado. • **Valoración posterior.** Al tipo de cambio vigente.

Cobro en las operaciones de venta	• Descuentos sobre ventas por pronto pago:
	  – **En factura:** cuenta (70X).
	  – **Fuera de factura:** cuenta (706) Descuentos sobre ventas por pronto pago.
	• Letra de cambio o en un pagaré: cuenta (431) Clientes, efectos comerciales a cobrar.

Intereses por aplazamiento del cobro	• Los **ingresos** procedentes de la venta de bienes y de la prestación de servicios se valorarán por el valor razonable de la contrapartida, recibida o por recibir, derivada de los mismos. • Los **créditos** por operaciones comerciales se valorarán inicialmente por su valor razonable.
Problemática contable de los derechos de cobro	• Si la empresa decide llevarlos al **banco en gestión de cobro.** De la cuenta (4310) Efectos comerciales en cartera a (4312) Efectos comerciales en gestión de cobro. • Si la empresa decide llevarlos al **banco a descontar**, a partir de este momento, la empresa tiene un derecho sobre el cliente en la cuenta (4311) Efectos comerciales descontados y una deuda con el banco en la cuenta (5208) Deudas por efectos descontados. • Al **cierre del ejercicio,** deberán efectuarse las correcciones valorativas necesarias siempre que el valor de un activo financiero se ha deteriorado.
Ajustes de cierre del ejercicio	• Si la empresa **conoce la cuantía:** cuenta (4309) Clientes, facturas pendientes de formalizar. • La empresa debe liquidar el **IVA** mensual o trimestralmente.

TEST DE REPASO

1. Si la empresa contabiliza la venta de envases, utilizará la cuenta:
   a) (705).
   b) (701).
   c) (704).
   d) (700).

2. La empresa ABC S.A. vende mercaderías por importe de 2.000 €. Para el traslado de las mercancías contrata una compañía de transporte que factura, a nombre de la empresa compradora, 120 € y que la vendedora le repercute en la factura de venta. La empresa vendedora contabilizará:
   a) La factura del transporte en la cuenta (5551) Provisión gastos suplidos y en la factura de venta repercute el gasto en la cuenta (759) Ingresos por servicios diversos.
   b) La factura del transporte en la cuenta (5551) Provisión gastos suplidos y en la factura de venta repercute el gasto en la cuenta (624) Transportes.
   c) La factura del transporte en la cuenta (624) Transportes y en la factura de venta repercute el gasto en la cuenta (759) Ingresos por servicios diversos.
   d) Ninguna de las anteriores.

3. La empresa ABC S.A. vende mercaderías a crédito por importe de 3.000 €, concediendo en factura un descuento comercial del 5 %, un descuento por volumen de operaciones del 3 % y además repercute al cliente unos gastos de transporte de 80 €. Registrará la cuenta (700) Ventas de mercaderías por importe de:
   a) 2.844,50 €.
   b) 2.764,50 €.
   c) 2.760 €.
   d) 2.840 €.

4. Si la empresa ABC S.A. concede al cliente de la actividad anterior un descuento por pronto pago del 2 % por pagar antes del plazo acordado, registrará el descuento:
   a) En la cuenta (708) por importe de 60 €.
   b) En la cuenta (706) por importe de 60 €.
   c) En la cuenta (709) por importe de 55,29 €.
   d) En la cuenta (706) por importe de 55,29 €.

5. La empresa ABC S.A. vende mercaderías por un importe de 2.100 €. En la factura aparecen envases sin facultad de devolución por un importe de 210 €, IVA de la operación 21 %, en una operación a crédito. Contabilizará:
   a) Una venta (700) por importe de 2.310 €.
   b) Una venta (700) por importe de 2.100 € y los envases en la cuenta (704) Ventas de envases y embalajes por importe de 210 €.
   c) Una venta (700) por importe de 2.100 € y los envases en la cuenta (437) Envases y embalajes a devolver por clientes por importe de 210 €.
   d) Ninguna de las anteriores.

6. Si el cliente de la actividad anterior le devuelve los envases por encontrarse en mal estado, registrará la devolución en la cuenta:
   a) (704) Venta de envases y embalajes.
   b) (437) Envases y embalajes a devolver por clientes.
   c) (708) Devoluciones de ventas y operaciones similares.
   d) Ninguna de las anteriores.

7. La sociedad ABC S.A. vende, el 12 de noviembre de 20X0, mercaderías a crédito de 60 días por 4.000 $, siendo el tipo de cambio de contado 1 $ = 0,89 €. Al cierre del ejercicio, el tipo de cambio es de 1 $ = 0,91 €. El 31 de diciembre:
   a) Cargará la cuenta (4304) Clientes moneda extranjera por importe de 80 € y abonará la cuenta (768) Diferencias positivas de cambio por el mismo importe.
   b) Abonará la cuenta (4304) Clientes moneda extranjera por importe de 80 € y cargará la cuenta (768) Diferencias positivas de cambio por el mismo importe.
   c) Cargará la cuenta (4304) Clientes moneda extranjera por importe de 80 € y abonará la cuenta (668) Diferencias negativas de cambio por el mismo importe.
   d) Abonará la cuenta (4304) Clientes moneda extranjera por importe de 80 € y cargará la cuenta (668) Diferencias negativas de cambio por el mismo importe.

8. La empresa ABC S.A. vende mercaderías a crédito de 8 meses por importe de 1.200 €, con unos intereses por aplazamiento desglosados en factura de 30 €:
   a) En el momento de la venta registra la cuenta (700) Venta de mercaderías por importe de 1.200 € y la cuenta (430) por importe de 1.200 €. Al vencimiento registra 30 € en la cuenta (762) Ingresos de créditos y en la cuenta (430) el mismo importe.
   b) En el momento de la venta registra la cuenta (700) Venta de mercaderías por importe de 1.230 € y la cuenta (430) por importe de 1.230 €.
   c) En el momento de la venta registra la cuenta (700) Venta de mercaderías por importe de 1.170 € y la cuenta (430) por importe de 1.170 €.
   d) Las opciones a) y b) son correctas.

9. Si el IVA repercutido es mayor que el IVA soportado deducible, reflejaremos:
   a) Un derecho de cobro en la cuenta (4700).
   b) Una obligación de pago en la cuenta (4700).
   c) Una obligación de pago en la cuenta (4750).
   d) Un derecho de cobro en la cuenta (4750).

COMPRUEBA TU APRENDIZAJE

Identificar y codificar las cuentas que intervienen en las operaciones relacionadas con la actividad comercial conforme al PGC.

Aplicar los criterios de cargo y abono según el PGC.

Efectuar los asientos correspondientes a los hechos contables más habituales del proceso comercial.

Contabilizar las operaciones relativas a la liquidación de IVA.

Registrar los hechos contables previos al cierre del ejercicio económico.

Gestionar la documentación, manifestando rigor y precisión.

1. La empresa Diego Illescas S.A. realiza los siguientes movimientos durante el mes de enero de 20X0:

   - El día 10 vende mercaderías por un importe de 4.800 €. En factura aparece un descuento comercial de 240 €. Además, factura envases con facultad de devolución por un importe de 480 €, operación que se ha realizado a crédito, IVA 21 %.
   - El día 14 el cliente le devuelve mercaderías por un valor de 900 €.
   - El día 17 el cliente le comunica que compra la mitad de los envases y devuelve la otra mitad.
   - El día 20 el cliente le paga antes de la fecha prevista y le concede un descuento por pronto pago de 70 €.
   - El día 23 una empresa de servicios le factura a Diego Illescas S.A., por un servicio, 750 € más 21 % de IVA, operación a crédito.
   - El día 26 Diego Illescas S.A. vende mercaderías a crédito por un importe de 1.700 €, encarga a otra empresa el transporte de la mercancía que le emite una factura a su nombre, pagando en efectivo 110 € que repercute en factura al cliente. El IVA de ambas operaciones es del 21 %.

   Elabora los respectivos asientos de las operaciones que se han descrito.

2. Contabiliza en el Libro Diario las siguientes operaciones realizadas por la empresa Irune García S.A. en 20X0:

   - El 16 de enero vende a crédito 500 unidades de mercaderías a 10 € la unidad, en la factura concede al cliente un descuento comercial del 6 % y un descuento por volumen de operaciones del 4 %. Para el traslado de la mercancía contrata a una empresa de transporte que factura a nombre de la empresa compradora 150 € más 21 % de IVA, y que Irune García paga en efectivo. Traslada el gasto al cliente en la factura de venta, IVA 21 %.
   - El 5 de febrero recibe un pedido de un cliente que le envía, además, 1.500 € de anticipo, más 21 % de IVA, mediante transferencia bancaria.
   - El 8 de febrero realiza la venta al cliente del punto anterior, por importe de 4.500 €, más 21 % de IVA. En factura aparecen envases sin facultad de devolución por importe de 450 € más 21 % de IVA. Para realizar el traslado de la mercancía contrata a una empresa que le factura a su nombre, 135 € más 21 % de IVA y que paga en efectivo, los gastos de transporte son a su cargo. Cobra el 50 % mediante transferencia bancaria y el resto a crédito.
   - El 12 de febrero el cliente del primer punto paga, por banco, antes de lo acordado, por lo que le concede un descuento por pronto pago del 2 %.
   - El 14 de febrero el cliente del tercer punto le devuelve todos los envases.
   - El 18 de febrero envía al cliente del tercer punto un efecto comercial por el importe de su deuda, que él acepta.

3. Contabiliza en el Libro Diario las siguientes operaciones realizadas por la empresa Marta Cela S.A. durante el año 20X0:

   - El 5 de marzo recibe un pedido de 1.000 unidades de mercaderías terminadas a 15 € la unidad, enviándole el cliente un cheque de 4.537,5 €. La operación devenga IVA del 21 %.
   - El 10 de marzo vende al cliente del punto anterior las mercaderías, en la factura le concede un descuento comercial del 3 %, IVA 21 %. Cobra un tercio en efectivo, un tercio mediante transferencia bancaria y el resto en una operación a crédito de 20 días.
   - El 12 de marzo le remite una letra de cambio por el importe de su deuda, que el cliente acepta.
   - Llegado el día del vencimiento, el cliente paga por banco.
   - El 30 de marzo vende mercaderías a otro cliente por importe de 2.000 €, más 21 % de IVA, a crédito de 60 días, instrumentalizado en una letra de cambio.
   - El mismo día descuenta la letra aceptada en el banco, cobrándole 20 € de comisión y 40 € de intereses.
   - Llegado el vencimiento, el cliente abona la letra.
   - El 3 de junio vende 500 unidades de mercaderías a 16 € la unidad, más 21 % de IVA, cobra el 25 % en efectivo, el 25 % con un cheque y el resto en dos letras de cambio de igual importe y vencimiento.
   - El 5 de junio envía las letras al banco para su gestión de cobro.
   - Llegado el vencimiento, el cliente paga una letra dejando la otra impagada. El banco cobra 20 € por la gestión de cada una de las letras.

4. Registra las siguientes operaciones de venta realizadas por la empresa GTR S.A. en moneda extranjera:

   - El 5 de junio vende a crédito de 30 días mercaderías por importe de 3.200 $, siendo el tipo de cambio de 1 $ = 0,87 €.
   - El 20 de junio vende a crédito de 15 días mercaderías por importe de 1.900 $, siendo el tipo de cambio de 1 $ = 0,89 €.
   - El 5 de julio paga por banco el cliente del primer punto, siendo el tipo de cambio de 1 $ = 0,88 €.
   - El 5 de julio paga por banco el cliente del segundo punto, siendo el tipo de cambio de 1 $ = 0,88 €.

COMPRUEBA TU APRENDIZAJE

- El 12 de noviembre vende 300 unidades de mercaderías a 20 $ la unidad, en la factura concede al cliente un descuento comercial del 10%. El cliente paga la mitad por banco y el resto a crédito de dos meses, siendo el tipo de cambio de 1 $ = 0,86 €.
- Al cierre del ejercicio, el tipo de cambio es de 1 $ = 0,90 €.
- Al vencimiento el cliente paga por banco, y el tipo de cambio resulta ser de 1 $ = 0,88 €.

5. Los datos relativos al IVA de la empresa Ainhoa Illescas S.A., un ejercicio económico son:

	IVA soportado	IVA repercutido
1.er trimestre	4.600 €	3.900 €
2.º trimestre	3.800 €	4.500 €
3.er trimestre	4.500 €	3.200 €
4.º trimestre	3.900 €	5.400 €

Realiza las liquidaciones en las fechas correspondientes y, además, si el IVA es a pagar, contabiliza los asientos de pago 15 días después de realizada la liquidación.

6. Contabiliza en el Libro Diario las siguientes operaciones realizadas por Paula Illescas S.A:

- Venta de mercaderías a crédito por 2.600 €, más 21 % de IVA.
- Se gira un efecto comercial por el importe de la venta anterior, que es aceptado por el cliente, quedando el mismo en poder de la empresa.
- Llegado el vencimiento del efecto, supongamos que se presentan alternativamente las siguientes situaciones:
  – La empresa cobra en efectivo del cliente la totalidad del efecto.
  – La empresa da por perdido definitivamente el importe del efecto.
  – La empresa cobra en efectivo del cliente 800 € del importe del efecto, dando por perdido definitivamente el resto del mismo.

7. Contabiliza en el Libro Diario las siguientes operaciones que ha realizado la empresa Matías Blanche S.A. durante el año 20X0:

a) El 10/01 vende a crédito mercaderías por un importe de 3.700 €, concediendo en factura un descuento comercial del 4 %, el IVA es del 21%. En la operación paga en efectivo, por gastos de transporte, a repartir por partes iguales entre comprador y vendedor, 254,1 € (IVA incluido).

b) El 13/01 concede al cliente anterior un descuento por volumen de compras del 2 % sobre el precio consignado en factura.

c) El 20/01 el cliente de los puntos anteriores le paga antes de lo acordado concediéndole un descuento por pronto pago de 70 € se cobra por banco.

d) El 16/02 vende, a crédito de dos meses y documentado en una letra de cambio aceptada, mercaderías por un importe de 2.700 €, se incluye en factura un descuento comercial del 4 %, además factura envases con facultad de devolución por importe de 310 €, IVA de la operación 21 %. Los gastos de transporte pagados en efectivo, a cargo del vendedor, ascienden a 60 € más 21 % de IVA.

e) El 18/02 lleva la letra al banco para que le gestione su cobro.

f) El 19/03 vende 600 unidades de mercaderías a 8 € la unidad, se incluye en factura un descuento comercial del 5 % y otro por volumen de operaciones del 3 %, además factura envases sin facultad de devolución 600 unidades a 0,2 € la unidad, IVA de la operación 21 %. Se cobra la mitad mediante transferencia bancaria y el resto a crédito de dos meses.

g) El 27/03 el cliente del apartado anterior le comunica que les devuelve todos los envases por encontrarse en mal estado.

h) El 05/04 un cliente realiza un pedido enviando una transferencia bancaria por importe de 1.936 €. La operación de compraventa devenga IVA del 21 %.

i) El 16/04 paga el cliente del punto d), cobrándole el banco 25 € más 21 % de IVA por la gestión.

j) El 21/04 el cliente del punto d) comunica a la empresa que se queda con todos los envases.

k) El 26/04 el cliente del punto f) es declarado en quiebra, por lo que la empresa lo considera de dudoso cobro.

l) El 03/05 envía el pedido al cliente del punto h), consistente en 500 unidades de mercaderías a 8,5 € la unidad. Para realizar el traslado de la mercancía se contrata a un transportista, pagando Matías Blanche S.A. en nombre del cliente 90 € más 21 % de IVA en efectivo. La operación se realiza a crédito de 60 días, por lo que se cargan unos intereses por el aplazamiento de 100 € que aparecen desglosados en la factura.

m) El 19/05 el cliente del punto f) paga 2.300 € mediante transferencia y les comunica que no podrá abonar el resto.

n) El 05/06 vende a un cliente argentino 300 unidades de mercaderías a 8 € la unidad, concediéndole en factura un descuento unitario de 0,5 €. La operación se realiza a crédito de 30 días, siendo el tipo de cambio 1 $ = 0,88 €.

ñ) El 23/06 compra mercaderías a crédito por importe de 2.000 €. En la facturan aparecen gastos de transporte por importe de 70 € y gastos de seguros por importe de 60 €. También aparecen detallados envases con facultad de devolución por importe de 200 €, IVA de la operación 21 %. Por aplazar el pago dos meses el proveedor le carga en factura 30 € de intereses que aparecen desglosados.

o) El 05/07 el cliente del punto n) paga por banco, siendo el tipo de cambio 1 $ = 0,87 €.

p) El 08/07 comunica al proveedor del punto ñ) que se queda con envases por valor de 70 € y le devuelve los demás.

15 UNIDAD

El ciclo contable

En esta unidad

APRENDERÁS A

- Distinguir las fases del ciclo contable completo, adaptándolas a la legislación española.
- Identificar y codificar las cuentas que intervienen en las operaciones relacionadas con la actividad comercial conforme al PGC.
- Aplicar criterios de cargo y abono según el PGC.
- Efectuar los asientos correspondientes a los hechos contables más habituales del proceso comercial.
- Contabilizar las operaciones relativas a la liquidación del IVA.
- Registrar los hechos contables previos al cierre del ejercicio económico.
- Identificar las cuentas anuales que establece el PGC, determinando la función que cumplen.
- Calcular el resultado contable y el balance de situación final.
- Preparar la información económica relevante para elaborar la memoria de un ejercicio económico concreto.

ESTUDIARÁS

- El ciclo contable.
- Los registros correspondientes a las operaciones.
- Las operaciones previas al cierre.
- El cierre de la contabilidad.
- La elaboración de las cuentas anuales.

Y SERÁS CAPAZ DE

- Interpretar la normativa y metodología aplicable para realizar la gestión contable y fiscal.
- Utilizar procedimientos relacionados con la cultura emprendedora, empresarial y de iniciativa profesional para realizar la gestión básica de una pequeña empresa o emprender un trabajo.

1. El ciclo contable

Cuando hablamos de **ciclo contable** nos referimos a todos los **pasos** que son necesarios para llevar la contabilidad de una empresa: desde la realización del primer registro contable, la elaboración del balance inicial y su traslado al Libro Diario en el asiento de apertura, hasta la preparación y presentación de los estados financieros. En el proceso o **ciclo contable** se distinguen las siguientes **fases** o **etapas** (Fig. 15.1):

1. Balance de situación inicial.
2. Apertura de la contabilidad.
3. Registros correspondientes a las operaciones.
4. Operaciones previas al cierre: balance de comprobación de sumas y saldos, ajustes por periodificación, amortizaciones, variaciones de existencias, morosidad de los clientes con el método de estimación global.
5. Cierre de la contabilidad, proceso de regularización de ingresos y gastos, asientos de cierre de cuentas.
6. Cuentas anuales.

El **primer asiento** que reflejará la empresa en el Libro Diario se denomina asiento de apertura, el cual nos muestra los elementos patrimoniales del balance inicial. Es decir, que con este asiento se abre la contabilidad.

Fig. 15.1. El ciclo contable.

Vamos a ir estudiando el ciclo contable a través de un caso práctico que, a modo de hilo conductor, se desarrollará a lo largo de toda la unidad.

CASO PRÁCTICO 1. Apertura de la contabilidad

Confecciona el asiento de apertura que reflejará la sociedad Paula Illescas S.A. si el 01/01/20X0 presenta el siguiente balance de situación inicial:

Activo	Patrimonio neto y Pasivo
Activo no corriente 42.900	**Patrimonio neto 65.450**
Inmovilizado material:	• Capital social 65.450
• Maquinaria 42.000	
• Mobiliario 900	**Pasivo no corriente 6.000**
Activo corriente 29.500	• Deudas a l/p con entidades de crédito 6.000
• Existencias:	
• Mercaderías 1.700	**Pasivo corriente 950**
Disponible:	• Proveedores 950
• Bancos c/c 26.000	**Total Pasivo y**
• Caja 1.800	**Patrimonio neto 72.400**
Total Activo 72.400	

Solución:

```
_____ 01/01/20X0 _____

42.000  (213) Maquinaria
   900  (216) Mobiliario
 1.700  (300) Mercaderías
 1.800  (570) Caja          a (100) Capital social       65.450
26.000  (572) Bancos c/c    a (170) Deudas a l/p con
                                    entidades de crédito  6.000
                            a (400) Proveedores             950
```

ACTIVIDADES

1. Realiza el asiento de apertura de la empresa ABC S.A., que a 1 de enero de 20X0 tiene los siguientes elementos patrimoniales:
   - Capital social: 75.000 €.
   - Bancos c/c: 43.000 €.
   - Caja: 15.000 €.
   - Mobiliario: 14.500 €.
   - Mercaderías: 2.500 €.

¿SABÍAS QUE...?

El **balance inicial** es un documento que refleja la situación patrimonial de la empresa en el momento preciso en que están a punto de iniciarse sus operaciones, es decir, justo antes de comenzar a registrarse los movimientos.

2. Registros correspondientes a las operaciones

Una vez registrados en el asiento de apertura los diversos elementos que aparecen en el balance inicial, la empresa debe introducir los hechos contables en el Libro Diario por orden de fechas, y trasladar los movimientos al Libro Mayor.

2.1. Asientos de gestión de operaciones

Continuando con nuestro caso práctico, lo primero que vamos a realizar es el traslado del asiento de apertura al Libro Mayor.

D	Bancos c/c	H	D	Capital social	H	D	Maquinaria	H	D	Mobiliario	H
26.000				65.450		42.000			900		

D	Deudas a l/p con ent. de crédito	H	D	Proveedores	H	D	Mercaderías	H	D	Caja	H
	6.000			950		1.700			1.800		

RECUERDA

- Las cuentas de gasto, como la 600 (Compras de mercaderías), nacen por el Debe.
- Las cuentas de ingresos, como la 700 (Ventas de mercaderías), nacen por el Haber.

LEGISLACIÓN

Código de Comercio

- El artículo **28.1** señala que «el Libro de **Inventarios y cuentas Anuales** se abrirá con el balance inicial detallado de la empresa».
- El artículo **28.2** señala que «el Libro **Diario** registrará día a día todas las operaciones relativas a la actividad de la empresa».

CASO PRÁCTICO 2. Contabilización y traslado de las operaciones

Registra en el Libro Diario las operaciones realizadas por la sociedad Paula Illescas S.A. durante el año 20X0.

a) El 2 de enero compra un elemento de transporte por importe de 22.000 € más 21 % de IVA, paga la mitad mediante transferencia bancaria y el resto se aplaza 2 años.

b) El 10 de febrero compra mercaderías por importe de 5.700 € más 21 % de IVA, que paga con un pagaré.

c) El 20 de febrero se hace efectivo el pagaré del punto anterior.

d) El 31 de marzo compra un ordenador, una impresora y un escáner por importe de 1.900 € más 21 % de IVA, que paga con cheque.

e) El 25 de abril vende mercaderías por importe de 5.700 € más 21 % de IVA. Para el traslado de las existencias contrata una empresa de transporte que factura a Paula Illescas 105 € más el 21 % de IVA y que paga en efectivo, trasladando el gasto de transporte al cliente en la factura. La operación se realiza a crédito.

f) El 15 de mayo compra un programa informático por 805 € más 21 % de IVA, que paga con un cheque.

g) El 7 de junio el proveedor del apartado b) le concede un *rappel* de 114 € que se considera un anticipo de futuras compras.

h) El 21 de junio compra al proveedor del apartado b) mercaderías por importe de 1.400 €, en la factura aparecen reflejados envases con facultad de devolución por importe de 140 €, IVA del 21 %, operación a crédito de 60 días.

i) El 24 de junio devuelve al proveedor anterior todos los envases.

j) El 6 de julio vende a un cliente mercaderías por 2.400 $, siendo el tipo de cambio de 1 $ = 0,92 €.

k) El 9 de julio paga por banco al proveedor del apartado h) antes de lo acordado y este le concede un descuento por pronto pago de 60 €.

(continúa)

CASO PRÁCTICO 2. Contabilización y traslado de las operaciones *(continuación)*

Solución:

_____ 02/01/20X0 _____
22.000 (218) Elementos de transporte
4.620 (472) HP IVA soportado
                     a (572) Bancos c/c   13.310
                     a (173) Proveedores de inmovilizado a l/p   13.310
_____ 10/02/20X0 _____
5.700 (600) Compras de mercaderías
1.197 (472) HP IVA soportado
                     a (401) Prov. efectos comerciales a pagar   6.897
_____ 20/02/20X0 _____
6.897 (401) Proveedores efectos comerciales a pagar
                     a (572) Bancos c/c   6.897
_____ 31/03/20X0 _____
1.900 (217) Equipos para procesos de información
399 (472) HP IVA soportado
                     a (572) Bancos c/c   2.299
_____ 25/04/20X0 _____
105 (624) Transportes
22,05 (472) HP IVA soportado
                     a (570) Caja   127,05
_____
7.024,05 (430) Clientes
                     a (700) Ventas de mercaderías   5.700
                     a (759) Ingresos por servicios diversos   105
                     a (477) HP IVA repercutido   1.219,05
_____ 15/05/20X0 _____
805 (206) Aplicaciones informáticas
169,05 (472) HP IVA soportado
                     a (572) Bancos c/c   974,05
_____ 07/06/20X0 _____
114 (407) Anticipos a proveedores
23,94 (472) HP IVA soportado
                     a (609) *Rappels* por compras   114
                     a (472) HP IVA soportado   23,94
_____ 21/06/20X0 _____
1.400 (600) Compras de mercaderías
140 (406) Envases y embalajes a devolver a proveedores
299,46 (472) HP IVA soportado
          (1.400+140 − 114) · 0,21
                     a (400) Proveedores   1.725,46
                     a (407) Anticipos a proveedores   114
_____ 24/6/20X0 _____
169,4 (400) Proveedores
                     a (406) Env. y emb. a devolver a prov.   140
                     a (472) HP IVA soportado   29,40
_____ 06/07/20X0 _____
2.208 (4304) Clientes moneda extranjera
        (2.400 · 0,92)   a (700) Ventas de mercaderías   2.208
_____ 09/07/20X0 _____
1.556,06 (400) Proveedores
                     a (606) Descuentos sobre compras por p.p.   60
                     a (472) HP IVA soportado (60 · 0,21)   12,60
                     a (572) Bancos c/c   1.483,46

D	Maquinaria	H	D	Mobiliario	H
42.000			900		

D	Mercaderías	H	D	Caja	H
1.700			1.800	127,05	

D	Bancos c/c	H	D	HP IVA soportado	H
26.000	13.310		4.620	23,94	
	6.897		1.197	29,4	
	2.299		399	12,6	
	974,05		22,05		
	1.483,46		169,05		
			23.94		
			299,46		

D	Deudas a l/p ent. de crédito	H	D	Proveedores	H
	6.000		169,4	950	
			1.556,06	1.725,46	

D	Elementos de transporte	H	D	Capital social	H
22.000				65.450	

D	Prov. de inmovilizado a l/p	H	D	Compras de mercaderías	H
	13.310		5.700		
			1.400		

D	Prov. efectos comer. a pagar	H	D	Equipos proceso de información	H
6.897	6.897		1.900		

D	Transportes	H	D	Ventas de mercaderías	H
105				5.700	
				2.208	

D	Clientes	H	D	Ingresos por serv. diversos	H
7.024,05				105	

D	Anticipos a proveedores	H	D	*Rappels* por compras	H
114	114			114	

D	Envases y embalajes a devolver prov.	H	D	Clientes moneda extranjera	H
140	140		2.208		

D	HP IVA repercutido	H	D	Aplicaciones informáticas	H
	1.219,05		805		

D	Descuentos sobre compras	H
	60	

2.2. Las cuentas de gestión

La empresa, para desarrollar su función, además de la adquisición de los elementos que pertenecen al grupo de existencias y que suponen su actividad principal, necesita realizar otros gastos o consumos. En este apartado vamos a analizar las cuentas de gestión que **no pertenecen** a los subgrupos (60) Compras y (70) Ventas de mercaderías, de producción propia, de servicios, etc., pero que forman parte del desarrollo de la actividad de la empresa.

El subgrupo **(62)** recoge los denominados **servicios exteriores** (Tabla 15.1):

Subgrupo (62)	
	621. Arrendamientos y cánones. Los arrendamientos son los devengados por el alquiler o arrendamiento operativo de bienes muebles e inmuebles en uso o a disposición de la empresa, mientras que los cánones son cantidades fijas o variables que se satisfacen por el derecho al uso o a la concesión de uso de las distintas manifestaciones de la propiedad industrial.
	622. Reparaciones y conservación. Los de sostenimiento de los bienes comprendidos en el grupo 2, mantenimientos del inmovilizado.
	623. Servicios de profesionales independientes. Importe que se satisface a los profesionales por los servicios prestados a la empresa. Comprende los honorarios de economistas, abogados, auditores, notarios, etc., así como las comisiones de agentes mediadores independientes.
	624. Transportes. Transportes a cargo de la empresa, **realizados por terceros**, cuando no proceda incluirlos en el precio de adquisición del inmovilizado o de las existencias. En esta cuenta se registrarán, entre otros, los **transportes de ventas**.
	625. Primas de seguros. Cantidades satisfechas en concepto de primas de seguros, **excepto** las que se refieren al **personal** de la empresa y las de naturaleza financiera.
	626. Servicios bancarios y similares. Cantidades satisfechas en concepto de servicios bancarios y similares que no tengan la consideración de gastos financieros.
	627. Publicidad, propaganda y relaciones públicas. Importe de los gastos satisfechos por los conceptos que indica la denominación de esta cuenta.
	628. Suministros. Electricidad, agua, gas y cualquier otro abastecimiento que no tuviere la cualidad de almacenable.
	629. Otros servicios. Los no comprendidos en las cuentas anteriores, teléfono e Internet. En esta cuenta se contabilizarán, entre otros, los **gastos de viaje del personal** de la empresa, incluidos los de transporte, y los **gastos de oficina** no incluidos en otras cuentas. También se incluyen en esta cuenta el teléfono e Internet.

Tabla 15.1. Subgrupo 62.

El subgrupo **(63) Tributos** recoge los gastos en concepto de impuestos que soporta la empresa (Tabla 15.2).

Subgrupo (63)	
	631. Otros tributos. Importe de los tributos de los que la empresa es contribuyente y no tengan asiento específico en otras cuentas de este subgrupo o en la cuenta 477.

Tabla 15.2. Subgrupo 63.

El subgrupo **(64) Gastos de personal** recoge las retribuciones al personal, cualquiera que sea la forma o el concepto por el que se satisfacen; cuotas de la Seguridad Social a cargo de la empresa y los demás gastos de carácter social (Tabla 15.3).

Subgrupo (64)	
	640. Sueldos y salarios. Remuneraciones, fijas y eventuales, al personal de la empresa. Se cargará por el importe íntegro de las remuneraciones devengadas.
	641. Indemnizaciones. Cantidades que se entregan al personal de la empresa para resarcirle de un daño o perjuicio. Se incluyen específicamente en esta cuenta las indemnizaciones por despido y jubilaciones anticipadas.
	642. Seguridad Social a cargo de la empresa. Cuotas de la empresa a favor de los organismos de la Seguridad Social por las diversas prestaciones que estos realizan.

Tabla 15.3. Subgrupo 64.

El subgrupo **(65) Otros gastos de gestión** recoge otros gastos de gestión no comprendidos en otros subgrupos (Tabla 15.4).

Subgrupo (65)	
	650. Pérdidas de créditos comerciales incobrables. Pérdidas por deterioro en insolvencias firmes de clientes y deudores del grupo 4.
	659. Otras pérdidas en gestión corriente. Las que teniendo esta naturaleza no figuran en cuentas anteriores. En particular, reflejará la regularización anual de utillaje y herramientas.

Tabla 15.4. Subgrupo 65.

Una vez conocidas las cuentas que registran los diferentes gastos, vamos a ver sus anotaciones contables a través de un **ejemplo**.

La empresa GHT S.A. tiene alquilado un local para oficinas por el que paga 1.800 € al mes, más el 21 % de IVA y con una retención del 19 %, que abona mediante transferencia bancaria.

1.800 (621) Arrendamientos y cánones		
378 (472) HP IVA soportado		
	a (4751) HP acreedora por retenciones practicadas	342
	a (572) Bancos c/c	1.836

Esta misma empresa solicita los servicios de un abogado, que le factura 250 € más 21 % de IVA, retención practicada del 15 %, operación a crédito.

250 (623) Servicios de profesionales independientes		
52,5 (472) HP IVA soportado		
	a (4751) HP acreedora por retenciones practicadas	37,5
	a (410) Acreedores por prestaciones de servicios	265

GHT S.A. recibe las facturas de la luz y del teléfono por importe de 140 € y 75 € respectivamente más 21 % de IVA, que paga por banco.

140 (628) Suministros		
29,4 (472) HP IVA soportado		
	a (572) Bancos c/c	169,40

75 (629) Otros servicios		
15,75 (472) HP IVA soportado		
	a (572) Bancos c/c	90,75

GHT S.A. paga por banco el IBI correspondiente a sus locales por importe de 135 €.

135 (631) Otros tributos		
	a (572) Bancos c/c	135

GHT S.A. abona la nómina a los trabajadores, que tiene el siguiente detalle:

- Sueldos brutos: 15.000 €.
- Seguridad Social a cargo de la empresa: 2.700 €.
- Cuotas de los trabajadores a la Seguridad Social: 550 €.
- Retenciones a cuenta del IRPF: 700 €.
- El pago lo hace a través de transferencia bancaria:

15.000 (640) Sueldos y salarios		
2.700 (642) Seguridad Social a cargo de la empresa		
	a (4751) HP acreedora por retenciones practicadas	700
	a (476) Organismos de la Seguridad Social acreedores (2.700 + 550)	3.250
	a (572) Bancos c/c	13.750

VOCABULARIO

Retenciones. Son cantidades de dinero que el pagador debe descontar del importe total de la factura de compra de algunos servicios profesionales, nóminas de trabajadores y otras operaciones que la normativa fiscal exige.

El subgrupo **(75) Otros ingresos de gestión** recoge ingresos derivados de la gestión no comprendidos en otros subgrupos, entre otras (Tabla 15.5):

Subgrupo (75)	**752. Ingresos por arrendamientos.** Los devengados por el alquiler o arrendamiento operativo de bienes muebles o inmuebles cedidos para el uso o la disposición por terceros. **753. Ingresos de propiedad industrial cedida en explotación.** Cantidades fijas y variables que se perciben por la cesión en explotación, del derecho al uso o la concesión del uso de las distintas manifestaciones de la propiedad industrial. **754. Ingresos por comisiones.** Cantidades fijas o variables percibidas como contraprestación a servicios de mediación realizados de manera accidental. **759. Ingresos por servicios diversos.** Los originados por la prestación eventual de ciertos servicios a otras empresas o particulares. Se citan, a modo de ejemplo, los de transporte, reparaciones, asesorías, informes, etc. (Fig. 15.2).

Tabla 15.5. Subgrupo 75.

Fig. 15.2. Los servicios de prestación eventual como reparaciones o informes se anotan en la cuenta 759.

Y por último, tenemos el subgrupo (76) (Tabla 15.6):

Subgrupo (76)	**769. Otros ingresos financieros.** Ingresos de naturaleza financiera no recogidos en otras cuentas de este subgrupo.

Tabla 15.6. Subgrupo 76.

De nuevo analizaremos las diferentes cuentas de ingresos con un **ejemplo**:

El banco Dineros ingresa a la empresa GHT S.A. los intereses anuales de la cuenta corriente, que ascienden a 100 €, retención practicada del 19 %.

---

19 (473) HP retenciones y pagos a cuenta
81 (572) Bancos c/c
 a (769) Otros ingresos financieros   100

! IMPORTANTE

Tipos de retención que resultarán de aplicación en el Impuesto sobre la Renta

- **Trabajo.** Consejeros y administradores de entidades cuyo importe neto de cifra de negocios en el último periodo impositivo finalizado con anterioridad al pago de rendimientos sea >100.000 €: **35 %**; < 100.000 €: **19 %**; atrasos: **15 %**.

- **Actividades profesionales.** Con carácter general: **15 %**; profesionales de nuevo inicio (en el año de inicio y en los dos siguientes): **7 %**.

- **Capital mobiliario.** Derivados de la participación en fondos propios de entidades; cesión a terceros de capitales propios (cuentas corrientes, depósitos financieros): **19 %**.

- **Capital inmobiliario.** Arrendamiento o subarrendamiento de bienes inmuebles urbanos: **19 %**.

ACTIVIDADES

2. Registra en el Libro Diario las siguientes operaciones realizadas por la empresa ABC durante el año 20X0:

a) El 5 de enero compra a crédito mercaderías por importe de 3.400 € más 21 % de IVA.

b) El 13 de febrero vende a crédito mercaderías por importe de 12.100 € más 21 % de IVA.

c) El 4 de marzo paga con un cheque el alquiler del local, que asciende a 1.500 € más 21 % de IVA, retención practicada del 19 %.

d) Paga por banco el 1 de junio el seguro anual del local cuyo importe asciende a 936 €.

e) Paga el 5 de julio en efectivo el recibo del teléfono por importe de 90 € más 21 % de IVA.

3. Operaciones previas al cierre

3.1. Balance de comprobación

El **balance de comprobación** es un cuadro o documento contable que refleja todas las cuentas que hasta esa fecha han intervenido en las operaciones de la empresa (véase un modelo en la Fig. 15.3). Muestra los saldos de todas y cada una de las **cuentas del Libro Mayor.** Sirve para localizar los posibles errores que se hayan originado al trasladar los movimientos anotados en las cuentas del Libro Diario al Libro Mayor. Actualmente los programas informáticos de gestión impiden que se puedan producir errores en el traspaso de la información.

Balance de comprobación		Sumas		Saldos	
N.º	Cuenta	Debe	Haber	Sd	Sa
	Totales				

Fig. 15.3. Modelo de balance de comprobación.

Si hemos aplicado bien el **método de la partida doble,** en la columna de sumas deben sumar lo mismo la columna del Debe y la del Haber. En la columna de **saldos,** deben sumar lo mismo la columna del Saldo deudor (Sd) y la del Saldo acreedor (Sa).

 CASO PRÁCTICO 3. Balance de comprobación

Elabora el balance de comprobación de la empresa Paula Illescas S.A. con los datos del Libro Mayor del Caso práctico 2.

Solución:

Balance de comprobación		Sumas		Saldos	
N.º	Cuenta	Debe	Haber	Sd	Sa
213	Maquinaria	42.000		42.000	
216	Mobiliario	900		900	
300	Mercaderías	1.700		1.700	
570	Caja	1.800	127,05	1.672,95	
572	Bancos c/c	26.000	24.963,51	1.036,49	
100	Capital social		65.450		65.450
170	Deudas a l/p con entidades de crédito		6.000		6.000
400	Proveedores	1.725,46	2.675,46		950
218	Elementos de transporte	22.000		22.000	
472	HP IVA soportado	6.730,5	65,94	6.664,56	
173	Proveedores de inmovilizado a l/p		13.310		13.310
600	Compras de mercaderías	7.100		7.100	
401	Proveed. efectos comerciales a pagar	6.897	6.897	—	—
217	Equipos para procesos de información	1.900		1.900	
624	Transportes	105		105	
430	Clientes	7.024,05		7.024,05	
700	Ventas de mercaderías		7.908		7.908
759	Ingresos por servicios diversos		105		105
477	HP IVA repercutido		1.219,05		1.219,05
206	Aplicaciones informáticas	805		805	
407	Anticipos a proveedores	114	114	—	—
609	*Rappels* por compras		114		114
406	Env. y emb. a devolver a proveedores	140	140	—	—
4304	Clientes moneda extranjera	2.208		2.208	
606	Desc. sobre compras por pronto pago		60		60
	Totales	**129.149,01**	**129.149,01**	**95.116,05**	**95.116,05**

! **IMPORTANTE**

Las cuentas que participan en los ajustes por periodificación son:

(480) Gastos anticipados. Registra los gastos contabilizados en el ejercicio que se cierra y que corresponden al siguiente. Figurará en el Activo corriente del balance.

(485) Ingresos anticipados. En esta cuenta reflejamos los ingresos contabilizados en el ejercicio que se cierra y que corresponden al siguiente. Figurará en el Pasivo corriente del balance.

(567) Intereses pagados por anticipado. Intereses pagados por la empresa que corresponden a ejercicios siguientes. Figurará en el Activo corriente del balance.

(568) Intereses cobrados por anticipado. Intereses cobrados por la empresa que corresponden a ejercicios siguientes. Figurará en el Pasivo corriente del balance.

 ACTIVIDADES

3. La empresa Suministros Pérez solicita el 1 de agosto de 20X0 un préstamo a un banco por importe de 10.000 € que devolverá dentro de un año. Paga por anticipado los intereses por importe de 600 €, ingresándole el banco el líquido en la cuenta corriente.

Registra en el Libro Diario las anotaciones que realizará la empresa Suministros Pérez durante el año 20X0.

3.2. Ajustes por periodificación

Durante el ejercicio económico la empresa contabiliza numerosos ingresos y gastos. Por la diferencia entre unos y otros la empresa obtiene el resultado contable. Pero puede y suele suceder que, al final del ejercicio (el 31 de diciembre para la mayoría de las empresas) puesto que su ejercicio económico coincide con el año natural se den las siguientes situaciones:

a) Que se hayan devengado ingresos/gastos en el ejercicio pero que no se han cobrado/pagado.

b) Que no se hayan devengado en el ejercicio ingresos/gastos, pero que se hayan cobrado/pagado.

En aplicación del **principio de devengo,** los ingresos y gastos se imputarán al ejercicio en el que se generen, con independencia de que se realice o no su cobro o pago en ese periodo. Por tanto, a la hora de determinar el resultado contable del ejercicio económico hay que considerar exclusivamente los ingresos y gastos devengados en él. Pero como las empresas contabilizan ciertos ingresos y gastos no devengados en el ejercicio, tendrán que proceder a darlos de baja e imputarlos al ejercicio al que realmente corresponden.

A este proceso, que consiste en efectuar los ajustes contables precisos para que, al hallar el resultado, solo se incluyan los ingresos y gastos devengados en el periodo, se le conoce con el nombre de **periodificación contable.**

Una vez analizados estos conceptos veremos otros **ejemplos.** La empresa Diego Illescas S.A. paga el 1 de marzo la prima anual del seguro de sus vehículos, que asciende a 2.400 €, mediante transferencia bancaria. Es decir:

```
                              01/03/20X0
   2.400 (625) Primas de seguros
                         a (572) Bancos c/c              2.400
```

La prima de seguros cubre los meses de marzo a diciembre del año en ejercicio y los meses de enero y febrero del año siguiente. Así, nosotros hemos contabilizado como gasto de este año los 2.400 € (los 12 meses) y debemos dar de baja los 2 meses del año siguiente. Por tanto, tendremos: (2.400/12) · 2 = 400.

```
                              01/03/20X0
   400 (480) Gastos anticipados
                         a (625) Primas de seguros         400
```

Sabemos que una agencia de publicidad factura a un cliente por una campaña publicitaria que abarca del 1 de julio de este año al 1 de julio del año siguiente 5.500 €, más 21 % de IVA, que cobra al contado.

Primero contabilizamos la factura que la empresa emite el 1 de julio de este año por el total del servicio prestado.

```
                              01/07/20X0
   6.655 (572) Bancos c/c
                         a (705) Prestaciones de servicios  5.500
                         a (477) HP IVA repercutido         1.155
```

A 31 de diciembre, la empresa debe dar de baja como ingreso de este año los ingresos correspondientes a los meses de enero a junio del año siguiente (6 meses).

```
                              31/12/20X0
   2.750 (705) Prestaciones de servicios
                         a (485) Ingresos anticipados       2.750
```

3.3. Amortizaciones

Las normas de valoración contenidas en el PGC nos señalan que, con posterioridad a su reconocimiento inicial, los **elementos del inmovilizado material e intangible** se valorarán por su precio de adquisición o coste de producción **menos la amortización acumulada** y, en su caso, el importe acumulado de las correcciones valorativas por deterioro reconocidas.

> Denominamos **amortización** al **gasto contable** imputado cada ejercicio por la **pérdida de valor** del inmovilizado, derivada de la depreciación técnica, física o económica por el paso del tiempo, por el uso, desgaste o, simplemente, por la obsolescencia. Esta pérdida de valor debe ser reflejada en la contabilidad de los ejercicios en los que estos bienes permanecen en la empresa.

! IMPORTANTE

Las cuentas que participan en la amortización son:

680. Amortización del inmovilizado intangible.

681. Amortización del inmovilizado material. Expresión de la depreciación sistemática anual efectiva sufrida por el inmovilizado material, por su aplicación al proceso productivo.

280. Amortización acumulada del inmovilizado intangible.

281. Amortización acumulada del inmovilizado material. Corrección de valor por la depreciación del inmovilizado material realizada de acuerdo con un plan sistemático.

Y el asiento que la empresa realiza normalmente al final del ejercicio (31/12) es:

```
(680) Amortización del inmovilizado intangible
                a (280) Amortización acumulada
                         del inmovilizado intangible


(681) Amortización del inmovilizado material
                a (281) Amortización acumulada
                         del inmovilizado material
```

Si para cada elemento del inmovilizado utilizáramos una cuenta individualizada para las amortizaciones, al restar del valor de adquisición de ese elemento sus amortizaciones acumuladas, obtendríamos el **valor neto contable o valor real** del bien.

> Valor neto contable = Valor de adquisición − Amortización acumulada

En ocasiones, a determinados elementos de inmovilizado se les prevé que tengan un valor económico una vez finalizada su vida útil. Este valor estimado, conocido como valor residual, no se debe amortizar, con lo que el valor neto contable al final de su vida útil no será cero, sino ese valor residual.

Existen muchos sistemas de amortización y vamos a ver aquí uno de ellos, que es el método lineal o constante.

a) Sin valor residual:	b) Con valor residual:
$\dfrac{\text{Valor inicial del bien}}{\text{N.º de años de vida útil}}$	$\dfrac{\text{Valor inicial del bien} - \text{Valor final del bien}}{\text{N.º de años de vida útil}}$

Analizaremos a través de un **ejemplo** cómo se realizan el cálculo y la contabilización de la amortización de un elemento en un ejercicio económico.

Una empresa adquirió una máquina el 1 de enero de 20X0 por 25.000 €, estimando su vida útil en cuatro años y un valor residual de 5.000 €. Registraremos su amortización:

```
                              31/12/20X0
5.000   (681) Amortización del inmovilizado material
(25.000 − 5.000)/ 4   a (281) Amortización acumulada
                              del inmovilizado material            5.000
```

✎ ACTIVIDADES

4. Supón que el elemento del ejemplo se adquirió el 1 de abril de 20X0. Calcula la cuota de amortización y contabiliza la amortización en el Libro Diario.

3.4. Variación de existencias

Como hemos visto, la cuenta Mercaderías (300) en el asiento inicial refleja las existencias de la empresa a principio del ejercicio. El resto de las operaciones las hemos contabilizado en las cuentas (600) o (700). Por tanto, si a 31 de diciembre no hemos realizado ningún otro movimiento, el saldo de la cuenta (300) reflejará las existencias iniciales, las cuales no tienen por qué coincidir con las finales (las que la empresa tiene en ese momento en el almacén).

Por tanto, y para reflejar el **valor real** de las existencias en ese momento (31 de diciembre), la empresa debe regularizar la cuenta (300). Para regularizar la cuenta (300) Mercaderías utilizamos la cuenta (610) Variación de existencias de mercaderías.

Para ello realiza los siguientes asientos:

Ei (610) Variación de existencias de mercaderías
          a (300) Mercaderías   Ei

Al elaborar este asiento, estamos dando de baja las existencias iniciales.

Ef (300) Mercaderías
          a (610) Variación de existencias
               de mercaderías   Ef

Mientras que, con este otro asiento, estamos dando de alta las existencias finales.

Para continuar con la forma de trabajo, vamos a utilizar otro ejemplo que nos ayudará a tener todo mucho más claro.

Si en una empresa las existencias iniciales de mercaderías ascienden a 1.400 € y las existencias finales a 1.900 €, a 31 de diciembre la empresa realizará el siguiente asiento:

1.400 (610) Variación de existencias de mercaderías
          a (300) Mercaderías   1.400

En este asiento hemos dado de **baja las existencias iniciales**, las que aparecen recogidas en el asiento de apertura.

Respecto a las existencias finales de mercaderías, tenemos:

1.900 (300) Mercaderías
          a (610) Variación de existencias
               de mercaderías   1.900

Debe	Mercaderías	Haber	Debe	Var. existencias	Haber
1.400	1.400		1.400	1.900	
1.900					

Como podemos ver, el saldo de la cuenta (300) es deudor por 1.900 €, que es el valor de las mercaderías en este momento.

! IMPORTANTE

Para regularizar la cuenta (310) **materias primas** utilizamos la cuenta **(611)** Variación de existencias de materias primas.

Para regularizar el subgrupo (320) **Otros aprovisionamientos** utilizamos la cuenta **(612)** Variación de existencias de otros aprovisionamientos.

Para regularizar la cuenta (350) **Productos terminados** utilizamos la cuenta **(712)** Variación de existencias de productos terminados.

---

(1) Ei = Existencias iniciales.

(2) Ef = Existencias finales.

(3) El saldo de la cuenta Variación de existencias (610) es acreedor, lo que implica que la cuenta se comporta como un **ingreso,** aunque también puede tener saldo deudor y comportarse como un gasto.

3.5. Morosidad de los clientes, método de estimación global

La **norma de valoración 8.ª, Activos financieros,** del PGC-pymes señala que: «Al menos al **cierre del ejercicio,** deberán efectuarse las **correcciones valorativas** necesarias siempre que exista evidencia objetiva de que el valor de un activo financiero o de un grupo de activos financieros con similares características de riesgo valorados colectivamente **se ha deteriorado** como resultado de uno o más eventos que hayan ocurrido después de su reconocimiento inicial, y que **ocasionen** una reducción o **retraso** en los flujos de efectivo estimados futuros que pueden venir motivados por la insolvencia del deudor.»

El PGC-pymes prevé que las empresas puedan contabilizar los deterioros de valor, como consecuencia de posibles insolvencias, de los créditos comerciales (clientes, deudores) empleando un **sistema de estimación global.**

Por este sistema la empresa valora o estima el deterioro del valor de los créditos comerciales al cierre del ejercicio mediante una estimación global del **riesgo de fallidos** existente en los saldos de clientes y deudores.

De nuevo vamos a analizarlo a través de un **ejemplo.** La empresa Carlos Tena y Asociados S.A. estima al cierre del ejercicio 20X0 una provisión global de créditos de clientes fallidos de 4.500 €. Al cierre del año 20X1 la empresa dota una provisión por insolvencias de deudores de 4.700 €. Por tanto, la empresa hará, por la estimación del deterioro de valor de los créditos a 31/12/20X0 y a 31/12/20X1:

```
                              31/12/20X0

4.500  (694) Pérdidas por deterioro de créditos
             por operaciones comerciales
                    a (490) Deterioro de valor de créditos
                            por operaciones comerciales      4.500
```

```
                              31/12/20X1

4.500  (490) Deterioro de valor de créditos
             por operaciones comerciales
                    a (794) Reversión del deterioro de
                            créditos por operaciones comerciales   4.500
```

```
4.700  (694) Pérdidas por deterioro de créditos
             por operaciones comerciales
                    a (490) Deterioro de valor de créditos
                            por operaciones comerciales      4.700
```

ACTIVIDADES

5. Registra en el Libro Diario las siguientes operaciones previas al cierre, realizadas por la empresa ABC.

a) La empresa ABC amortiza el mobiliario en 4 años, sabiendo que el valor residual es de 2.000 €.

b) La empresa estima que el 4 % del saldo de clientes y deudores no lo cobrará.

c) El 31/12 realiza la liquidación del IVA.

6. Realiza la periodificación de los ingresos y gastos que consideres oportuno y procede a regularizar las existencias de la empresa ABC S.A. si sabemos que las existencias finales de mercaderías ascienden a 3.125 €.

(1) Por la reversión al cierre del año 20X1 del deterioro de valor de los créditos comerciales contabilizados al final del ejercicio 20X0.

(2) Por el registro del deterioro del valor esperado en los créditos comerciales correspondientes al ejercicio 20X1.

CASO PRÁCTICO 4. Operaciones previas al cierre

Realiza los asientos contables de la empresa Paula Illescas S.A. que realiza las siguientes operaciones:

a) El 1 de agosto abona 1.800 € por banco por el seguro anual del vehículo.

b) El 15 de agosto firma un contrato de asesoría (no es su actividad principal) para prestarle el servicio a otra empresa por un año, cobrando por adelantado el año completo, cuyo importe asciende a 840 € más 21 % de IVA.

c) A 31/12 el valor de las existencias asciende a 2.300 €.

d) A 31 de diciembre el tipo de cambio es de 1 $ = 1,02 €.

e) La empresa estima que no cobrará el 5 % del saldo de clientes y deudores.

f) A 31/12 procede a amortizar los elementos del inmovilizado material e intangible:

- Maquinaria, vida útil 15 años, valor residual 3.000 €.
- Mobiliario, vida útil 10 años, valor residual 100 €.
- Elementos de transporte, vida útil 8 años, valor residual 4.000 €.
- Equipos para procesos de información, vida útil 3 años, valor residual 250 €.
- Aplicaciones informáticas, vida útil 3 años.

g) A 31/12 la empresa liquida el IVA (simplificamos en una sola liquidación).

(continúa)

CASO PRÁCTICO 4. Operaciones previas al cierre *(continuación)*

Solución:

```
―――――――――― 01/08/20X0 ――――――――――
1.800  (625) Primas de seguros
                a (572) Bancos c/c              1.800
―――――――――― 15/08/20X0 ――――――――――
1.016,4 (572) Bancos c/c
                a (759) Ingresos por servicios diversos  840
                a (477) HP IVA repercutido      176,4
―――――――――― 31/12/20X0 ――――――――――
1.050  (480) Gastos anticipados
       (1.800/12) · 7
                a (625) Primas de seguros       1.050

525    (759) Ingresos por servicios diversos
       (840/12) · 7,5
                a (485) Ingresos anticipados    525

1.700  (610) Variación de existencias de mercaderías
2.300  (300) Mercaderías
                a (300) Mercaderías             1.700
                a (610) Variación de existencias de
                        mercaderías             2.300
―――――――――― 31/12/20X0 ――――――――――
240    (4304) Clientes moneda extranjera
                a (768) diferencias positivas de cambio  240
       (2.400 · 1,02) = 2.448 €
       2.448 − 2.208 = 240 €

471,20 (694) Pérdidas por deterioro de créditos
             por operaciones comerciales
       (7.024,05 + 2.400) · 0,05 = 471,20
                a (490) Deterioro de valor de créditos
                        por operaciones comerciales  471,20

167,71 (680) Amortización del inmovilizado intangible
       (805/3) · (7,5/12)   a (280) Amortización acumulada
                                    del inmovilizado intangible  167,71

5.342,5 (681) Amortización del inmovilizado material
                a (2813) Amortización acumulada
                         de maquinaria          2.600
                a (2816) Amortización acumulada
                         de mobiliario          80
                a (2817) Amortización acumulada
                         de equipos proc. de inf.  412,5
                a (2818) Amortización acumulada
                         de elementos de transporte  2.250

1.395,45 (477) HP IVA repercutido
5.269,11 (4700) HP deudora por IVA
                a (472) HP IVA soportado        6.664,56
```

En el Libro Mayor (dcha.) reflejamos las nuevas cuentas y las que han cambiado.

D	Bancos c/c vista	H
26.000,00	13.310,00	
1.016,40	6.897,00	
	2.299,00	
	974,05	
	1.483,46	
	1.800,00	

D	HP IVA soportado	H
4.620,00	23,94	
1.197,00	29,40	
399,00	12,60	
22,05	6.664,56	
169,05		
23,94		
299,46		

D	Mercaderías	H
1.700,00	1.700,00	
2.300,00		

D	HP IVA repercutido	H
1.395,45	1.219,05	
	176,40	

D	Ingresos por serv. diversos	H
525,00	105,00	
	840,00	

D	Variac. exist. mercaderías	H
1.700,00	2.300,00	

D	Gastos anticipados	H
1.050,00		

D	Ingresos anticipados	H
	525,00	

D	Primas de seguros	H
1.800,00	1.050,00	

D	Ctos. Oper. Comerc.	H
471,20		

D	Deterioro valor Crédito Oper. Comer.	H
	471,20	

D	Amortización Inmovilizado Intangible	H
167,71		

D	A.A. Inmovilizado Intangible	H
	167,71	

D	Amortización Inmov. Material	H
5.342,50		

D	A.A. Maquinaria	H
	2.600,00	

D	A.A. Mobiliario	H
	80,00	

D	A.A. Elementos de transporte	H
	2.250,00	

D	A.A. Equipo Proc. Información	H
	412,50	

D	Clientes moneda extranjera	H
2.208,00		
240,00		

D	Dif. positivas de cambio	H
	240,00	

D	HP deudora por IVA	H
5.269,11		

4. Cierre de la contabilidad

Una vez contabilizadas todas las operaciones del ejercicio económico y, tras el registro de las operaciones previas al cierre, se realizará la regularización de ingresos y gastos.

4.1. Proceso de regularización

La empresa, a 31 de diciembre, procede a cerrar todas las cuentas de Ingresos y Gastos o, lo que es lo mismo, las cuentas de los grupos 6 y 7, y trasladar su saldo a la cuenta 129 (Resultado del ejercicio). Esta cuenta patrimonial aparece en el balance y nos muestra si la empresa ha obtenido beneficios o pérdidas en su actividad. Los asientos que la empresa realizará a 31 de diciembre son:

```
                        31/12/20X0
(129) Resultados del ejercicio
                              a (6...)
                              a (7...)
```

> **IMPORTANTE**
>
> Vamos a interpretar el saldo de la cuenta (129) Resultado del ejercicio:
>
> - Si el saldo de la cuenta (129) es deudor, la empresa tiene pérdidas.
> - Si el saldo de la cuenta (129) es acreedor, la empresa tiene beneficios.

Con este asiento hemos **cerrado** todas las cuentas de **Ingresos y Gastos**, grupos **6 y 7**, que tenían **saldo deudor**. En principio, en este asiento aparecerán cuentas del grupo 6, pero también pueden anotarse algunas del grupo 7.

Asimismo, para cerrar todas las cuentas de **Ingresos y Gastos**, grupos **6 y 7**, que tienen **saldo acreedor**, debemos crear el siguiente asiento:

```
                        31/12/20X0
(7...)
(6...)
                              a (129) Resultado del ejercicio
```

En principio, en este asiento aparecerán cuentas del grupo 7, pero también pueden reflejarse algunas cuentas del grupo 6.

 CASO PRÁCTICO 5. Regularización de ingresos y gastos

Realiza los asientos contables de la empresa Paula Illescas S.A. que a 31 de diciembre procede a regularizar sus ingresos y gastos.

Solución:

```
                          31/12/20X0
 7.908  (700) Ventas de mercaderías
   420  (759) Ingresos por servicios diversos
   240  (768) Diferencias positivas de cambio
    60  (606) Descuentos sobre compras por pronto pago
   600  (610) Variación de existencias de mercaderías
   114  (609) Rappels por compras
                    a (129) Resultado del ejercicio        9.342

13.936,41 (129) Resultado del ejercicio
                    a (600) Compras de mercaderías         7.100
                    a (624) Transportes                      105
                    a (625) Primas de seguros                750
                    a (694) Pérdidas por deterioro de créditos
                              por operaciones comerciales  471,20
                    a (680) Amortiz. inmov. intangible     167,71
                    a (681) Amortiz. inmov. material     5.342,50
```

 Tras la regularización de los ingresos y gastos todas las cuentas de los grupos 6 y 7 están cerradas. Su saldo se traslada a la cuenta (129).

Fig. 15.4. En el asiento de cierre no aparecen cuentas ni de ingresos ni de gastos.

4.2. Impuesto sobre beneficios

De un modo muy simplificado, al resultado contable (saldo de la cuenta 129) le aplicamos el tipo impositivo y obtenemos el cálculo del impuesto sobre beneficios. El asiento contable que la empresa realiza es:

---31/12/20X0---

(630) Impuesto sobre beneficios

a (473) HP retenciones y pagos a cuenta
a (4752) HP acreedora por impuesto sobre beneficios

4.3. Asiento de cierre de cuentas

Después de regularizar los gastos e ingresos, la siguiente operación que realiza la empresa en el **Libro Diario** se denomina **asiento de cierre** (Fig. 15.4), cuyo fin consiste en cerrar todas las cuentas patrimoniales que todavía estén abiertas. Esto se consigue anotando el saldo de la cuenta en el lado contrario. El **asiento de cierre** consiste en poner en el Debe todas las cuentas que tengan saldo acreedor, y en el Haber todas las cuentas que tengan saldo deudor.

CASO PRÁCTICO 6. Asiento de cierre de la contabilidad

Realiza el asiento contable de la empresa Paula Illescas S.A., que a 31 de diciembre procede a cerrar su contabilidad.

Solución:

---31/12---

65.450 (100) Capital social
6.000 (170) Deudas a l/p con entidades de crédito
950 (400) Proveedores
13.310 (173) Proveedores de inmov. a l/p
525 (485) Ingresos anticipados
471,20 (490) Deterioro de valor de créditos por operaciones comerciales
167,71 (280) Amortización acumulada del inmovilizado intangible
2.600 (2813) Amortización acumulada de maquinaria
80 (2816) Amortización acumulada de mobiliario
412,5 (2817) Amortización acumulada de equipos para procesos de información
2.250 (2818) Amortización acumulada de elementos de transporte

a	(213) Maquinaria	42.000
a	(216) Mobiliario	900
a	(300) Mercaderías	2.300
a	(570) Caja	1.672,95
a	(572) Bancos c/c	252,89
a	(218) Elementos de transporte	22.000
a	(217) Equipos para procesos de información	1.900
a	(430) Clientes	7.024,05
a	(206) Aplicaciones informáticas	805
a	(4304) Clientes moneda extranjera	2.448
a	(480) Gastos anticipados	1.050
a	(4700) HP deudora por IVA	5.269,11
a	(129) Resultado del ejercicio	4.594,41

Reflejamos el traspaso al Libro Mayor del cierre de algunas de las cuentas patrimoniales que participan en el asiento de cierre, a modo de ejemplo, con el resto haríamos lo mismo. Se anota en verde el importe con el que cerramos cada una de las cuentas.

D Deudas a l/p con ent. de crédito H		D Proveedores H	
6.000	6.000	169,4	950
		1.556,06	1.725,46
		950	

D Prov. de inmovilizado a l/p H		D Capital social H	
13.310	13.310	65.450	65.450

D Maquinaria H		D Mobiliario H	
42.000	42.000	900	900

D Clientes H		D Aplicaciones informáticas H	
7.024,05	7.024,05	805	805

ACTIVIDADES

7. Efectúa la regularización de los ingresos y gastos y realiza el cierre de la contabilidad de la empresa ABC S.A. con fecha de 31/12/20X0.

5. Elaboración de las cuentas anuales

En este epígrafe se van a analizar los modelos de cuentas anuales de las **pymes**.

Las cuentas anuales de las pymes comprenden **el balance, la cuenta de pérdidas y ganancias, el estado de cambios en el Patrimonio neto y la memoria**. Estos documentos forman una unidad y se elaboran con la finalidad de mostrar la imagen fiel del patrimonio, de la situación financiera y de los resultados de la empresa.

Sin perjuicio de lo anterior, estas empresas podrán incorporar en sus cuentas anuales un estado de flujos de efectivo, que se elaborará y presentará de acuerdo con lo establecido en el PGC.

5.1. Cuenta de pérdidas y ganancias

Véase en la Figura 15.5 un modelo de cuenta de pérdidas y ganancias del ejercicio que termina en 20X0:

N.º cuentas		Nota	(Debe) Haber	
			200X	200X-1
700, 701, 702, 703, 704, 705, (706), (708), (709) (6930), 71*, 7930	1. Importe neto de la cifra de negocios. 2. Variación de existencias de productos terminados y en curso de fabricación.			
73	3. Trabajos realizados por la empresa para su Activo.			
(600), (601), (602), 606, (607), 608, 609, 61*, (6931), (6932), (6933), 7931, 7932, 7933	4. Aprovisionamientos.			
740, 747, 75	5. Otros ingresos de explotación.			
(64)	6. Gastos de personal.			
(62), (631), (634), 636, 639, (65), (694), (695), 794, 7954	7. Otros gastos de explotación.			
(68)	8. Amortización del inmovilizado.			
746	9. Imputación de subvenciones de inmovilizado no financiero y otras.			
7951, 7952, 7955	10. Excesos de provisiones.			
(670), (671), (672), (690), (691), (692), 770, 771, 772, 790, 791, 792	11. Deterioro y resultado por enajenaciones del inmovilizado.			
	A) Resultado de explotación (1 + 2 + 3 + 4 + 5 + 6 + 7 + 8 + 9 + 10 + 11)			
760, 761, 762, 769	12. Ingresos financieros.			
(660), (661), (662), (664), (665), (669)	13. Gastos financieros.			
(663), 763	14. Variación de valor razonable en instrumentos financieros.			
(668), 768	15. Diferencias de cambio.			
(666), (667), (673), (675), (696), (697), (698), (699), 766, 773, 775, 796, 797, 798, 799	16. Deterioro y resultado por enajenaciones de instrumentos financieros.			
	B) Resultado financiero (12 + 13 + 14 + 15 + 16)			
	C) Resultado antes de impuestos (A + B)			
(6300)*, 6301*, (633), 638	17. Impuestos sobre beneficios.			
	D) Resultado del ejercicio (C + 17)			
* Su signo puede ser positivo o negativo				

Fig. 15.5. Cuenta de pérdidas y ganancias.

> **! IMPORTANTE**
>
> **Normas comunes al balance, la cuenta de pérdidas y ganancias y el estado de cambios en el Patrimonio neto.**
>
> 1. En cada partida deberán figurar, además de las cifras del ejercicio que se cierra, las correspondientes al ejercicio inmediatamente anterior.
> 2. No figurarán las partidas a las que no corresponda importe alguno en el ejercicio ni en el precedente.
> 3. No podrá modificarse la estructura de un ejercicio a otro, salvo casos excepcionales que se indicarán en la memoria.
> 4. Podrán añadirse nuevas partidas a las previstas en los modelos recogidos en el PGC, siempre que su contenido no esté en las existentes.
> 5. Podrá hacerse una subdivisión más detallada de las partidas que aparecen en los modelos.
> 6. Podrán agruparse las partidas precedidas de números árabes en el balance y estado de cambios en el Patrimonio neto, si solo representan un importe irrelevante para mostrar la imagen fiel o si se favorece la claridad.

5.2. Balance de situación final

Véase en la Figura 15.6 un modelo de balance al cierre del ejercicio 20X0:

N.º cuentas	ACTIVO	Notas	200X	200X-1
	A) Activo no corriente			
20, (280), (290)	I. Inmovilizado intangible.			
21, (281), (291), 23	II. Inmovilizado material.			
22, (282), (292)	III. Inversiones inmobiliarias.			
2403, 2404, 2413, 2414, 2423, 2424, (2493), (2494), (2933), (2934), (2943), (2944), (2953), (2954)	IV. Inversiones en empresas del grupo y asociadas a largo plazo.			
2405, 2415, 2425, (2495), 250, 251, 252, 253, 254, 255, 258, (259), 26, (2935), (2945), (2955), (296), (297), (298)	V. Inversiones financieras a largo plazo.			
474	VI. Activos por impuesto diferido.			
	B) Activo corriente			
30, 31, 32, 33, 34, 35, 36, (39), 407	I. Existencias.			
	II. Deudores comerciales y otras cuentas a cobrar.			
430, 431, 432, 433, 434, 435, 436, (437), (490), (493)	1. Clientes por ventas y prest. de servicios.			
5580	2. Accionistas por desembolsos exigidos.			
44, 460, 470, 471, 472, 544	3. Otros deudores.			
5303, 5304, 5313, 5314, 5323, 5324, 5333, 5334, 5343, 5344, 5353, 5354, (5393), (5394), 5523, 5524, (5933), (5934), (5943), (5944), (5953), (5954)	III. Inversiones en empresas del grupo y asociadas a corto plazo.			
5305, 5315, 5325, 5335, 5345, 5355, (5395), 540, 541, 542, 543, 545, 546, 547, 548, (549), 551, 5525, 5590, 565, 566, (5935), (5945), (5955), (596), (597), (598)	IV. Inversiones financieras a corto plazo.			
480, 567	V. Periodificaciones a corto plazo.			
57	VI. Efectivo y otros.			
	TOTAL ACTIVO (A + B)			
	PATRIMONIO NETO Y PASIVO			
	A) Pasivo no corriente			
14	I. Provisiones a largo plazo.			
	II. Deudas a largo plazo.			
1605, 170	1. Deudas con entidades de crédito.			
1625, 174	2. Acreedores por arrendamiento financiero.			
1615, 1635, 171, 172, 173, 175, 176, 177, 179, 180, 185	3. Otras deudas a largo plazo.			
1603, 1604, 1613, 1614, 1623, 1624, 1633, 1634	III. Deudas con empresas del grupo y asociadas a largo plazo.			
479	IV. Pasivos por impuesto diferido.			
181	V. Periodificaciones a largo plazo.			

Fig. 15.6. Balance de situación final (continúa).

N.º cuentas	PATRIMONIO NETO Y PASIVO	Notas	200X	200X-1
	B) Pasivo corriente			
499, 529	I. Provisiones a corto plazo. II. Deudas a corto plazo.			
5105, 520, 527	1. Deudas con entidades de crédito.			
5125, 524	2. Acreedores por arrendamiento financiero.			
(1034), (1044), (190), (192), 194, 500, 505, 506, 509, 5115, 5135, 5145, 521, 522, 523, 525, 526, 528, 551, 5525, 555, 5565, 5566, 5595, 560, 561	3. Otras deudas a corto plazo.			
5103, 5104, 5113, 5114, 5123, 5124, 5133, 5134, 5143, 5144, 5523, 5524, 5563, 5564	III. Deudas con empresas del grupo y asociadas a corto plazo. IV. Acreedores comerciales y otras cuentas a pagar.			
400, 401, 403, 404, 405, (406)	1. Proveedores.			
41, 438, 465, 475, 476, 477	2. Otros acreedores.			
485, 568	V. Periodificaciones a corto plazo.			
	C) Patrimonio neto			
	A-1) Fondos propios. I. Capital.			
100, 101, 102	1. Capital escriturado.			
(1030), (1040)	2. (Capital no exigido).			
110	II. Prima de emisión.			
112, 113, 114, 119	III. Reservas.			
(108), (109)	IV. (Acciones y participaciones en patrimonio propias).			
120, (121)	V. Resultados de ejercicios anteriores.			
118	VI. Otras aportaciones de socios.			
129	VII. Resultado del ejercicio.			
(557)	VIII. (Dividendo a cuenta).			
130, 131, 132	A-2) Subvenciones, donaciones y legados recibidos.			
	TOTAL PATRIMONIO NETO Y PASIVO (A + B + C)			

Fig. 15.6. Balance de situación final (continuación).

5.3. Memoria

La memoria completa amplía y comenta la información contenida en los otros documentos que integran las cuentas anuales.

El contenido de la memoria de las pymes es el siguiente:

1. Actividad de la empresa.
2. Bases de presentación de las cuentas anuales.
3. Aplicación de resultados.
4. Normas de registro y valoración.
5. Inmovilizado material, intangible e inversiones inmobiliarias.
6. Activos financieros.
7. Pasivos financieros.
8. Fondos propios.
9. Situación fiscal.
10. Ingresos y gastos.
11. Subvenciones, donaciones y legados.
12. Operaciones con partes vinculadas.
13. Otra información.

5.4. Estado de cambios en el Patrimonio neto y estado de flujos de efectivo

El estado de cambios en el Patrimonio neto informa de **todos los cambios** habidos en el **Patrimonio neto** derivados de:

a) El **resultado del ejercicio** de la cuenta de pérdidas y ganancias.

b) El **importe de los ingresos o gastos reconocidos en Patrimonio neto.**

c) Las **variaciones** originadas en el **Patrimonio neto** por **operaciones con los socios o propietarios** de la empresa cuando actúen como tales.

d) Las restantes variaciones que se produzcan en el Patrimonio neto.

Véase en la Figura 15.7 un modelo del **estado de cambios en el Patrimonio neto** correspondiente al ejercicio que termina en 20X0:

	Capital		Prima de emisión	Reservas	(Acciones y participaciones en patrimonio propias)	Resultados de ejercicios anteriores	Otras aportaciones de socios	Resultado del ejercicio	(Dividendo a cuenta)	Subvenciones donaciones y legados recibidos	TOTAL
	Escriturado	No exigido									
A. Saldo, final del año 200X-2											
I. Ajustes por cambios de criterio 200X-2 y anteriores.											
II. Ajustes por errores 200X-2 y anteriores.											
B. Saldo ajustado, inicio del año 200X-1											
I. Resultado de la cuenta de pérdidas y ganancias.											
II. Ingresos y gastos reconocidos en Patrimonio neto.											
III. Operaciones con socios o propietarios.											
1. Aumentos de capital. 2. (−) Reducciones de capital. 3. Otras operaciones con socios o propietarios.											
IV. Otras variaciones del Patrimonio neto.											
C. Saldo, final del año 200X-1											
I. Ajustes por cambios de criterio 200X-1.											
II. Ajustes por errores 200X-1.											
D. Saldo ajustado, inicio del año 200X											
I. Resultado de la cuenta de pérdidas y ganancias.											
II. Ingresos y gastos reconocidos en el Patrimonio neto.											
III. Operaciones con socios o propietarios.											
1. Aumentos de capital. 2. (−) Reducciones de capital. 3. Otras operaciones con socios o propietarios.											
IV. Otras variaciones del Patrimonio neto.											
E. Saldo, final del año 200X											

Fig. 15.7. Estado de cambios en el Patrimonio neto.

El **estado de flujos de efectivo** informa sobre el origen y la utilización de los activos monetarios representativos de efectivo y otros activos líquidos equivalentes, clasificando los movimientos por actividades e indicando la variación neta de dicha magnitud en el ejercicio. De lo que se trata, en definitiva, es de explicar las entradas y salidas de efectivo de la empresa. Para ello se agrupan los movimientos de tesorería en tres apartados:

- **Flujos de efectivo de las actividades de explotación.** Son las que constituyen la actividad ordinaria de la empresa, su principal fuente de ingresos. El resultado del ejercicio antes de impuestos será objeto de corrección para eliminar los gastos e ingresos que no hayan producido un movimiento de efectivo e incorporar las transacciones de ejercicios anteriores cobradas o pagadas en el actual.

- **Flujos de efectivo por operaciones de inversión.** Tienen su origen en los pagos por adquisición de activos no corrientes, así como los cobros procedentes de la enajenación de este tipo de bienes.

- **Flujos de efectivo por actividades de financiación.** Comprenden los cobros procedentes de la adquisición por terceros de títulos valores emitidos por la empresa o de recursos concedidos por entidades financieras o terceros, así como los pagos realizados por amortización o devolución de las cantidades aportadas por ellos.

Véase en la Figura 15.8 un modelo del **estado de flujos de efectivo** correspondiente al ejercicio que termina en 20X0.

	Notas	200X	200X-1
A) Flujos de efectivo de las actividades de explotación			
1. Resultado del ejercicio antes de impuestos.			
2. Ajustes del resultado. a) Amortización del inmovilizado (+). b) Correcciones valorativas por deterioro (+/–). c) Variación de provisiones (+/–). d) Imputación de subvenciones (–) e) Resultados por bajas y enajenaciones del inmovilizado (+/–). f) Resultados por bajas y enajenaciones de instrumentos financieros (+/–). g) Ingresos financieros (–). h) Gastos financieros (+). i) Diferencias de cambio (+/–). j) Variación de valor razonable en instrumentos financieros (+/–). k) Otros ingresos y gastos (–/+).			
3. Cambios en el capital corriente. a) Existencias (+/–). b) Deudores y otras cuentas a cobrar (+/–). c) Otros activos corrientes (+/–). d) Acreedores y otras cuentas a pagar (+/–). e) Otros pasivos corrientes (+/–). f) Otros activos y pasivos no corrientes (+/–).			
4. Otros flujos de efectivo de las actividades de explotación. a) Pagos de intereses (–). b) Cobros de dividendos (+). c) Cobros de intereses (+). d) Cobros (pagos) por impuesto sobre beneficios (+/–). e) Otros pagos (cobros) (–/+).			
5. Flujos de efectivo de las actividades de explotación (+/–1+/–2+/–3+/–4)			

Fig. 15.8. Estado de flujos de efectivo (continúa).

	Notas	200X	200X-1
B) Flujos de efectivo de las actividades de inversión			

6. Pagos por inversiones (−).
    a) Empresas del grupo y asociadas.
    b) Inmovilizado intangible.
    c) Inmovilizado material.
    d) Inversiones inmobiliarias.
    e) Otros activos financieros.
    f) Activos no corrientes mantenidos para venta.
    g) Otros activos.			

7. Cobros por desinversiones (+).
    a) Empresas del grupo y asociadas.
    b) Inmovilizado intangible.
    c) Inmovilizado material.
    d) Inversiones inmobiliarias.
    e) Otros activos financieros.
    f) Activos no corrientes mantenidos para venta.
    g) Otros activos.			

8. Flujos de efectivo de las actividades de inversión (7−6).			
C) Flujos de efectivo de las actividades de financiación			

9. Cobros y pagos por instrumentos de patrimonio.
    a) Emisión de instrumentos de patrimonio (+).
    b) Amortización de instrumentos de patrimonio (−).
    c) Adquisición de instrumentos de patrimonio propio (−).
    d) Enajenación de instrumentos de patrimonio propio (+).
    e) Subvenciones, donaciones y legados recibidos (+).			

10. Cobros y pagos por instrumentos de Pasivo financiero.
    a) Emisión
      1. Obligaciones y otros valores negociables (+).
      2. Deudas con entidades de crédito (+).
      3. Deudas con empresas del grupo y asociadas (+).
      4. Otras deudas (+).
    b) Devolución y amortización de
      1. Obligaciones y otros valores negociables (−).
      2. Deudas con entidades de crédito (−).
      3. Deudas con empresas del grupo y asociadas (−).
      4. Otras deudas (−).			

11. Pagos por dividendos y remuneraciones de otros instrumentos de patrimonio.
    a) Dividendos (−).
    b) Remuneración de otros instrumentos de patrimonio (−).			

12. Flujos de efectivo de las actividades de financiación (+/−9+/−10−11).			
D) Efecto de las variaciones de los tipos de cambio			
E) Aumento/Disminución neta del efectivo o equivalentes (+/−5+/−8+/−12+/−D)			
Efectivo o equivalentes al comienzo del ejercicio.			
Efectivo o equivalentes al final del ejercicio.			

Fig. 15.8. Estado de flujos de efectivo (continuación).

CASO PRÁCTICO 7. Elaboración del balance y la cuenta de pérdidas y ganancias

La empresa Paula Illescas S.A. se dispone el 31 de diciembre a elaborar la cuenta de pérdidas y ganancias y el balance de situación correspondiente al año 20X0. Confecciónalos.

Solución:

Activo	20X0
A) Activo no corriente	**62.094,79**
I. Inmovilizado intangible (805 − 167.71)	637,29
II. Inmovilizado material (42.000+900+22.000+1.900-2.600-80-2.250-412,5)	61.457,5
B) Activo corriente	**19.545,84**
I. Existencias	2.300

II. Deudores comerciales y otras cuentas a cobrar
  1. Clientes por ventas y prestaciones de servicios (7.024,05 + 2.400 − 471,20)
  2. Otros deudores
	9.000,85
	
	5.269,11

V. Periodificaciones a corto plazo	1.050
VI. Efectivo y otros activos líquidos equivalentes (1.672,95 + 252,89)	1.925,84
Total Activo (A+B)	**81.640,59**

Patrimonio neto y Pasivo	20X0
A) Patrimonio neto	**60.855,59**

A-1) Fondos propios
  I. Capital
  VII. Resultado del ejercicio
	
	65.450
	4.594,41

B) Pasivo no corriente
  II. Deudas a largo plazo
    1. Deudas con entidades de crédito
    3. Otras deudas a l/p
	19.310
	
	6.000
	13.310

C) Pasivo corriente
  IV. Acreedores comerciales y otras cuentas a pagar
    1. Proveedores
  V. Periodificaciones a c/p
	1.475
	
	950
	
	525

Total Patrimonio neto y Pasivo (A+B+C)	**81.640,59**

Cuenta de pérdidas y ganancias	20X0
1. Importe neto de la cifra de negocio Ventas de mercaderías	7.908
4. Aprovisionamientos (−7.100 + 60 + 114 + 600)	−6.326
5. Otros ingresos de explotación	420
6. Gastos de personal 7. Otros gastos de explotación (105 + 750 + 461,60)	 −1.316,60
8. Amortización del inmovilizado (167.71 + 5.342,5)	5.519,60
A) Resultado de explotación (1 + 2 + 3 + 4 + 5 + 6 + 7 + 8 + 9 + 10 + 11) 12. Ingresos financieros 13. Gastos financieros	**−4.834,41**
B) Resultado financiero (12 + 13 + 14 + 15 + 16)	**240**
C) Resultado antes de impuestos (A + B) 17. Impuestos sobre beneficios	
D) Resultado del ejercicio (C + 17)	**−4.594,41**

> **! IMPORTANTE**
>
> **Formulación de cuentas anuales**
>
> 1. Las cuentas anuales se elaborarán con una periodicidad de 12 meses, salvo en los casos de constitución, modificación de la fecha de cierre del ejercicio social o disolución.
>
> 2. Las cuentas anuales deberán ser formuladas por el empresario o los administradores, quienes responderán de su veracidad en el plazo máximo de tres meses, a contar desde el cierre del ejercicio.
>
> 3. El balance, la cuenta de pérdidas y ganancias, el estado de cambios en el Patrimonio neto y la memoria deberán estar identificados, indicándose de forma clara y en cada uno de dichos documentos su denominación, la empresa a que corresponden y el ejercicio al que se refieren.
>
> 4. Las cuentas anuales se elaborarán expresando sus valores en euros.

CASO PRÁCTICO 8. Cálculo y contabilización del impuesto de sociedades y elaboración del balance y la cuenta de pérdidas y ganancias

Calcula el impuesto sobre beneficios de la empresa TRF S.L. correspondiente al año 20X0 y procede a su contabilización. Posteriormente elabora el balance de situación y la cuenta de pérdidas y ganancias con los datos que aparecen a continuación.

Balance de comprobación		Sumas		Saldos	
N.º	Cuenta	Debe	Haber	Sd	Sa
100	Capital social		75.000		75.000
640	Sueldos y salarios	8.100		8.100	
625	Primas de seguros	1.400		1.400	
216	Mobiliario	34.700		34.700	
300	Mercaderías	2.400	1.500	900	
570	Caja	3.150	875	2.275	
610	Variación de existencias de mercaderías	1.500	900	600	
700	Ventas de mercaderías		27.200		27.200
600	Compras de mercaderías	9.300		9.300	
170	Deudas a l/p con entidades de crédito	3.500	64.000		60.500
430	Clientes	6.100	3.700	2.400	
520	Deudas a c/p con entidades de crédito	10.000	13.265,8		3.265,8
173	Proveedores de inmovilizado a l/p		12.000		12.000
410	Acreedores prestación de servicios	460	925		465
631	Otros tributos	290		290	
642	Seguridad Social a cargo de la empresa	1.944		1.944	
759	Ingresos por servicios diversos		930		930
476	Organismos S. Social acreedores		2.430		2.430
4751	HP acreedora por retenciones practicadas		405		405
473	HP retenciones y pagos a cuenta	175		175	
4312	Efectos comerciales en gestión de cobro	5.200		5.200	
218	Elementos de transporte	57.000		57.000	
572	Bancos	113.018,8	50.340	62.678,8	
400	Proveedores	1.890	1.890	—	—
281	Amortización acumulada inmovilizado material		3.125		3.125
662	Intereses de deudas	310		310	
681	Amortización inmovilizado material	1.250		1.250	
4750	HP acreedora por IVA		5.712		5.712
622	Reparaciones y conservación	350		350	
621	Arrendamientos y cánones	6.000		6.000	
769	Otros ingresos financieros		140		140
754	Ingresos por comisiones		3.700		3.700
694	Pérdidas por deterioro de créditos por operac. comerc.	380		380	
490	Deterioro de valor de créditos por operac. comerc.		380		380
Totales		**268.417,80**	**268.417,80**	**195.252,80**	**195.252,80**

Solución:

———————————— 31/12/20X0 ————————————

511,50 (630) Impuesto sobre beneficios
(2.046 · 0,25)
　　　　　a (473) HP retenciones y pagos a cuenta　　175
　　　　　a (4752) HP acreedora por Impuesto sobre Sociedades　336,50

(continúa)

CASO PRÁCTICO 8. Cálculo y contabilización del impuesto de sociedades y elaboración del balance y la cuenta de pérdidas y ganancias *(continuación)*

Activo	20X0
A) Activo no corriente	**88.575**
II. Inmovilizado material (34.700 + 57.000 − 3.125)	88.575
B) Activo corriente	**73.073,8**
I. Existencias	900
II. Deudores comerciales y otras cuentas a cobrar	
1. Clientes por ventas y prestaciones de servicios (2.400 + 5.200 − 380)	7.220
VI. Efectivo y otros activos líquidos equivalentes (2.275 + 62.678,8)	64.953,80
Total Activo (A + B)	**161.648,8**

Patrimonio neto y pasivo	20X0
A) Patrimonio neto	**76.534,50**
A1) Fondos propios	
I. Capital	75.000
VII. Resultado del ejercicio	1.534,50
B) Pasivo no corriente	**72.500**
II. Deudas a largo plazo	
1. Deudas con entidades de crédito	60.500
3. Otras deudas a l/p	12.000
C) Pasivo corriente	**12.614,30**
II. Deudas a corto plazo	
1. Deudas con entidades de crédito	3.265,8
IV. Acreedores comerciales y otras cuentas a pagar	
1. Proveedores	
2. Otros acreedores (465 + 2.430 + 405 + 5.712 + 336,50)	9.348,50
Total Patrimonio neto y Pasivo (A + B)	**161.648,8**

Cuenta de pérdidas y ganancias	20X0
1. Importe neto de la cifra de negocio Ventas de mercaderías	27.200
4. Aprovisionamientos (9.300 + 600)	−9.900
5. Otros ingresos de explotación (930 + 3.700)	4.630
6. Gastos de personal (8.100 + 1.944)	−10.044
7. Otros gastos de explotación (1.400 + 290 + 350 + 6.000 + 380)	−8.420
8. Amortización del inmovilizado	−1.250
A) Resultado de explotación (1 + 2 + 3 + 4 + 5 + 6 + 7 + 8 + 9 + 10 + 11)	**2.216**
12. Ingresos financieros	140
13. Gastos financieros	−310
B) Resultado financiero (12 + 13 + 14 + 15 + 16)	**−170**
C) Resultado antes de impuestos (A + B)	**2.046**
17. Impuestos sobre beneficios (2.046 · 0,25)	−511,50
D) Resultado del ejercicio (C + 17)	**1.534,50**

SÍNTESIS

El ciclo contable
- Son todos los pasos que son necesarios para llevar la contabilidad de una empresa.
- Fases o etapas: balance de situación inicial, apertura de la contabilidad, registros correspondientes a las operaciones, operaciones previas al cierre, cierre de la contabilidad, cuentas anuales.

Apertura de la contabilidad
El primer asiento que reflejará la empresa en el Libro Diario se denomina asiento de apertura. Con él se abre la contabilidad. Muestra los elementos patrimoniales del balance inicial.

Registro de las operaciones
La empresa debe introducir los hechos contables en el Libro Diario por orden de fechas, y trasladar los movimientos al Libro Mayor.

Las cuentas de gestión
- Subgrupo 62: servicios exteriores.
- Subgrupo 63: tributos.
- Subgrupo 64: gastos de personal.
- Subgrupo 65: otros gastos de gestión.
- Subgrupo 75: otros ingresos de gestión.
- Cuenta (769): otros ingresos financieros.

Operaciones previas al cierre
- Balance de comprobación. Cuadro o documento contable que refleja todas las cuentas que hasta esa fecha han intervenido en las operaciones de la empresa.
- Ajustes por periodificación. Gastos anticipados, ingresos anticipados.
- Amortización. Gasto contable imputado a cada ejercicio por la pérdida de valor del inmovilizado.
- Variación de existencias. Consiste en dar de baja las existencias iniciales y dar de alta las existencias finales.
- Morosidad de los clientes. Se aplica el método de estimación global.

Cierre de la contabilidad
- Proceso de regularización. Consiste en cerrar todas las cuentas de Ingresos y Gastos o, lo que es lo mismo, las cuentas de los grupos 6 y 7, y trasladar su saldo a la cuenta 129 (Resultado del ejercicio).
- Asiento de cierre de cuentas. Consiste en poner en el Debe todas las cuentas que tengan saldo acreedor, y en el Haber todas las cuentas que tengan saldo deudor.

Las cuentas anuales de las pymes
- Balance.
- Cuenta de pérdidas y ganancias.
- Estado de cambios en el Patrimonio neto.
- Memoria.
- Las pymes podrán incorporar en sus cuentas anuales un estado de flujos de efectivo.

Las cuentas anuales
Se elaborarán con una periodicidad de doce meses. Deberán ser formuladas por el empresario o los administradores, quienes responderán de su veracidad, en el plazo máximo de tres meses a contar desde el cierre del ejercicio.

TEST DE REPASO

1. Las cuentas patrimoniales, ¿quedan cerradas después de la regularización?
   a) Sí.
   b) No.
   c) Algunas sí y otras no.
   d) Solo si su saldo es acreedor.

2. En el balance de comprobación:
   a) La columna de sumas y saldos debe coincidir.
   b) La columna del Debe y el Haber deben coincidir.
   c) Los elementos que tienen saldo cero no aparecen.
   d) Ninguna de las anteriores es correcta.

3. En el asiento de regularización:
   a) La cuenta de Variación de existencias (610) siempre se cierra poniéndola en el Haber.
   b) La cuenta de Variación de existencias (610) siempre se cierra poniéndola en el Debe.
   c) El resultado de la empresa es siempre positivo.
   d) La cuenta de Variación de existencias (610) se pone en el Debe o en el Haber, dependiendo de su saldo.

4. En el asiento de cierre:
   a) Pueden aparecer partidas restando.
   b) Los saldos deudores coinciden con los saldos acreedores.
   c) Se reflejan los elementos patrimoniales con saldo cero.
   d) Ninguna de las anteriores es correcta.

5. En la regularización de existencias:
   a) Damos de baja las existencias finales.
   b) Damos de baja las existencias iniciales.
   c) Damos de alta las existencias iniciales.
   d) Ninguna de las anteriores.

6. En el asiento de apertura que la empresa elabora a 1 de enero, aparecen:
   a) Los activos en el Haber.
   b) Los activos en el Debe.
   c) Los pasivos en el Haber.
   d) Las respuestas b) y c) son correctas.

7. Si la cuenta 129 muestra el siguiente detalle...

Debe	Resultado del ejercicio	Haber
	8.440	11.800

   a) La empresa ha perdido 3.360 €.
   b) La empresa ha ganado 3.360 €.
   c) Tiene un saldo deudor de 3.360 €.
   d) Ninguna de las anteriores.

8. Si una cuenta tiene saldo cero:
   a) Aparece en el balance de comprobación.
   b) Aparece en el balance de situación.
   c) Aparece en el asiento de cierre.
   d) Ninguna de las anteriores.

9. Las cuentas anuales de las pymes comprenden:
   a) El inventario.
   b) El Libro Diario.
   c) El estado de cambios en el Patrimonio neto.
   d) El estado de flujos de efectivo.

10. Señala cuál es la afirmación verdadera:
    a) El balance y el inventario reflejan los mismos elementos patrimoniales (bienes, derechos y obligaciones), pero en el inventario la información aparece más desglosada.
    b) El primer asiento que reflejará la empresa en el Libro Diario se denomina asiento de apertura y nos muestra los elementos patrimoniales del balance inicial.
    c) La empresa procede, con fecha de 31 de diciembre, a cerrar todas las cuentas de Ingresos y Gastos o, lo que es lo mismo, las cuentas de los grupos 6 y 7, y trasladar su saldo a la cuenta 129 (Resultado del ejercicio).
    d) Todas las anteriores.

11. Señala la afirmación correcta en relación con la formulación de las cuentas anuales:
    a) Las cuentas anuales se elaborarán con una periodicidad de 11 meses.
    b) Las cuentas anuales se elaborarán expresando sus valores en euros.
    c) Las cuentas anuales deberán ser formuladas por el empresario o los administradores, quienes responderán de su veracidad, en el plazo máximo de cuatro meses, a contar desde el cierre del ejercicio.
    d) El balance, la cuenta de pérdidas y ganancias, el estado de cambios en el Patrimonio neto y la memoria no necesitan estar identificados.

12. Una empresa compra mobiliario el 1 de agosto por importe de 2.500 €, con una vida útil de cinco años, un sistema de amortización lineal y un valor residual de 400 €. ¿Cuál es la cuota de amortización del primer año?
    a) 175 €.
    b) 208,33 €.
    c) 500 €.
    d) 420 €.

COMPRUEBA TU APRENDIZAJE

Distinguir las fases del ciclo contable completo, adaptándolas a la legislación española.

Identificar y codificar las cuentas que intervienen en las operaciones relacionadas con la actividad comercial conforme al PGC.

Aplicar criterios de cargo y abono según el PGC.

Efectuar los asientos correspondientes a los hechos contables más habituales del proceso comercial.

Contabilizar las operaciones relativas a la liquidación del IVA.

Registrar los hechos contables previos al cierre del ejercicio económico.

1. El día 15/07/20X0 se constituye una empresa para la comercialización de electrodomésticos. Como aportación inicial del negocio, hacen un ingreso en la cuenta del banco por importe de 120.000 €.

   A lo largo del primer año de actividad, han realizado las siguientes operaciones:

   a) El 15/07 pagan con un cheque el alquiler del local por un importe mensual de 1.500 € más 21 % de IVA, retención practicada del 19 %.

   b) El 20/07 compran a crédito electrodomésticos por importe de 7.500 €, en la factura aparecen unos gastos de transporte por importe de 300 € y un descuento comercial del 3 %, IVA 21 %.

   c) El 03/08 realizan un reintegro en efectivo de 2.000 € para caja.

   d) El 13/08 venden a crédito electrodomésticos por valor de 10.500 € más 21 % de IVA, y para el transporte contratan una empresa que les factura 325 € más 21 % de IVA y que pagan en efectivo, repartiéndose el gasto de transporte a partes iguales entre el comprador y el vendedor.

   e) El 31/08 adquieren mobiliario para la empresa por importe de 1.200 € más 21 % de IVA, pagan al contado, por banco.

   f) El 07/09 devuelven al proveedor del apartado b) mercaderías por importe de 1.500 €.

   g) El 30/09 liquida el IVA.

   h) El 12/10 adquieren mercaderías por importe de 6.000 €, en la factura aparecen embalajes con facultad de devolución por importe de 450 € y unos gastos de transporte por importe de 220 €, IVA de la operación 21 %. Pagan mediante cheque 1.000 € y el resto a crédito.

   i) El 20/10 se ingresa el importe del IVA correspondiente al tercer trimestre.

   j) El 21/10 recibe la factura del consumo de electricidad, que asciende a 135 € más 21 % de IVA, cuyo pago tiene domiciliado en el banco tres días después de recibir la factura.

   k) El 31/10 venden mercaderías por importe de 9.000 € más 21 % de IVA, apareciendo reflejado en la factura un descuento comercial del 5 %. Cobran la mitad con un pagaré cuyo vencimiento es el 20/11 y el resto a crédito.

   l) El 02/11 comunican al proveedor del apartado h) que se quedan con la mitad de los embalajes y devuelven el resto.

   m) El 15/11 pagan al proveedor del apartado b) por banco antes de lo acordado, por lo que les concede un descuento por pronto pago del 1 %.

   n) El 01/12 adquieren un ordenador por importe de 1.200 € y una aplicación informática por valor de 870 € más 21 % de IVA en una operación a crédito a c/p.

   ñ) El 15/12 abona por banco el seguro anual del local, cuyo importe asciende a 960 €.

   o) El 31/12 liquida el IVA.

   Se te pide:

   1. Contabilizar las operaciones en el Libro Diario.
   2. Trasladar los asientos al Libro Mayor.
   3. Realizar el balance de comprobación de sumas y saldos.
   4. Realizar las operaciones previas al cierre, sabiendo que:
      - Las existencias finales de mercaderías ascienden a 6.800 €.
      - La empresa estima que el 3 % del saldo de clientes y deudores no lo cobrará.
      - El seguro del local abarca el periodo 15/12/20X0 a 15/12/20X1.
      - Vida útil del mobiliario 10 años, valor residual 100 €; vida útil del ordenador 4 años, valor residual 200 €; vida útil de la aplicación informática 3 años.
   5. Realizar los asientos de regularización de ingresos y gastos.
   6. Realizar el asiento de cierre.

Identificar las cuentas anuales que establece el PGC, determinando la función que cumplen.

Calcular el resultado contable y el balance de situación final.

Preparar la información económica relevante para elaborar la memoria de un ejercicio económico concreto.

2. El balance de situación de una empresa dedicada al comercio de bisutería es el día 01/01/20X0 el siguiente:

Activo		Patrimonio neto y Pasivo	
Construcciones	120.000	Capital social	77.600
Terrenos	60.000	Reserva legal	3.800
Mercaderías	3.200	Proveedores inmov. a l/p	140.000
Deudores	10.000	Deudas c/p entid. crédito	5.000
Bancos	45.000	Proveedores	13.000
Caja	2.000	Acreed. prestac. servicios	800

COMPRUEBA TU APRENDIZAJE

A lo largo del ejercicio han realizado las siguientes operaciones contables:

a) El 03/01 adquieren 300 unidades de mercaderías a 20 € la unidad, IVA 21 %, en factura aparece reflejado un descuento comercial del 5 %. Pagan por banco el 50 % y el resto a crédito documentado en letra de cambio aceptada.

b) El 07/01 devuelve al proveedor del apartado anterior 50 unidades que se consideran un anticipo de futuras compras.

c) El 08/01 pagan por banco a los acreedores del balance.

d) El 02/02 pagan en efectivo los servicios de un profesional independiente 150 € más 21 % de IVA, retención practicada del 15 %.

e) El 04/03 venden 100 unidades de mercaderías a 50 € la unidad, para el transporte se contrata una empresa que les factura 110 € más 21 % de IVA y pagan en efectivo. El transporte es a su cargo. La operación se documenta en letra de cambio aceptada con vencimiento el 4/05.

f) El 31/03 liquida el IVA.

g) El 07/04 pagan a los proveedores del balance mediante transferencia bancaria.

h) El 08/04 lleva la letra del apartado e) al banco para que gestione su cobro.

i) El 20/04 adquieren al proveedor del apartado a) 150 unidades de mercaderías a 21 € la unidad, en la factura aparecen reflejados unos gastos de transporte de 90 €, IVA 21 %. Pagan 1.000 € con un cheque y el resto con un pagaré que vence el 30/04.

j) El 04/05 el cliente del apartado e) paga, cobrándoles el banco 50 € más 21 % de IVA por la gestión.

k) El 30/06 liquida el IVA.

l) El 12/07 reciben la factura del teléfono por importe de 90 € más 21 % de IVA en una operación a crédito.

m) El 30/07 contratan una campaña publicitaria para el periodo 31/07/20X0 a 31/07/20X1 por importe de 900 € más 21 % de IVA, en una operación a crédito.

n) El 15/09 compran un vehículo por importe de 20.000 € más 21 % de IVA, en una operación a crédito a l/p.

ñ) El 30/09 liquida el IVA.

o) El 09/10 paga la deuda a c/p con las entidades de crédito.

p) El 01/11 abona por banco el seguro anual (01/11/X0 a 01/11/X1) del vehículo, cuyo importe asciende a 1.140 €.

q) El 31/12 abona la nómina a los trabajadores, que tiene el siguiente detalle: sueldos brutos 9.200 €, Seguridad Social a cargo de la empresa 2.208 €, cuotas de los trabajadores a la Seguridad Social 644 €, retenciones a cuenta del IRPF 920 €; las remuneraciones quedan pendientes de pago.

Se te pide:

1. Contabilizar las operaciones en el Libro Diario.
2. Trasladar los asientos al Libro Mayor.
3. Realizar el balance de comprobación de sumas y saldos.
4. Realizar las operaciones previas al cierre, sabiendo que:
   - Las existencias finales de mercaderías ascienden a 1.815 €.
   - Vida útil de la construcción 50 años; vida útil del vehículo 8 años, valor residual 2.000 €.
5. Calcular el resultado obtenido y contabilización del impuesto sobre beneficios, sabiendo que el tipo impositivo es del 25 %.
6. Realizar los asientos de regularización de ingresos y gastos y cierre.
7. Realizar el balance de situación y la cuenta de pérdidas y ganancias.

3. Con los siguientes datos de la empresa Julián Lasa S.A. a 31 de diciembre de 20X0, elabora el balance de situación y la cuenta de pérdidas y ganancias:

- Mobiliario: 2.600 €.
- Primas de seguros: 970 €.
- Venta de mercaderías: 12.500 €.
- Maquinaria: 4.600 €.
- Proveedores de inmovilizado a c/p: 2.300 €.
- Elementos de transporte: 9.800 €.
- Reparaciones y conservación: 130 €.
- Proveedores: 600 €.
- Mercaderías: 2.050 €.
- Capital: 60.110 €.
- Clientes efectos comerciales a cobrar: 500 €.
- Reservas voluntarias: 1.000 €.
- Envases: 340 €.
- Proveedores efectos comerciales a pagar: 700 €.
- Variac. de existencias de mercaderías: 300 € (Sd).
- Terrenos y bienes naturales: 50.000 €.
- Variación de existencias de otros aprovisionamientos: 180 € (saldo acreedor).
- Seguridad Social a cargo de la empresa: 250 €.
- Amortización acumulada del inmovilizado material: 2.400 €.
- Deudas a l/p con entidades de crédito: 6.000 €.
- Organismos de la Seg. Social acreedores: 100 €.
- Aplicaciones informáticas: 750 €.
- Acreedores por prestación de servicios: 130 €.
- *Rappels* sobre ventas: 70 €.
- Compra de mercaderías: 7.800 €.
- Deudas a c/p con entidades de crédito: 2.000 €.
- HP acreedora por IVA: 470 €.
- Envases y embalajes a devolver a proveedores: 120 €.
- Caja: 460 €.
- HP acreedora por retenciones practicadas: 350 €.
- Sueldos y salarios: 2.900 €.
- Reserva legal: 1.500 €.
- Clientes: 2.400 €.
- Envases y embalajes a devolver por clientes: 370 €.
- Otros tributos: 65 €.
- Amortización del inmovilizado material: 600 €.
- Gastos anticipados: 140 €.
- Bancos: 4.100 €.
- Descuento sobre compras por pronto pago: 40 €.
- Transportes: 95 €.
- Remuneraciones pendientes de pago: 290 €.

Anexo 1. Supuesto práctico globalizado del ciclo contable

En este primer Anexo se planteará un supuesto globalizado donde se incluirán los contenidos desarrollados a lo largo del libro (impuestos, Libros Registro, Libros de Control de Tesorería, cálculos financieros, contabilidad de una empresa, etc.) mediante la simulación del ciclo contable de una empresa de nueva creación.

1.1. Datos de la empresa

- Denominación: Clónicos S.L.
- NIF: B-28356987.
- Dirección: C/ Fuego 15, Alcobendas.
- Régimen de IVA: general.
- Actividad: comercio al por mayor de componentes informáticos.
- Inicio de la actividad: **1 de octubre de 2XX1.**

El plan contable de la empresa Clónicos S.L. se detalla en la Tabla A.1.

(100000) Capital social	(473000) HP, retenciones y pagos a cuenta
(113000) Reservas voluntarias	(475000) HP, acreedora por IVA
(129000) Resultado del ejercicio	(475100) HP, acreedora por retenciones practicadas
(173000) Proveedores de inmovilizado a l/p	(475200) HP, acreedora por Imp. S/Sdes.
(206000) Aplicaciones informáticas	(476000) Organismos de la S.S., acreedores
(216000) Mobiliario	(477021) HP, IVA repercutido 21 %
(217000) Equipos para procesos de información	(520100) Deudas a C/ p por crédito dispuesto
(218000) Elementos de transporte	(520800) Deudas por efectos descontados
(260000) Fianzas constituidas a l/p	(523000) Proveedores de inmovilizado a C/ p
(280600) Amortización acum. de aplicaciones informáticas	(570000) Caja, euros
(281600) Amortización acum. de mobiliario	(572000) Ciclos Bank
(281700) Amortización acum. de equipos de procesam. inform.	(600001) Compra de ordenadores
(281800) Amortización acum. de elementos de transporte	(600002) Compra de impresoras
(300001) Ordenadores	(600003) Compra de accesorios
(300002) Impresoras	(600004) Compra de consumibles
(300003) Accesorios	(606000) Dtos. s/compras por pronto pago de mercaderías
(300004) Consumibles	(608000) Devoluciones de compras de mercaderías
(400001) Informática y Servicios S.L.	(610000) Variación de existencias de mercaderías
(NIF: B-28002567) (C/ Las Mimosas 35, 28025 Madrid)	(621000) Arrendamientos y cánones
(4000002) Componentes Informáticos S.A.	(622000) Reparaciones y conservación
(NIF: A-28155624) (C/ Arándanos 50, 28100 Alcobendas)	(624000) Transportes
(401000) Proveedores, efectos comerciales a pagar	(626000) Servicios bancarios y similares
(410000) Acreedores por prestaciones de servicios	(627000) Publicidad, propaganda y relaciones públicas
(410001) Altibajos S.L.	(628000) Suministros
(NIF: B-28002525) (C/ Las Gardenias 25, 28700 S. S. Reyes)	(628001) Electricidad
(410002) Papelería Ecológica	(629001) Material fungible
(NIF: D-20037678) (C/ El Bosque 35, 28100 Alcobendas)	(629002) Teléfono
(410003) Destellos S.A.	(630000) Impuesto sobre beneficios
(NIF: A-28365485) (C/ Nenúfar 36, 28006 Madrid)	(640000) Sueldos y salarios
(410004) Telefonía sin Límites, S.A:	(642000) Seguridad Social a cargo de la empresa
(NIF: A-28236548) (C/ Júpiter 86, 28032 Madrid)	(662300) Intereses de deudas con entidades de crédito
(430001) Cormorán S.A.	(662400) Intereses de deudas, otras empresas
(NIF: A-28342638) (C/ Olivos 3, 28700 S. S. Reyes)	(665300) Intereses por dto. de efectos en otras entidades de crdto.
(430002) Albatros S.L.	(669000) Otros gastos financieros
(NIF: B-28345678) (C/ Gaviotas 5, 28100 Alcobendas)	(680000) Amortización del inmovilizado intangible
(431000) Efectos comerciales en cartera	(681000) Amortización del inmovilizado material
(431100) Efectos comerciales descontados	(700001) Venta de ordenadores (700002) Venta de impresoras
(431200) Efectos comerciales en gestión de cobro	(700003) Venta de accesorios
(431500) Efectos comerciales impagados	(700004) Venta de consumibles
(460000) Anticipos de remuneraciones	(706000) Descuento s/ventas por pronto pago de mercaderías
(470000) HP, deudora por IVA	(708000) Devoluciones de ventas de mercaderías
(472010) HP, IVA soportado 10 %	(759000) Ingresos por servicios diversos
(472021) HP, IVA soportado 21 %	(769000) Otros ingresos financieros

Tabla A.1. Plan contable de la empresa Clónicos S.L.

1.2. Operaciones realizadas en el trimestre

A. Constitución de la empresa

1 de octubre:

Para la constitución de la empresa los dos socios aportan:

- 15.500 € cada uno en efectivo.
- Un ordenador valorado en 800 €.
- Una impresora valorada en 200 €.
- Programas informáticos valorados en 500 €.

B. Operaciones del ejercicio

2 de octubre:

La empresa abre una cuenta corriente en Ciclos Bank e ingresa en ella 28.000 €. NIF: A-28232425.

3 de octubre:

Para la constitución de la empresa se originan una serie de gastos, que la empresa paga en efectivo:

- Impuestos municipales: 380 €.
- Factura J425 del Notario (Federico Jiménez, NIF: S-65498725) por importe de 350 €, más IVA. Retención: 15 %.
- Factura G568 del Registro (Amadeo González, NIF: J-06541236) por importe de 120 €, más IVA. Retención: 15 %.

4 de octubre:

Para el desarrollo del negocio alquila un local a la empresa Altibajos S.L., que le costará 800 €, más IVA, al mes (Fra. n.º AB035). Retención, 19 %. En la factura también figura una fianza por importe de una mensualidad.

5 de octubre:

Paga con cheque (5.2682.564.1) la Fra. n.º AB035.

7 de octubre:

Compra mobiliario para el local a Muebles Bierzo S.L. (NIF: B-28301809):

- 1 mesa: 200 €.
- 6 sillas a 60 €/unidad.
- 2 estanterías de madera para la oficina a 120 €/unidad.
- 5 estanterías de metal para el almacén a 60 €/unidad.
- 2 calculadoras a 60 €/unidad.
- 1 archivador: 200 €.

A los importes anteriores hay que añadir el IVA. Factura MB250.

9 de octubre:

Paga con cheque (5.2682.564.2) la factura anterior.

10 de octubre:

Compra una furgoneta para el reparto a Vehículos Industriales S.A. (NIF: A-28314216) por importe de 9.000 €, más IVA. Paga el IVA a través de banco y el resto lo pagará en tres partes iguales, junto con los intereses del periodo al 13,90 % efectivo anual, al final de los ejercicios 2XX1, 2XX2 y 2XX3. Fra. n.º VI280.

12 de octubre:

La empresa solicita a Ciclos Bank un crédito de disposición gradual, que utilizará cuando tenga que realizar pagos y no disponga de fondos suficientes en la cuenta corriente. Ciclos Bank le concede el crédito a 6 meses y con un límite de 15.000 €. Las condiciones de la póliza son: comisión de apertura 0,5 % interés deudor 7,5 %, interés excedidos 18 %, comisión de disponibilidad 1,25 %, comisión máximo excedido 1 %.

15 de octubre:

Compra a Informática y Servicios S.L. las siguientes mercancías:

- 50 ordenadores a 600 €/unidad.
- 60 ratones a 9 €/unidad.

Descuento: 5 %. El proveedor carga en factura 600 € en concepto de gastos de transportes, de los que el 90 % corresponden a los ordenadores. El proveedor envía Fra. n.º IS580.

17 de octubre:

La empresa paga la Fra. n.º IS580 con cheque (5.2682.564.3). Se utiliza la cuenta de crédito si es necesario.

20 de octubre:

Compra a Papelería Ecológica diverso material de oficina por importe de 150 €, más IVA. Paga en efectivo la Fra. n.º PE186.

25 de octubre:

Compra a Componentes Informáticos S.A. las siguientes mercancías:

- 30 impresoras láser a 300 €/unidad.
- 40 impresoras de chorro de tinta a 70 €/unidad.
- 100 teclados a 10 €/unidad.
- 60 cartuchos de tinta a 20 €/unidad.
- 30 cartuchos de tóner a 50 €/unidad.

Todos los productos tienen un descuento comercial del 5 %. Hay que añadir el IVA. La empresa firma Fra. n.º CI360.

27 de octubre:

Clónicos S.L. devuelve 20 teclados del pedido anterior por no corresponder con el modelo solicitado. Componentes Informáticos S.A. envía Fra. rectificativa n.º R042.

28 de octubre:

Componentes Informáticos S.A. envía letra de cambio (A-0490934) a 30 días. La empresa la acepta.

30 de octubre:

Vende a Cormorán S.A. las siguientes mercancías:

- 30 ordenadores a 720 €/unidad.
- 30 ratones a 15 €/unidad.
- 10 impresora láser a 400 €/unidad.
- 50 teclados a 17 €/unidad.
- 20 cartuchos de tinta a 36 €/unidad.

Envía al cliente Fra. n.º C001 por el importe total, más el IVA.

1 de noviembre:

Por el importe de la Fra. n.º C001, envía dos letras de cambio de igual importe y con vencimiento a 30 y 60 días respectivamente (A0601256 y A0601257). El cliente las acepta.

4 de noviembre:

Recibe la Fra. n.º AB040, correspondiente al alquiler del local de este mes.

5 de noviembre:

Paga con cheque (5.2682.564.4) la Fra. n.º AB040. Se utiliza la cuenta de crédito si es necesario.

6 de noviembre:

La empresa envía al banco en gestión de cobro la letra (A-0601256) emitida el 1 de noviembre.

10 de noviembre:

Descuenta en el banco la letra de cambio (A-0601257), emitida el 1 de noviembre, con las siguientes condiciones: interés de descuento 8 % simple anual, comisión 0,4 %. El banco abona el nominal en la cuenta corriente de la empresa y carga los gastos de negociación.

12 de noviembre:

Vende las siguientes mercancías a la empresa Albatros S.L.:

- 10 ordenadores a 730 €/unidad.
- 20 ratones a 15 €/unidad.
- 20 impresoras de chorro de tinta a 100 €/unidad.
- 30 cartuchos de tinta a 36 €/unidad.
- 10 cartuchos de tóner a 70 €/unidad.

Envía Fra. n.º C002 al cliente por el importe de la venta, más IVA.

14 de noviembre:

Albatros S.L. devuelve 5 cartuchos de tinta que no corresponden con la referencia solicitada. Clónicos S.L. envía la factura rectificativa n.º R01.

15 de noviembre:

Albatros S.L. acepta letra de cambio (A-0551568) con vencimiento a 30 días, por el importe pendiente de la Fra. n.º C002.

16 de noviembre:

El 1 de noviembre la empresa contrató un empleado. Este solicita un anticipo de 150 €. La empresa se lo concede y le entrega cheque (5.2682.564.5) por dicho importe.

20 de noviembre:

El banco comunica que ha cargado en cuenta el importe del consumo eléctrico que asciende a 140 €, más IVA. Factura DT2365.

22 de noviembre:

Compra de mercaderías a la empresa Informática y Servicios S.L.

- 60 ordenadores a 600 €/unidad.
- 30 impresoras de chorro de tinta a 70 €/unidad.
- 50 cartuchos de tinta a 20 €/unidad.
- 70 cajas de DVD-R a 5 €/caja.

Descuento por pronto pago: 5 %. Firma Fra. n.º IS830 a pagar el día 11 de diciembre.

25 de noviembre:

Compra mercaderías a la empresa Componentes Informáticos S.A.

- 40 ratones a 9 €/unidad.
- 40 teclados a 10 €/unidad.
- 160 cajas de DVD-R a 5 €/caja.

Descuento comercial en factura: 5%. Firmamos Fra. n.º CI560.

26 de noviembre:

Acepta letra de cambio (A-0705623) a 30 días por el importe de la Fra. n.º CI560.

27 de noviembre:

El banco carga en cuenta la letra (A-0490934), aceptada a Componentes Informáticos S.A. el 28 de octubre. Utiliza la cuenta de crédito si es necesario.

29 de noviembre:

La empresa paga en efectivo la nómina al empleado, descontando el anticipo. La nómina tiene el siguiente detalle:

- Sueldo bruto: 1.376,10 €.
- Seguridad Social a cargo de la empresa: 584,77 €.
- Retenciones: Seguridad Social 97,21 €, IRPF 13 %.

1 de diciembre:

Ha vencido la letra (A-0601256) enviada en gestión de cobro. El banco ingresa el nominal en la cuenta corriente de la empresa y carga 50 €, más IVA, por gastos de gestión. Fra.: CB7654.

2 de diciembre:

El banco carga en cuenta la factura de teléfono (TL2342567), por importe de 230 €, más IVA.

4 de diciembre:

Recibe la Fra. n.º AB048, correspondiente al alquiler del local de este mes.

5 de diciembre:

Paga con cheque (5.2682.564.6) la Fra. n.º AB048.

6 de diciembre:

Realiza una reparación del vehículo en el taller de Alfonso Gutiérrez Solís (NIF: C-10238125) por importe de 85 €, más IVA. Paga con cheque (5.2682.564.7) la factura (AG03).

7 de diciembre:

Vende mercaderías a la empresa Cormorán S.A. Detalle:

- 50 ordenadores a 720 €/unidad.
- 10 impresoras láser a 400 €/unidad.
- 20 impresoras de chorro de tinta a 100 €/unidad.
- 40 ratones a 15 €/unidad.
- 60 teclados a 17 €/unidad.

- 30 cartuchos de tinta a 36 €/unidad.
- 130 cajas de DVD-R a 7 €/unidad.

Carga en factura 800 € en concepto de transportes. A los precios anteriores hay que añadir el IVA. La empresa emite la Fra. n.º C003.

8 de diciembre:

Envía las mercancías anteriores a través de una empresa de transportes Velociraptor S.L. (NIF: B-28356987), que le pasa la Fra. n.º VR56 por importe de 750 €, más IVA.

9 de diciembre:

Envía transferencia bancaria a la empresa de transportes por el importe de la Fra. n.º VR56. El banco carga en cuenta 12 € en concepto de comisiones.

10 de diciembre:

Como la empresa debe pagar una factura que vence el día 11, propone a Cormorán S.A. un descuento del 4 % si le paga la Fra. n.º C003. El cliente acepta y le ingresa el importe en cuenta corriente. Envía factura rectificativa n.º R02.

11 de diciembre:

Vence la Fra. n.º IS830 del 22 de noviembre. La empresa envía una transferencia bancaria al proveedor por su importe. El banco le carga en cuenta 20 € de comisión.

12 de diciembre:

Compra diverso material fungible a Papelería Ecológica por importe de 120 €, más IVA. Paga con cheque (5.2682.564.8) la Fra. n.º PE240.

14 de diciembre:

Como se acerca la campaña de Navidad, pone un anuncio en la revista de informática PcInfo S.A. (NIF: A-28483213). Paga con cheque (5.2682.564.9) 170 €, más IVA. Factura PI3480.

15 de diciembre:

La letra (A-0551568) girada por la empresa el día 15 de noviembre ha llegado a su vencimiento. Albatros S.L. hace transferencia bancaria de su importe a la cuenta corriente de la empresa.

18 de diciembre:

Venta de mercaderías a Albatros S.L. Detalle:
- 12 ordenadores a 720 €/unidad.
- 5 impresoras láser a 400 €/unidad.
- 15 impresoras de chorro de tinta a 100 €/unidad.
- 12 cartuchos de tóner a 70 €/unidad.
- 10 cartuchos de tinta a 36 €/unidad.
- 50 cajas de DVD-R a 7 €/caja.

Descuento comercial en factura: 5 %. A los importes anteriores hay que añadir el IVA. Emite la Fra. n.º C004.

22 de diciembre:

La empresa gira letra de cambio (A-2356892), con vencimiento a 60 días, por el importe de la Fra. n.º C004. Albatros S.L. acepta la letra.

26 de diciembre:

La letra (A-0705623), que había aceptado el día 26 de noviembre a Componentes informáticos S.A. ha llegado a su vencimiento. La empresa la paga por banco.

29 de diciembre:

Paga la nómina del mes de diciembre con cheque (5.2682.565.0).

31 de diciembre:

El banco comunica que la letra (A-0601257), descontada el día 10 de noviembre, ha sido abonada por el librado a su vencimiento.

31 de diciembre:

Paga por banco la parte de la deuda del vehículo que vencía en esta fecha y los intereses correspondientes a este ejercicio.

31 de diciembre:

El banco abona en cuenta los intereses producidos por la C/ c durante el trimestre, que ascienden a 130 € brutos. Retención, 19 %.

31 de diciembre:

Como la empresa tiene efectivo suficiente, decide liquidar la póliza de crédito. Los intereses ascienden a 225,82 € y las comisiones suman un total de 24,79 €. El banco carga en c/c el total.

C. Operaciones de fin de ejercicio

31 de diciembre:

- Parte de la deuda del vehículo vence el año próximo, por lo que procede a hacer el traspaso a la cuenta de corto plazo.
- Amortizaciones: realizamos las amortizaciones correspondientes a 3 meses para todos los inmovilizados.
  - Aplicaciones informáticas: 30 %.
  - Equipos informáticos: 25 %.
  - Mobiliario: 10 %.
  - Vehículo: en 6 años con cuotas constantes.
- Liquidación del IVA.
- Regularización de existencias. Las existencias finales son las siguientes (confecciona las fichas de almacén por el método del PMP para comprobarlo):
  - 8 ordenadores a 571,54 €/unidad.
  - 5 impresoras láser a 285 €/unidad.
  - 15 impresoras de chorro de tinta a 66,5 €/unidad.
  - 10 ratones a 8,75 €/unidad.
  - 10 teclados a 9,5 €/unidad.
  - 8 cartuchos de tóner a 47,5 €/unidad.
  - 25 cartuchos de tinta a 19 €/unidad.
  - 50 cajas de DVD-R a 4,75 €/caja.
- Impuesto sobre Sociedades: realizar la liquidación suponiendo que el tipo es del 15 % y que la base imponible coincide con el resultado contable.

D. Conciliación bancaria

31 de diciembre:

La empresa recibe de Ciclos Bank el extracto de la cuenta corriente del mes de diciembre (Tabla A.2).

EXTRACTO BANCARIO CICLOS BANK

Cliente: Cónicos S.L. Diciembre de 2XX1

Cta./Cte. n.º: 2854473123

Fecha	Concepto	Debe	Haber	Saldo
01/12	Saldo anterior			−102,12
01/12	Cobro L/A0601256		16.710,10	16.710,10
01/12	Gastos de gestión de cobro	60,50		16.649,60
02/12	Teléfono s/Fra. n.º 2342567	278,30		16.371,30
05/12	Pago Fra. n.º AB048, alquiler	816,00		15.555,30
06/12	Pago Fra. n.º AG03, cheque reparación	102,85		15.452,45
09/12	Pago Fra./VR56, transferencia	919,50		14.532,95
10/12	Cobro Fra. n.º C003		53.909,86	68.442,81
11/12	Pago Fra. n.º IS830, transferencia	45.367,78		23.075,03
12/12	Pago Fra. n.º PE240, cheque	145,20		22.929,83
15/12	Cobro L/A0551568		13.552,00	36.481,83
26/12	Pago L/A0705623	1.793,22		34.688,61
29/12	Nómina diciembre	1.100,00		33.588,61
31/12	Pago cuota anual vehículo	3.089,01		30.499,60
31/12	Comisión de mantenimiento cuenta	8,00		30.491,60
31/12	Teléfono s/Fra. n.º 2342897	360,20		30.131,40
31/12	Abono de intereses		105,30	30.236,70
31/12	Cancelación crédito	15.646,70		14.590,00
	Saldo final			14.590,00

Tabla A.2. Extracto bancario del mes de diciembre de Ciclos Bank.

! IMPORTANTE

Los libros contables que debe llevar una empresa son (Tabla A3):

Obligatorios	
• Libro Diario. • Libros Registro de Facturas Emitidas y Recibidas. • Balance de comprobación de sumas y saldos.	• Libro de Inventarios y Cuentas Anuales: balance de situación, cuenta de pérdidas y ganancias, estado de cambios en el Patrimonio neto y memoria.
Voluntarios	

• Libro Mayor.	• Libros Registro de:
	  – Control de Tesorería (Caja y Bancos).
	  – Efectos Comerciales a Cobrar y a Pagar.
	  – Créditos a Clientes y de Proveedores.
	  – Control de Existencias y de Mercaderías.

Tabla A.3. Libros contables que debe llevar una empresa.

1.3. Trabajo a realizar

Teniendo en cuenta la información aportada, se realizarán las siguientes tareas:

a) Calcular las distintas operaciones para las anotaciones posteriores en el Libro Diario.

b) Contabilizar las operaciones de la empresa Clónicos S.L. del 1 de octubre al 31 de diciembre de 2XX1 en el siguiente orden. Libro Diario: asientos de gestión; Libro Diario: asientos de reclasificación de la deuda, amortizaciones, regularización del IVA, regularización de las existencias; Cuenta de pérdidas y ganancias, para determinar el impuesto sobre los beneficios; Libro Diario: asiento de liquidación del Impuesto sobre Sociedades; Balance de comprobación de sumas y saldos; Libro Diario: asiento de regularización de ingresos y gastos; Libro Diario: asiento de cierre; balance de situación; Libro Diario: asiento de apertura del año 2XX2.

c) Cumplimentar los Libros de Registro de Efectos Comerciales a Cobrar y a Pagar, los Libros de Control de Créditos de Clientes y Proveedores, los Libros de Control de Tesorería, Caja y Bancos, la cuenta de crédito, las fichas de control de existencias de los distintos productos usando el criterio del precio medio ponderado (PMP) y los Libros Registro de facturas recibidas y facturas emitidas.

d) Realizar la conciliación bancaria con los datos del extracto bancario enviado por Ciclos Bank y el Libro de Bancos de la empresa.

1.4. Procedimiento para la solución del supuesto

Para resolver este supuesto hay que seguir de manera ordenada los siguientes pasos:

1. Elaborar, en una hoja de cálculo y con el modelo de formato que se propone en las distintas unidades, los siguientes libros:

   - Hoja 1: Libro de Caja y Bancos.
   - Hoja 2: Cuenta de Crédito.
   - Hoja 3: Libro de Efectos Comerciales a Cobrar y a Pagar.
   - Hoja 4: Libro de Créditos de Clientes y Créditos con Proveedores.
   - Hoja 5: Control de Existencias.
   - Hoja 6: Registro de Facturas Emitidas y Recibidas.
   - Hoja 7: Libro Diario.
   - Hoja 8: Libro Mayor para cada cuenta.
   - Hoja 9: Balance de Sumas y Saldos.
   - Hoja 10: Cuenta de Pérdidas y Ganancias.
   - Hoja 11: Balance de Situación.

   Los tres últimos libros pueden hacerlos cuando llegue el momento.

2. A continuación procedemos a contabilizar los asientos contables. Después de realizar cada asiento se harán las anotaciones en el Libro Mayor y en los Libros Registro correspondientes.

3. Una vez contabilizados todos los asientos de gestión, el asiento de reclasificación de deuda, las amortizaciones, la regularización del IVA y la regularización de las existencias, se procederá a realizar la cuenta de pérdidas y ganancias con el fin de determinar el beneficio neto para calcular el Impuesto sobre Sociedades y poder contabilizarlo a 31 de diciembre.

4. Después de contabilizar el Impuesto sobre Sociedades, procedemos a realizar el balance de comprobación de sumas y saldos con los saldos resultantes reflejados en el Libro Mayor de cada cuenta.

5. Una vez comprobado que las sumas del Debe y Haber son iguales y el saldo es cero en el balance de sumas y saldos, continuaremos en el Libro Diario con el asiento de regularización de ingresos y gastos y el asiento de cierre con las cuentas de Activo, Pasivo y Patrimonio neto.

6. Con la información del asiento de cierre elaboramos el balance de situación, que nos informará de la situación patrimonial de la empresa al final del ejercicio económico.

7. Por último volvemos al Libro Diario, donde realizaremos el asiento de apertura del ejercicio económico siguiente. El asiento de cierre será el asiento de apertura del ejercicio siguiente al revés. A partir de ahí la empresa podrá seguir contabilizando los asientos de gestión que resulten de la actividad diaria de la empresa.

1.5. Cálculo de las operaciones

Los cálculos que sean necesarios para contabilizar las operaciones se realizarán en una hoja aparte ordenados por fechas. En la Tabla A.4 se plantea el cálculo de algunas operaciones que pueden tener cierta dificultad, ordenadas por fecha para, posteriormente, hacer los asientos contables correspondientes en el Libro Diario.

> **RECUERDA**
>
> Las **retenciones** son cantidades que, quien tiene que pagarlas (es decir, el pagador), debe descontar del total de la factura de compra de algunos servicios profesionales y otras operaciones concretas que la normativa fiscal exige. Las retenciones en factura se aplicarán:
>
> - A las personas físicas que realizan una actividad económica profesional.
> - En el alquiler de inmuebles que se destinan a una actividad económica.

> **RECUERDA**
>
> En el cálculo de la **base imponible** en la factura para la aplicación del IVA correspondiente hay que tener en cuenta los gastos y descuentos que **afectan** al importe resultante de dicha base imponible, los cuales son:
>
> - **Gastos incluidos en factura.** Transportes y aranceles, Seguros, envases y embalajes y gastos suplidos.
> - **Descuentos incluidos en factura.** Descuento comercial, descuento por volumen y descuento por pronto pago.

3 de octubre

- Factura J425

  IVA = 350 · 21/100 = 73,5 €

  Retenciones = 350 · 15/100 = 52,50

  Caja = 350 + 73,5 − 52,50 = 371

- Factura G568

  IVA = 120 · 21/100 = 25,2 €

  Retenciones = 120 · 15/100 = 18

  Caja = 120 + 25,2 − 18 = 127,20

4 de octubre

En este asiento el IVA y las retenciones solo se aplican a la cuota de arrendamiento, no a la fianza.

IVA = 800 · 21/100 = 168 €

Retenciones = 800 · 19/100 = 152 €

Deuda de arrendamiento con Altibajos S.L.:

800 + 168 + 800 − 152 = 1.616 €

15 de octubre

s/Fra. n.º IS580

Ordenadores = 50 · 600 = 30.000

Descuento = 5 % s/30.000 = 1.500

Transporte 90 % s/600 = 540

Coste Ord.: 30.000 − 1500 + 540 = 29.040

Ratones = 60 · 9 = 540

Descuento 5 % s/540 = 27

Transporte 10 % s/600 = 60

Coste ratones = 540 − 27 + 60 = 573

IVA= 21 % s/(29.040 + 573) = 6.218,73

25 de octubre

s/Fra. n.º C1360

Importe bruto	15.500,00
Descuento 5 %	− 775,00
Importe neto	14.725,00
IVA 21 %	3.092,25
TOTAL Fra.	17.817,25

10 de noviembre

Nominal: 16.710,10

$$D = \frac{16.710,10 \cdot 50}{360/0,08} = 185,67$$

Comisión descuento = 0,4 % s/16.710,10

Comisión = 66,84

Total gastos de negociación = 252,51 €

31 de diciembre

Cancelación cuenta de crédito

Interés deudores: 7,5 %

Interés excedidos: 18 %

Comisión disponibilidad: 1,25 %

Comisión excedidos: 1 %

$$I_D = \frac{1.066.695}{365/0,075} = 219,18$$

$$I_E = \frac{13.467,06}{365/0,18} = 6,64$$

$$\text{Saldo med. disp.} = \frac{1.066.695}{80} = 13.333,69$$

Saldo med. no disp. = 15.000 − 13.333,69

Saldo med. no disp. = 1.666,31

Comisión disp. = 1,25 % s/1.666,31 = 20,83

Comisión excedidos = 1 % s/293,58 = 3,96

31 de diciembre

Pago cuota vehículo

i = 13,90 % anual

n = 82 días

C_o = 3.000

$C_n = 3.000 (1 + 0,1390)^{82/365}$ = 3.089,01 €

Intereses del periodo = 89,01 €

Tabla A.4. Cálculos de algunas operaciones con dificultad.

! IMPORTANTE

En la resolución del supuesto, **siempre**, después de realizar el asiento contable, hay que reflejar en los Libros de Registro auxiliares correspondientes y en las cuentas del Libro Mayor afectadas la información de dicho asiento. Este es el procedimiento que se usa en las empresas y con ello se consigue:

- Información en tiempo real de la situación de los elementos patrimoniales de la empresa.

- Evitar errores que se pueden producir en la transferencia posterior de los datos.

1.6. Solución de la conciliación bancaria

Una vez contabilizadas todas las operaciones y las anotaciones correspondientes en el Libro Registro de Bancos, se procederá a realizar la conciliación bancaria.

Para ello se contrasta la información aportada por el extracto bancario que nos remitió el banco con fecha 31 de diciembre de 2XX1 correspondiente al último mes y la información reflejada en el Libro Registro de Bancos de la empresa, durante el mismo periodo.

Como se observa, el saldo del extracto bancario con fecha 31 de diciembre no coincide con el saldo final del Libro de Bancos, por lo que procedemos a realizar la conciliación.

Al puntear los registros detallados en ambos documentos observamos, por un lado, que el cheque de la Fra. n.º PI3480 del 14 de diciembre, asiento 48, por importe de 205,70 €, no ha sido cobrado por el beneficiario y, por otro, que el banco ha cargado en cuenta, con fecha 31 de diciembre, 8 € en concepto de comisión de mantenimiento y también la Fra. de teléfono n.º 2342897 por importe de 360,20 € (ambos importes no están reflejados en el Libro de Bancos de la empresa).

Procedemos a los cálculos:

	Saldo Libro de Bancos	14.752,50
+	Cheque Fra. n.º PI3480	+ 205,70
−	Comisiones mant.	− 8,00
−	Fra. n.º 2342897 teléfono	− 360,20
	Saldo	14.590,00

Una vez realizados los cálculos de la conciliación bancaria se comprueba que, con fecha 31 de diciembre, ambos saldos coinciden.

Anexo 2. Reformas del Plan General Contable

2.1. Introducción

- **Finalidad.** Simplificar las obligaciones contables de las pequeñas y medianas empresas.
- **Aplicación.** A partir de enero de 2016.
- **Estrategia Europea.** Aprobar unos requerimientos máximos de Información para las pequeñas empresas recogidos en la Directiva 2013/34/UE, lo que exige un proceso de transposición a nuestro Derecho interno.
- **Primer paso del Derecho interno español.** La Ley 22/2015, de 20 de julio, de Auditoría de Cuentas, ha realizado modificaciones en el Código de Comercio y en la Ley de Sociedades de Capital.
- **Segundo paso del Derecho interno español.** A través de un Real Decreto se establecen modificaciones en el Plan General de Contabilidad (PGC), en el Plan General de Contabilidad de Pequeñas y Medianas Empresas (PGCpymes), en las Normas para la Formulación de Cuentas Anuales Consolidadas (NFCAC) y en las Normas de Adaptación del Plan General de Contabilidad.

2.2. Modificaciones del Código de Comercio

El apartado 1 del artículo 34 queda redactado como sigue:

«1. Al cierre del ejercicio el empresario deberá formular las cuentas anuales de su empresa, que comprenderán el balance, la cuenta de pérdidas y ganancias, un estado que refleje los cambios en el Patrimonio neto del ejercicio, un estado de flujos de efectivo y la Memoria. Estos documentos forman una unidad. *El estado de cambios en el Patrimonio neto y el estado de flujos de efectivo no serán obligatorios cuando así lo establezca una disposición legal.*»

El apartado 1 del artículo 38 bis queda redactado como sigue:

«1. *Los activos y pasivos podrán valorarse por su valor razonable* en los términos que reglamentariamente se determinen, dentro de los límites de la normativa europea.

En ambos casos deberá indicarse si la variación de valor originada en el elemento patrimonial como consecuencia de la aplicación de este criterio *debe imputarse a la cuenta de pérdidas y ganancias, o debe incluirse directamente en el Patrimonio neto.*»

El apartado 4 del artículo 39 queda redactado como sigue:

«4. *Los inmovilizados intangibles son activos de vida útil definida. Cuando la vida útil de estos activos no pueda estimarse de manera fiable se amortizarán en un plazo de diez años*, salvo que otra disposición legal o reglamentaria establezca un plazo diferente.

El fondo de comercio únicamente podrá figurar en el Activo del balance cuando se haya adquirido a título oneroso. *Se presumirá, salvo prueba en contrario, que la vida útil del fondo de comercio es de diez años.*

> **IMPORTANTE**
>
> **Novedades fiscales para 2016**
>
> **Tributación mediante estimación objetiva.**
>
> Para empresarios que no se acogen al Impuesto sobre Sociedades.
>
> Nuevas obligaciones formales:
>
> - Deben conservar numeradas por orden y fecha y agrupadas por trimestre las facturas emitidas y las facturas o los justificantes recibidos.
> - Deben llevar un Libro de Registro de Ventas o Ingresos.
> - Deben llevar un libro de Registro de Bienes de Inversión si deducen amortizaciones.

En la Memoria de las cuentas anuales se deberá informar sobre el plazo y el método de amortización de los inmovilizados intangibles.»

2.3. Modificaciones en Plan General de Contabilidad (PGC)

Uno. Se modifica el apartado **1. Cuentas anuales.** Imagen fiel de la primera parte, que queda redactado de la siguiente forma:

«1.º Cuentas anuales. Imagen fiel.

Las cuentas anuales de una empresa comprenden el balance, la cuenta de pérdidas y ganancias, el estado de cambios en el Patrimonio neto, el estado de flujos de efectivo y la memoria. Estos documentos forman una unidad. *No obstante, el estado de cambios en el Patrimonio neto y el estado de flujos de efectivo no serán obligatorios para las empresas que puedan formular balance y memoria abreviados.*»

Dos. Se modifica la Norma de Registro y Valoración. **Inmovilizado intangible** de la segunda parte, que queda redactada de la siguiente forma:

2. Valoración posterior. «*Los inmovilizados intangibles son activos de vida útil definida* y, por tanto, deberán ser objeto de amortización sistemática en el periodo durante el cual se prevé, razonablemente, que los beneficios económicos inherentes al Activo produzcan rendimientos para la empresa.

Cuando la vida útil de estos activos no pueda estimarse de manera fiable *se amortizarán* **en un plazo de diez años de forma lineal,** *sin perjuicio de los plazos establecidos en las normas particulares sobre el inmovilizado intangible.*»

Cuatro. Se modifica la norma 1.ª del apartado I. **Normas de elaboración de las cuentas anuales,** que queda redactada de la siguiente forma:

«1.ª **Documentos que integran las cuentas anuales.** Las cuentas anuales comprenden el balance, la cuenta de pérdidas y ganancias, el estado de cambios en el Patrimonio neto, el estado de flujos de efectivo y la memoria. Estos documentos forman una unidad y deben ser redactados de conformidad con lo previsto en el Código de Comercio y el texto refundido de la Ley de Sociedades de Capital y en este Plan General de Contabilidad; en particular, sobre la base del Marco Conceptual de la Contabilidad y con la finalidad de mostrar la imagen fiel del patrimonio, de la situación financiera y de los resultados de la empresa.

Cuando pueda formularse balance y memoria en modelo abreviado, el estado de cambios en el Patrimonio neto y el estado de flujos de efectivo no serán obligatorios.»

Cinco. Se modifica la norma 4.ª del apartado I. **Normas de elaboración de las cuentas anuales,** que queda redactada de la siguiente forma:

4.ª Cuentas anuales abreviadas. «1. Las sociedades señaladas en la norma anterior utilizarán los modelos de cuentas anuales abreviados en los siguientes casos:

a) **Balance y memoria abreviados.** Las sociedades en las que a la fecha de cierre del ejercicio concurran, al menos, dos de las circunstancias siguientes:

- Que el total de las partidas del **Activo** no supere los **cuatro millones** de euros. A estos efectos, se entenderá por total Activo el total que figura en el modelo del balance.
- Que el importe neto de su **cifra anual de negocios** no supere los **ocho millones** de euros.
- Que el **número medio de trabajadores** empleados durante el ejercicio no sea superior a **50**.

b) **Cuenta de pérdidas y ganancias abreviada.** Las sociedades en las que a la fecha de cierre del ejercicio concurran, al menos, dos de las circunstancias siguientes:

- Que el total de las partidas del **Activo** no supere los **once millones cuatrocientos mil** euros.
- Que el importe neto de su **cifra anual de negocios** no supere los **veintidós millones ochocientos mil** euros.
- Que el **número medio de trabajadores** empleados durante el ejercicio no sea superior a **250**.»

Fondo de Comercio

El art. 12.2 de la ley 22/2015, de 20 de julio, establece que «*será deducible el precio de adquisición del Activo intangible de vida útil indefinida,* incluido el correspondiente a *"fondos de comercio"* con el límite anual máximo de la veinteava parte de su importe.»

A partir del **inicio del primer ejercicio en que resulte de aplicación el presente Real Decreto,** el valor en libros del **fondo de comercio** existente al cierre del periodo anterior y de los elementos inmovilizados que se hubieran calificado como intangibles de vida útil **indefinida se amortizarán**:

- **De forma prospectiva.** Siguiendo los nuevos criterios aprobados por el presente Real Decreto. Las cuotas de amortización se contabilizarán en la cuenta de pérdidas y ganancias. Plazo de amortización: 10 años.
- **De forma retrospectiva.** Se amortiza el importe con cargo a reservas siguiendo un criterio lineal de recuperación y una vida útil de 10 años a contar desde la fecha de adquisición.

IMPORTANTE

Reformas fiscales para 2016

La nueva regulación del **Impuesto sobre Sociedades** hace tributar por este impuesto a las **sociedades civiles** con objeto mercantil.

Requisitos que ha de cumplir una sociedad civil para tener que tributar por el Impuesto sobre Sociedades:

- Tener personalidad jurídica.
- Tener objeto mercantil.